普通高等教育“十一五”国家级规划教材

# 数字印刷

姚海根　主编
姚海根　孔玲君　编著
许文才　黄祖兴　主审

中国轻工业出版社

**图书在版编目（CIP）数据**

数字印刷/姚海根主编. —北京：中国轻工业出版社，2025.5

普通高等教育“十一五”国家级规划教材

ISBN 978-7-5019-7093-3

Ⅰ. 数…　Ⅱ. 姚…　Ⅲ. 数字技术-应用-印刷-高等学校-教材　Ⅳ. TS805.4

中国版本图书馆 CIP 数据核字（2009）第 132690 号

## 内容提要

本书针对目前已商业化的数字印刷技术展开讨论，内容以静电照相数字印刷、喷墨印刷和热成像数字印刷为主。由于现代数字印刷与计算机应用发展早期的撞击式打印技术关系十分密切，因而第一章内容从撞击打印到非撞击打印再到数字印刷。第二章和第三章都涉及静电照相数字印刷，区别在于第二章偏重于基本原理，第三章以系统构造和静电照相数字印刷的实现技术为主。第四章和第五章都讨论喷墨印刷，因连续喷墨和按需喷墨的工作原理差异较大而分成两章很有必要。第六章之所以选择热成像数字印刷，是因为这类技术的应用正迅速扩展的关系。第七章涉及静电照相和喷墨印刷两种主流技术以外且已经发展得相当成熟的技术，包括磁成像数字印刷、离子成像数字印刷、直接成像数字印刷和照相成像印刷。第八章讨论与数字印刷质量有关的问题，测量和评价的主要依据是 ISO 13660 标准。

本书深入浅出地分析和讨论了各种已成熟的数字印刷技术，注重理论联系实际，可供数字印刷和非数字印刷专业学生使用，例如印刷工程、包装工程和办公自动化等专业，也可供相关领域的专业人员参考。

责任编辑：杜宇芳

策划编辑：林　媛　　责任终审：张乃柬　　封面设计：锋尚设计

版式设计：王培燕　　责任校对：燕　杰　　责任监印：张　可

出版发行：中国轻工业出版社（北京鲁谷东街 5 号，邮编：100040）

印　　刷：三河市万龙印装有限公司

经　　销：各地新华书店

版　　次：2025 年 5 月第 1 版第 9 次印刷

开　　本：787×1092　1/16　印张：12.5

字　　数：304 千字

书　　号：ISBN 978-7-5019-7093-3　　定价：38.00 元

邮购电话：010-85119873

发行电话：010-85119832　010-85119912

网　　址：http://www.chlip.com.cn

Email：club@chlip.com.cn



如发现图书残缺请与我社邮购联系调换

250894J1C109ZBW

# 前　言

数字印刷仍然在高速发展，技术上如此，应用层面更是如此，后者的发展速度甚至超过了人们的预期。为适应这种快速发展的趋势和现状，我国设有印刷工程和包装工程专业的高等院校相继开设了数字印刷课程，为此需要较为全面地讨论数字印刷技术的教材，这成为本书诞生的背景。

现代数字印刷与计算机早期应用的撞击式（或称击打式）打印机渊源很深，或许正是撞击式打印技术的不足才导致数字印刷的快速发展，这成为本书第一章从撞击式打印技术开始的主要理由。由于篇幅关系，本书不宜展开如何从打字机发展到撞击式打印机的讨论，仅仅强调打字机建立了传播意图与印刷页面的直接关系，其实这也是发展数字印刷的关键目标，作者认为了解这一点对正确理解数字印刷的意义至关重要。

静电照相数字印刷和喷墨印刷无疑是当今数字印刷的主流技术，两者都成功地进入了商业市场，无论从技术和应用层面考虑都已经相当成熟，必然成为本书的重点。考虑到静电按需喷墨的应用范围较窄，因而在本书的第五章中并未出现这种技术，而选择了市场预期更高的相变喷墨，算得上对承印材料限制最少的喷墨技术。

本书以一章的篇幅讨论热成像数字印刷，主要理由是直接热打印、热转移印刷和热升华印刷的应用价值，从印刷品类别来说有条形码、标签、数字摄影照片和证卡等，热打印机例子则有医疗诊断用视频打印机、信用卡 POS 机的打印装置、适合于现场使用的便携式票据打印机、高速条形码打印机、小型 X 射线摄影热打印机、热升华照片打印机、大幅面针织品热转移打印机、各种规格的标签打印机和彩色数字打样设备等。

除上述三种主要技术外，有些数字印刷方法也发展得相当成熟，比如磁成像数字印刷、离子成像（电子束）数字印刷、直接成像数字印刷和照相成像数字印刷。其中，磁成像数字印刷和离子成像数字印刷的速度相当快，两者与静电照相数字印刷有不少类似之处，比如都使用干性墨粉，都需要通过特定的物理效应在图像载体上形成潜像等。直接成像是相当特殊的数字印刷技术，非叠印工艺合成出彩色效果的方法值得介绍，如果记录分辨率能进一步提高，则这种技术的前景看好。照相成像数字印刷即俗称的数码冲印，街头和大卖场到处可见其身影，是目前价廉物美的数字摄影照片印刷技术。

本书的最后一章介绍数字印刷质量检测与评价，加入了对某些基本概念的讨论，对于正确理解数字印刷设备的技术参数是有用的，例如分辨率和寻址能力。作者之所以强调数字印刷工艺的封闭性，并非要贬低这种技术，而是希望学生了解数字印刷尚未达到胶印那样的标准化程度，因而质量检验和评价也应该有所不同。

在本书写作过程中，作者所在学校的领导十分关心和支持，与兄弟院校教师的讨论也使作者受益匪浅，在此深表谢忱。承蒙许文才教授、黄祖兴教授百忙中抽出时间审查本书并提出宝贵的意见，作者表示由衷的感谢。

由于作者理论知识和实践经验的局限性，本书不足和疏漏之处在所难免，希望广大使用本书的读者和教师予以指正，作者在此预先对他们表示诚挚的谢意。

姚海根<br>2009 年 6 月

# 目　录

# 第一章　从撞击打印到数字印刷

1878 年，当时的速记员和技术开发者 James Clephane 潜心研究打字机和莱诺整行铸排机，打算架通横在人类思想与印刷页面间的桥梁。到 20 世纪 80 年代时出现了桌面出版系统这一重要概念，本质上基于印刷页面拼版和硬拷贝输出两种基本功能。后来，打字机逐步走向商业传播道路，而莱诺铸排机则成为面向印刷工业的专业设备，但两条不同发展道路的最终结果由市场决定，由于数字印刷机的出现而交汇到一起。

## 第一节　撞击式打印技术

从 1981 年国际非撞击印刷会议开始，印刷技术划分为撞击和非撞击印刷两大类，打印机自然也有撞击和非撞击之别。无论从工作原理还是控制方式上考虑，打印机和数字印刷机本身并无原则区别，打印机的工作速度达到一定程度时往往称为数字印刷机。基于这种看法，本书并不打算严格区分打印机和数字印刷机，除非有特别需要时才会加以说明。

### 一、撞击打印机分类

现代数字印刷的发展离不开撞击式打印技术，而撞击式打印机的“先辈”则当数目前已退出历史舞台的打字机。撞击式打印机的出现与美国人 Robert Howard 对纸牌筹码个性化的期望有关，当他成为王安博士的合伙人后从事数字电子计算机开发，两人于 1969 年决定分手，王安组建王实验室，而 Howard 则成立了 Centronics Data 计算机公司，后来成功开发了第一台点阵打印机。Howard 对数字印刷的贡献不仅表现在发明并行接口，也表现在其他方面，例如现在普遍使用的激光打印机就源于佳能与 Centronics 的合作开发项目。

撞击式打印机是所有以击打动作完成复制任务的打印设备的统称，也是激光打印机和喷墨打印机大规模商业化前的主要硬拷贝输出设备，曾作为主要甚至唯一的计算机外围设备风光一时。现在，大多数撞击式打印机已经退出了历史舞台，只有少数撞击式打印机类型仍然活跃在硬拷贝输出领域，例如针式打印机和特殊类型的行式打印机。

随着大型计算机以及此后的微型计算机进入实际应用，字处理和电子表格等软件对打印的需求急剧上升。人类社会的第一批计算机用打印机由打字机改装而成，后来发展成速度越来越快且类型不同的打印机。从技术发展历史考察，字符喷墨打印机出现得比点阵打印机更早，但未能实现大规模的商业化，仅在很小的范围内使用，导致早期计算机外围设备商业市场提供的打印机都采用撞击色带的打印技术。

撞击式打印机按工作原理可划分为两种主要类型，第一类撞击式打印机通常称为行式打印机，但称为字符打印机或许更合理，包括由打字机改装的打印机、菊花轮打印机和链式或金属带行式打印机等，其特点是字符整体打印。第二类撞击式打印机往往称为点阵打印机，以前也称为针式打印机，以撞击点构成字符矩阵的形式打印文本。

由于绝大多数撞击式打印机的工作速度很难提高，某些特殊类型的打印机甚至无法打印图像，因而很难将撞击式打印机归入数字印刷机之列。尽管如此，撞击式打印机由计算机控制输出的工作方式与低速激光打印机、喷墨打印机和热升华打印机等设备并无原则区别，至少在控制原理上是类似的。例如，非撞击式打印机尽管从“血缘”关系看似乎与撞击式打印机毫无关联，但激光打印机和喷墨打印机等的输出控制语言却和撞击式打印机存在着密切的“血缘”关系，例如激光打印机普遍使用的 PCL 语言就来自针式打印机的 Escape 码。此外，撞击式打印机以击打动作完成硬拷贝输出并非一无是处，例如多联票据的打印仍然需要这种设备，适合于银行和单位的财务部门。

## 二、点阵打印机

也称为针式打印机，工作时打印头沿页面横向来回移动，通过撞击浸泡了油墨的色带产生印刷品，工作方式与打字机十分相似。点阵打印机与打字机或菊花轮打印机的主要区别表现在字体的形成方法上，打字机和菊花轮打印机以成型的金属字击打色带，使色带上的油墨转移到纸张；点阵打印机的打印头上排列着有规律分布的撞针，击打每一个撞针的结果在纸张上产生一个记录点，而记录点按字符笔画组织起来则形成需要打印的文字。因此，从点阵打印机的工作原理分析，打印文字和打印图形是没有区别的。由于这种设备打印时有机械压力作用，因而点阵打印机可通过复写纸形成多份复制品。图 1-1 演示了点阵打印机的典型输出结果，该图代表打印在宽 4.5cm、高 1.5cm 区域的复制效果。

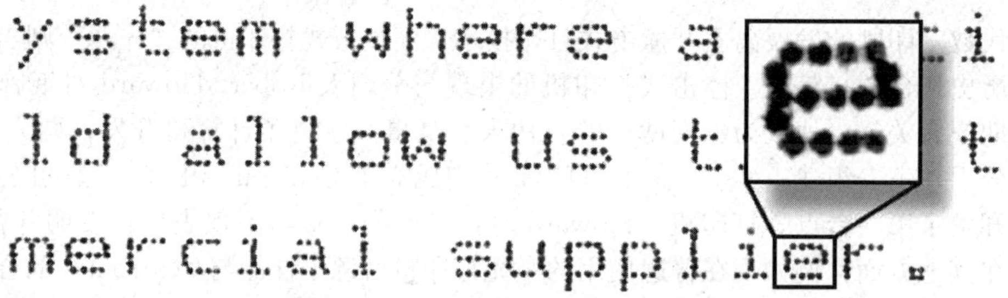


图 1-1　点阵打印机的典型输出结果

点阵打印机的每一个记录点由细小的金属棒产生，也称为金属线或金属针，以细小的电磁铁或螺线管直接或通过小型杠杆提供的动力驱动金属棒（撞针）。小尺寸的导向板面对色带和纸张安装，这种导向板通常由人造宝石（例如蓝宝石和石榴石）制成，板上的小孔用来引导撞针。打印机的移动部分称为打印头，工作时可沿纸张横向往复运动，每移动一次产生一行文本。大多数点阵打印机的打印头上只有一排垂直撞针，某些点阵打印机以交叉排列的几排撞针提高打印密度（例如一列、两列甚至更多点状打印锤结构），打印质量因此而得到改善。一般来说，打印锤数量越多，则打印分辨率也越高，例如 9 针打印头只能产生草稿质量文本，以 24 针打印头输出时则得到打字机文字质量。

点阵打印机按工作机制的不同划分成两大类，分别称为弹道线打印机（Ballistic Wire Printer）和能量存储打印机。其中，弹道线打印机的打印头上钻有许多小孔，细导线由这些小孔通过打印头，完成击打动作的棘爪（倒钩）由螺线管驱动；当棘爪撞击导线时，引起导线向外运动，导线头的撞针击打表面涂布油墨的色带。打印大约 100 万个字符后，即使打印头配置钨质字模和钛棘爪，打印出来的字符也将变得不清楚而难以阅读。低分辨率弹道线打印机大约每英寸（1in=2.54cm）50 个记录点，高分辨率打印机每英寸可产生的记录点在 300 个左右，后者的打印质量比眼睛从 14in 距离上观看更好，这种分辨率适合于图形打印。

能量存储打印机是计算机用点阵打印机类型之一，以存储于弹簧或磁场中的能量推动打印锤，通过色带打印出记录点，一个打印锤可以打印几百万甚至上亿个记录点。能量存储打印机与弹道线打印机的主要区别是一次产生记录点的方式，弹道线打印机一次可打印出一列记录点，而能量存储打印机一次打印一整行的记录点，为此分别称弹道线和能量存储打印机为点矩阵打印机和行矩阵打印机，后者大多由 Printronicx 及其授权厂商制造。行矩阵打印机的打印锤布置成序列形式，通过水平振荡的梳状零件产生整行记录点。

点阵打印机常采用“拖拉”式输纸方法，打印连续形式的多份表格、票据和邮件标签等，连续表格纸由高度相等、中间压痕的纸组成。“拖拉”式输纸机构包括链轮齿，用于抓住两侧穿孔的纸张，均匀地向前拖动，可参阅图 1-2 给出的示意图。

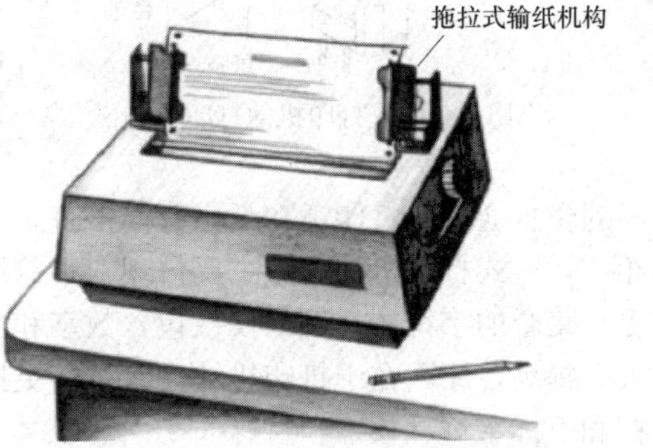

图 1-2　点阵打印机输纸机构

严格地说，点阵的提法其实并不确切，因为几乎所有的喷墨打印机、热成像打印机和激光打印机都产生点阵。但按照习惯上的说法，喷墨打印机等硬拷贝输出设备往往难得被称为点阵打印机，主要是为了避免与撞击式点阵打印机混淆。

## 三、行式打印技术

行式打印机也称为字符打印机，因工作原理类似于打字机而称为字符质量打印机，通过金属字符击打色带使油墨转移到纸张。这种打印机是以行为单位输出字符的撞击式打印机的总称，在计算机外围设备输出速度不高的年代曾列入高速打印机之列。输出速度从每分钟 600 行到 1200 行对行式打印机来说很平常，这种速度大体上与每分钟 10 页到 20 页 A4 印张的页式打印机等价。历史上曾经出现过不同类型的行式打印机，按设计原则（打印机结构形式）的不同有鼓式打印机、链式打印机、条式打印机和梳式打印机之分。

（1）鼓式打印机　典型鼓式打印机（Drum Printer）结构设计采用固定的字符集合，雕刻在许多打印轮的外围，字符数量与可打印的列数匹配，即雕刻在打印轮外围的字符数与每行可打印的字符数量是一致的。打印轮组合起来后形成尺寸更大的鼓，其形状为圆柱形，以很高的速度旋转，纸张以及着墨色带由步进电机驱动，通过相应的打印位置。雕刻在行式打印鼓表面的字符按分段（块）形式组织，拼合成整行字符。

随着每一列要求打印的字符通过对应位置（即相应的打印位置），由打印锤产生的击打动作从纸张背面强制纸张与色带接触，使字符记录到侧面穿孔的连续纸上。一般来说，字符序列沿打印鼓交叉排列，各列字符彼此错开一段距离，其优点在于能避免打印锤的连续击打动作，例如要求打印一整行虚线时不必同时驱动打印锤，对改善打印质量有利。

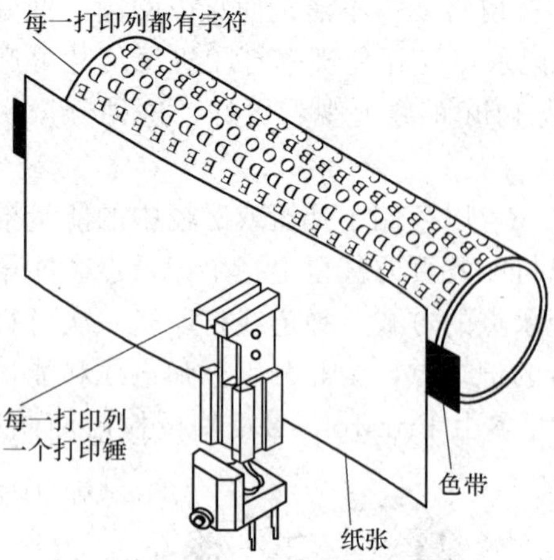


图 1-3 鼓式打印机的打印机构

鼓式打印机出现的时间较早，当打印的字符到达对应的位置时鼓也旋转到打印锤行，打印锤从背面击打纸张，推动打印头部压迫色带，使色带与字符接触，导致色带上的油墨转移到纸张表面。鼓式打印机的打印机构如图 1-3 所示。

（2）链式打印机　计算机发展早期出现的打印机，以链轮驱动为这种打印机的典型传动机构。链式打印机（Chain Printer 或 Train Printer）的字符刻在链轮一侧，另一侧与两端的齿轮啮合，因而正是链轮将字符集成在一起，形成沿水平方向移动的链式结构。

如同鼓式打印机那样，待打印的字符从每一列位置通过，打印锤在纸张背面击打，使色带上的油墨转移到纸张表面。与鼓式打印机相比，链式打印机的优点主要体现在字符链可以由打印机操作人员更换，借助于选择包含更小集合的字符链，例如仅仅包含数字和少量标点符号的字符链，则打印机的工作速度将大大提高，原因在于打印机缺少字符链更换功能时，不得不在字符链中包含完整的上标字符和下标字符、数字和特殊符号等。文本文件中通常包含对于不同字体和尺寸字符的引用，当需要引用的字符出现在字符链中时，不必花费更换字符链的操作时间。由此可见，链式打印机的得名源于灵活的字符链工作机制，这种打印机最典型的例子是 IBM 公司生产的 1403 机器。从 20 世纪 80 年代早期开始，链轮结构和链式打印机逐步让位于金属带行矩阵打印机。

（3）条式打印机　得名于 Bar Printer，其工作原理类似于链式打印机。虽然这种打印机的输出速度比链式打印机慢，但打印机的制造成本却比链式打印机低。条式打印机并不采用链式打印机那样沿一个方向连续运动的方式，加工成指状的字符安装在横条上，而横条则可以先从左到右、再从右到左地在纸张的前端（上方）移动。条式打印机的例子有 IBM 的 1443 产品。

在所有上述三种行式打印机设计原则中，打印锤的计时至关重要。对鼓式结构的行式打印机而言，若打印锤计时不正确，则容易导致文本行上下错位，其特点是列方向的字符对准可得到保证；链式和条式打印机计时不正确时容易引起字符的左右错位，偏离正确的列位置，但行方向总是对齐的。

（4）梳式打印机　也可称为梳状打印机，得名于 Comb Printer 这一英文称呼。梳式打印机是点阵打印机和行式打印机的组合，由打印锤组成的“梳子”同时击打一行像素的某一部分，例如每隔 8 个像素击打一次。借助于前后移动“梳子”一小段距离，就可以完成对一整行像素的打印，比如每隔 8 个像素打印时需移动 8 次，总共需要 8 个击打周期。打印完一行像素后，纸张移动一小段距离，打印下一行像素。与点阵打印机相比，由于梳式打印机仅涉及次数更少的部件移动，因而这种打印机的工作速度更快。梳式打印机与利用整体字符构成的行式打印机相比也具有竞争优势，不仅速度与整体字符型打印机相当，且能够像点阵打印机那样打印图形，以及尺寸可变的字符。

## 第二节　非撞击打印机

这种硬拷贝输出设备的典型特征归结为页式打印。撞击式打印机大规模应用前已经出现过喷墨打印机，但均未实现商业化推广，技术不成熟，机器性能不稳定，应用规模也有限。从20世纪70年代初到70年代末期，人们开始寻求速度更高、字符集合更大和能够处理图形和图像的打印技术，从而开发成非撞击打印系统，主要技术包括激光（墨粉）打印机、喷墨打印机、染料热升华打印机/热转移打印机和直接热打印机等。

### 一、激光打印机

其实，激光打印机更确切的称呼应该是静电照相打印机，之所以称之为激光打印机是因为开始时静电照相打印机以激光为成像光源。由于静电照相复制技术并不限制成像光源的类型，因而其他支持静电照相数字成像的光源也可以使用，例如发光二极管。因此，如果以成像光源命名静电打印机，则这类硬拷贝输出设备应该有激光打印机和发光二极管打印机之别了，但事实上毫无必要。尽管如此，激光打印机这一称呼使用得如此普及，似乎没有必要限制这种大家已经习惯的名称。

激光打印机的发展历史远不如静电复印机那样悠久，若忽略激光打印机与静电复印机的关联性，则激光打印技术最早也只能追溯到1969年，那时纽约州Webster市施乐研究中心的Gary Starkweather利用激光束实现不同于全色光曝光的静电照相复制工艺，两年后正式宣布研制成激光打印机，但没有实现商业化生产和技术推广。世界上首次实现激光打印机的商业化应归功于IBM公司，他们于1976年成功地推出著名的IBM 3800打印机，速度达到每分钟打印2650行的输出能力。

设计目标定位于独立个人计算机使用的第一代激光打印机Xerox Star 8010于1981年正式面市，这种打印机推出的背后隐含着许多富有创新性的技术。在今天看来，施乐Star 8010的销售价格17000美元显得过于昂贵了，以至于普通用户根本无力购买，那时只有少数的实验室和研究机构才有能力尝试这种计算机外围设备。

随着个人计算机变得越来越普及，针对大批量个人用户的激光打印机终于在1984年出现在计算机外围设备市场，这属于惠普公司的贡献，正是惠普首先为个人计算机用户提供激光打印机，此后一直以LaserJet为产品标识。首批HP LaserJet打印机采用佳能公司开发的机芯，由惠普开发的软件控制，每分钟打印8页A4印张。在惠普推出大众化的激光打印机后不久，其他公司也纷纷跟进，包括Brother和IBM等在内。

与惠普公司同步，佳能于1984年宣布LBP-CX激光束打印机开发成功，与其他复制工艺相比具备许多有唯一性的优点，静电照相终于为计算机硬拷贝输出领域所接受。虽然佳能和IBM都参与了静电照相复制的技术开发，但施乐无疑是激光打印技术的先行者。

激光打印机在个性化出版（桌面出版）方面的应用成为静电照相复制技术应用历史上的重大事件，苹果公司于1985年针对Macintosh个人计算机推出的Apple LaserWriter激光打印机值得一提，与LaserWriter激光打印机一起推出的还有当时仍属于Aldus的PageMaker排版软件。更值得一提的应该是LaserWriter配置的PostScript解释器，意味着激光打印机的页面输出和控制能力达到新的高度。由于大量激光打印机产品的出现，普通用户也能建立出版文档，而这在以前只能由专业的排字人员才能完成。

第一批彩色台式激光打印机出现于1993年，即美国著名的打印控制器制造商QMS公司研发的Colorscript 1000彩色激光打印机，销售价格高达1万美元，打印引擎由日立公司提供，采用双组分墨粉显影系统设计，由于价格过于昂贵而仅仅卖出了数千台机器。

从此以后，彩色激光打印机每年的销售量连续增长，价格却不断下降，例如到1995年时QMS将Magicolor LX彩色激光打印机的价格调低到4995美元。1997年，美能达与QMS联合组建Minolta-QMS公司，以3500美元的价格提供支持PostScript页面描述语言的彩色激光打印机Magicolor 2 CX机型；到1998年初时，美能达QMS推出售价仅2500美元、只针对Windows操作系统的Desklaser彩色激光打印机。

彩色激光打印机领域占支配地位的引擎有两种，分别来自柯尼卡和佳能，例如惠普公司的HP Color LaseJet和LaserJet 5彩色激光打印机使用柯尼卡机芯，而佳能的EP-H打印引擎则用于多种彩色激光打印机，包括利盟的Optra C彩色激光打印机在内。就在与美能达组建联合公司的1997年，QMS组建成以日立机芯为基础的Magicolor 2彩色激光打印机生产线，美能达也在同年为市场提供新的彩色激光打印引擎，人们终于在此后看到销售价格低于2000美元、基于美能达机芯的Minolta Color Pageworks彩色激光打印机。其他公司纷纷进入彩色激光打印机研制领域，例如1998年泰克公司推出价格更低（仅1800美元）的彩色激光打印机Phaser 740，采用三菱（松下）打印引擎；佳能推出的两种新的机芯为惠普用于Color LaserJet 4500和8500彩色激光打印机。

每一代激光打印机引擎的复制质量不断改善，速度越来越高。与单色激光打印机的各代产品更迭相比，彩色激光打印机产品的升级换代时间更短，驱动力来自终端用户要求打印机价格下降、单页打印成本降低、打印速度更高和质量改善等因素的组合。上述因素的迅速变化导致新开发的打印机引擎更快地面临被淘汰的局面，比起单色激光打印机来淘汰速度更快。每一家OEM制造商都希望树立自己的彩色激光打印机品牌，如同惠普和佳能在单色激光打印机领域取得的成果那样。彩色激光打印机对那些希望掌握市场份额的公司确实是一种机会，机器需求数量的增加也将带给耗材供应商们长期利益。因此，尽管惠普在单色激光打印机市场取得成功，但彩色激光打印机却未必能达到那样的成绩。从20世纪80年代末期到90年代早期，惠普掌握着单色激光打印机80%以上的市场份额，但2000年时惠普彩色激光打印机的市场份额占50%左右。

## 二、喷墨打印机

喷墨印刷（Ink Jet Printing）已成为当前两大主流数字印刷技术之一。尽管关于世界上第一台喷墨打印机何时诞生有各种各样的说法，但如果认为与喷墨原理类似的印刷装置也属于喷墨打印机之列，则William Thomson于1858年发明的Siphon记录装置应该名列第一了，由于用到虹吸原理而得名Siphon。

真正算得上喷墨打印机的印刷装置出现在1873年，基于墨水喷射原理的图形花样（图案）输出设备付诸使用。如果从1873年开始算起，喷墨打印技术已经有100多年的发展历史，比人们想象中的喷墨印刷更古老。喷墨复制技术既不同于凸版印刷、平版印刷、凹版印刷和孔版印刷等传统印刷工艺，也不同于其他数字印刷工艺。喷墨打印机已成为重要的计算机外围设备，目前正以超乎人们想象的速度发展，应用领域十分广泛，例如工业标记印刷、办公室和家庭文档输出、数字打样、大幅面广告喷绘、数字摄影照片打印和纺织品印刷等。喷墨印刷称得上严格意义的非接触复制工艺，成像操作直接在承印材料表面完成，无需任何中间载体，即不存在中间转印过程和物体。

1951 年，德国西门子公司的 Elmqvist 发明了基于 Rayleigh 墨滴分离原理的喷墨设备并获得美国专利，导致世界上第一台用于记录文本的商业喷墨印刷设备的出现。由于 20 世纪 50 年代初计算机技术刚开始发展起来，因而西门子公司推出的文本（喷墨）打印设备还不能实现数字控制方式，成像点（墨滴）的定位和记录只能用模拟电压信号控制。

进入 20 世纪 70 年代后，几乎所有的主要打印机制造商都投资于喷墨技术开发，试图以喷墨打印机替代撞击打印技术。在相当长的时间内，喷墨印刷的可靠性和质量一直存在问题，一方面表现在墨水流动很难控制，此外防止墨水干结和堵塞喷嘴孔也并不容易。尽管研究成果表明，喷墨印刷质量取决于墨水、打印头和承印材料之间的复杂关系，但苦于找不到有效的解决方法，直到 20 世纪 80 年代末期时佳能和惠普才掌握了墨水化学和墨水流体动力学关系。回想到 1998 年时涂布喷墨记录介质总的市场份额如此狭窄，每年大约 3.6 亿平方米的需求量足以令人满意了，但今天的需求量是 1998 年的 10 倍。

连续喷墨打印机依赖于连续喷射的墨水，由恒定墨水射流形成的墨滴必须利用特定的控制手段，才能实现喷射或不喷射到纸张的目标。连续喷墨系统墨滴断裂后的喷射控制以电场力实现最为简单和容易，为此需要在墨滴离开喷嘴孔时充电，此后墨滴通过两块相对放置的带电金属板组成的偏转电极，带电墨滴飞过偏转电极时由于受静电力的作用而被吸向其中的一块板。只要墨滴的飞行路径不脱离偏转电极的控制，则墨滴或者喷射到纸张表面，或由拦截器回收并返回墨水槽以能够重复使用。根据连续喷墨印刷系统的上述工作原理可以看出，由于墨水连续地流动和喷射，因而不会导致墨水干结，也不会堵塞喷嘴孔。

按需喷墨打印机通过控制墨滴是否成形区分喷射或不喷射到页面的动作，为此需要使墨水受压力作用，形成墨滴后因推力作用而喷射到纸张。某些按需喷墨打印机利用加热作用生成墨滴，有的系统则通过压电材料的变形引起墨水腔体积变化而形成墨滴。热喷墨打印机以加热元件提高墨水温度，导致墨水汽化，气泡体积膨胀形成的推动力挤压墨水，在喷嘴口附近形成墨滴并喷射到页面。压电按需喷墨打印机通过压电元件的电流变化引起墨水腔的形状变化，墨水受挤压作用而在喷嘴口附近形成墨滴并喷射。

相变喷墨是按需喷墨的第三种类型，不少专业人士看好这种技术的应用前景。打印开始前油墨呈固体状态，固体油墨在打印头加热器的作用下熔化，达到液体状态而完成物理相的转换，一旦墨滴喷射并转印到纸张表面，油墨又返回到固体状态。由于相变喷墨打印机喷射的墨滴来自固体油墨，墨滴喷射到纸张后固化，因而这种喷墨打印技术具备某些独一无二的优点，例如适用于广泛范围的承印材料。相变喷墨也称为数字胶印，不仅墨滴喷射到中间滚筒并转印到纸张的两次转移过程与胶印相似，且墨滴通过粘合作用转移到纸面的工作方式也类似于胶印，不存在其他按需喷墨印刷系统那样的墨水吸收和渗透效应，导致色彩表现与承印材料有关，比如墨水喷射到纸张的不同位置而引起的色彩变化。

喷墨印刷技术包括范围广泛的各种系统，市场的一端是佳能、惠普和利盟等制造的台式彩色喷墨打印机，以很低的销售价格向高质量喷墨打印机供应商（例如 Epson 公司）的地位发出挑战；在市场的另一端，已经为柯达收购的原赛天使数字印刷公司研制的

VersaMark 连续喷墨印刷系统已经用于按需印书，每分钟可印刷 3800 份图书页面，售价可能高达 100 万美元左右。喷墨印刷已成为彩色数字合同打样设备的基础技术，例如克里奥从 Iris Graphics 收购、现在又转让给柯达的 Veris 彩色数字打样机。

## 三、热打印技术

原则上，热打印机是所有以热量作用完成复制任务的硬拷贝输出设备的总称，因工作原理建立在热成像（Thermography）基础上而得名。所有热打印机实现图文复制均基于特定材料加热后物理特性的改变，大体上划分为直接热成像和转移热成像两大类，而转移热成像又可进一步细分为热转移和热升华。按习惯，基于直接热成像技术的打印机往往简称为热打印机，采用转移热成像技术的输出设备分别称为热转移和热升华打印机。上述约定俗成的称呼确实可能引起混淆，为此本书不采用简称，提到直接热成像打印机时一律称之为直接热打印机。热敏纸对直接热打印机来说是必需的信息记录载体，在热量作用下改变颜色；色带则是热转移和热升华打印技术的图文转移载体，成像和复制工艺取决于印刷要求和系统设计目标，例如可能先转移到中间载体，再转移到承印物。

世界上最早的热敏纸由美国 NCR 和 3M 公司发明，但两家公司的热敏纸生产技术明显不同。1965 年，诺贝尔物理奖得主、美国得州仪器公司 Kilby 发明集成电路，同时也发明了基于集成电路的热打印头，并于 1969 年面向市场供应带有直接热打印机的 Silent 700 计算机终端设备。1979 年，苹果计算机公司推出命名为 Apple SilenType 的热打印机（外形如图 1-4 所示），由 Trendcom 公司生产。该热打印机与点阵打印机的区别表现在利用机械螺线管驱动技术使加热后的针头进入打印头，这就是最初的热打印机，要求使用特殊的热敏纸。即使开始阶段的热打印机运转也十分安静，仅产生如同手指划过纸片的声音。Trendcom 公司的 100 型热打印机每行可打印 80 列，行宽度大约 4.5in；另一种型号为 200 的热打印机每行能打印 80 列，纸张宽度 8.5in。与此同时，由 Radio Shack 提供的首台打印机用于该公司生产的 TRS-80 计算机，也属于热打印机之列。

图 1-4　早期热打印机外形

热转移打印机通过熔化色带上的涂布层在纸张或其他材料上产生打印结果，打印时色带的油墨侧与纸张接触，来自打印头的热量加到基底膜上；局部熔化的油墨层使接受印张潮湿，不久就重新恢复到固体状态；由于接受印张通常比色带的基底膜更粗糙，因而重新固化的油墨优先黏结到接受印张；此后接受印张与色膜分离，已转移油墨留在普通纸的成像区域。热转移打印技术由 SATO 公司发明，大约在 20 世纪 40 年代后期。

使用热转移打印机的工业部门大体上分成条形码标签和塑料标签两大领域。其中，条形码标签的使用时间不会很长，例如商品标签，包含价格和条形码等基本商品信息，也可能用于打印服装标签，最简单的服装标签是 T 恤衫的尺码，比如 L 和 M 等。塑料标签往往出现在化学物品的容器上，由于这种标签通常采用廉价的塑料薄膜，因而不能用激光打印机印刷，否则很可能被热量所熔化。条形码打印机的输出规格往往是固定的，典型尺寸4in、6in或8in。尽管以往的条形码打印机制造商提供大量不同尺寸的打印机产品，但现在出现在市场上的大多数条形码打印机已标准化到上述尺寸。这些打印机的主要用途是生产条形码，用于工业产品和发运标记。

染料热升华打印机有能力产生连续调的彩色图像，质量与模拟彩色摄影冲扩成的彩色照片等价，简称为热升华打印机。其实，染料热升华更确切的称呼应该是染料扩散热转移，因英文词组Dye Diffusion Thermal Transfer包含两个D和两个T而简写成D2T2。这种热印刷技术可追溯到20世纪80年代索尼公司发布的Mavica产品，也是今天广泛使用的数字照相机的源头，索尼称之为无胶片摄影版本，因为这种设备以磁性元件存储拍摄结果。由于那时照相成像数字印刷技术尚未出现，所以热升华打印成为必然选择。

直接热打印机、热转移打印机和热升华打印机的核心部件均为热打印头，加热方法从最初的电加热发展到现在的激光加热。然而，考虑到激光器的热效率（能量转换效率）尚不如电加热，因而目前仍普遍采用电加热技术。此外，打印头结构也在变化，目前已形成半导体、薄膜和厚膜三大类型，每一种打印头技术既有优点，也有缺点。

如前所述，热转移和热升华打印离不开色带，且绝大多数色带采用多层结构。以热转移打印用色带为例，作为信息转移载体的色带通常由保护层（背面涂布层）、合成薄膜和热转移油墨层三大重要部件（成分）组成，如图1-5所示。

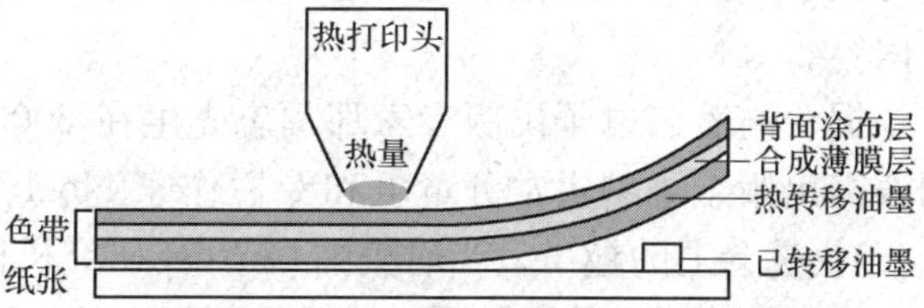


图1-5　热转移色带的典型结构

## 第三节　数字印刷与数字印刷机

如果仅仅从表面看，撞击打印机和非撞击打印机都是计算机外围设备，从撞击到非撞击的演变似乎为了建立更安静的工作环境。撞击式打印技术的某些固有缺点无法通过自身的变革解决，演变到非撞击打印技术便成为历史的必然，而非撞击打印机工作速度、复制性能和印刷质量的不断改进也为数字印刷创造了条件。

### 一、数字印刷的意义

从毕 D发明印刷术开始，人类文明的传播和继承终于找到了合理的方式，对于印刷技术的改进也从未停止过，复制对象从单一的文本逐步过渡到图文并茂。尽管印刷技术和工艺不断变革，但在相当长的历史时期内工艺流程却越来越复杂，一方面固然满足了复制复杂页面的需要，另一方面也说明传统工艺必须改变。

原稿历来被认为是传统印刷的五大要素之一，但原稿并非单纯的、如同其他工业部门使用的原材料那样的简单物质载体，而是人类思想的表示。打字机的出现架通了横在人类的思想表示和传播意图与印刷页面间的桥梁，建立起与印刷页面的直接关系，然而通过打印机传递的信息毕竟过于单一，仅仅用文字还不能表达复杂页面。

绝大多数撞击式打印机是打字机功能的延伸，几乎没有图形和图像输出能力，与打字机的不同主要表现在可以由计算机控制输出，定位精度和打印质量明显提高。某些撞击式打印机的工作速度相当快，但再快的速度仍然无法掩盖不能输出复杂页面的缺点。

人类克服打字机和撞击式打印机局限性的期望从两方面着手。一方面，需要印刷的图文信息借助于计算机处理，包括文字输入、图像扫描和处理、图形制作和排版等，这些要求因 PostScript 技术的出现而得以实现，导致原稿这一概念延伸到数字文档。另一方面，计算机产生的页面在计算机的直接控制下输出，取消印版生产过程，这就需要工作速度和印刷质量更高的非撞击打印技术，于是数字印刷应运而生。

正式形成和提出数字印刷这一概念到底在哪一年很难查证，其实也并不重要，只需知道数字印刷建立了人类思想和传遍意图与复杂页面的直接关系就可以了。如果真要研究数字印刷出现在何时，则 1981 年无疑是重要的参考点，因为第一届国际数字印刷会议于 1981 年举办，从此以后该国际性会议每年举办一次。由于技术的快速发展，数字印刷不再局限于印刷行业，例如液晶显示器生产、微电子器件电子喷溅、晶体管喷涂、扫描光学纳米平版印刷、多层柔性电路制造、环氧基水凝胶化学传感器印刷、活性矩阵底板喷墨印刷柔性电泳显示器制造、电子包装喷墨沉积互连电路和超分子纳米邮戳 DNA 印刷等。考虑到数字印刷的应用范围越来越广泛，因而从 2005 年开始国际数字印刷会议增加数字制造内容。

据台湾著名电子出版专家那福忠先生在 2003 年发表于“崭新科技”的文章报道，美国按需出版杂志编辑常务董事和专栏作家 Noel Ward 在他的文章中提到发生在一次高层 IT 产业餐会上的趣事，当时美国 Gartner 研究机构有人发表高论，说整个 IT 产业界最令人兴奋的事件莫过于数字印刷，他对此深以为然。数字印刷本身从非撞击打印技术发展而来，确实没有多少新意，问题在于数字印刷能做的事以前做不到。数字印刷出现后，导致印刷产业营销方式的彻底改变，不仅提供强有力的传播手段，也加强了印刷企业与客户的关系。

## 二、数字印刷定义

数字印刷“悄然”来到人们面前，以至于不能从容地给出数字印刷的定义，于是不同的人只能从不同的角度、按各自的理解定义数字印刷。作者曾经将数字印刷定义为：利用某种技术或工艺手段将数字化的图文信息记录到纸张和塑料等有形介质上。显然，这种对于数字印刷的理解来源于传统的印刷定义方法，一定程度上反映作者理解数字印刷的局限性。长期以来，印刷定义为利用一定的压力使印版上的油墨或其他黏附性色料向承印物转移的技术；静电复印和喷墨印刷等复制技术出现后，该定义修改为使用印版或其他方式将原稿上的图文信息转移到承印物上的工艺技术。

由 Helmut Kipphan 教授主编的 Handbook of Print Media 一书（Springer 出版社 2001 年版）对非撞击印刷的定义是：不需要永久性印刷底版（例如分色片或印版）的印刷工艺，可以在每一份印刷品上产生不同的图像，最重要的非撞击印刷技术为静电照相和喷墨。由于前面提到的理由，这一对非撞击印刷的定义也可以认为是对数字印刷的定义，强调数字印刷的无版转印和非撞击本质，也提到了数字印刷的可变信息复制能力。

罗彻斯特理工学院在该校启动的 DP3 项目“数字印刷品保存”中对数字印刷品有如下定义：由电子打印（印刷）装置建立的任意印刷品（例如照片或文档），油墨或墨粉定位到纸张的信息来自数字文件；此外，若印刷复制所需的原稿以扫描仪或数字照相机转换成电子形式的数据，且电子打印装置利用来自扫描仪或数字照相机转换产生的数据文件得到的结果也认为是数字印刷品。然而，如果电子（数字）文件成像到其他记录介质，例如记录成负片或印版，则印刷到照相纸或通过印版使油墨转移到纸张而得到的产品不在数字印刷品之列。项目名称 DP3 指三种数字印刷技术，包括喷墨印刷、染料扩散热转移印刷和彩色静电照相数字印刷。虽然上述定义针对数字印刷品，但实际上也是对数字印刷的定义。

Ingvar Lamperth 在 2001 年发表于数字印刷及其工业应用国际会议论文集上的 Paper and Digital Printing-What is Happening 一文中提出，数字印刷可以定义为任何一种适合于短版输出的按需印刷方法，它以数字图像处理技术为基础，使用各种印刷技术，无需制版一类的中间生产步骤，能实现每一张印刷品包含彼此不同的内容。这一定义强调按需印刷、无需制版和可变信息复制能力，同时也指出了数字印刷与图像处理的关系。

A. Bäck、H. Juhola 和 T. Lindberg 三人在 1997 年举办的第 13 届国际数字印刷技术会议上发表的 Models to Support the Evaluation of the Application Potential for Digital Printing 一文中认为，数字印刷定义为以电子方式形成黑白或多色印刷品的方法，通过数字控制的打印引擎从信息系统直接产生，且完整的数字印刷系统包括印后加工功能。有必要指出，他们对数字印刷的定义排除了家庭、学校或办公室一类的低速和低印数打印应用，但强调完整的数字印刷系统应该具备印后加工能力，主要指装订。

此外，还有必要提到 Ron Gilboa 在 2002 年第 10 届国际数字印刷技术会议上发表的 The Production Digital Printing Market：Opportunities and Trends 一文，作者在该文中引用美国计算机辅助印刷研究会对于高速复印和数字印刷的定义，称数字印刷为按需印刷系统、数据中心/信息管理印刷系统和高速复印的组合。这里需要说明，尽管高速复印机在我国的应用面十分狭窄，但高速复印机的广泛应用却具有典型的美国特征，更何况现代复印机已全部实现了数字曝光控制，因而高速复印机理应归属于数字印刷机之列。或许是技术应用方面的差异，才导致认识上的区别。因此，由 Ron Gilboa 给出的定义将现代高速复印机也纳入数字印刷的范畴并不奇怪，从应用角度定义数字印刷当然也无可厚非了。据此，该文作者将数字印刷应用分解为按需印刷、数据中心/信息管理印刷和高速复印三大领域，其中数据中心/信息管理印刷对应于可变信息印刷。

综合分析上面提到的六种数字印刷定义，结合 1995 年德鲁巴国际印刷大展上提出的一组 CTP 概念中的 Computer to Paper 和 Computer to Print 两种计算机直接输出技术，数字印刷可定义为：以电子方式形成黑白或多色印刷品的无版复制技术，可以在每一份印刷品上产生不同的图像。作者之所以归纳成这种定义方式是基于以下理由：首先，电子方式就是数字方式，用于强调数字印刷的工作本质，也不排除高速数字复印设备；其次，以“无版”两字说明数字印刷无需任何底版的基本特征，也包含了非撞击印刷的物理本质，有别于传统印刷；最后，该定义已经涵盖了按需印刷和可变信息（数据）印刷两大数字印刷的主要应用领域，突出数字印刷成像一次、转印一次的工作特点。

至此，上述综合定义对六种数字印刷定义唯一没有覆盖到的是印后加工功能，或者说是采用了德鲁巴 1995 年国际印刷和纸制品加工展览会提出的 Computer to Paper 概念，没有照顾到 Computer to Print 包含的从计算机到印刷品的含义。然而，作者认为从计算机到印刷品这一概念更适合于定义数字印刷系统，尽管对数字印刷本身而言并不需要考虑印后加工功能，就如传统印刷划分成印前、印刷和印后加工三大工艺步骤那样。

## 三、数字印刷机

所谓的数字印刷机乃是按各种非撞击打印机构造的、速度更快、性能更强、复制质量更高的硬拷贝输出设备，工作原理与打印机不存在原则区别，例如静电照相数字印刷机与静电照相打印机的工作原理并无区别。

大多数制造商以 Digital Printer 或 Printer 称呼自己生产的数字印刷机，有关产品介绍也频繁地使用“打印”一词，仅少数制造商以 Digital Press 称之。其实，对数字印刷机制造商不必苛求，对于 Print 的理解显然存在行业差异，印刷和出版业理解的 Print 为印刷或印刷品，而计算机行业则习惯于采用“打印”这一称呼。随着数字印刷及相关设备的出现，信息产业与印刷的界线将逐渐模糊，由 IT 产业人士参与印刷产业已成为一种趋势，我国也必然会朝这种方向发展，事实上已经有少量 IT 人士创办的印刷企业出现了。

然而，尽管理解行业术语使用的习惯差异解决了打印与印刷同义的问题，但无法解释打印机与印刷机的区别，因为这两类设备间确实存在不少差异，比如家庭使用的低速度喷墨打印机或激光打印机很难归入印刷机之列。

一般来说，打印机和数字印刷机的主要区别如下：第一，数字印刷机的输出速度明显高于打印机，以前大多约定俗成地认为数字印刷机的工作速度需超过每分钟 40～50 页 A4 印张，以后该速度还会提高；第二，数字印刷机必须支持 PostScript 页面描述语言，因而配置 PostScript 解释器对打印机来说并无必要，但数字印刷机必须提供；第三，为了实现更复杂的功能，数字印刷机都配置有印刷管理器或印刷服务器，而打印机只需依靠操作系统或打印机制造商提供的驱动程序就能工作；第四，数字印刷机都包含数字前端系统，打印机则无需专门系统，只依赖于安装在计算机上的应用软件；第五，数字印刷机的印刷质量明显比打印机的输出质量高，彩色印刷质量尤其如此；第六，彩色数字印刷机均提供内置的色彩转换机制，这种要求对普通彩色打印机来说显然太高了。

如同传统印刷机那样（例如胶印机），数字印刷机也有单张纸和卷筒纸之别，但由于行式打印机大多使用穿孔和带折痕的连续纸张的历史原因，大多数制造商通常将卷筒纸数字印刷机称为连续纸打印机。根据使用的油墨数量和色调复制能力，数字印刷机可划分成单色机和彩色机，某些数字印刷机甚至有专色复制能力。

不同的成像技术决定数字印刷机的复制工艺，目前使用面更广的技术有静电照相、喷墨和热成像三大类，且喷墨印刷和热成像印刷技术还可继续划分成不同的类型。除上述三种主要数字印刷技术外，也出现了一些特殊的数字印刷技术，例如磁成像数字印刷、离子成像数字印刷（也称电子束印刷或电荷沉积印刷）、直接成像数字印刷、照相成像数字印刷和墨粉喷射数字印刷等。

### 复习思考题

1. 根据你对打字机的了解，说出行式打印机与打字机的共同点。

2. 若要求撞击式打印机具备图像打印能力，则点阵打印机和行式打印机两者中哪一种设备更容易实现？说出你的理由。

3. 根据弹道线打印机和能量存储打印机的工作原理区别，描述这两种打印机对数据组织的差异表现在什么地方?

4. 行式打印机相比于点阵打印机的优势体现在何处?

5. 既然 1985 年以前就已经有激光打印机，为什么说苹果公司的 LaserWriter 激光打印机的推出成为静电照相复制技术应用历史上的重大事件?

6. 根据西门子公司 Elmqvist 发明的喷墨打印机工作原理，分析该喷墨打印机属于连续喷墨和按需喷墨的哪一类型?

7. 为什么直接热打印机不需要使用色带?

8. 打字机和撞击式打印机的局限性主要表现在哪些方面?

9. 为了真正建立人类思想表示和传播意图与复杂印刷页面间的直接关系，应该从哪些方面着手?

10. 根据你对数字印刷的理解，参考本书给出的六种数字印刷定义，归纳出这些定义的要点后，你认为应该如何定义数字印刷?

11. 你理解的打印机和数字印刷机的区别有哪些?

# 第二章　静电照相复制工艺

1938年，美国纽约一家专利事务所的律师切斯特·卡尔逊（Chester Carlson）发明干性复制工艺，后来命名为静电照相。在长达9年的时间内，卡尔逊试图向20多家美国公司出售他的思想，其中包括著名的美国无线电公司、Ramington Rand公司、通用电气公司、柯达公司和IBM公司等。然而，这些公司都退回了卡尔逊的信件，因为这些公司都怀疑卡尔逊的发明成果，质疑在已经有复写纸的情况下是否还需要另一种类似的复制技术。事情的发展颇有戏剧性，美国的一家小公司Haloid决定与卡尔逊展开合作，由于静电照相技术为Haloid创造了丰厚的利润而改名为施乐（Xerox），也改写了Haloid的历史。

## 第一节　静电复印术的发明和进步

静电照相数字印刷的工作原理与激光打印机或LED打印机相同，而激光打印机或LED打印机则起源于静电复印。因此，讨论静电照相数字印刷离不开静电复印术，一种类似于摄影的复制技术，以直接复制的方式在纸张表面“写”入与原稿相同的图文内容。

### 一、从复写到复印

从19世纪开始，人们就使用复写纸来“复印”文件了，尽管只能以手写方式通过复写纸产生文档副本，但可以看做最原始的复印。打字机作为办公室设备之一使用后，复写纸成为复制多份文件最常见的技术，这种“复印”术的质量显然比手写高得多。

为了实现复制文件的目的，人们发明了很多巧妙的装置，例如两支笔相互牵制的联动书写设备，通过精细的机械装置使两支笔连在一起，书写员用其中的一支笔书写文件，另一支笔同时在另一张纸上写出第二份文件。复写需要预见性，书写者必须先在头脑中形成要复印的版面，不允许出错，否则必须重新书写一遍，这当然很麻烦，因此复写还称不上真正意义上的复印，为此需要发明更好的复印术。

历史上曾经出现过的复印工艺有不少，主要工艺包括卤化银复印、转移复印、平面（图）复印、热敏复印和静电复印等，后者又称静电照相复印，由于这种复制技术应用的广泛性和普遍性而几乎成为复印或影印技术的代名词。人们最熟悉的两种复印技术分别采用卤化银成像和静电照相成像工艺，形成缩微摄影胶片的复制方法是卤化银复印技术的一种，利用专门的照相机产生原稿的副本。

缩微胶片工艺曾经风行一时，大型图书馆的不少馆藏文件以缩微胶片形式保存。图书和杂志等资料复制成缩微胶片形式时，原稿需缩小到原尺寸的1/12或更小，甚至有缩小到1/100的。缩微胶片能有效地节省文件的存储空间，也适合于重要文献资料的长期保存。

转移复印工艺的原稿放置得与处理成带负电性的纸张接触，并利用光线对原稿和负电性纸张曝光。扩散转移是转移复印之一，负电荷因与正电荷接触而完成显影，这种显影工艺通过负电荷向正电荷的扩散行为构成图像，得到原稿图像的副本。凝胶转移是转移复印的又一种形式，以负电荷为显影对象，然后与带正电荷的纸张对压而完成复印，带负电荷的染色凝胶为正电荷吸附，并据此建立图像。与卤化银复印工艺相比，转移复印的成本显得更低，但转移复印形成的图像质量容易随时间的延长而退化。

平面（图）复印主要用于复制建筑图、机械图和工程规划图等技术资料，分成不同的种类。其中之一称为印正像（Whiteprint）或晒白图，原稿记录在透明或半透明的薄膜上，复印时纸张放置到涂布重氮基化合物的薄片上，并利用紫外线曝光处理，覆盖在被曝光区域的化合物受光的作用而分解，与原稿黑色对应的区域不能为紫外线所曝光，这一层“屏障”通过显影形成图像。另一种平面（图）复印工艺称为晒蓝图，大量地应用于图纸等技术资料复印，质量和成本与印正像复印工艺大体相当。

办公室普遍采用的静电照相复印技术由施乐公司于 20 世纪 60 年代完成商业化，经过 20 多年的发展和演变，这种复印工艺在某些领域逐步为其他技术、材料或器械所替代，例如柯达的染料转移复印（Verifax）技术、Rectigraph 公司的直接复印法和爱迪生发明的油印机等。静电复印术的流行得益于数字革命早期提出的无纸化办公概念，成为这种概念实现的先驱。目前已经很难在市场上找到老式的模拟复印机了，数字技术“改造”并“创造”了新一代的复印设备，那就是数字复印机/打印机复合设备和多功能打印机，由于复印工艺以数字方式控制而具备了打印机的功能。

## 二、静电复印术的发明

早在 1937 年，保加利亚物理学家、前苏联科学院院士 Georgi Nadjakov 发现，某些电介质放置于电场中并受到曝光作用时，这些电介质材料具有在曝光区域获得永久性极化的能力，后来成为静电照相成像乃至于整个复制工艺的物理基础。研究结果表明，极化效应可以在黑暗区域得以保留下来，而电介质受到光照部分的极化效果则被破坏，电介质材料的这种物理特性后来被命名为光导性，具有光导性的材料称为光导体。

静电复印机（以下简称复印机）的发明应归功于美国人卡尔逊，他出生在美国华盛顿州的西雅图市。1930 年，卡尔逊获得加州理工学院的物理学学士学位，开始为纽约的贝尔电话实验室工作，成为该实验室的一名工程师。不久以后，他觉得工作索然无味，于是转到贝尔实验室的专利部。在美国经济大萧条期间的 1933 年后期，他在靠近纽约市华尔街的一家专利事务所找到了一份工作，成为该专利事务所的一名办事员。大约在一年后，卡尔逊在 Mallory 公司的电子商行里得到了新的工作，被任命为专利部的负责人。从 1936 年开始，他在纽约法律学校晚间部研习法律，于 1939 年获得法律学士学位。

静电复印技术的发明与卡尔逊的早期工作有关，早在他担任纽约一家专利事务所的律师时，发明静电复印术就成为他的业余爱好。由于专利申报和批准涉及大量文件，因而卡尔逊所在的专利事务所频繁地要求他准备大量重要文档的复制件，但那时的卡尔逊已经患有关节炎，准备复制件的工作不仅使他觉得很辛苦，大量的重复劳动也令他索然无味，促使卡尔逊开展与光导性有关的实验。

建立静电照相的基本原理耗费了卡尔逊差不多 15 年的时间。他的早期实验以磷作为光导材料，后来改成硫黄，在自己所住公寓的厨房内做实验，但很快就遇到了麻烦，实验发出的烟雾和臭味促使他放弃在厨房实验的计划，于是不得不寻找新的地点，搬到了纽约皇后区的ASTORIA，并建立了简陋的实验室。

1938年10月22日，试验工作取得历史性的突破。卡尔逊和他的助手、德国移民Otto在显微幻灯片上写下“10-22-38 ASTORIA”几个字；拉上窗帘使房间变成暗房后，德国移民用手帕在锌板的硫黄表面摩擦，对该表面充电；然后在锌板上放置写有文字的显微幻灯片，用明亮的白炽灯光对锌板的涂布层曝光处理；取走显微幻灯片后再喷洒石松属植物的粉末到硫黄表面，轻轻吹去多余的粉末，并将图像转移到蜡纸；下一步是加热纸张，使蜡熔化，这样就得到了他们的第一份几近完美的复制品，如图2-1所示。

图2-1 世界上第一幅静电照相工艺记录的文字图像

经过令人气馁的启示时间的研究，当时还名不见经传的一家小公司证明了卡尔逊的发明可以发展成有用的产品，这家公司就是美国纽约州罗彻斯特市的Haloid，原先从事照相纸生产。正是这家公司勇敢地接受了挑战，承诺静电照相技术将很快流行起来，公司也因此而成长为巨大的跨国集团，这就是现在著名的施乐公司。

首先接纳卡尔逊发明成果并投资研究的Battelle和施乐的前身Haloid都认为，卡尔逊为静电照相技术所取的名字Electrophotography过于累赘，既不利于为广大的公众所接受和理解，也不利于技术推广。为此，Battelle研究所派专人走访了俄亥俄州立大学的经典语言学教授，他根据静电照相复制技术的工艺本质，建议借用希腊语中的两个词根Xero和graphy创造出Xeroxgraphy一词，两者在希腊语中分别代表“干”和“写”的含义。

也许是历史的巧合，也可能是Haloid公司的精心安排，当然也是卡尔逊的多年期望，在1948年10月22日这一特殊的日子，距卡尔逊成功地复制出“10-22-38 ASTORIA”文字图像整整10年的时间，Haloid在美国光学学会召开的底特律年会上演示了他们的新工艺，从此确立了静电照相复制工艺的应有技术地位，逐步成为设计和制造静电复印机的主导技术，基于干墨粉复制工艺代替了湿法技术。

## 三、静电复印术的发展和进步

20世纪50年代是静电照相成像技术的快速发展时期，不断有关于静电照相的技术发明出来，例如在真空条件下使非结晶碘蒸发到铝板上形成灵敏度更高的光感受器（相当于现今的光导体），用电晕导线充电装置代替卡尔逊的摩擦充电法，研究和开发出了由两种颗粒成分组成的双组分墨粉，以及在普通纸张背面通过电晕装置充电以提高纸张对墨粉的吸附性能等，这些发明成为施乐914型静电复印机的核心技术。

1959年秋天，全世界都得到了914复印机产品即将面世的消息，这种机器的命名来自于它能够复印的产品规格达到9in的宽度和14in的高度。到1960年3月时，第一批914复印机发运给客户。根据Haloid公司当时的预测，估计在3年的时间内914复印机的安装量将达到创纪录的5000台。然而这种预测过于保守，令Haloid没有想到的是，到

1962 年的年底时这种机器竟然发运了 10000 台，公司还在不断地接到订单。

20 世纪 50 年代到 60 年代期间，由于市场前景看好，静电照相成像的研发力量大为增强，除施乐公司外，柯达、美国无线电公司和 IBM 等纷纷加入。柯达公司曾经建立过多个静电复印机的工程模型，但由于无法找到更廉价的复制工艺而直到 1976 年才有商业产品问世；IBM 公司对静电复印术的兴趣是开发出与计算机配合使用的高速打印机，该公司的主要贡献是发现了效率更高的光感受器，即现在使用的有机光导材料；美国无线电公司的研究成果体现在发明了电子照相术（Electrofax），纸张表面涂有氧化锌光感受层，省却了墨粉转移和清理步骤，因而这种纸张又称为氧化锌纸。

世界上第一台静电照相打印机的诞生与静电复印机相比晚了几十年，由施乐研究中心的 Gary Starkweather 利用激光束实现，但商业化运作很不成功，一直到 1976 年才由 IBM 公司的 3800 激光打印机成功地实现商业化推广。激光打印机与静电复印机的最大区别在于利用激光器扫描和曝光成像，控制激光束的开/关信号来自计算机，这种信号可反复使用；复印机无需计算机控制，但每一次成像必须重新扫描一次原稿。

1975 年，施乐和 IBM 两家公司决定放弃继续研究静电照相成像技术，认为应该转向喷墨、磁成像和热转移成像等领域。尽管如此，施乐和 IBM 对静电照相的应用研究却并没有停止，例如 IBM 公司研制成了光导皮带以延长光感受器的使用寿命，光感受器的灵敏度也接近于最高理论精度；柯达公司发明的导电磁刷有效地提高了黑色的复制密度，并在复印机上配备了自动循环送纸器；施乐公司研制并生产了中等输出速度的复印机 1075，开始采用有机光导材料作为光感受器，且配备了新的充电装置，电晕导线密封在玻璃罩内。

静电照相成像的现代技术进展至少应部分归功于日本人，从 1970 年开始到 1980 年总共 10 年的时间内，日本公司抓住施乐公司留下的空挡，生产了低速度、低消耗成本的复印机。在这段时间内，理光公司在液体显影系统上取得了极大的成功，从而省却了干固体墨粉转移到纸面的熔化工艺，复印机耗电降到很低的水平，且可以生产小尺寸的墨粉盒，部件数量仅为干粉墨盒的 1/3，复印机的工作可靠性也提高得很快。

## 第二节　光导体与墨粉

静电照相类似于模拟摄影，也需要光源形成视觉上不可见的图像，模拟静电复印机使用全色光，静电照相打印机和数字印刷机则使用激光或发光二极管，但由于激光和发光二极管已经为大家所熟知，因而不打算在本书中讨论。静电照相与模拟摄影的根本区别在于摄影以胶片为信息记录材料，而静电照相必须使用光感受器，即众所周知的光导体。此外，在纸张表面形成永久性的图像还需要类似于传统印刷工艺的油墨，常称之为墨粉。

### 一、光导现象

许多专业文献称光导体为图像载体，这一概念从传统印刷工艺的分色片和印版发展而来。激光打印机、发光二极管打印机和静电照相数字印刷机虽然无需印版承担信息记录中间介质的角色，但产生成像结果的物质条件仍然是需要的，以便在类似分色片和印版这样的信息记录表面形成与页面描述对应的成像结果。

光导体是特殊类型的半导体，因而讨论光导效应离不开半导体材料，以及半导体所依赖的工作原理。光导体之所以在静电照相技术中得到广泛应用，在于这种特殊的半导体不仅表现出常态下的绝缘体性质，更在于光导体受到光线照射后改变电阻的能力。

半导体与绝缘体很相似，这两种固体物质的主要区别表现在绝缘体的能带隙（或称能带间隙，Bandgap）更大，因而电子必须获得自由，才能在原子间运动（参阅图 2-2）。如同绝缘体那样，室温状态下的半导体只有数量极少的电子拥有足够的热能跃过能带间隙，从价带迁移到导带，这对于半导体的电子在半导体内形成电流是必须的。正由于这种原因，纯净的半导体和绝缘体在缺乏外加电场作用时电阻值大体相似。由此可见，对于那些能带隙较小的半导体而言，除改变温度外也可以借助于其他手段控制其电导特性。

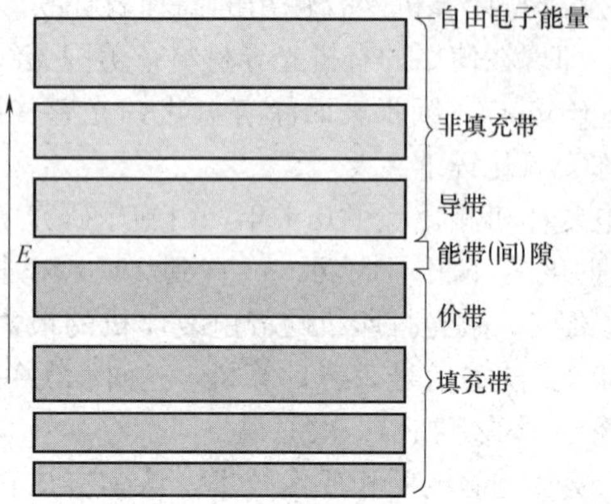


图 2-2 半导体材料的能带结构

半导体材料的固有电气特性表明，通过一种称之为掺杂质的工艺引入混杂物，往往能永久性地改变半导体的导电性能。通常，认为每掺入一个杂质原子相当于增加一个电子或空穴增加的电子或空穴可以自由流动。若添加到半导体材料中的杂质比例足够大，则该半导体会几乎像金属那样导电。在半导体材料掺入杂质的区域，将会拥有电子或空穴，是增加了电子还是空穴与添加的杂质种类有关，这种掺有不同类型杂质的区域得名 N 型和 P 型，分别称为 N 型半导体和 P 型半导体。由 N 型半导体和 P 型半导体两种材料形成的"结"是建立电流的区域，导致电子和空穴能离开"结"而运动，这种物理效应对半导体器件发挥作用至关重要。由于 N 型和 P 型半导体材料内杂质的密度差异，使得两种材料的"结"区形成微小的电场，用于加速非平衡态的电子或空穴。

除了通过掺杂质工艺永久性地改变电导特性外，利用施加电场的手段通常也可以动态地改变半导体的电阻。由于以外加电场作用于半导体时能够动态地控制电阻和导电性，因而这种能力便成为半导体发挥作用的重要特征，其结果表现在开发出了范围广泛的半导体器件，例如晶体管和二极管。具备动态控制导电性的半导体器件（比如晶体管）可以组成集成电路块，微处理器是集成电路半导体器件的典型例子。若这种主动型的半导体器件与被动型的电容和电阻元件组合起来，就可以形成复杂的电子线路。

由于导带和价带的能量水平分别比能带隙高和低，如果半导体的电子失去足够的能量后从导带降到价带，则往往会发射出量子能在可见电磁波谱范围内的光，大多数半导体具有这种能力。可以发射出光的半导体器件的例子有发光二极管和半导体激光器，两者都有很重要的商业应用价值。与此相反，光电探测器是吸收光的半导体，这类器件激发电子从价带向能量水平更高的导带移动，使之成为光检测器件，检测能力随激发强度而变。这种半导体器件的光检测能力对光纤通信十分有用，也是太阳能电池提供能量的基础。

光导效应（Photoconduct Effect）和光导性（Photoconductivity）依赖于半导体的基本特性，两者本无原则区别。可以认为，光导效应反映特定半导体材料的光电属性，因而材料的光导效应或光导性是一种光电现象，用于实现光电转换，但显然不同于CCD元件从光信号到电信号的转换，而是通过光子的能量转换成电子的发射，形成不同的电荷分布。具备光导能力的物质由于从外界吸收了电磁辐射能量而呈现更强的导电性，例如可见光辐射、紫外辐射、红外辐射和Gamma辐射等。

根据前面的说法，光导性是某些材料受光照射后所表现出来的特殊属性，也可以说光导性是光电效应的表现形式。物理学家们或许更习惯于以光电效应来描述材料的光导现象和光导性，因为光电效应（Photoelectric Effect）从物理角度更严格和准确地描述光导现象。光电效应的主要特点表现在，伴随着电磁辐射作用到材料表面，往往会发射出电子。在物理学发展的早期，人们称光电效应为赫兹效应，但现在已不用这一术语了。

## 二、光导材料与光导体

从表面看，光导的意思是导光或允许光通过，这种理解显然不正确，本质上应该是光作用下导致的电阻变化，或者说由于光的作用使原来不导电的材料变得导电了。如同按物质的导电性能命名绝缘体、导体和半导体那样，具有光导性（光导效应）的材料或由光导材料制备成的光导元件统称为光导体。

虽然光导体是特殊类型的半导体，但毕竟具备半导体的共性，而为了体现光导体与半导体的共性，所以也称光导体为光敏半导体。光导材料的半导体共性包括受热激发，掺入杂质后改变材料的电导率等。显然，光导体的特殊性是普通半导体不具备的，这种半导体材料最“杰出”的特殊性当属光导性。光导体受光照射后，电导率可以上升几个数量级，或者说电阻将下降几个数量级。从能带结构考虑，光导体材料价带中的电子吸收了入射光的能量后跃迁到导带，因此而产生电子-空穴对。这种由光照产生的电子-空穴对称为“光生载流子”，以区别于普通半导体的电子和空穴载流子。很明显，如果光导体内产生的光生载流子数量增多，则光导体的电导率就上升。为了与其他因素引起的电导率改变相区别，这种受光照射后提高的电导率称为“本征光电导率”。

满足实际应用需求的光导体材料需经过掺入杂质的工艺步骤处理，才能制备成复印机或打印机使用的光导体材料。因此，除了对光导体有本征光电导率的要求外，这种特殊半导体材料还必须具备光激发杂质能级上的电子或空穴形成“杂质光电导率”的性质。在有些光导体中，杂质光电导率所起的作用在于使主光敏半导体受光照射后会不同程度地改变物体内的“载流子迁移率”，这里提到的迁移率是载流子的迁移速度与外电场的比值。电导一词常用于描述物质的导电能力，它等于载流子密度与迁移率的乘积。如果半导体材料载流子的迁移率上升，则意味着电导率提高。电导率由本征光电导率、杂质光电导率和迁移率的值共同决定，只是在某种条件下以其中的某种因素为主罢了。

实际应用的各种光导体对光的敏感程度都不一样，光导体的电导率与它对光的敏感程度成正比，所以材料的感光性能对光导体的导电性影响很大。一般来说，光导体受光作用时的感光程度是不一样的。对特定的光导体而言，往往只对某一光谱区域光辐射作用的光敏感度高，若离开了这一光谱区域，则可能丧失感光灵敏度。

光导体在其适用的光辐射波长范围内会对光形成某一吸收峰值，在该峰值范围内光电导的效果最佳。此外，光导体的导电能力还与光的照度有关，照度越高，则产生的载流子越多，材料的光电导率自然也就越高了。然而。由于每一种光导体的特性各异，因而在相同的条件下，达到同样的光电导率指标所需要的照度往往并不相同。

## 三、静电照相对光导材料的一般要求

至少到目前为止，无论静电复印机、激光打印机和发光二极管打印机，乃至于输出速度极高的静电照相数字印刷机等硬拷贝输出设备都离不开光导材料。常用的光导材料有硫化镉（CdS）、硒-砷（Se-As）合金、非晶硅和硫化铅等非金属材料和有机光导材料。考虑到静电照相技术的共同要求，并顾及印刷行业对复制质量的要求，制作光导鼓用的材料应具备下述特性。

（1）耐磨性　零件的耐磨性主要体现在表面硬度上，几乎所有的设备都对零件的耐磨性有要求，区别仅在于程度不同而已。因此，光导体应达到一定的表面硬度，才能谈得上耐磨性。光导体的耐磨性与静电照相复制工艺密切相关，必须能经受得住显影、转印和清理工艺过程中的机械磨损。如果光导鼓（由光导材料制成的光导零件）被磨损或划伤，将导致复印和打印质量的明显下降，甚至会损坏光导鼓。如果光导鼓磨损严重，那就只能报废了。来自实际应用的统计数据表明，因磨损和划伤而导致报废的光导鼓数量最多。现在，一种新型的长寿命非晶硅（a-Si）光导鼓（也有称为陶瓷光导鼓的）已得到应用，据资料介绍可复印或打印 30 万印张以上。

（2）温度稳定性　光导体的使用性能很容易受温度的影响，因而良好的温度稳定性对光导体来说显得很重要。仅仅对光导元件提出温度稳定性肯定是不够的，只要环境条件控制得好，则同样有助于改善光导体的温度稳定性。由此可见，就光导体的使用环境而言，应特别强调环境温度与湿度的合理性，以避免影响复制质量。

（3）光导性要求　复印机领域称光导性为光电导性，是衡量光导体性能最重要的指标。材料的光导性直接影响到复制质量的高低，因为光导体必须连续地工作在充电和放电的循环过程中，要求充电时电位上升快，表面饱和电位比应用电位要高。如若不然，不但初始电位上不去，也将影响静电照相复印机、打印机或数字印刷机的复制质量。在整个充、放电循环中，要求充电后的光导体暗衰减小，否则保持不往表面电位，也不能产生必要的电位差来形成静电潜像；光导体经曝光处理后的放电速度要快，或者说光衰减必须快速实现。通常，光导体的放电越彻底越好，因为剩余电位的多少，既影响静电潜像的反差，又会造成“底灰”。

（4）耐疲劳性能　由于光导体在使用过程中需经历反复且连续的充、放电过程，因而要求光导体有良好的耐疲劳性能。更严格地说，光导体应具备良好的耐静电效应疲劳性能，这意味着在规定的寿命时间内复制质量不能因连续使用而下降。

（5）暗特性　光导体在暗环境中工作，其电阻率应很高，近似于绝缘体，也称为光导体的介电特性或暗衰减特性。当然对于具有整流特性的光导体的介电特性是有选择的，不同的光导体适合不同极性的电荷。暗特性好的光导体表面沉积相应极性电荷后，表层静电电位的下降将相当缓慢，以保证在显影时仍保持有符合要求的静电电位。

（6）明特性　光导体由暗环境进入明亮环境时电阻率应能迅速下降，由近似绝缘体状态变为与光照强弱程度对应电阻值的导体，使在暗环境中充电形成的静电位变到与光强弱对应的电位（这种性质也称为光导体的明衰减特性），再经过显影，才能形成有足够反差和丰富层次的视觉上可以看得见的墨粉图像。

## 四、墨　　粉

墨粉是固体形态的粉末，因不同于传统印刷油墨而被称为Toner。尽管专业领域对Toner一词的翻译有不同的见解，但考虑到人们已习惯于使用墨粉、碳粉和色粉一类的称呼，因而称之为墨粉更容易为人们所接受。墨粉不仅用于复印机、激光打印机、发光二极管打印机、静电照相数字印刷机等硬拷贝输出设备，磁成像数字印刷和离子成像（电子束）数字印刷等复制技术也需要使用这种物质。静电照相复制技术使用墨粉的最终目的并非显影，而是在打印用纸张的表面组成文字和图像。早期墨粉的成分很简单，其实就是碳粉。后来，为了改善静电照相成像和复制系统的输出质量，墨粉开始采用碳粉与聚合物混合起来的形式。墨粉颗粒通过熔化器产生的热量熔化，使墨粉与纸张结合在一起。尽管墨粉制造商们可能使用特定的聚合物，但大多离不开苯乙烯丙烯酸酯共聚物或聚酯树脂这两种物质。

开始时，墨粉颗粒的平均尺寸大约12$\mu$m。然而，当图像分辨率（打印机分辨率）提高到600 dpi后，墨粉颗粒尺寸的平均值相应地减少到8$\mu$m。为了与激光打印机分辨率改进的趋势匹配，墨粉颗粒尺寸的进一步减小将是必要的。墨粉制造商历来重视墨粉颗粒尺寸的质量控制标准，以便能生产出与打印机性能匹配的墨粉，为此需保证墨粉颗粒尺寸处在可控的状态，与期望尺寸相比不能偏离太多。

以机械研磨为基础的墨粉生产工艺沿用了相当长的时间，曾经是静电照相复制领域占统治地位的主流工艺。颗粒状的树脂以及制备墨粉的其他原材料进入研磨机顶部的给料斗后，首先需经过加热处理，使树脂颗粒和其他原材料熔化成糊状；研磨机的主要部件是一对螺杆，加热熔化的树脂材料经螺杆的反复搅动和相互挤压，如同揉面团那样，用于制备墨粉的各种材料在此作用下充分混合；仍处于加热状态的糊状混合物进入由一对滚筒组成的碾压机，作用过程与生产面条的碾压类似，形成（软）平面状的中间产品；碾压产生的墨粉薄片冷却成固体，在冷却过程进行的同时，还必须有高速气流作用于薄片状墨粉，产生与粉碎机旋转部件的强烈撞击，得到最终的墨粉产品。上述工艺产生的墨粉颗粒并不理想，如果在显微镜下观察，则很容易看到墨粉颗粒的尺寸变化较大，且呈锯齿状的不规则外形。为了能复制出精细的印刷品，某些公司开始以化学工艺制备墨粉，归结为墨粉颗粒生长法，墨粉颗粒的尺寸和形状更均匀，而尺寸更小的均匀形状颗粒能产生更精确的复制效果，墨粉的使用也更有效。

作为一种精细的颗粒，墨粉可以悬浮在空气中并保持一定的时间，因而与惰性的灰尘相比可认为墨粉对人的健康有害。墨粉通过呼吸系统形成对人体的刺激，导致哮喘或支气管炎。根据20世纪70年代的细菌研究成果，人们对于类鹿蹄草物质影响人类健康日益上升的趋势表现出特殊的关注，这是一种生产碳黑时形成的污染物，从此以后墨粉生产工艺开始重视类鹿蹄草物质的形成条件，采取了从最终墨粉产品中去除这种物质的措施。

墨粉遇到冷水时会破坏衣服甚至皮肤，受滚烫的水或热水作用时墨粉会软化，导致墨粉熔化到与其接触的材料。若墨粉被熔化到皮肤上，则有可能立即使皮肤破裂，使用有磨损性的手工清洁剂时甚至引起皮肤的局部脱落。此外，墨粉熔化到布料后往往难以去除。

按墨粉的结构成分数量考虑，静电照相复制系统使用的墨粉划分成单组分和双组分两大类别，后者是着色剂（即色料）颗粒和载体颗粒的混合物。这样一来，墨粉这一称呼似乎复杂起来，单组分墨粉既是着色剂，又是墨粉本身；但由于着色剂是双组分墨粉中起主要作用的成分，因而认为着色剂就是墨粉并无不当之处，原因在于显影或输墨时载体颗粒并不转移，只有着色剂才转移到纸张表面。因此，从结构成分来说，虽然双组分墨粉系统包含载体和墨粉颗粒，但墨粉颗粒自身又包含必要的组成部分，只是为了与载体区别，才以着色剂这一称呼代替墨粉。

单组分墨粉的物理特性与显影工艺有关，如果按墨粉颗粒的绝缘性能划分，则可分为导电型墨粉和绝缘型墨粉；从墨粉颗粒是否带有磁性的角度考虑，则可分类为磁性墨粉和非磁性墨粉；单组分墨粉还可按转移工艺分类，例如划分为接触型和“跳跃”型，其中“跳跃”型采用非接触的方式“跳”过显影装置和光导鼓形成的间隙。

由于综合性能方面的原因，双组分墨粉比单组分墨粉使用得更为普遍。对双组分墨粉系统来说，墨粉颗粒经由载体颗粒传送到图像载体，载体颗粒的直径大约 80$\mu$m，用于承载直径小得多的墨粉颗粒（直径约 8$\mu$m）。在显影、转移和熔化过程中，墨粉颗粒将被消耗掉，而载体颗粒可在输墨系统（也称为显影装置）中回收。墨粉制备常通过成像和复制系统自我实现，例如在工作时由显影装置实时地将墨粉颗粒和载体颗粒混合起来。

双组分墨粉使用载体颗粒有双重目的：首先，借助于载体颗粒并通过特定的设备和工艺措施实现对墨粉颗粒的充电，其目的在于使墨粉颗粒的静电特性与光导鼓或光导皮带潜像的静电特性相匹配，即需要在墨粉颗粒与静电潜像间产生电位差，才能为光导体表面的静电潜像所吸附；其次，帮助复制系统将墨粉颗粒传送到静电潜像的邻近区域，因为载体颗粒尺寸要大大超过墨粉颗粒尺寸（约为 10∶1），且墨粉颗粒附着在载体颗粒表面，所以显影时载体颗粒所起的作用相当于运输工具，墨粉颗粒则充当乘客的角色，在转移到光导体表面时“搭乘”着载体颗粒。

某些静电照相数字印刷系统使用液体墨粉，其中包含起载体作用的液体，用于传递成像色料或墨粉颗粒，因此从这一角度看液体墨粉似乎也是双组分的。这类墨粉中的液体如同双组分墨粉中的载体，墨粉颗粒则保持其固体状态而存在于液体中，颗粒尺寸仅 1～3$\mu$m。显影（输墨）时，液体墨粉中的带电着色颗粒由显影装置从液体中抽取出来，导致墨粉颗粒在图像区域内转成高度浓缩的状态，而作为载体使用的液体则必须大量或全部去除，可见真正起信息转移作用的仍然是着色颗粒，即墨粉。一般情况下液体可回收并为以后的印刷过程所用。在多色数字印刷工艺中，液体墨粉的使用还不是很普遍。

## 五、墨粉的热特性

墨粉由热塑性材料构成，其热特性通常以材料的玻璃渐变阈值温度 $T_g$描述。这里提到的 $T_g$表示温度范围，材料以该范围为硬质和脆性与软质和液体的分界线。倘若温度上升到 40～60℃的某一数值，则玻璃渐变阈值温度定义为材料黏性降低到 10 的几次方的温度。图 2-3 给出典型墨粉的黏性梯度，分别对应于以苯乙烯基为主要材料和基于聚酯材料制成的墨粉，这两种墨粉的使用较为普遍。

若静电照相数字印刷机熔化系统加热温度的下降梯度越陡峭（即达到足够低黏度的温度越低），则墨粉熔化所需要的能量就越少，但过于陡峭的温度梯度对墨粉熔化的透彻程度未必合适，有可能导致夹生现象。聚合物的分子质量（或者说分子质量分布）交联的方式有可能影响黏度曲线。考虑到墨粉在显影工作站内的平坦分布特性和处理/混合特性要求时，墨粉的玻璃渐变阈值温度应该不低于60℃。

如同图2-3所示的那样，当熔化装置的加热温度超过墨粉材料的玻璃渐变阈值温度$T_g$时，墨粉颗粒将会变得柔软而黏稠，颗粒表面呈现圆（球）形的形状。如果有足够的反应时间（一般为几秒钟），且纸张温度与相应的墨粉类型匹配，则这种柔软而黏稠的状态已经允许墨粉与纸张黏结了。但值得注意的是，有效的墨粉黏结与纸张温度关系极大，处于冷状态的纸张将导致墨粉“熄火”，当然无法黏结到纸张。

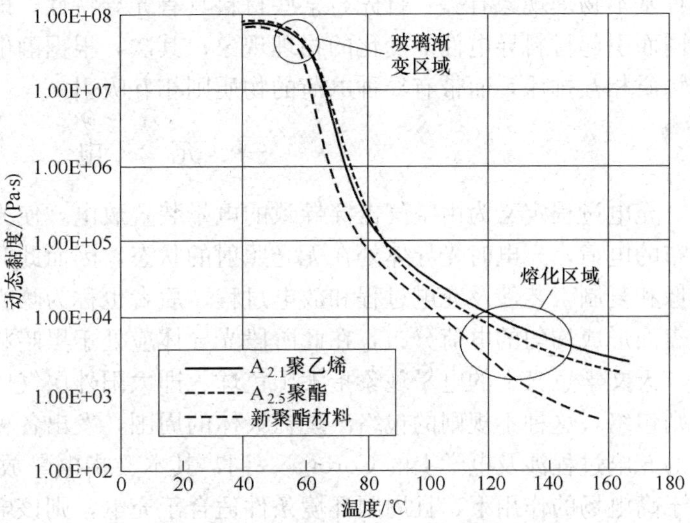


图2-3　各种墨粉类型的动态黏度

如果墨粉颗粒受到进一步的加热，则墨粉的柔软性和黏稠性继续增加，墨粉颗粒的表面开始呈现真正的黏性。到达这一阶段后，墨粉颗粒的表面将变得平坦起来，导致刚开始软化时颗粒表面高低不平的现象消失，从而为下一阶段墨粉颗粒彻底熔化在一起创造了条件，组成均匀、连续而一致的墨粉面也有了基础。也只有在这种状态下才能获得足够的熔化质量，既耐磨而又有足够的黏结强度。

如果墨粉温度继续提高，以至于变成液体，则墨粉由于受毛细力的作用而沿着纸张纤维渗透，造成大面积的浸润效应。为了达到这种程度，纸张的表面温度必须与墨粉温度在相同的范围内。纸张温度与墨粉温度差异太大时，由于墨粉给予纸张的热量太多，因而无法达到熔化工艺要求的黏结性能。

对墨粉应用辐射熔化工艺时，必须考虑到黑色墨粉、彩色墨粉和纸张吸收辐射热之间的差异，具体要求与辐射波长有关，这意味着彩色静电照相数字印刷系统对任何墨粉都应该加热到足以使全部墨粉产生足够黏结力的程度。辐射加热熔化有可能导致对彩色墨粉的限制，因为彩色墨粉无法与黑色墨粉同时熔化。

尽管辐射熔化能够以非直接接触的方式执行，也简化了纸张导向机构和纸张的印后加工过程，但出于安全考虑和环境保护的原因，这种熔化工艺在高性能静电照相数字印刷领域应用得并不普遍。在安全方面，纸张因辐射热的作用而有燃烧的危险；从环保角度考虑，辐射热会发射出臭氧，闪光熔化也可能导致墨粉分解。

## 第三节　静电照相工艺步骤

与喷墨印刷相比，静电照相属于复杂的复制工艺，尽管对工艺步骤划分有不同的看法，但大多数人认为由六个截然不同的步骤组成。静电复印机（包括现代数字多功能机）、激光打印机、发光二极管打印机和静电照相数字印刷机发挥复制或打印文档的功能与下述两种基本物理现象有关：首先，某些材料具有光导特性，即前面提到过的由于光照条件的不同而引起材料导电性能变化的物理现象；其次，根据静电学的基本原理，带有同种电荷的物质相互排斥，而带有异种电荷的物质则相互吸引。

## 一、充　电

充电过程定义为由空气击穿导致的电晕装置放电，使光导鼓或光导皮带表面带有均匀分布的电荷，充电时光导体处在无光照射的状态，因而此时的光导体为绝缘体。静电照相成像和复制工艺涉及充电过程和放电过程，后者也称为曝光。充电的根本目的在于使光导体表面形成均匀的电荷分布，在此阶段光导体应处于黑暗状态下。

天文学意义上的电晕现象指太阳色球，即太阳外层气体由于高度的离子化而形成的不规则包络，这种不规则的包络出现在天体的周围，发出各种颜色的亮光。静电照相复制系统的充电过程涉及电学上的Corona一词，其本义指电晕放电现象。假定充电装置的电极处于高电场的作用下、且周围环境条件适合于充电，则该电极会发出微弱的光，这种光晕效果称为电晕放电。在电极发生电晕现象的同时，还常常伴随有从高电场电极到低电场电极的电子流，这成为利用电晕现象对光导体充电的基础。

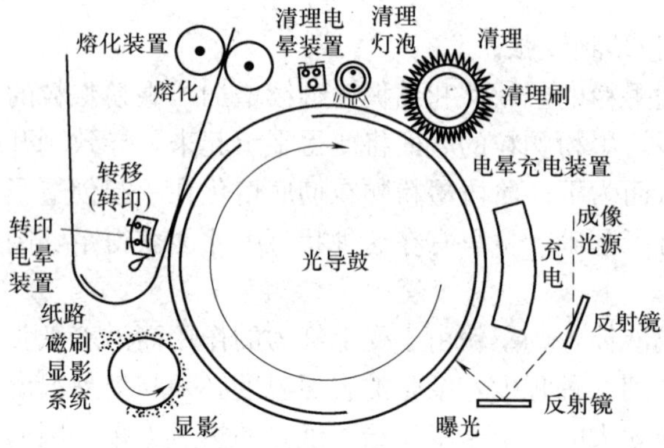


图 2-4　静电照相的六大工艺步骤

充电过程发生在静电照相工艺的开始阶段，完整的工艺步骤如图 2-4 所示。为了满足印刷和其他工业领域对快速复印和打印的设备性能要求，必须采用与系统对快速输出能力要求相一致的充电装置，并非任意充电方法都可以使用的。卡尔逊发明静电照相技术并产生转印图像时使用了相当原始的充电方法，显然不能满足高速复制的要求。大量文献报道以及激光打印机、发光二极管打印机和静电照相数字印刷机实际采用的技术表明，以电晕导线或电晕管为充电装置最为合理。

在静电照相成像过程中，光导鼓是形成图像（静电潜像和墨粉像）的重要基础，但构成光导鼓的光导材料本身并不具备静电照相所必需的感光性能。由于这一原因，光导鼓必须在暗状态下经过表面充电，即使其敏化后，才具有感光的性能。充电是向某种物体及其表面充以满足数量要求且带有一定极性电荷的过程，它是静电照相成像在光导鼓上形成静电潜像的重要前提，充电质量的高低将直接影响复印品质量的优劣。由此可见，在对光导鼓充电时，应使光导鼓表面的电荷均匀分布，且达到需要的电位。

电学意义上的电晕是一种带有高电压电极的电流增大过程，可能持续不断地发生，电极处于中性的流体（通常为空气）中，通过流体的离子化在电极周围形成等离子体。电晕过程产生的离子最终穿过邻近低电压区域的电荷，或重新组合后形成中性的气体分子。

电晕现象的产生往往与流体环境有关，尽管静电照相复制系统中不存在处于液体状态的流体，但光导体周围的气流环境却总是存在着的。一般来说，当电压梯度在流体的某一位置积聚得足够大时，该位置的流体就有离子化或离子化的倾向，变成导电区域。如果被充电对象有尖利的（突出）点，则该尖利点周围的空气将处在比其他位置高得多的电压梯度作用下，如此则邻近电极的空气可能被离子化而局部导电，但距离更远的空气则不会离子化，从而也不可能局部导电。当靠近某一点的空气变得导电时，该点就有使导电体尺寸明显增加的效果。由于新出现的导电区域缺少尖利点，因而空气的离子化可能不会穿过该区域继续发展。在已经变得离子化和导电区域的外部区域，充电粒子将慢慢地“发现”通向带电特性相反的对象，达到中和状态。

若几何条件和电压梯度达到一定的程度，以至于离子化区域继续增长而不能在特定的范围内停止下来，则可能组成完整的导电路径，导致瞬时的电火花或连续的电弧放电。

电晕充电和放电往往涉及两个几何上不对称的电极，才能形成高电压梯度。在一组不对称电极对中，一个电极呈高度弯曲的形状，比如细针的尖端或直径很小的电线；而另一个电极的弯曲度较低，例如平板状的电极或地面。这样，弯曲度高的电极就为高电压梯度创造了条件，容易在该电极的周围产生等离子体。

为了满足对光导体的充电要求（从而也反映后端复制工艺对光导体的电荷需求），电晕充电装置必须考虑单位面积的电荷量。若以 $\sigma_p$ 标记单位面积电荷，且这些电荷将通过充电装置“放置”到光导体表面，则该单位面积带电量与加到光导体上的电压有关，决定于显影工艺所要求的电压 $V$ 的一阶值（约等于 600V）和光导元件表面涂布的光感受层的厚度。一方面，光感受层应制作成尽可能薄，主要出于制造成本考虑和电荷传输效率；另一方面，光感受层又应该有足够的厚度，以避免发生介质击穿现象。对有机光导体制成的光感受器而言，其电介质强度（绝缘强度）大约 30V/μm，因而有机光导层的厚度必须达到 20μm。确定光感受器需要的单位面积电荷时可直接应用高斯定律，即

$$V = E_p d_s = \frac{\sigma_p}{\varepsilon_0} \frac{d_s}{K_s} \tag{2-1}$$

式中以 $E_p$ 表示光导部件感光涂布层（以下简称为光导体）的内电场，用 $d_s$ 标记光导体的厚度，$K_s$ 是光导体的介电常数（典型有机光导体的介电常数约等于 3），而 $\varepsilon_0$ 则代表自由空间介电常数。根据上述标记的含义和典型有机光导体及非晶硒的介电常数可知，光导部件由有机光导体制成时要求的单位面积电荷 $\sigma_p = 80\text{nC/cm}^2$；由于非晶硒光感受器的电介质强度（绝缘强度）为 10V/μm，介电常数 $K_s = 6.6$，因而可确定光导层厚度 $d_s = 60\mu\text{m}$，单位面积电荷 $\sigma_p = 60\text{nC/cm}^2$。

如果有足够高的电压加到电晕充电装置的两个电极之间，则电晕导线附近的空气被离子化；与电晕导线相同极性的离子受电场的“扫射”作用而朝向光导体和接地极；当接地电流为无源（电流）时，它通过强制操作条件远离击穿阈值而为电晕充电装置提供足够的稳定性，分子本质上受电晕装置的作用导致离子化。

## 二、曝　　光

对静电照相复制工艺来说，曝光是放电的同义词，两者至少在物理效果上等价，因为曝光的结果导致光导体表面局部区域放电。根据 L. B. Schem 所著“静电照相与显影物理”一书给出的定义，曝光过程指来自原稿图像表面的反射光（复印机）或激光器或发光二极管产生的光（打印机和数字印刷机）对通常情况下为绝缘体的光导体放电，产生静电潜

像，一种产生于光导部件表面涂布层的电荷图案，反映被转移成实际图像的信息。

由上述定义不难看出，静电复印机与激光打印机或发光二极管打印机乃至于静电照相数字印刷机的曝光过程略有区别。在静电复印机中，灯泡发出的光线照射到被复制文档表面并反射，再利用反射光线在已均匀充电的光导材料表面曝光，形成静电潜像；由于打印机或数字印刷机复制的对象是数字文件，因而激光束或其他光源发出的光束不能直接投射到光导体表面，必须先经过调制，转换为控制光束打开或关闭的控制信息，才能对光导材料曝光，形成表面电位不等的静电潜像。

光导材料的感光灵敏度与光源的能量密度和波长有十分密切的关系，这意味着光源技术参数必须与光导材料的感光灵敏度良好匹配。然而，由于任何光源的能量密度和波长不可避免地总会限制在一定的范围内，因而静电照相复制工艺对光导材料的物理特性要求极其严格，它们必须能保持表面电荷的高密度，以及足够大的内电场强度。为了在曝光时使光源发出的光能转换为电子-空穴对，光导材料必须有高的量子能，且电荷应该有足够的能量穿透光导材料厚度，经历的穿透时间比起整个成像时间来短得多，这就要求光导材料有相对高的电荷传输率。

一般来说，曝光（放电）过程要求的光强度是光源波长的函数。理论研究结果和工程实践经验表明，当成像光源的波长与蓝光波长一致时，放电效率达到最高，蓝光波长因而成为非晶硒光导材料的有效放电波长。光源波长超过 550nm 后，非晶硒图像载体的工作灵敏度明显下降。后来发现，硒碲或硒砷化合物的有效放电波长扩展到红光，因而这些化合物制成的光导体可使用光源的选择范围更宽。

从生产工艺角度考虑，实现静电照相复制还需考虑到成像过程的连续性，才能保证复印机或打印机能不间断地工作，因而要求光导材料的电荷捕获密度低，使得在前一次成像时捕获的电荷不会导致后面曝光产生的静电潜像的畸变。

静电照相技术初始阶段通过使非晶硒蒸发到金属鼓式零件的工艺生产光感受器，后来光敏层改成有机光导材料，涂布到掺铝的聚酯薄膜网状表面。鼓形元件并非光感受器的唯一形式，也可以加工成带状或卷筒供给方式。虽然非晶硒通常仅传输空穴，但实际上却等价于传输了空穴和电子两者，到达充有正电荷的顶部表面。第一代有机光导体开发成功后使选择广泛范围的材料变成可能，并首次出现了两层有机光感受器结构，如图 2-5 所示。

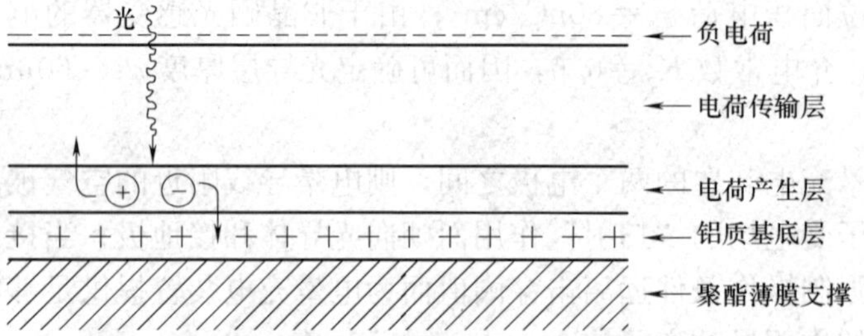


图 2-5 双层结构的有机光导体光感受器

潜像产生层内的电子-空穴对由光源发出的光子形成，然后被内电场分离为互相独立的电子和空穴，且空穴在外加电场的作用下将发生跨越电荷传输层的漂移。尽管目前复印机和打印机的使用极为普遍，但光导材料在曝光时表现出来的成像机理却颇为复杂，某些过程至今尚无法确切地予以解释。但有一点很清楚，那就是无机光导材料和有机光导材料有类似的潜像生成和电荷转移特性，均可以在光源的作用下曝光成像。成像系统工作时，激光器或发光二极管发出的光脉冲作用到光导鼓或光导皮带上的位置与页面的图文部分对应，电晕充电装置产生的均匀分布电荷在光脉冲作用下因曝光而使部分区域放电，待印刷图像由激光束或发光二极管阵列发出的光束改变电位，从而形成静电潜像。

图 2-5 中的发光（光发生）层很薄，厚度小于 1$\mu$m，与较厚的电荷传输层（厚度约 20$\mu$m）分离开来。有时还可能在图 2-5 所示的结构中增加第三层（阻挡层），以减少来自基底材料的空穴注射效应。由于采用了上述结构，发光（光产生）层和电荷传输层就可以相互独立地优化处理。大多数有机光导体的传输层仅传输空穴，而发光层又往往放置在传输层的下面，所以有机光导体的顶部表面必须充以负电。尽管有机光导体的制造成本较低，但使用寿命通常更低，因为柔软的聚合物材料容易很快地磨损，或由于光化学作用而导致被捕获电荷堆积起来，这同样会降低使用寿命。

光导鼓另一个值得注意的特征与捕获的电荷有关。经过几次重复的工作周期后，光导体表面涂布层内部通常会发生一定数量的电荷变成捕获状态，光线无法使这些电荷消散。单位体积内被捕获的体积电荷量 $\rho_T$ 与残留电压 $V_R$ 的关系可按下式计算：

$$V_R=\frac{e\rho_T d_s^2}{2\varepsilon_0 K_s} \tag{2-2}$$

残留电压必须保持与静电潜像形成的电压相比更小，近似于 600V，该数值由显影系统要求所决定。作为估计数值，我们将假定残留电压 $V_R$ 必须维持在小于 100V。利用公式（2-1）给出的关系，上述要求对应于体积电荷密度 $\rho_T=8\times10^{13}\ \mathrm{cm}^{-3}$，有机光导体层厚度 $d_s=20\mu$m，介电常数 $K_s=3$；光感受器材料为非晶硒时，体积电荷密度 $\rho_T=2\times10^{13}\ \mathrm{cm}^{-3}$，感光层厚度 $d_s=60\mu$m，介电常数 $K_s=6.6$。这些参数对应的电荷捕获水平之低令人不可思议，大约相当于 $10^8$ 个分子中捕获 1 个，而每个立方厘米也就 $10^{22}$ 个分子。自然界中存在的任何一种此类材料都值得重视，它们通常是玻璃状或非结晶材料。

## 三、显　　影

显影对胶片摄影是必要的，静电照相与摄影类似，也需要显影工艺，相当于传统印刷机的输墨过程。显影定义为通过静电照相充电并经颜料着色的颗粒状（称为墨粉）物质转移到潜像区域的过程，墨粉颗粒直径约等于 10$\mu$m。借助于电荷在光感受器上建立的电场作用，墨粉颗粒黏结到静电潜像，转换成视觉可见的墨粉图像。

喷流式显影是早期静电照相技术最成功的显影系统，在此基础上曾经产生过不少设想和试验，以改善喷流式显影的效率，例如气雾显影、降落显影、毛刷显影、双组分液体显影、单组分液体显影和热塑性显影等。

20 世纪 60 年代后期，施乐已经使复印机成为最重要的文件复印设备，有效地取代了原来需使用特殊纸张的复制工艺，公众对使用复印技术的观念也从复印的方便性转移到使用复印机的必要性。同时，对静电复印技术高质量和高工作速度的要求也变得越来越明显，市场呼唤着新一代的显影技术，因此用磁刷显影系统替代喷流显影系统成为不可阻挡的趋势。磁刷显影技术由美国无线电公司在 20 世纪 50 年代发明，而世界上首台采用磁刷显影工艺的复印机则由 Charles Bruning 公司在 20 世纪 60 年代初期制造。

比起喷流显影技术来，基于绝缘磁刷显影工艺的静电复印机产生的复制品实地密度和线条边缘清晰度均得到了有效的提高，复制质量的改善效果是明显的。但经过一段时间的使用后，人们发现柯达 Ektaprint 静电复印机的复制质量又是绝缘磁刷显影静电复印机所无法比拟的，实地密度和线条的边缘清晰度更高。按照黑白复制结果评价的两大主要质量指标，静电照相的复制质量产生了质的飞跃。复印质量的快速提高得益于采用了一种新的显影技术，这就是导电型磁刷显影（Conductive Magnetic Brush Development）。

导电型磁刷显影与绝缘型磁刷显影的主要区别是载体颗粒的形状，绝缘型磁刷显影使用的双组分墨粉的载体颗粒为球形，而导电型磁刷显影则采用了外观形状“粗糙”的载体颗粒。从墨粉颗粒与载体颗粒相互结合的有效性角度考虑，墨粉颗粒“黏结”到载体颗粒的密度，乃至于双组分墨粉能否与光导零件表面产生有效的结合力和墨粉本身的导电能力等多方面考虑，载体颗粒的“粗糙”形状比规则圆形显然更合理，对提高复制质量十分必要。从图 2-6 所示的载体颗粒外观形态可以看出，球形载体颗粒和海绵状载体颗粒形状的巨大差异，图中的“粗糙”载体颗粒称为海绵载体（Sponge Carrier）。

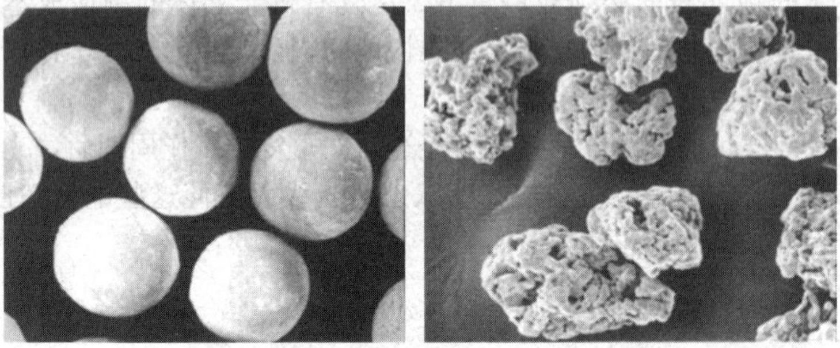
(a) (b)

图 2-6 球形载体颗粒与海绵状载体颗粒
（a）球形载体 （b）海绵载体

海绵载体又称为海绵铁（Sponge Iron）或海绵钢（Sponge Steel），取决于颗粒核是多孔性物质还是实心物质。在扫描电镜下观察，粗糙载体颗粒的外观呈海绵状，海绵载体因此而得名。由于载体颗粒外观的不平整特性，使载体颗粒形成链状结构时只能附着在下凹处，凸起部分不能附着，因而海绵状载体颗粒的链状结构提供了导电路径。球形载体颗粒形成的链状结构由于绝缘而不能形成导电路径，致使在靠近光导鼓的部位产生电荷堆积，限制了绝缘型磁刷显影系统的复制质量。与此对应的是，海绵载体颗粒形成的链状结构将因其导电性而改善显影性能，从而也改善了复制质量。

只要光感受器的充电极性确定下来（例如有机光导体充负电荷，非晶硒光感受器充正电荷），则静电照相设备的墨粉带电极性也随之确定，例如静电复印机的墨粉充电极性通常与光感受器带电极性相反。静电潜像在光感受器已有的充电区域形成，由于墨粉电荷和静电潜像电荷极性相反，因而复印机的显影方法称为充电区域显影，如图 2-7 所示。

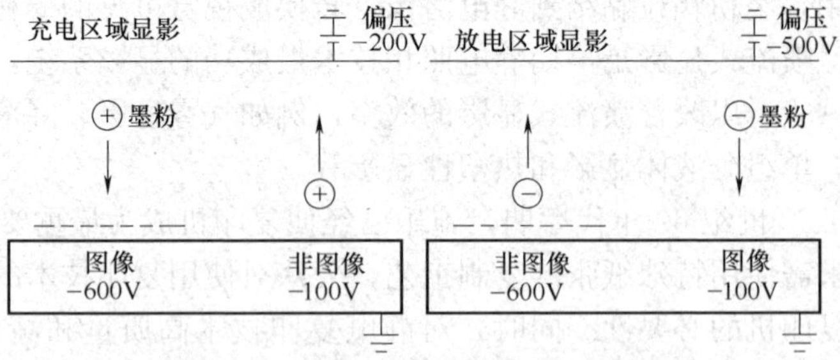


图 2-7 充电区域和放电区域显影比较

打印机通过激光束或发光二极管对光导体曝光，放电对象可以是页面的白色区域（模拟复印机）或图像区域（打印机），后者通过放电区域形成静电潜像。借助于改变作用到显影系统滚筒的偏压和墨粉的带电极性，可以产生相同的静电结果，这种工艺称为放电区域显影。关于充电区域显影和放电区域显影的区别（比较）和物理原理可参阅图 2-6。

对导电型磁刷显影系统显影质量的定量计算公式可以从平衡理论推导出来，用单位面积内的显影量 $M/A$（Mass per unit Area）表示，称为面积显影量。实验数据表明，导电型磁刷显影系统产生的面积显影量确实高于绝缘型磁刷显影系统，但没有平衡方程预测出的数字那么高，为此需对平衡方程作适当的修正。考虑到推导面积显影量及其修正公式需要很多篇幅，且涉及表面物理的不少概念，因而不再展开。

液体墨粉显影曾一度流行过，其物理基础是电泳现象，带电墨粉颗粒悬浮在非导电的绝缘液体中，墨粉和绝缘液体的密度相等。墨粉颗粒的移动是静电潜像产生的电场的作用结果。除电泳显影系统外，也有其他液体墨粉显影技术，但没有商业产品问世。

电泳现象在许多情况下用来沉积电荷，早在 1955 年时就有人提出可以在静电照相成像系统中利用电泳现象显影，认为液体墨粉显影将显示出其他显影工艺无法比拟的优点，既能获得只有喷流显影系统才能产生的高对比度的线条类图像，也能达到气雾显影系统才能获得的半色调图像质量。1957 年，使用液体墨粉显影技术的打印机问世，通过阴极射线管在非晶硒光导材料上曝光。液体墨粉显影技术在复印机上最成功的尝试应首推日本理光公司，尽管理光液体墨粉显影静电复印机的输出速度算不上高，但机器尺寸小，且使用成本很低，工作可靠性也很高。液体显影技术最成功的现代应用当数 Indigo 研制的数字印刷系统，彩色图像复制质量与胶印无多大区别，该数字印刷系统的设计者称之为二值油墨显影技术。此外，液体墨粉显影技术也可用于显影离子成像形成的电荷图像。

## 四、转　　移

墨粉转移与传统印刷机的转印工艺含义相同，定义为显影后吸附于光感受器表面的墨粉通过由电晕装置充电转移到纸张。静电照相设备的充电过程通常在纸张的反面进行，目的在于使纸张带有与墨粉颗粒极性相反的电荷。

由于纸张分布电荷引起的电场对墨粉颗粒有作用力存在（不妨称之为吸引力），于是控制墨粉转移的物理行为可能与吸引力和黏结力之间的“竞争”相关联便成为合理的推测。上面提到的黏结力作用于墨粉与光导体间，而吸引力源于纸张电荷对墨粉的吸引作用。根据 Andrus 和 Hudson 对转移（印）工艺的研究成果，静电照相复制系统对转印过程的控制取决于两个因素，一是纸张背面充电后形成的静电场对墨粉颗粒的拉力，二是墨粉颗粒与光导鼓或光导皮带表面的黏结力。由此可见，为了成功地实现墨粉颗粒从光导体到纸张的转移，必须保证纸张对墨粉的拉力大于墨粉与光导体的黏结力。

在正常情况下，并借助于特定的实验手段，就可以观察到转移期间墨粉尺寸的某些行为差异，要求转移过程墨粉的平均直径比显影过程墨粉的平均直径略大。显影和转印对墨粉来说是一对矛盾，必须满足先吸附到光导体表面、再转移到纸张的双重条件。两者比较，显影条件应首先得到满足，因为转移过程对墨粉的平均直径没有特殊要求，而如果显影墨粉的平均直径越小，则墨粉颗粒与光导体表面的黏结力越大。符合上述特征的转印系统确实有助于改善静电照相系统的复制质量，因为这种转印系统更倾向于“拒绝”成像信号错误的墨粉出现在背景内，或吸附到靠近字符边缘的反向散射电场。

转印过程有直接转移和间接转移之分，前者指墨粉颗粒从光导部件的表面直接转移到纸张表面，为确保墨粉颗粒的有效转移而需要在纸张反面充电，如图 2-8 所示，为普通的台式打印机所采用；间接转移指墨粉颗粒先转移到中间介质（转印带）后再转移到纸张的

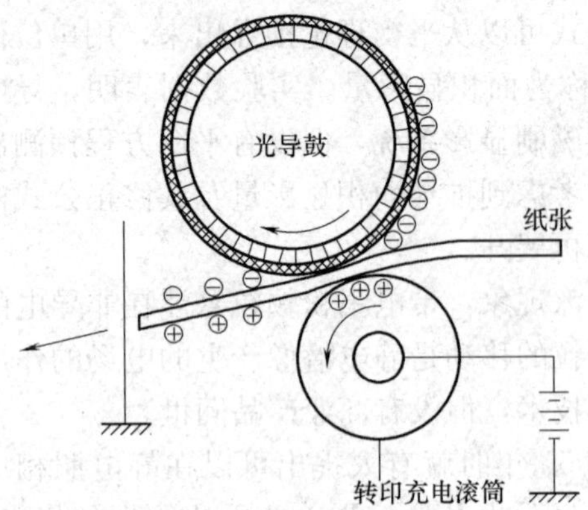

图 2-8　直接转移示意图

工艺，这种技术通常用于高性能的静电照相数字印刷机，印刷质量更高。

从充电开始，光导材料的表面电压经历多次变化。以有机光导体为例，由于这种光导材料对激光或发光二极管打印机适合于写黑系统，因而光导鼓表面充以负电荷，放电的是图像区域；曝光后图像区域电位下降，非曝光区域电位不变；到转移阶段时因需要对纸张充电，假定纸张如图 2-8 所示那样充正电荷，则曝光和未曝光区域电位均会上升；转移过程结束后，开始新一轮的静电照相过程。光导材料表面电压变化如图 2-9 所示。

由于显影和转印过程对墨粉的不同要求，墨粉对光导体的黏结力一直是许多研究工作者讨论的重要问题，关于黏结力究竟主要源于图像力还是 van der Waals 短范围（短期）力上的争论也始终未曾停止。到 20 世纪 80 年代末时，对于黏结力的争议似乎因墨粉表面电荷的非均匀分布而有终止的迹象，因为电荷的这种非均匀分布或许确实需要考虑。

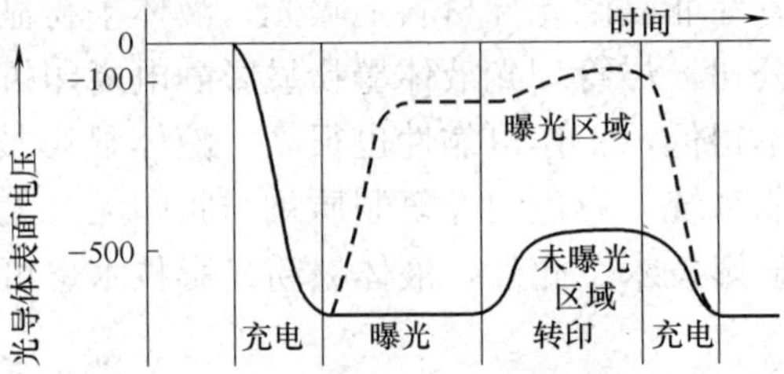

图 2-9　光导体的表面电压变化

由 Yang 和 Hartmann 两人完成的工作无疑是良好的开端，他们提出的转移（印）模型认为墨粉黏结力可以处理为常数，这意味着光导体的存在可以忽略。他们预测了向光导体表面运动和转移与非转移界面上的墨粉需要的最小转印电压，这种转移模型建立在假定转印效率为 100%的基础上。根据一般的物理知识判断。在低转移效率条件下，实验数据支持这种模型。由 Hida 等人开展的转移系统特征参数研究成果表明，由于造成转移的库仑力与墨粉电荷成线性关系，而黏结力则与墨粉电荷成二次关系，因而有可能预测并观察到转移工艺需要的最佳墨粉电荷。如果以墨粉电荷对墨粉质量之比 $Q/M$ 表示最佳墨粉电荷，则 $Q/M$ 等于：

$$Q/M=\frac{\sigma_{tr}}{2\rho_t p_t d_t} \tag{2-3}$$

式中的 $\sigma_{tr}$ 表示纸张背面单位面积电荷量，而 $\rho_t$、$p_t$ 和 $d_t$ 则分别代表显影墨粉密度以及填料和墨粉层厚度。当 $|\sigma_{tr}|=32nC/cm^2$ 时，或者转移行为与墨粉符号（带电极性）无关，或者与墨粉来自双组分或单组分显影系统无关，预测和观察结果均表明最佳 $Q/M$ 在 14～20$\mu$C/g，与墨粉层厚度为 30$\mu$m 时式（2-3）的计算结果一致。

综上所述，静电照相理论工作者在墨粉颗粒与光导体表面黏结力的问题上开展了很多研究工作，争论的焦点集中在墨粉黏结力是否源于静电潜像，以及黏结力的作用范围。在相当长的时间内，多数研究工作者认为墨粉与光导体的黏结效应源于墨粉颗粒电荷的简单静电黏结作用，即黏结到起黏结作用的表面的感应电荷。然而，施乐 Dan Hays 等人的实验结果却发现事实并非如此，黏结力至少比简单模型预测的数值高一个量级，归结为简单模型通过将总电荷集中到对象的中心表示充电对象，因而问题在于假设模型的简单性。静电黏结模型后来由 Hays 引入非均匀电荷分布予以修正，柯达的 Don Ramai 则引入非静电黏结力的概念再次修正了该模型，但每一种修正模型仍然与实验数据有差异或矛盾。

许多年来，修正模型与实验数据间相互矛盾始终是一个谜，但这个谜终于在最近得以解开。黏结力大于理论预测值是由于电荷的不连续性，因为某些电荷可能离静电力最强的接触点很近，这一工作由 Torrey Pines 研究所的 W. Stanley Czarnecki 和 Aetas 系统公司的顾问 Schein 完成。描述实验数据的静电黏结物理照片表明，每一接触点均存在静电黏结。为了使黏结力最小化，接触点的数量也需要最小化。

## 五、熔　　化

墨粉颗粒从光导体转移到纸张表面后，事实上还没有完成转印过程，因为此时墨粉颗粒还“浮”在纸面，必须加热使之熔化，借助于墨粉内树脂与纸张的黏结力才能建立永久性图像。墨粉熔化并牢固地黏结到纸张本质上属于热动力学研究的范畴，但考虑到墨粉颗粒已经转移到了纸张表面，转印效果主要取决于墨粉的熔化工艺，因而对熔化过程的工程分析主要集中在材料的热动力性能研究上，不但要研究材料的热作用机理，还要研究墨粉结构成分（材料）的流变性能和纸张渗透性能。对墨粉结构材料热特性的基本要求是软硬适中，显影阶段墨粉颗粒吸附到光导材料表面后要硬到不能熔化，且能承受温度较高的存储环境；而在熔化阶段则又必须足够软，即在加热装置作用下能迅速变软直至熔化。

静电照相数字印刷机通常使用由两个滚筒组成的熔化装置，挤压已经转移到纸张表面的墨粉颗粒，其中至少有一个滚筒经过加热，图 2-10 给出了常见熔化系统之一。聚合物适合于用作滚筒熔化装置处理的墨粉结构材料，不会在熔化后黏结到滚筒上，且能承受高温作用（熔化装置的加热温度在 180℃左右）以及因温差而导致的热应力。可见，静电照相数字印刷技术对墨粉的热特性要求相当高，为此需对墨粉的流变性能作优化处理，要求在制备墨粉时材料能合并为颗粒，转印和熔化时又能迅速扩散并渗透到纸张纤维中。

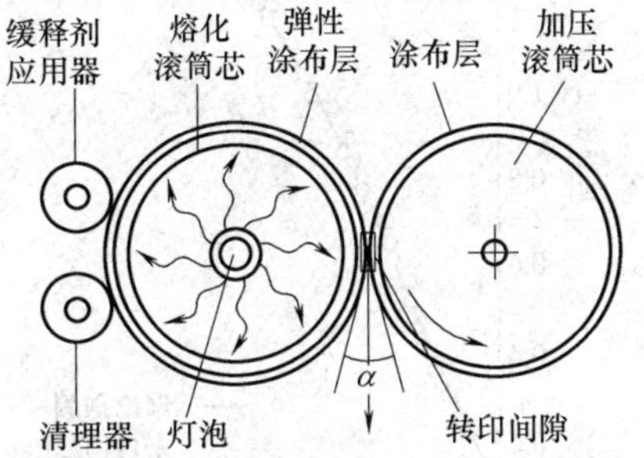


图 2-10　熔化滚筒转印间隙与硬质加压滚筒熔化系统

迄今为止，滚筒熔化系统仍然是广泛采用的方法，这种系统由两个滚筒组成，其中至少有一个滚筒起加热作用，称为熔化滚筒；与熔化滚筒同时起作用的还有加压滚筒，正常情况下无需加热。两个滚筒中总有一个滚筒的表面强度更弱，当“软”滚筒与另一滚筒一起操作时会产生变形，从而组成转印间隙。

根据转印间隙形成方法的不同，熔化滚筒系统（装置）可取三种形式之一。第一种熔化装置称为熔化滚筒转印间隙与硬质加压滚筒熔化系统，其含义是仅仅由熔化滚筒的形状变化形成转印间隙，加压滚筒不能变形，对转印间隙宽度无贡献。第二类熔化系统与第一类系统的区别主要表现由加压滚筒的变形构成转印间隙，熔化滚筒不变形，尽管熔化滚筒表面也由质地坚硬的材料制成，但不如加压滚筒那样坚硬。第三类熔化系统是加压滚筒转印间隙和软质表面熔化滚筒的组合，转印间隙基本上由加压滚筒的变形产生，虽然这种熔化滚筒表面是软的，但其变形对转印间隙宽度没有明显影响。三者比较，第三类熔化系统综合了第一类和第二类熔化系统的优点。

出于简化的原因，假定熔化过程仅涉及一种墨粉（例如黑色墨粉），则熔化过程结束后由于固定于纸张表面的黑色墨粉覆盖了特定的区域，从而降低纸张的反射系数（彩色墨粉类似），使眼睛感受到图像的黑色程度。根据 Castro 和 Lu 的研究结果，黏结到纸张表面墨粉的反射系数与沉积墨粉单位面积质量间存在确定的关系，他们考虑到了光线通过纸张的扩散效应以及测量设备的光学特征，后者指测量仪器通常以准直的光束沿相对于纸张法线成 45°的方向聚焦到纸面，并收集靠近法线的光，再得到反射系数。根据反射系数测量结果不难换算成密度值，因而 Castro 和 Lu 得出的光学反射密度 $D$ 表示为：

$$D=-\log_{10}\{R_{\mathrm{P}}\mathrm{e}^{-2.88(M/A)\langle A/M\rangle}+R_{\mathrm{T}}[1-\mathrm{e}^{-(M/A)\langle M/A\rangle}]\} \tag{2-4}$$

式中的数字 2.88 来自分析结果，表示墨粉区域受阴影作用的放大效应；$M/A$ 代表单位面积的墨粉质量，两端加一对尖括号的标记 $\langle M/A\rangle$ 表示墨粉平均投射面积除以墨粉平均质量得到的商；$R_{\mathrm{P}}$ 和 $R_{\mathrm{T}}$ 分别代表纸张反射系数和墨粉反射系数。在二次项可以忽略不计的条件下，公式（2-4）可以简化为：

$$D=-\log_{10}R_{\mathrm{P}}+1.25(M/A)\langle M/A\rangle \tag{2-5}$$

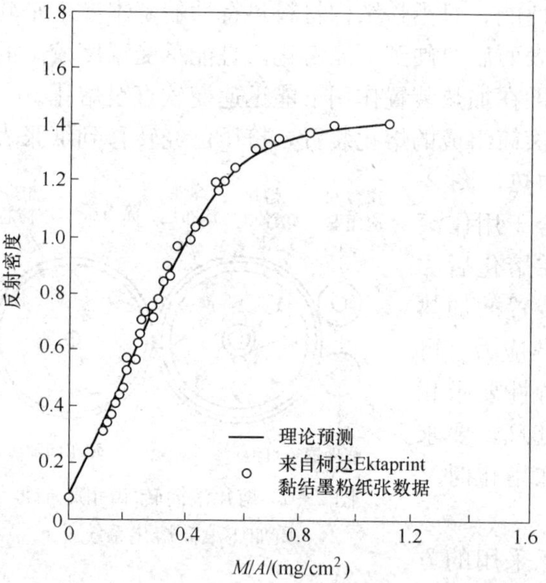


图 2-11 反射系数与单位面积质量的关系

上式说明密度 $D$ 与 $M/A$ 成线性关系，当 $M/A$ 低于 0.8mg/cm² 时通常可观察到这种线性关系，图 2-11 所示理论计算和实验数据是对于简化计算公式很好的说明。图中的空心圆代表从柯达 Ektaprint 复印机得到的测量数据，实线由式（2-4）计算得到。

## 六、清 理

静电照相复制技术的最后工艺步骤，定义为利用电晕装置、灯泡、刷子或刮刀等工具清除多余下来的残留墨粉，为此还需要对光导体作放电处理。

所有未转移（包括显影和转印两个过程）的墨粉以及全部的剩余电荷必须从光导部件表面彻底清除，才能开始下一静电照相复制周期。清理步骤看似简单，却需要使用几种子系统，包括通过光线作用对光导体放电，目的在于降低未转移墨粉的静电黏结力；通过交流电晕装置对残余墨粉放电，使墨粉电荷接近于 0；最后以机械方式清理，例如利用刷子擦除剩余墨粉。除上述对光导体和残留墨粉起清理作用的子系统外，还需要对清理装置本身起清理作用的子系统，基于刷子的清洁子系统由真空部件和过滤器组成。

从以上描述可以归纳出静电照相数字印刷机清理系统的基本结构和特点，清理系统通常采用机械和电子组合清理部件，其中机械清理方法适合于清除成像鼓表面的残留末粉颗粒，包括“刷”和“吸”两种方式；电子清理主要针对成像鼓表面的残余电荷，对成像鼓表面作均匀曝光只是措施之一，也可以采用对成像鼓加交变电场的方法，但目的只有一个，那就是恢复成像鼓表面的初始电极性状态。清理作业完成后，成像鼓表面呈电中性状态，也不再带有墨粉颗粒，说明下一步成像操作的条件已经具备，成像鼓表面可再一次充以均匀电荷，并按下一印刷作业需要的待印刷页面内容成像和转印。

不同的静电照相数字印刷系统可能采用不同的清理技术，例如奥西静电照相数字印刷系统采用图 2-12 所示的清理部件，属于典型的机械/电子清理组合。从该图可以看出，奥西静电照相数字印刷系统用抽吸装置（离心机）清理成像鼓表面的剩余墨粉颗粒，残留在成像鼓表面的电荷则利用放电灯泡去除。

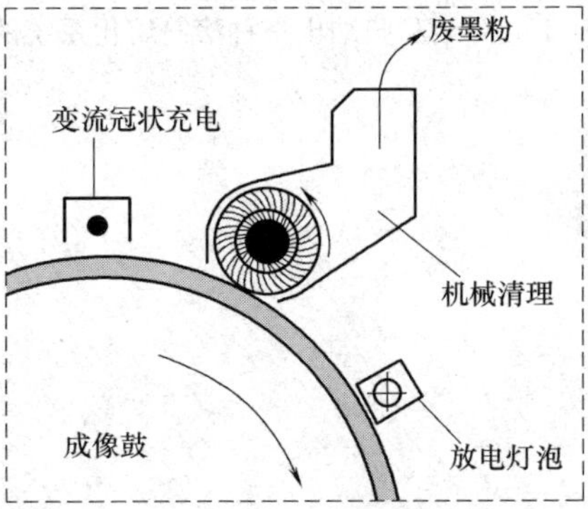

图 2-12 奥西静电照相数字印刷机的清理部件

如同在转移（印）步骤中发生的那样，清理过程的物理效应也与两种力的竞争作用相关联，即墨粉与光感受器的黏结力以及由清理装置引起的对墨粉的作用力。也许正是清理工艺与转印步骤物理效应类似的原因，有关清理工艺和设备的系统性研究工作开展得相当有限，只有少量报道，例如 De Palma 发表在摄影科学与工程杂志上的 IBM 3800 打印机子系统残留墨粉清理研究一文讨论了旋转刷的清理能力，他认为这种清理方法的实际效果主要取决于与光导体发生碰撞的刷子的纤维数量。在磁刷清理方面有 Harpavat 于 1975 年发表在 IEEE IAS 年会上的论文，他讨论的主题是磁刷显影系统的静电场剥离模型，主要研究工作与机械清理有关，分析用刮刀清理残留墨粉的作用机制。而 Abowitz 和 MacMillen 等所做的研究主要涉及清理工艺的材料需求。

研究结果表明，如果对磁刷显影系统施加合理的偏压，则这种原本用于显影的系统也可用作清理装置，即墨粉可以从光感受器"显影"到载体颗粒。推测起来，磁刷清理工艺的物理原理与磁刷显影系统的物理效应有关，但目前公开发表的论文尚未开展这种研究。

## 复习思考题

1. 根据本章对卡尔逊成功地复制出文字图像工作过程的描述，比较卡尔逊时代静电照相复制工艺与现代技术的区别。

2. 为什么说 20 世纪 50 年代是静电照相技术的快速发展时期?

3. 去图书馆找一本半导体物理或有关专业图书，从能带隙理论角度说明金属导电和绝缘体不导电的物理原因。

4. 静电照相技术如何改变光导体的电气特性?

5. 何谓本征光电导率?

6. 假定墨粉颗粒的形状为理想球形，所有的墨粉颗粒直径等于 12μm，并假定熔化后在纸张表面形成 2μm 且厚度均匀的圆形墨点，如果一粒墨粉组成的记录点独立承担复制任务，试计算这些条件下打印机可以达到的记录分辨率。

7. 叙述墨粉制备从机械粉碎工艺转移到化学工艺的主要理由。

8. 测量各种墨粉的玻璃渐变阈值温度和动态黏度对熔化系统设计有什么意义?

9. 根据墨粉和纸张的热容量差异评价熔化能量损耗于哪一种物质。

10. 为什么电晕充电和放电需要两个几何上不对称的电极?
11. 比较静电复印机和激光打印机曝光的区别。
12. 总结导电型磁刷显影印刷质量高于绝缘型磁刷显影的主要理由。
13. 显影和转印过程对墨粉的矛盾要求体现在哪里?
14. 为何传统墨粉黏结模型不能准确地预测墨粉与光导体的黏结力?
15. 总结和归纳出三种滚筒熔化系统的共同点和区别。

# 第三章　静电照相数字印刷机结构与系统设计

静电照相数字印刷机的结构和系统设计必须与光导体表面的充放电过程、墨粉充电和显影、转印、熔化（包括定像或定影）工艺所依赖的物理效应匹配，还需要考虑必要的辅助设施，例如清理和调节、输纸和收纸、纸处理和印后加工等，除辅助功能外，六大工艺步骤中的每一步均会影响最终的复制质量。

## 第一节　印 刷 单 元

根据第二章讨论的结果，静电照相复制工艺划分成充电、曝光、显影、转印、熔化和清理六大步骤。静电照相打印机和数字印刷机采用与传统印刷机类似的单元设计概念，除纸张处理等辅助部件外，彩色静电照相打印机或数字印刷机的核心部分由多个印刷单元构成，可以划分为成像子系统、显影子系统、转印子系统和清理子系统。

### 一、单元设计概念

除极少数特殊的数字印刷技术外，其他数字印刷技术与传统印刷类似，也采用多色油墨叠印的方法产生彩色图像。尽管已经有少量的具备超过四色复制能力的机器，但大多数彩色静电照相打印机或数字印刷机仅提供四色套印能力。然而，彩色静电照相打印机或数字印刷机使用多少种油墨颜色对讨论单元设计概念并无影响，对整机系统而言增加油墨颜色只是增加印刷单元，因为系统包含的每一个印刷单元都是相同的。

从单元设计角度考虑，传统印刷机的每一个印刷单元都设计成具备完整的功能，且各印刷单元应各自独立，通过结构设计使所有单元按特定的方式排列，相互连接起来形成完整的系统。考虑到某些易损件更换的需要，惠普公司提出可更换墨粉盒的概念，彩色静电照相复制系统显示出自己的特殊性，这意味着印刷单元的各子系统没有必要装配成整体的形式，某些部件可以从机器本体独立出来。尽管如此，可更换的部件与固定部件组合起来后仍然形成功能完整的印刷单元，并不妨碍单元设计概念的实现，如图 3-1 所示。

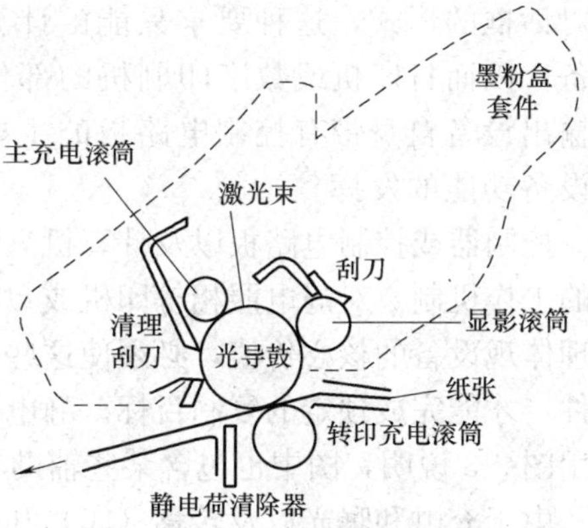


图 3-1　可更换部件与固定部件配合后形成完整的印刷单元

在图 3-1 给出的例子中，由成像部件（包括有机光导体和激光器）、显影部件和清理部件组成墨粉盒套件，成像部件中包含有机光导体是因为这种图像载体的使用寿命不长。如果图像载体改成使用寿命达几十万印的非晶硅，则通常会放在系统的固定部分。

彩色静电照相数字印刷机采用类似的设计思想，某些部件也从整机独立出来，以便墨

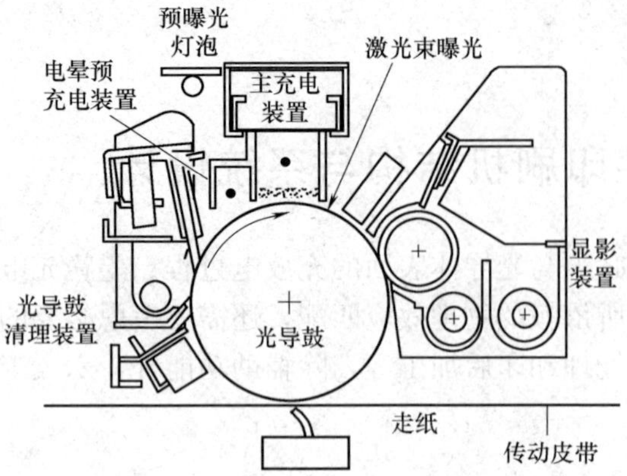

图 3-2 彩色静电照相数字印刷机印刷单元的例子

粉用完后由用户自行更换，无需专业人员赶到现场服务。为了确保数字印刷系统高效率地工作，印刷单元结构比起打印机来要复杂得多，例如图 3-2 所示的印刷单元。

彩色静电照相数字印刷系统采用单元设计思想及其数字控制的本质并不意味着必须为每一个印刷单元单独配置计算机和栅格图像处理器，因为一台计算机解释的数据可以为多个印刷单元所利用，只要将计算机产生的成像信号分配到各印刷单元即可。

## 二、印刷单元的功能配套

无论采用何种成像技术的彩色打印机或数字印刷机，印刷单元必须包含成像部件，对彩色静电照相打印机或数字印刷也不例外。从整机角度考虑，静电照相打印机或数字印刷机还应当包含控制系统与计算机协调配合，包括成像光源控制、充放电机构控制、显影机构控制、转移机构控制、熔化和定像（定影）控制、清理控制、套印精度控制、双面印刷机构控制、色彩测量和控制、输纸和收纸控制等，内置字库的打印机或数字印刷机还得提供字体管理的控制部分，以实现内置字库与计算机系统字库间的协调和配合。

打印机或数字印刷机的绝大多数控制功能往往集成在主电路板内，没有必要对每一种控制功能配备独立的控制器。打印机和数字印刷机都是基于数字控制的设备，且必须为用户提供一定的操作和参数设置权限，为此需要合理的人机操作界面，大多表现为对话框的形式，这种要求只能由计算机予以满足。然而，计算机毕竟属于通用型的设备，因而打印机或数字印刷机的部件控制功能无法由计算机实现，这成为需要硬拷贝输出设备自身带有控制电路板的主要理由，计算机与控制电路板的协调一致才能保证设备功能的发挥。

控制器或控制电路板以及计算机只解决系统的控制问题，不能代替硬拷贝输出设备本身的工作机制。对静电照相打印机或数字印刷机来说，充电、曝光、显影、转移、熔化和清理体现设备的核心价值，必须使这些功能配置到一起，按工艺步骤合理地排列上述功能部件，才能完成预定的复制目标。静电照相打印机或数字印刷机每一个工作循环的组合可以用图 3-3 说明，图中也包含某些辅助功能。

由于充电和曝光以及转移（印）和熔化工艺的关联性十分密切，因而图 3-3 分别将上述两个工艺步骤合并在一起，此外图中也给出了大多数静电照相打印机或数字印刷机都使用的定像（有时也称定影）工艺，使墨粉图像与纸张结合得更好。

## 三、印刷单元排列

数字印刷机必须有机械部件的配合才能实现预定的操作，而且系统的结构设计也不可避免地需要考虑运动方式的组合与变换，例如从平动转换到转动或反之。此外，某些运动

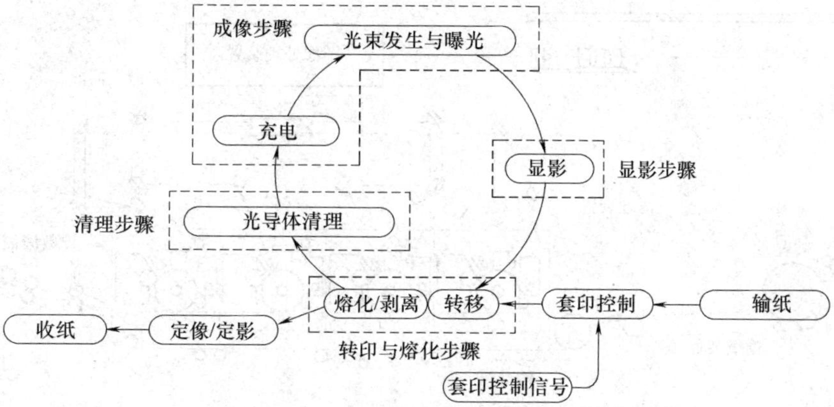


图 3-3　静电照相工作循环示意图

变换还得考虑到与光学元件的配合，比如光导体的静电照相成像以激光束扫描曝光的方式实现时，光线从旋转镜表面反射时必须兼顾光路设计与运动传递的关系，这种结构在彩色静电照相打印机或数字印刷机中确实存在。

从系统功能发挥、设备制造成本、零部件运动的传递和转换、设备占用空间和结构紧凑性等角度考虑，彩色静电照相打印机或数字印刷机内多个印刷单元的排列方式大多采用顺序排列和卫星排列两种形式，虽然尺寸和形状不同，但处理原则与传统印刷机并无多少区别。其中，顺序排列的含义是印刷单元沿直线方向依次排列，如同单张纸多色胶印机的色组排列方式那样。顺序排列彩色静电照相数字印刷机的主要缺点是占用空间较大，但由于纸张沿直线方向顺序通过由转印滚筒（或转印皮带）和中间载体滚筒（或成像滚筒）组成的转印间隙，因而结构设计、套印控制、走纸机构和走纸精度控制等相对容易。卫星式排列指各印刷单元依次沿转印滚筒的周向排列，为此要求采用直径较大的转印滚筒，这种排列方式主要优点是占用空间小，与印刷单元顺序排列的彩色静电照相数字印刷系统相比结构更紧凑，纸张沿转印滚筒的周向走过转印间隙。此外，无论印刷单元采用顺序排列还是卫星排列方式，对其他数字印刷技术同样适用，并非静电照相数字印刷的“专利”。

图 3-4 给出了印刷单元顺序排列的一个例子，为佳能公司早期的彩色静电照相数字印刷系统 CLC 1000 所采用。从该图不难看出，该数字印刷机每一印刷单元的结构相同，分别用于转印青、品、黄、黑四色墨粉图像，输出幅面为 A3。

图 3-4 所示的成像结构相当独特，印刷单元由光导鼓、充电器、输墨装置、熔化装置和清理装置等组成，四个印刷单元依次按黄、品、青、黑印刷色序排列。尽管图 3-4 给出的彩色数字印刷系统仅包含一个激光器，但由于激光器发出的激光束通过八面旋转镜组成的光学系统反射后依次分解为四束，分别对青、品、黄、黑四色印刷单元的光导鼓建立静电潜像，因而并不违背每一个印刷单元都应该包含成像装置的要求。这种结构设计的合理性表现在四个印刷单元共享一个激光器，所以空间利用效率高。从图 3-4 还可以看到，佳能 CLC 1000 彩色静电照相数字印刷机采用直接转印工艺，由于墨粉熔化装置处于传动皮带的下面，因而热量传递给墨粉需经过传动皮带，热效率必然会受到影响。此外，该彩色静电照相数字印刷系统还配备纸张翻转机构、表面整饰装置和自动分页功能等。

印刷单元以卫星形式排列主要出于结构紧凑性的考虑，对套印精度控制并提高印刷质量似乎没有多少好处，因而现在很少看到这种结构。由于精密机械加工技术和数字制造技

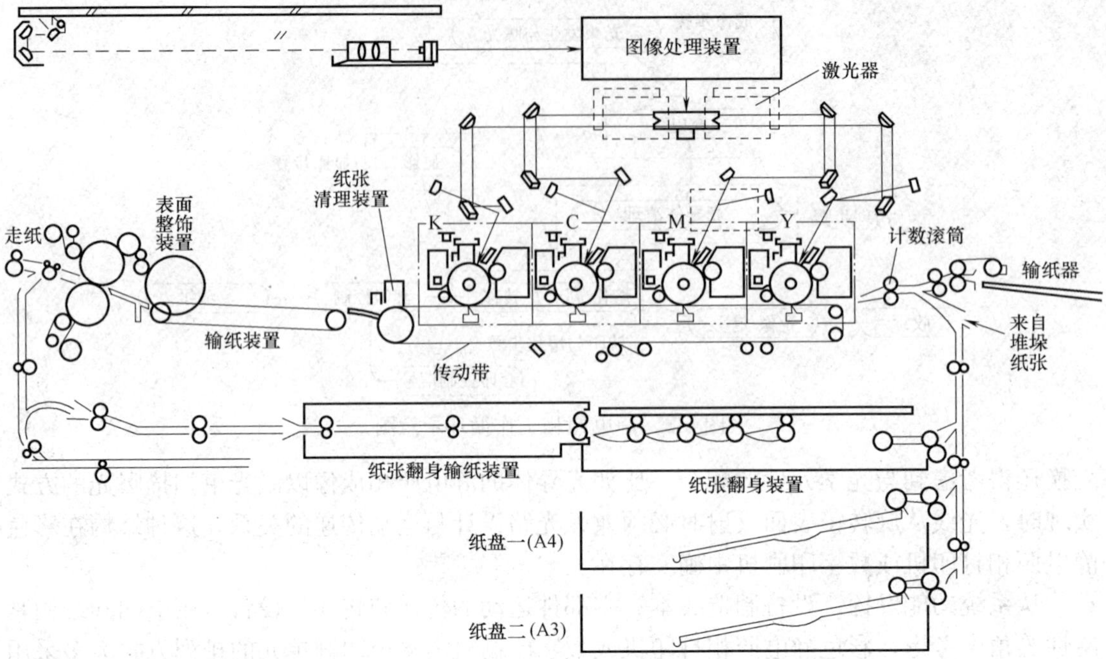


图 3-4 印刷单元顺序排列的例子

术的快速发展，墨粉盒套件体积越来越小，即使桌面彩色激光打印机和发光二极管打印机也采用顺序排列结构布局，结构紧凑性已不成问题。

## 四、多次通过系统

实现彩色印刷的前提是多次输墨，对静电照相彩色数字印刷也不例外，因为只有多次输墨才能叠印出彩色图像。值得指出的是多次输墨与成像系统的关系，一般来说多次输墨必然对系统提出多次成像的要求，但问题在于多次成像可以由一个成像装置或多个成像装置来完成，例如尽管佳能 CLC 1000 只包含一个激光器，然而激光束通过旋转镜系统分解成了四束，因此可认为该彩色数字印刷系统实际上包含四个成像装置。

必须注意，多次成像并不限制成像装置的数量，但如果成像装置与输墨装置排列成不同的配对使用方式，则会导致彩色数字印刷机的系统结构差异。在静电照相复制技术发展的早期阶段，成像装置的生产成本都比较高，因而为了降低系统的整体生产成本，满足不同层次的用户需求，一个成像装置与多个输墨装置配对使用较为常见，系统的结构组成也显得更紧凑。毫无疑问，以单个成像装置与多个输墨装置配对使用时通常会影响彩色静电照相打印机或数字印刷机的生产效率，因为纸张必须反复走过由转印滚筒（或转印皮带）与中间滚筒（或成像滚筒）组成的转印间隙，印刷一色走纸一次。这种纸张多次走过同一转印间隙的彩色数字印刷系统称为多次通过系统，并不局限于静电照相技术。多次通过系统的核心问题是纸张多次通过同一转印间隙。

图 3-5 所示的多次通过静电照相彩色打印机的结构设计颇具特色，主要特点归纳为显影（输墨）装置设计成圆盘形结构，青、品、黄、黑四色显影装置集中在同一圆盘上，且四个显影装置沿圆周均匀分布。这种设备的转印间隙由光导鼓与转印滚筒组成，随着圆盘

的转动，四色墨粉依次转移到光导鼓表面；由于转印鼓上有抓纸机构，因而纸张可以保持在相同的位置上。图中的转印滚筒即熔化滚筒，内部安装了加热器。

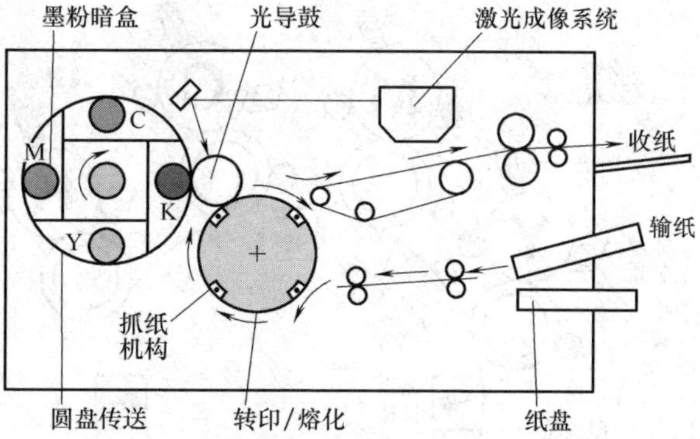

图 3-5　圆盘输墨机构多次通过系统

图 3-5 给出的多次通过彩色静电照相打印机不具备唯一性，事实上还存在其他形式的多次通过彩色静电照相系统，也可能用于静电照相以外的成像技术，例如离子成像彩色打印机等。考虑到数字印刷机对性能要求比打印机高得多，且市场需求刺激了彩色静电照相数字印刷技术的高速发展，因而彩色数字印刷系统已基本上放弃了这种结构。

## 五、一次通过系统

若采用成像装置、输墨装置和熔化装置独立地配对使用的方法，则彩色数字印刷系统的工作效率可望得到大幅度的提高，更重要的是纸张不必反复走过由转印滚筒（或转印皮带）与中间滚筒（或成像滚筒）组成的间隙，一次走纸就完成全部分色内容的转印。虽然某些数字印刷机中纸张有可能走过多个转印间隙，但由于是一次走纸，且纸张不像多次通过系统那样需走过同一转印间隙，因而结构和控制原理均不同于多次通过系统。纸张一次走纸通过同一转印间隙的彩色数字印刷系统称为一次通过系统。如果采取了特殊的结构设计，纸张也可能只需一次通过转印间隙，当然更应该称为一次通过系统了。

一次通过系统的印刷单元布置分成顺序排列和卫星排列两种类型，它们的共同特点是每一个印刷单元都包含成像、输墨和清理装置，甚至还可能包含中间滚筒，比如图 3-4 所示的佳能 CLC 1000 就属于顺序排列无中间滚筒的一次通过彩色数字印刷系统。

印刷单元顺序排列的另一种形式是图像载体（光导鼓或光导皮带）表面的墨粉图像先集中转移到中间滚筒或中间转印带（又称为中间载体）上，在此阶段青、品、黄、黑四色墨粉图像似乎已经在中间滚筒或中间转印带上印刷成了彩色图像，最后印刷效果的建立类似于移印，纸张走过由两个压印滚筒组成的转印间隙。图 3-6 给出了顺序排列集中转移一次通过彩色静电照相数字印刷系统的结构与工作原理示意图，与顺序排列非集中转移一次通过系统的区别在于这种系统只有一个转印间隙。

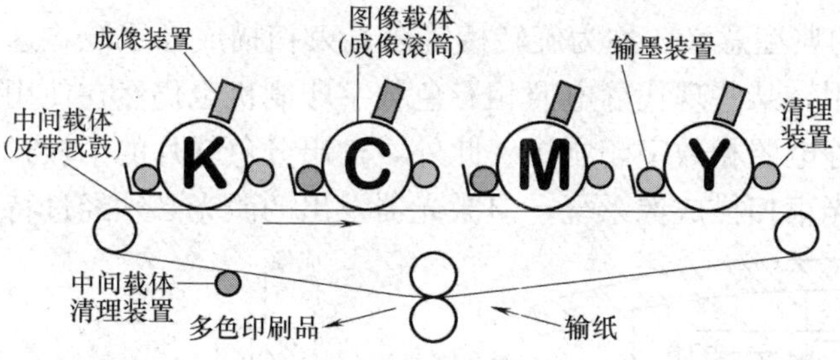

图 3-6　顺序排列集中转移一次通过系统

如果图 3-4 所示顺序排列一次通过系统的四个印刷单元改成沿转印滚筒周向排列，则形成图 3-7 那样的卫星排列一次通过彩色数字印刷系统，纸张一次走过多个转印间隙。

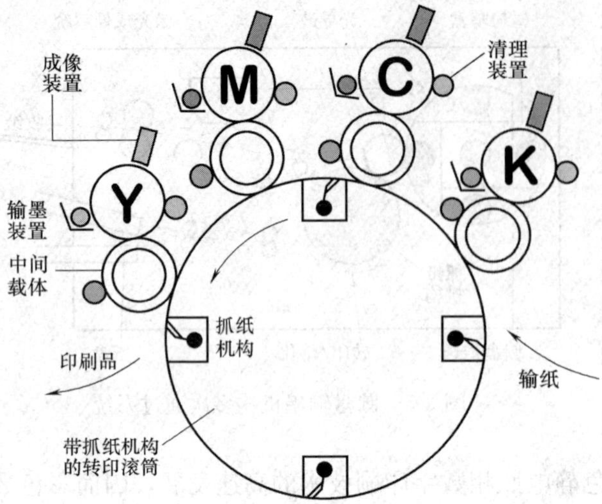


图 3-7 卫星一次通过系统

如同顺序排列集中转移一次通过系统那样，印刷单元卫星式排列时也可以组成集中转移一次通过系统，但这种结构在彩色静电照相数字印刷机中很少使用，不过直接成像彩色数字印刷机确实采用卫星排列集中转移一次通过系统。

一般而言，顺序排列与卫星排列一次通过系统的主要区别体现在：顺序排列非集中转移一次通过系统的墨粉图像通常从成像滚筒直接转移到纸张表面，顺序排列集中转移一次通过系统往往先将墨粉像转移到中间载体（滚筒或皮带），再利用两个压印滚筒组成的间隙完成转印，但不一定受到墨粉图像直接转移的约束。

## 第二节 成像子系统与精度分析

如前所述，静电照相打印机或数字印刷机必须提供成像装置，通常由充电装置、成像光源和曝光机构组成。静电照相成像属光成像的范畴，故静电照相打印机或数字印刷机的成像子系统内必然包含数量众多的光学元件，才能完成预定的操作。静电照相数字印刷系统的复制质量与每一工艺步骤有关，若成像精度不够，则质量也不可能高。由于充电工艺主要涉及电场作用，目的在于使光导体表面形成均匀分布的静电荷，虽然与成像和复制质量有关，但对于成像精度的关系不大，因而本节不打算讨论。

### 一、激光束成像

图 3-8 所示的成像结构有一定的典型意义，称为旋转棱镜激光束扫描成像系统，这种系统很早就在激光打印机中得到采用，某些现代静电照相彩色数字印刷机也仍然在使用激光束扫描成像技术，例如佳能彩色静电照相数字印刷机。此外，输出分色软片的平板式激光照排机也曾经使用过旋转棱镜激光束扫描成像系统，但激光器发出的激光必须经过特殊

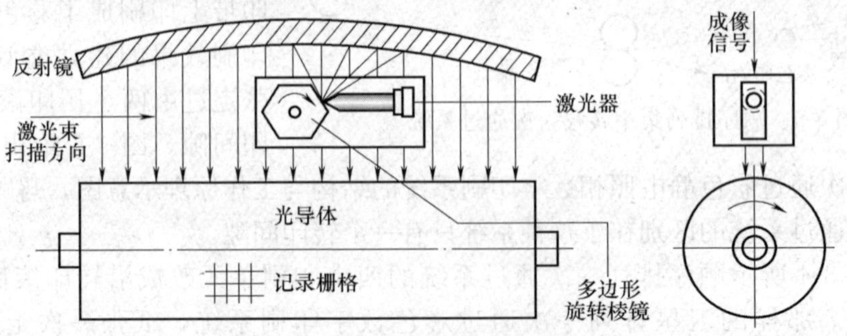


图 3-8 旋转棱镜激光扫描成像系统

的裂束技术处理，以达到更高的记录精度。

以激光束对光导鼓表面曝光时，激光束需经过聚焦处理，从旋转棱镜镜面反射出来的激光束沿平行于光导鼓轴线的方向扫描，扫描轨迹上的成像点与页面图文内容对应，记录栅格精度由激光束直径确定。为了使成像结果与页面上的图文内容对应，需要在扫描期间利用声光调制器将激光束调制到打开或关闭状态。

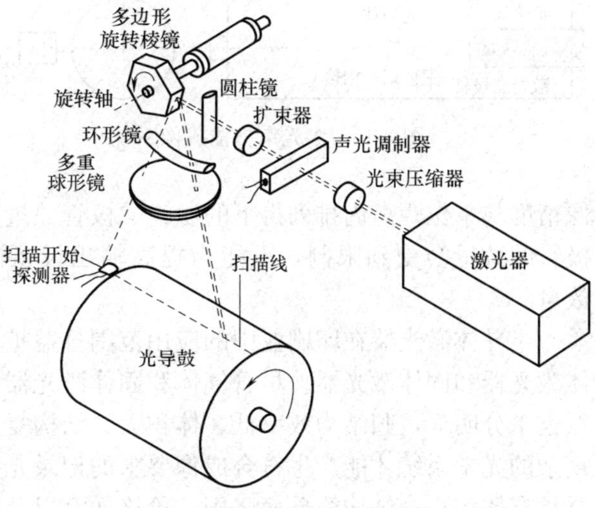

图 3-9　激光扫描成像子系统

图 3-9 给出了基于激光束的扫描曝光成像子系统，由激光器（例如氦氖激光器）发出的激光束具备足够的能量，对安装在可旋转鼓形零件上的光导体作曝光处理。成像子系统中的光束压缩器用于缩小激光束的直径，旨在使声光调制器的脉冲前沿时间最小化；声光调制器的后面安排了扩束器，用于将激光束直径调整到需要的尺寸，以便在光导体表面产生期望中的接近衍射极限的聚焦光斑尺寸。扩束器第一个镜头第二聚焦点上放置边缘与聚焦位置一致的小刀，一方面用于阻止来自调制器的零阶光束，另一方面又允许基本上未衰减的一阶布拉格光束通过。安装于旋转棱镜反射面前后的圆柱形镜和环形镜调整到与旋转镜面所处的方位角成聚焦关系，并对激光束作重新校直处理，以消除由于旋转镜面倾斜导致激光束在光导体表面的定位误差。这种成像子系统中的旋转棱镜为激光束扫描曝光提供一维偏转功能，而双重球面镜则用于聚焦激光束，在光导体上形成记录光点。

成像光源采用氦氖激光器时应该在热控制环境下工作，才能保证激光器产生稳定而连续的激光束输出，为此需要使静电照相打印机的温度范围控制在±8℃之间。每一种激光器的安全等级按标准划分，例如氦氖激光器定为Ⅲ级，通过安全互锁机制防止对维修人员曝光，因而使用氦氖激光器的静电照相打印机划定为Ⅰ级产品。

## 二、等距离排列光成像

形式上简单，但实现起来却未必简单的光成像系统可使用等距离排列的光源，满足这种结构要求的光源体积必须很小，才能在单位距离内排列得下足够数量的发光元件，形成足够高的记录分辨率。显然，除发光二极管外，符合上述要求的发光元件还有半导体激光器，也称为激光二极管，因目前价格已降到合理程度而具备可行性。

根据半导体激光器这一名称不难知道，激光二极管以半导体材料为激光工作物质。1962 年，世界上第一台用半导体材料砷化镓作为工作物质的激光器问世，在绝对温度 77K 的条件下获得了波长 840nm 的激光。由于半导体材料物质结构和电子运动的特殊性，以半导体材料为激光工作物质时产生激光的过程也有许多特殊之处。

若静电照相打印机或数字印刷不以发光二极管为成像光源，则结构最简单的静电照相激光成像系统如图 3-10 所示，这种由多个激光二极管组成的发光元件阵列能覆盖一定的

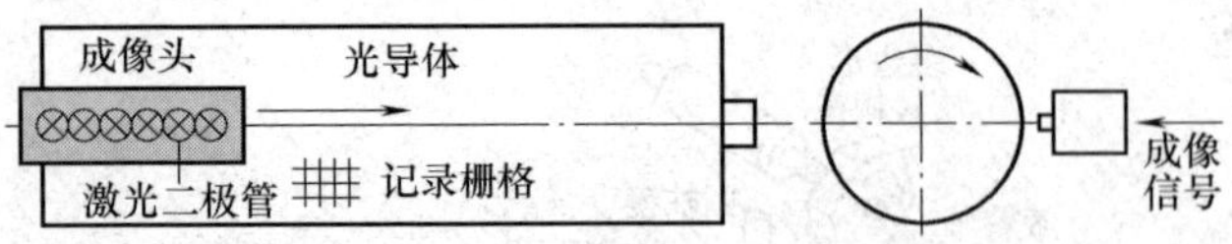


图 3-10 多光束扫描成像系统

页面宽度，工作时沿页面宽度方向扫描，成像头的典型宽度为 15mm。这类成像系统也称为多光束扫描系统，然而如同前面指出的那样结构简单并不意味着技术实现简单，成像精度与单位距离内排列得下的激光二极管数量有关，也要考虑经济性，这意味着激光二极管的数量会受到限制，不能为提高输出设备的工作效率而无限制地增加激光二极管数量。

半导体激光器在印刷业中的应用范围日益扩大，以前的逐行扫描成像系统主要采用气体激光器和固体激光器。尽管气体和固体激光器可输出足够的能量供感光胶片曝光，但缺点也十分明显，归结为效率低、体积大、结构复杂和价格较贵等，而且需要外部的变换和复杂的光学系统才能产生符合成像要求的记录光点。与此形成强烈对比的是，半导体激光器具有体积小、结构简单而坚固、价格便宜以及容易集成等优势。

由于半导体二极管的体积很小，因而有条件像发光二极管那样加工成芯片的形式，集成形式的激光二极管芯片几何尺度与缝纫机用针相当，这足以说明激光二极管元件的体积之小，也是这种激光器能用作高精度记录设备成像光源的主要理由。

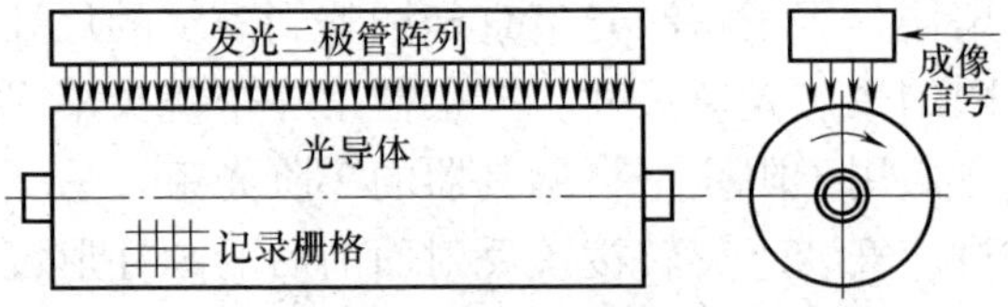


图 3-11 发光二极管阵列成像系统

图 3-11 是基于发光二极管阵列曝光的成像系统工作原理示意图，只要静电照相打印机或数字印刷机的制造成本允许，则发光二极管阵列的排列宽度（即曝光宽度）可以做到与页面宽度相等。很明显，图3-11所示页面宽度成像系统中的发光二极管阵列在曝光时固定不动，依靠图像载体的旋转运动按垂直于页面的方向记录。

发光二极管阵列用作静电照相数字印刷机的成像光源时，曝光记录的工作原理大体上与使用激光器类似。根据 OKI 公开报道的资料，发光二极管的集成度在 2000 年前的技术实现水平就已经相当高了，当时发光二极管元件的空间排列密度达到 600dpi 不算困难。随着高密度集成技术的研究开发，估计发光二极管的空间分辨率可以达到 1600dpi。

一般来说，无论是无机发光二极管还是有机发光二极管都可用作静电照相打印机或数字印刷机的成像光源，两者之间不存在本质上的区别。早期开发的无机发光二极管和有机发光二极管大多用于显示领域，提供明亮而色彩丰富多样的显示效果，观察角度大，功率消耗低。与传统（无机）发光二极管类似，有机发光二极管也属于固体状态半导体器件之列，厚度从 100～500nm，大约比头发丝细 200 倍。这种光学元件由两层或三层有机材料组成，三层结构更有助于将电子从阴极传输到发射层。

发光二极管成像的优点主要体现在：首先，发光二极管成像光源由成千上万个独立发光二极管组成，这些独立发光二极管可以独立地工作，经过聚焦镜头处理后直接投射到光导体表面，因而无需激光打印机那样额外的光学元器件；其次，发光二极管阵列的宽度与待打印页面宽度相等，每一个发光二极管均垂直地向成像鼓表面发射光线，因而不存在激光束打印机那样的边缘和中心位置记录点差异，也无需复杂的计时装置，自然也不需要记录点变形校正。以 LED 为成像光源的主要缺点在于发光强度和发光稳定性不如激光束打印机，即使LED的发射光强度可以控制在±0.10的范围内，但显然不如激光。

## 三、发光二极管打印头的精度问题

以与页面宽度相等的发光二极管阵列对光导材料曝光时，成像精度取决于单位距离内排得下多少个发光二极管元件，本质上是发光二极管尺寸可以做得多小。现在，由于固相扩散技术的成熟，已经能生产出每英寸包含1000多个发光二极管的集成电路芯片，例如根据日本OKI电气公司1997年发布的技术报告，已经在实验室条件下制备成每英寸包含1200个发光二极管的芯片，尽管当时的OKI打印机只能达到600dpi的分辨率，但2004年德鲁巴国际印刷展览会推出的主流机型的成像精度已达到1200dpi。显然，发光二极管尺寸减小后，发光强度上升为主要矛盾，而借助于固相扩散工艺确实可以在保证发光强度的前提下生产出超高密度的发光二极管阵列。试验结果表明，以固相扩散技术生产出来的超高密度发光二极管芯片确实能保证静电照相成像工艺的要求，技术参数也满足打印头的要求。

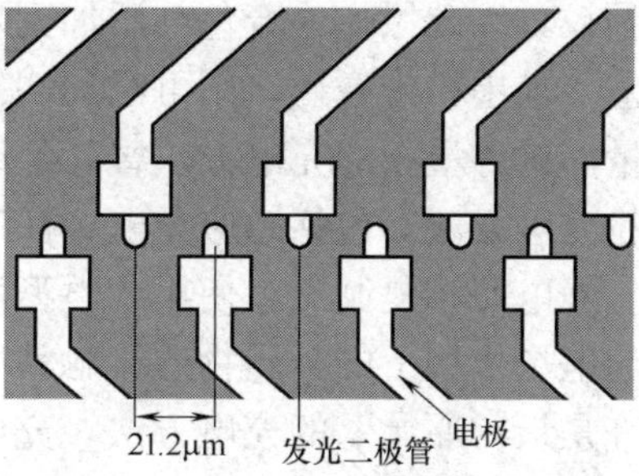

图 3-12　发光二极管芯片放大图

据资料介绍，某些发光二极管制备时采用有选择的固相扩散工艺，即设法使金属锌扩散进$GaAs_{0.8}P_{0.2}$材料，发射光线波长740nm，在可见光谱的红色端。按现在已经成熟的工艺，锌扩散成为生产发光二极管芯片的关键技术。图3-12给出了发光二极管芯片结构的放大表示，两行发光二极管交叉排列后精度可提高一倍。

由上面简单的介绍可以看到，以发光二极管对光导材料曝光时，成像精度完全取决于发光二极管的生产工艺，制备发光二极管芯片的生产工艺能达到的精度即成像精度。由此可见，讨论发光二极管的成像精度归结为制备发光二极管的生产工艺。事实上，如何保证发光二极管在单位距离内的分布密度已经变得不太重要了，关键在于尺寸很小的发光二极管能否发出强度足够的光，以及各发光二极管元件发射光强度的均匀性。根据OKI公司研究人员的测量结果，以固相扩散法生产的发光二极管的平均发射光强度（功率）可以达到8.5μW的水平，这一功率足以在光导材料上曝光并产生合格的静电潜像。至于LED元件发光强度的均匀性问题，可以用图3-13所示的测量结果来说明。

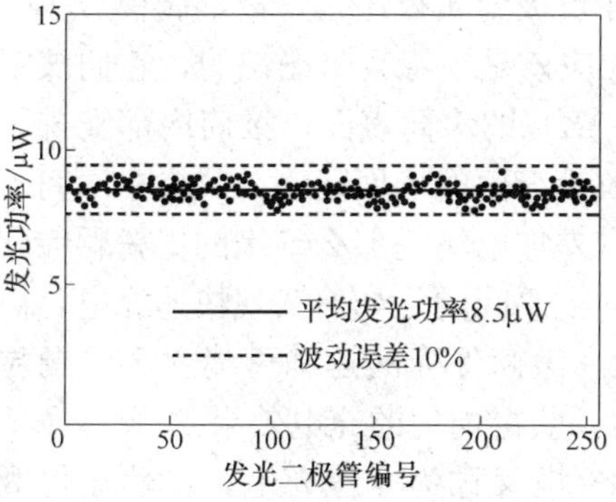

图 3-13　发光二极管的发射功率测量结果

图3-13给出的数据来自对1200dpi芯片上256个发光二极管元件的测量结果，可见这些发光二极管元件的发射功率在±10%的偏差内波动。某些发光二极管打印机的制造商认为，这种量级的误差是可以接受的，对成像结果的准确性影响不大。当然，由于空间排列密度为1200dpi的发光二极管元件尺寸减小，与600dpi分辨率的发光二极管阵列相比，加到发光二极管上的电流密度必须增加到合理的程度，才能保证足够的发光强度。

## 第三节 显影子系统

从结构角度考虑，设计显影子系统时不但需要解决不同部件间的显影参数匹配和墨粉充电，也要考虑到墨粉颗粒如何转移到光导体表面的方法，以及显影装置合理排列等问题。由于结构上的差异，单组分墨粉和双组分墨粉的充电方法并不相同，某些单组分墨粉充电方法对双组分墨粉未必适用。

### 一、墨粉充电

单组分墨粉颗粒结构有类似于双组分墨粉之处。以黑色为例，墨粉的基本成分是聚酯基颗粒，以碳黑作为着色剂添加到聚酯基颗粒上，后者似乎起载体颗粒的作用。如果显影工艺要求墨粉带磁性，则可添加四氧化三铁或类似的材料，而需要导电时可以增加碳黑的数量。这种墨粉的充电方法曾几经改变，在静电照相复制技术的发展历史中出现过不同的墨粉充电方法，包括感应充电、注射充电、接触充电（或称摩擦充电）和电晕充电。

静电照相复制工艺使用导电型墨粉，最容易实现的充电方法是感应充电，因为只要墨粉与电场作用下的金属物质接触就能对颗粒充电了，电荷从金属流向墨粉颗粒。感应充电也许是最“原始”的充电方法，充电装置可采用十分简单的形式。举例来说，如果两块平行放置的金属板上存在外加电压，则金属板之间就必然处在电场的作用下，两块金属板分别带正电和负电；导电的墨粉颗粒放置在带负电的金属板上时，墨粉颗粒也将带有负电荷；根据物理学同种电荷相斥的原理，带负电荷的墨粉颗粒受到带负电的金属板排斥，落到带正电的金属板上，使墨粉颗粒带有正电荷；此后，墨粉颗粒将在平行金属板之间来回跳动，颗粒的带电状态也不断地变换。如果在负极金属板或正极金属板上开一小孔，则墨粉颗粒将从小孔逃逸出来，带电状态取决于小孔开在负极金属板还是正极金属板。

注射充电法首先由3M公司取得专利。墨粉颗粒应该是绝缘且带磁性的，它们被定量供应到厚度在250μm左右（约为墨粉颗粒尺寸的25倍）的滚筒表面；滚筒内部安排了一个多极磁辊，通过旋转磁辊或滚筒外壳可使墨粉颗粒沿滚筒的表面运动。只要在滚筒下方的合适位置设置了电极，且在该电极与滚筒外壳间有外加电场，那么绝缘的墨粉颗粒就会被来自滚筒的电荷注射效应充电。注射充电需解决的主要问题是如何实现快速充电，由于墨粉颗粒在滚筒外壳的运动可建立墨粉颗粒的相互扰动，获得均匀的充电效果。

接触充电又称为摩擦充电，虽然显得既原始又古老，但历史已证明了这种充电方法的有效性。大多数双组分墨粉也采用摩擦充电法，因为配置成双组分墨粉需要将载体颗粒和墨粉颗粒混合起来，而混合时刚好可以利用两者的摩擦作用使墨粉带电。尽管图3-14所示的充电装置来自单组分墨粉激光打印机，但充电原理对双组分墨粉也适用。

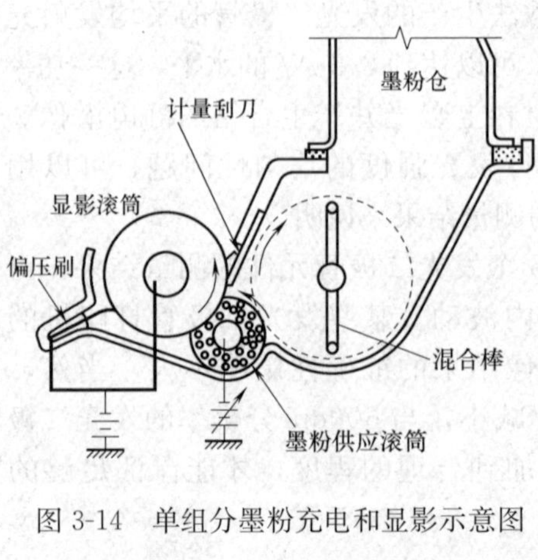


图3-14 单组分墨粉充电和显影示意图

图3-14所示结构既说明单组分墨粉的接触

显影工艺，也表示墨粉颗粒的接触充电方法，有一定的代表性，为理光公司早期静电复印机和激光打印机所采用。这种单组分墨粉显影系统借助于滚筒将墨粉传递到光导体附近，利用带有墨粉池的供应滚筒向（显影）滚筒“注射”墨粉；显应结束后，显影滚筒必须借助于弹簧计量刮刀与墨粉供应滚筒脱离接触。当显影滚筒处在与墨粉供应滚筒接触状态时可获得均匀厚度的墨粉层，且完成对墨粉的充电，图中的混合杆对墨粉充电起辅助作用。

既然电晕装置能用于对光导体充电，则墨粉充电也可利用这种装置，工作原理与光导体充电并无原则区别，只要稍作改动就可以了。

## 二、影响单组分墨粉显影质量的主要因素

磁性单组分墨粉显影系统常用于低速度输出的静电照相打印机，这类打印机大量使用有机光导体制成的鼓形零件。墨粉图像质量与有机光导鼓的充电和放电水平、墨粉的充电水平以及作用到显影滚筒的显影偏压存在密切的关系，并将决定最终印刷品质量。在显影过程中，显影滚筒起两种作用：①通过摩擦（摩擦生电）对墨粉充电；②负责将带电墨粉传送到光导鼓的放电区域，即显影区域。根据目前对低速静电照相打印机质量缺陷的认识，鬼影和印刷密度降低这两种类型的印刷质量缺陷与显影滚筒失效有关，还有部分原因来自显影滚筒失效导致的显影系统功能无法正常发挥。

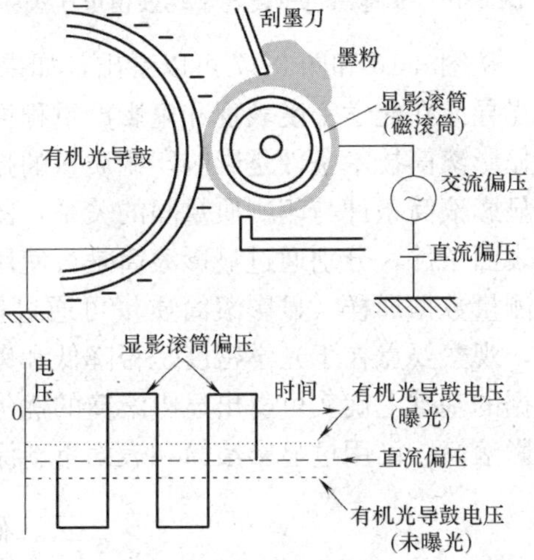

图 3-15　磁性单组分墨粉显影系统工作原理

佳能公司为克服上述问题采用了在显影滚筒表面涂布树脂的方法，树脂中包含导电的石墨颗粒或其他导电纤维。这种工艺措施的基本思想源自小尺寸墨粉颗粒（平均直径小于 5～6μm）能避免新的墨粉被不恰当地充电，在较低的相对湿度条件下特别容易发生此现象，因为小尺寸的墨粉颗粒可能获得太高的电荷密度，在静电图像力（即静电潜像与墨粉间形成的静电力）的作用下强烈地吸附到显影滚筒表面。如果显影滚筒有更强的导电能力，则某些不希望出现的高电荷就能借助于吸附到显影滚筒的墨粉恰当地流失，从而恢复显影滚筒对新墨粉的充电能力，磁性单组分墨粉显影的工作原理可以用图 3-15 说明。

根据上述讨论，问题的关键在于控制显影滚筒表面的导电性（传导率），设法使出现鬼影和印刷密度降低的可能性最小。显影滚筒必须有足够高的导电能力，总体上能够在滚筒的一个旋转周期内释放掉黏结在滚筒表面未消耗墨粉颗粒的电荷。对常用的低速激光打印机而言，显影滚筒一个旋转周期的时间在 1s 甚至更低的量级，因而显影滚筒完成一周旋转的时间也就是电荷释放的最大时间。为了达到这种电荷释放时间水平，树脂涂布层的厚度应该足够薄，而其电阻系数则必须相对低。根据文献报道，对树脂涂布层厚度和电阻系数的典型限制值分别应低于 10μm 和 $10^2\Omega\cdot cm$。

参考文献［48］的作者试图通过实验测量确定静电照相单组分磁性墨粉显影光导体磨损与印刷质量的相关性，如果与黑色实地密度和鬼影有关的显影质量以有机光导鼓的平均残留电压表示，测量结果如图 3-16 所示，测量数据来自崭新的和受到磨损的有机光导鼓，

由于每一种显影滚筒经过“全身”扫描，因而测量数据反映显影滚筒的整体残留电压分布。

图 3-17 所示的相关性与图 3-16 类似，反映平均静电荷衰减电压与鬼影严重程度的相互关系，以黑色实地区域的光学密度变化（波动）表示。

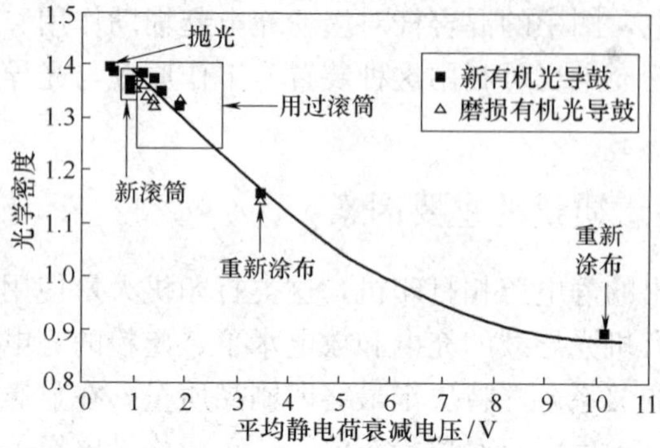


图 3-16　实地黑色密度与平均残留电压关系

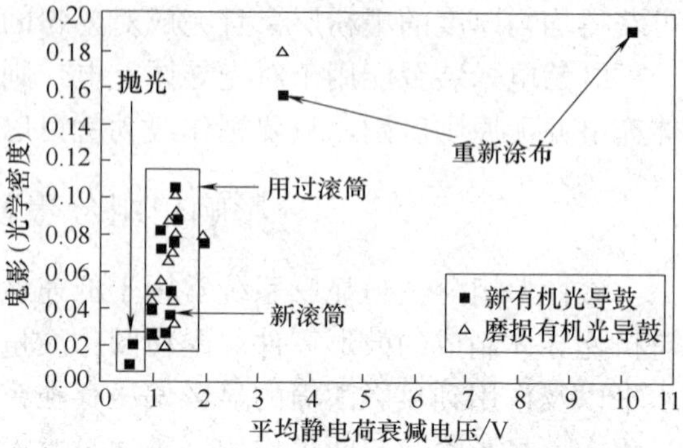


图 3-17　光学密度波动与平均残留电压相关性

从图 3-16 和图 3-17 可以看出，如果从光导鼓角度分析，则崭新有机光导鼓和磨损有机光导鼓在光学密度表现和鬼影严重程度（光学密度波动）方面不存在明显差异，这意味着显影滚筒技术条件是影响印刷质量的控制因素，并非由有机光导鼓支配。为了进一步了解显影滚筒条件与印刷质量间的关系，图 3-16 和图 3-17 中也包含了显影滚筒的使用历史和表面条件，分别通过显影滚筒是否使用过和采用的翻新处理工艺表示。如同这两幅图中的测量数据那样，显影滚筒质量可通过黑色实地区域的测量光学密度和鬼影严重程度排列，观察要点在于光学密度是否降低和鬼影严重程度（光学密度波动）是否增加。在测量数据的基础上确实可得出显影滚筒的优劣次序，依次为经抛光处理的崭新显影滚筒、崭新显影滚筒、已用过显影滚筒和表面重新涂布的显影滚筒。

## 三、磁刷显影系统

美国无线电公司发明于 20 世纪 50 年代，到 20 世纪 80 年代时已完全取代了喷流式显影系统。从 20 世纪 80 年代开始，输出速度超过每分钟 30 页的复印机几乎毫无例外地使用磁刷显影系统，目前仍然继续使用着。磁刷显影系统大多为双组分墨粉显影所用，因而需要墨粉和载体颗粒，其中的载体颗粒由软质的磁性材料制成，比如铁或铁素体。

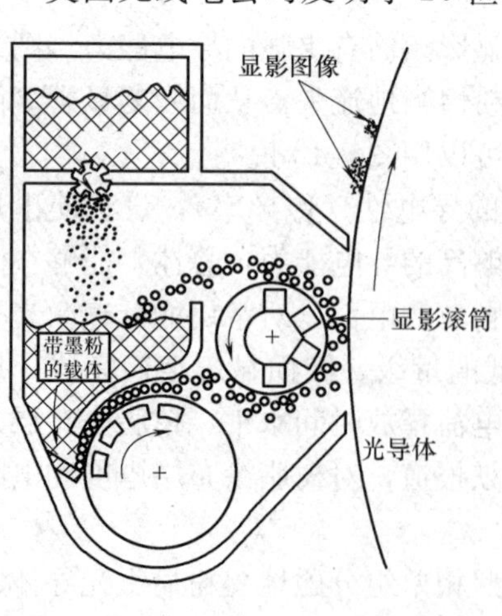


图 3-18　磁刷显影系统结构和工作原理示意图

在磁刷显影滚筒的底部（如图 3-18 所示），载体颗粒被吸引到静止磁铁，通过磁性力以及由磁性力引起的摩擦力的作用，载体颗粒沿着旋转滚筒表面传送。由于磁刷显影系统借助于磁性力传输墨粉，因而不再存在喷流显影系统由于需要利用重力传输墨粉的结构设计限制，这显然有利于降低系统的复杂性。为了加强显影效果，磁刷显影系统可能使用多个显影滚筒。通常，多滚筒显影装置借助于磁性效应使载体颗粒和墨粉颗粒从一个滚筒传递到下一个滚筒，由于磁性材料往往同时具备导电能力，因而反向电极可以和静电潜像靠得更近，实地区域的高质量显影也因此而有了可能，解决了喷流显影实地区域密度不足的问题。因此，磁刷显影系统是第一种有能力完成高质量实地区域显影的技术。

20 世纪 70 年代中期，柯达宣布了一项对于磁刷显影系统的改进技术，他们以不规则形状颗粒代替球形载体颗粒，称之为海绵载体。为了理解为何这种替代意味着重大的技术进步，必须理解墨粉以绝缘球形载体颗粒显影到光感受器的限制条件，即由于载体颗粒携带的电荷靠近光感受器堆积导致的显影效果限制。使用表面粗糙的载体颗粒后，由于电荷对显影滚筒形成很短的回路（电路），因而明显地增加了显影量，理由在于反向电极变得离光导体表面的距离很近，基本上靠近载体颗粒相邻于光导体表面的位置，以至于线条和实地区域从电场角度看显影条件相同。从载体颗粒改成粗糙表面形状后，线条与实地区域的电场比接近于 1，导致线条和实地填充区域的单位面积墨粉质量比也接近 1，达到理想显影状态，静电照相复制质量也因此而有条件达到与胶印相当。

## 四、单组分与双组分墨粉典型显影装置比较

几乎任何显影装置都需要通过静电力的作用使墨粉颗粒为光导体所吸附。如同已经指出的那样，双组分墨粉借助于载体颗粒的“运载”作用传送到光导体表面，墨粉和载体颗粒在显影装置容器内混合时，墨粉充以与静电潜像极性相反的电荷。对彩色静电照相打印机或数字印刷机而言，显影工艺应该对每一种彩色分量各执行一次。

以多色叠印工艺通过静电照相技术复制彩色图像复制时，显影步骤耗用的典型时间大体上是黑白图像显影时间的 5 倍，因而墨粉消耗量比黑白图像更多，消耗速度也更快。由此可见，彩色静电照相打印机或数字印刷机采用双组分墨粉时要求更合理的墨粉和载体颗粒混合特征，也称为墨粉掺合特性。

虽然有许多因素影响基于墨粉颗粒的静电照相复制质量，但获得高质量图像最重要的因素是使得墨粉颗粒尺寸尽可能小。对彩色墨粉来说，如果能提供良好的使墨粉分散到树脂中的工作机制，则可以产生更符合质量要求的光学密度。

考虑到磁刷显影技术在静电照相复制工艺流程中占有特别重要的地位，因而有必要强调这种显影技术对单组分和双组分墨粉的共同特点和区别。典型的双组分墨粉磁刷显影方法和显影装置结构如图 3-19 所示，该图也给出了单组分磁性墨粉复制工艺的典型显影装置结构和配置特点，两者在结构上是不同的。

在双组分磁刷显影系统中，载体颗粒起三种作用（功能）：首先，显影系统借助于混合装置的搅拌作用引起墨粉颗粒和载体颗粒间的相互摩擦，使墨粉颗粒带有数量合理和极性正确的电荷；其次，载体颗粒相当于运输工具，将墨粉颗粒输送到光导体表面，这种现象在单组分磁性墨粉显影工艺中并不存在；最后，载体颗粒又起清理作用，从光导体表面清除不需要的墨粉颗粒，尽管不能全部替代清理装置，但起一定作用。

磁刷显影技术确实有不少优点，但由于双组分墨粉显影装置的寿命问题（载体颗粒表面被沾脏后导致的摩擦充电性能退化）和复杂的工作机制，单组分磁性墨粉显影曾一度占黑白激光打印机的统治地位。若考虑到磁性墨粉的不透明特性，则磁性单组分墨粉显影并不适合于彩色静电照相打印机或数字印刷机，为此只能使用双组分磁刷显影技术。

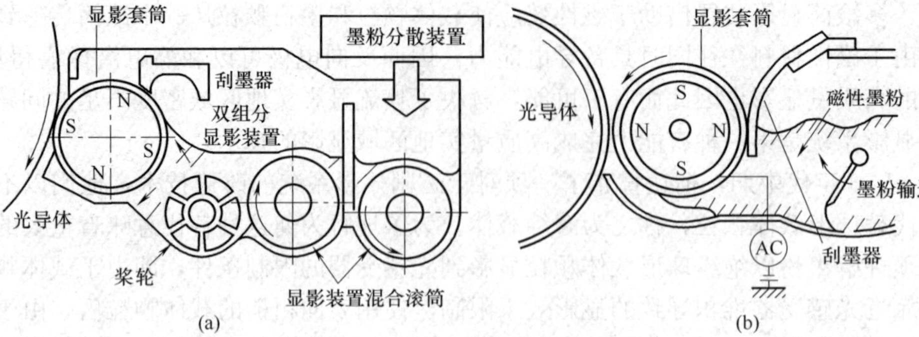


图 3-19 典型磁刷显影结构
(a) 双组分磁刷显影 (b) 磁性单组分显影

非磁性墨粉显影方法具备良好的彩色复制特征，与双组分磁刷显影技术相比设备尺寸更小，方法更简单。非磁性墨粉显影工艺的几个主要问题如下：摩擦充电的稳定性不如磁性墨粉理想，缺少磁性力作用导致的薄层墨粉均匀性是否合理值得注意，光导体与显影套筒窄间隙（大约 200$\mu$m）可能引起维修上的麻烦。

## 五、显影装置的结构布局

设计彩色静电照相打印机或数字印刷机显影装置的主要考虑因素在于如何沿光导体表面布置多个主色的显影装置，并考虑能明显增加进入显影装置墨粉数量的工艺措施。

商业化彩色静电照相打印机和数字印刷系统经常采用的显影装置与光导体相对位置布局（排列）的例子包括沿光导鼓周向排列，沿水平方向排列，以及沿垂直方向排列等。在上面提到的显影装置布局方式中，几乎所有的排列形式都采用在成像过程中通过移动每一种主色显影装置的方法切换墨粉颜色，为此需要采取特殊的措施，使显影装置移动导致的机械振动最小，以避免在最终的印刷品内出现条带缺陷。

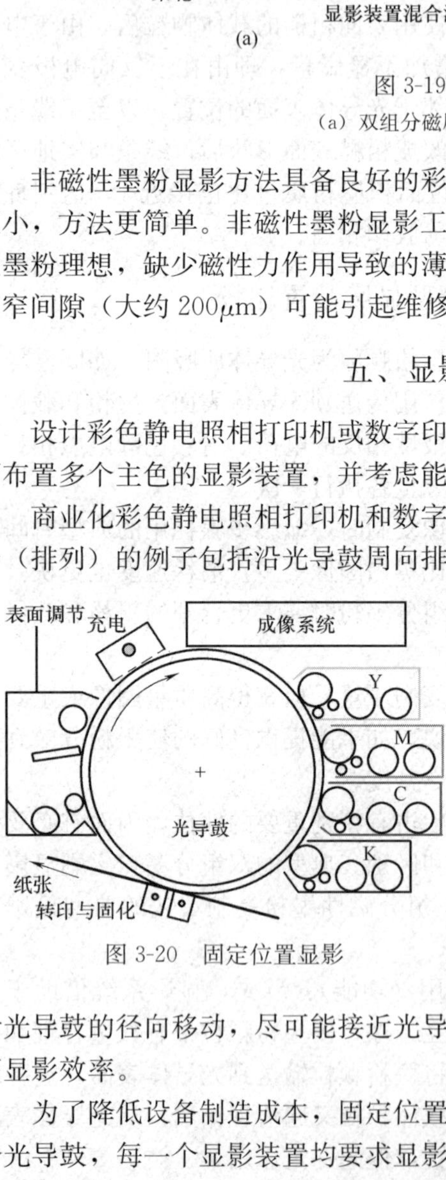


图 3-20 固定位置显影

某些彩色静电照相打印机和彩色数字打印/复印多功能机使用沿光导鼓周向排列显影装置的方法，也称为固定位置显影，每一种墨粉颜色都配置各自独立的显影装置，结构形式如图 3-20 所示。印刷色序确定后，显影装置在曝光结束后沿光导鼓的径向移动，尽可能接近光导鼓表面，以获得更好的墨粉转移效果，也有利于提高显影效率。

为了降低设备制造成本，固定位置显影的彩色静电照相打印机或数字多功能机只有一个光导鼓，每一个显影装置均要求显影滚筒与光导鼓表面的接触点互不相关，因而光导鼓的直径应当足够大，才能沿光导鼓周向排得下四个显影装置，例如佳能 CLC-900 彩色数字多功能机光导鼓的直径达到 180mm。

图 3-21 是前面提到的沿垂直方向排列四个显影装置的例子，比如日立的 BeamStar 彩色静电照相彩色激光打印机使用的显影装置布局，图像载体设计成光导皮带的形式，显影

间隙由四个显影装置与光导皮带组成，处在同一条垂直线上。

有的彩色静电照相打印机和数字多功能机采用旋转显影结构，四个显影装置安排在转台上，借助于转台的旋转运动依次对四色墨粉完成输墨任务，它们的位置精度由转台的传动机构控制，这种系统已经在图 3-5 中演示过了。

彩色静电照相打印机和数字多功能机也有使用沿水平方向排列的显影装置布局，例如佳能公司稍早时期生产的彩色静电照相数字多功能机，这种显影装置布局结构也称为滑动显影，图 3-22 给出了沿水平方向滑动的显影机制的结构和工作原理示意图。

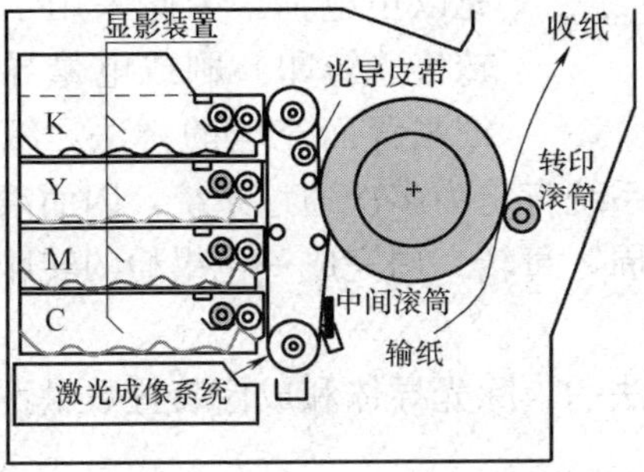


图 3-21　垂直布局显影装置

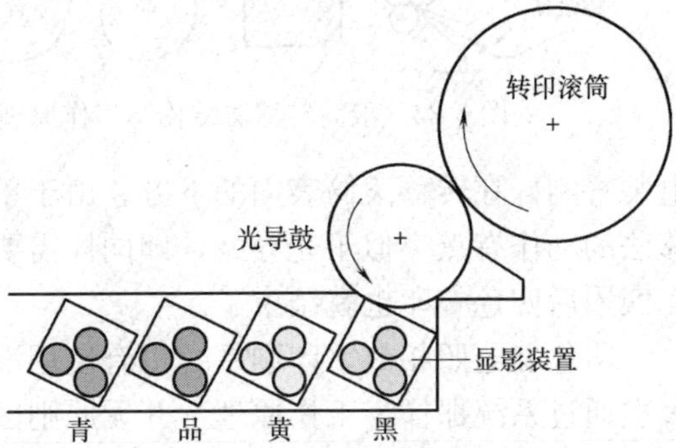


图 3-22　滑动显影

滑动显影结构的四色墨粉显影装置沿水平方向顺序排列，固定在可沿水平方向移动的台面上。工作时，四个显影装置依次靠近光导鼓，每一次完成一种墨粉的显影过程，要求显影滚筒与光导鼓表面尽可能接近。尽管滑动式显影也要求与光导鼓的接触点互不相关，但由于四个显影装置的排列方式与光导鼓圆周长度无关，因而对光导鼓的直径没有特殊要求。这种特点也表现在旋转显影机制中，同样允许使用直径更小的光导鼓。因此，旋转式和滑动式显影的复制系统可以设计得更紧凑。

## 第四节　转印子系统

墨粉显影到光导体表面后有两种转移方法：方法之一为墨粉直接转移到最终记录介质，形成原图像的硬拷贝输出结果；第二种方法是墨粉先转移到起中间作用的载体，再转移到最终记录介质。墨粉转移过程需要静电力作用的参与，大多使用电晕管转移和滚筒转移方法。对彩色静电照相打印机或数字印刷机而言，这种转移过程需执行一次（即集中转印一次通过系统）或四次（每一种颜色一次）。

### 一、滚筒转移法

现在，不少彩色静电照相打印机和数字多功能机从光导鼓表面使墨粉转移到纸张的最常见的方法是使用转移鼓，一种大尺寸的空心滚筒，表面覆盖半透明材料，这种转印技术称为滚筒转移法。普通彩色静电照相打印机通常不使用转印带，只有某些高速彩色打印机和多功能机才会使用。基于滚筒转移的系统在第一色墨粉完成显影后，纸盘或纸盒中的纸张进给转印滚筒处，在墨粉转移期间纸张由静电引力牢固地保持在转印滚筒上。

由于转印滚筒和光导鼓以相反的方向旋转（如图 3-23 所示），而纸张覆盖在转印滚筒

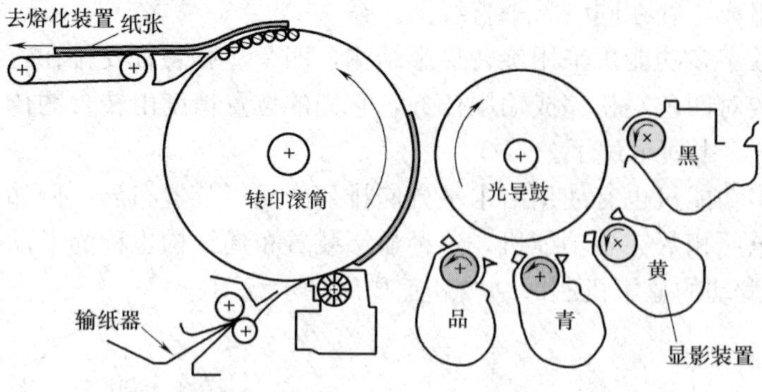

图 3-23 滚筒转移法结构与工作原理示意图

局部区域的表面，这样就必然导致纸张与光导鼓表面的显影墨粉图像接触。

以基于有机光导体的静电照相打印机为例，为了使光导鼓表面带负电荷的墨粉颗粒顺利地吸附到纸张，需要对纸张充以正电荷，为此采用了通过转移（转印）刷或电晕导线在纸张背面充电的方法，纸张充电装置刚好在转移滚筒表面的下方。由于单光导鼓系统肯定为多次通过系统，因而滚筒转移法的动作有点类似于光导鼓，即同样需要旋转四周，每转一周完成一色墨粉的转印，转完四周后四色叠印也就结束了。

彩色静电照相数字印刷系统也有使用滚筒转移法的，除光导体和成像装置数量不同于多次通过系统那样，工作原理上并无原则区别。

现在，大多数彩色静电照相打印机和数字多功能机采用集中转移的方法，为此要求在转印期间纸张必须保持在转印滚筒上，才能完成由四次墨粉转移组成的完整转印周期，四色墨粉依次叠加到纸张表面，形成未熔化的彩色墨粉图像。完成四次转印后，纸张连同附着在表面的墨粉图像再一起传送到熔化工作站。

## 二、多层墨粉转印质量

墨粉从光导体表面转移到中间载体或纸张的主要困难表现在能否达到良好的彩色套印效果，以及能否通过四色墨粉层达到良好的转移比。彩色套印误差的等级要求与原稿和半色调网点结构有关，通常情况下套印误差 100～150$\mu$m 时认为效果足够好，关键问题在于加网角度相同的均匀灰色。例如，加网线数取每英寸 200 线时，只要出现 64$\mu$m 左右的彩色套印误差就将引起最终印刷品严重的偏色，为此需要像传统印刷工艺那样采用不同的半色调网点角度予以解决。尽管可选择的角度受到限制，但只要半色调算法合理，则彩色套印结果比使用相同的加网角度肯定要好。

另一方面，转移结果的非均匀性有可能导致最终印刷品相当严重的颗粒感和颜色的低饱和度，解决这一问题的有效措施是设置好光导体和转移设备几何参数，转印每一种主色墨粉时使用不同的静电力。字符笔画或线条内出现空心现象是滚筒转移法的主要缺点，原因在于转印间隙由光导体和转移（印）滚筒组成，只要墨粉处于这种转印间隙的影响范围之内，则墨粉图像受到机械力的压缩作用，转印间隙后面的部分墨粉被墨粉颗粒间的黏结力和光导体表面黏结力带走，形成图 3-24 所示的空心字符笔画。

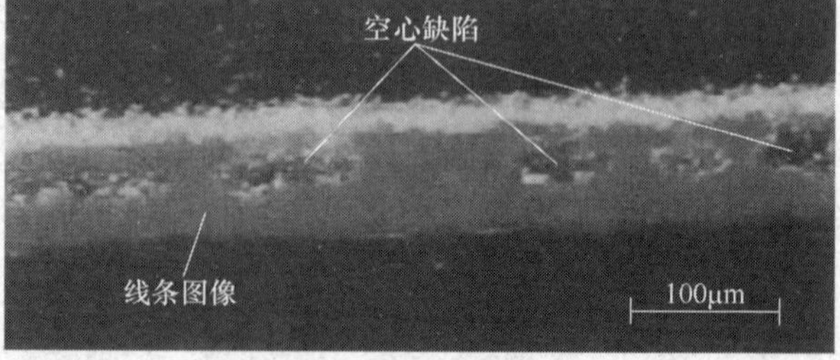

图 3-24 空心字符笔画

图 3-24 通过实际印刷品的例子

说明静电照相打印机或数字多功能机复制字符或线条对象时确实存在产生空心笔划或空心线条的可能性。如果图 3-24 尚不足以说明形成空心笔画的深层次原因，则图 3-25 或许更能演示空心笔画与转印压力的关系，该图以物理模拟的方式解释转印间隙区域的部分墨粉颗粒在压力逐步变大的情况下脱离主体墨粉层的趋势。从图 3-25 可以看出，如果作用到转印间隙的压力越大，则墨粉图像与光导体间的黏结力关系恶化，将有更多的墨粉颗粒脱离主体墨粉层，从而导致更严重的空心笔画或空心线条，复制质量也因此而变得更差。

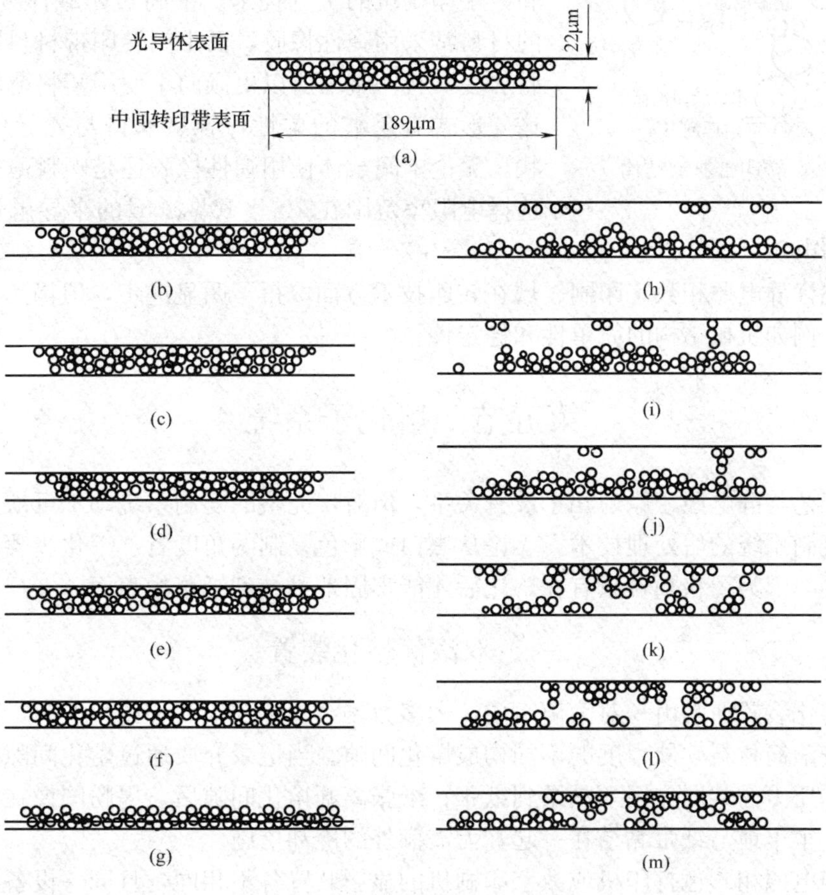


图 3-25　墨粉图像与光导体间黏结力与转印压力的关系

(a) 压力 0.0kPa　(b) 压力 0.7kPa　(c) 压力 22.1kPa　(d) 压力 31.7kPa　(e) 压力 371.5kPa　(f) 压力 386.9kPa　(g) 压力 168.8kPa　(h) 从 (b) 转移　(i) 从 (c) 转移　(j) 从 (d) 转移　(k) 从 (e) 转移　(l) 从 (f) 转移　(m) 从 (g) 转移

## 三、间接转移与转印带结构

避免转印间隙部分墨粉脱离墨粉主层的有效方法除了以不同的速度驱动光导体和转印滚筒外，也可以使用某些添加剂，以改善墨粉在光导体和转印滚筒表面的流动性，对部分墨粉颗粒脱离墨粉主层起抑制作用。

实践经验表明，彩色静电照相打印机或数字印刷系统借助于中间载体的间接转印方法比直接转印工艺的复制效果更好，有利于墨粉转移到各种类型的纸张。迫于市场需求的压

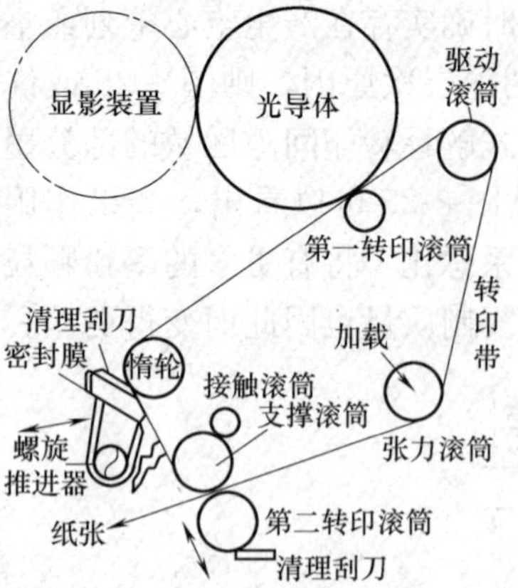

图 3-26 转印带典型结构

力，制造商们在设计黑白或彩色静电照相打印机或数字印刷机时总希望这些复制设备能适应更多的纸张，纸张定量为 60～300g/m²。彩色静电照相打印机或数字印刷采用间接转印工艺的另一原因是这种方法有利于减少墨粉转移次数，从多次转移缩小到只需一次转移。基于上述理由，墨粉间接转移工艺正变成彩色静电照相打印机和数字印刷机的主流技术。中间转印载体（转印滚筒）的材料常采用弹性橡胶，而中间转印带材料则以塑料薄膜居多。转印带之所以更倾向于使用塑料薄膜，是因为这一形式有足够的柔性，容易取得与光导体一致的形状。无论中间载体使用弹性橡胶还是塑料薄膜，都应该选择电阻率范围在 $10^8$～$10^{10}$Ωcm 的半导电体，以保持合理的转印电压（图 3-26）。

尽管现代静电照相数字印刷领域在转印技术方面取得了明显进步，但仍然有许多问题需要解决，例如机械结构的简单性和稳定性。

## 第五节　熔化子系统

熔化工艺与静电照相原理几乎没有关系，但对于完整的复制系统却不可缺少，可视为静电照相复制系统的后处理技术。无论从黑白或彩色复制的角度看，熔化步骤的工艺地位都十分重要，因为墨粉颗粒只有在熔化后才能牢固地黏结到纸张的表面。

### 一、双滚筒熔化装置

墨粉熔化装置通常由一对滚筒组成，大多数场合为熔化滚筒和压力滚筒，两个滚筒彼此接触，按滚筒材料软硬程度的不同构成熔化间隙。当记录介质通过熔化间隙时，墨粉图像在热能和压力的共同作用下黏结到纸张；纸张离开熔化间隙后，墨粉图像在室温环境下冷却下来，牢牢地与纸张黏结在一起，无需额外的冷却措施。

不同静电照相彩色打印机或数字印刷机的显影装置各不相同，且同一设备必须配置多个显影装置。尽管不同静电照相硬拷贝输出设备的显影装置极有可能是互不相同的，且配置多个显影装置的复制系统也对这些显影装置赋予不同的功能，但它们在彩色静电照相打印机或数字印刷机工作过程中所起的作用却并无原则区别，目的无非是完成完整的墨粉显影周期。彩色与黑白静电照相复制设备最明显的差别或许是熔化工艺。

墨粉熔化涉及加热、压力以及两者的作用时间三大主要因素，虽然同一系统为实现这些功能而提供的墨粉熔化工作站的元件并无不同，但彩色与黑白静电照相硬拷贝输出设备相比还是有区别的。可以这样说，两种静电照相复制设备的原则区别表现在如何使用加热和加压元件以及保持多长的作用时间上，至少有几个技术因素导致彩色静电照相打印机和数字印刷机对熔化技术的极端需求和复杂性。

对彩色静电照相复制设备来说，成功的墨粉熔化不仅要使墨粉处于熔化状态，且堆积在纸面上的不同颜色墨粉应该融为一体。如果纸张表面有四层墨粉堆积，则厚度至少是黑白设备单层墨粉的四倍。典型黑白设备在熔化阶段只需处理一层黑色墨粉，并使之融入纸张表面即可；彩色设备则必须面对难度高得多的工艺要求，四层墨粉的热量转移和分布成为不同于单层墨粉的技术难题，图 3-27 给出的比较有助于理解两者的区别。

图 3-27（a）所示熔化工艺只能为某些模拟复印机、静电照相打印机或黑白数字多功能机接受，因为这类系统的墨粉厚度比起彩色系统来要薄得多。注意，图 3-27（a）仅仅用于演示，没有按比例绘制，上、下熔化滚筒间的距离本不存在，事实上它们是相互接触的。图 3-27（b）反映彩色静电照相复制设备墨粉堆层双向熔化的基本特点，上、下两根熔化滚筒都从内部加热，因而热量转移和分布从墨粉堆层的上、下两个方向同时起作用。

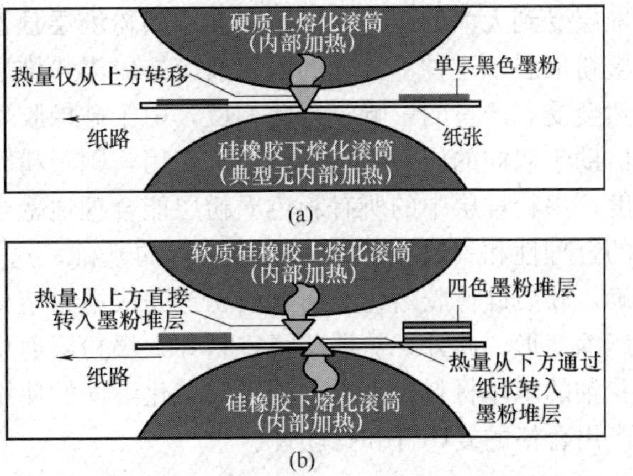


图 3-27　墨粉熔化

（a）单层墨粉熔化　（b）四层墨粉熔化

上下滚筒同时加热，以及热量的双向转移和分布必须严格地控制，以保持热量转移和分布对墨粉堆层的一致性。举例来说，假定四层墨粉中顶部两层先于底部两层熔化到准液体状态，则四层墨粉的有效熔化无法实现，导致图像质量不能接受。上下加热器产生的热量应该保持准确的关系，才能得到令人满意的结果，取决于制造商和特定的机器型号。

## 二、解决墨粉堆层剪切的措施

除通过精确控制均匀熔化和整体融合外，热量还必须均匀地转移，彩色墨粉也必须借助于压力变得更紧凑，即压扁墨粉堆层并使之更平滑。换言之，原来的墨粉堆层高度必须明显降低，未熔化墨粉堆层的粗糙外观应该消失，才能形成可接受的彩色图像。按目前彩色墨粉和熔化滚筒材料现状和技术，只有以相对"软"的硅橡胶熔化滚筒才可能实现上述目标，不能使用抗磨损性好的、表面涂布含氟聚合物的熔化滚筒。

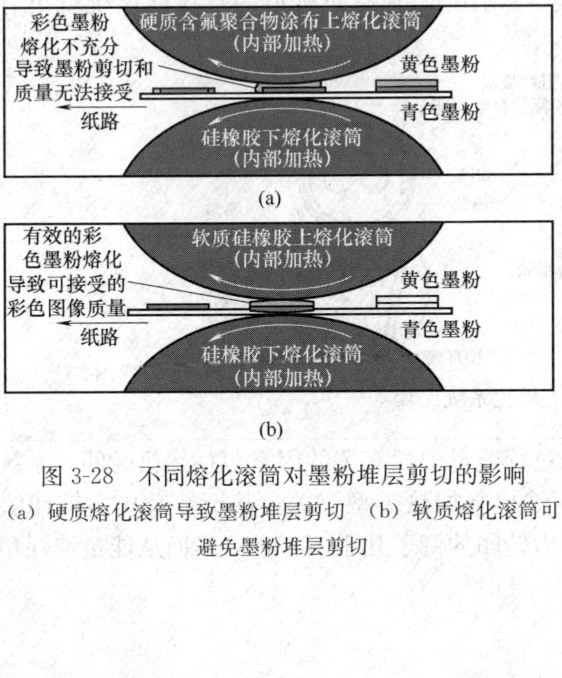


图 3-28　不同熔化滚筒对墨粉堆层剪切的影响

（a）硬质熔化滚筒导致墨粉堆层剪切　（b）软质熔化滚筒可避免墨粉堆层剪切

软质硅橡胶熔化滚筒的高度灵活性和适应性对防止墨粉剪切效应十分重要，若彩色墨粉堆层受到质地硬得多的熔化滚筒的冲击，例如表面涂布含氟聚合物的熔化滚筒，则墨粉堆层容易发生剪切位移，导致熔化质量无法令人满意，图 3-28（a）和（b）可说明两者的区别。

前面提到的墨粉剪切指彩色墨粉

堆层受到太大的压力，以至于强制墨粉堆层顶部的墨粉层向外侧移动，不能直接“压入”墨粉堆层。这种不合理的剪切效应造成墨粉堆层不能很好地融合，最终的彩色图像质量当然会受到严重的影响。与此相反，由于硅橡胶熔化滚筒表面更富有柔性和适应性，因而若借助于双向的压力（包括热量）应用，则墨粉颗粒和墨粉层移动的可能性有望达到最小程度，墨粉堆层中的所有彩色墨粉层能合理地融合，并粘压到纸张表面。保持熔化间隙宽度的合理性和一致性是墨粉成功转移的基础，这意味着两个熔化滚筒的接触区域必须很精确，软质硅橡胶熔化滚筒在成功地完成墨粉熔化到纸张后必须迅速地回弹，不残留任何的压缩变形。此外，对那些很容易导致墨粉层剪切的记录介质（主要指透明薄膜和烫印了贴花釉的承印材料）来说，硅橡胶熔化滚筒的使用使彩色静电照相硬拷贝输出设备有能力生产出合格的复印件和打印件。

## 三、滚筒熔化结构比较

为了在给定墨粉集合的前提下获得最大的色域范围，墨粉熔化后形成的表面应尽可能光滑，因而表面柔软和光滑的熔化滚筒适合于扩展色域的复制目标。

如果从材料方面考虑，结论就不同了。一般来说，光滑和柔软的熔化滚筒性能退化很快，纸张脱离熔化滚筒的剥离力也比粗糙表面高，导致墨粉容易从纸张逆向转移到熔化滚筒表面。在两难的境地下，为了延长熔化滚筒的使用寿命，降低剥离力，需要在转印时添加更多的熔化油，或者在墨粉内添加更多的蜡，但由于熔化油数量的增加导致许多副作用，因而采用墨粉加蜡的方法效果更好。

从微观角度看，熔化过程中相邻墨粉的随机性结块会增加静电照相印刷品宏观上的颗粒感，这种问题至今尚未彻底解决。如果墨粉在熔化温度下的黏性太低，则容易也会引发墨粉结块效应，导致相邻墨粉彼此沿侧向粘连，同样使最终印刷品出现颗粒感。

现在，环境保护对人类越来越重要，导致墨粉熔化技术面临巨大的挑战。据统计，总熔化能量中60％～80％的能量消耗在静电照相打印机或数字印刷机的待命状态，因而制造商面临的主要挑战体现在静电照相复制设备的待命温度应该更低，重新启动工作的速度需尽可能快。若考虑到上述要求，则图3-29左面所示的双滚筒系统就更有用武之地了。

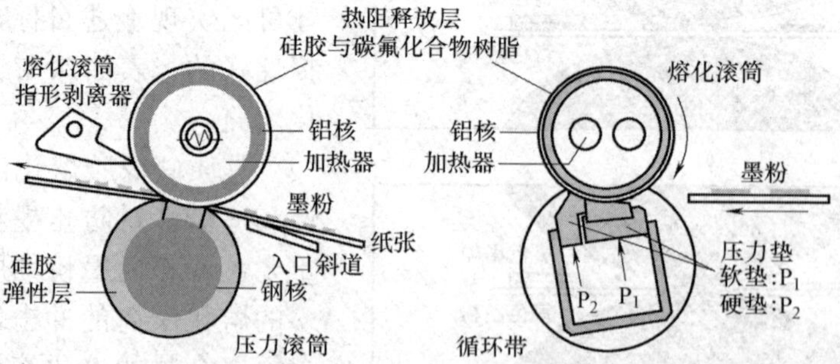


图3-29 熔化系统比较

与静电照相打印机和数字印刷机熔化过程能量消耗有关的因素包括热机时间、系统的处理速度（即印刷速度）和热效率等，当然也与加热类型有关，甚至涉及压力转印法参数。尽管激光或发光二极管打印机采用压力转印的例子几乎不存在，然而从能量消耗角度看即使驱动双熔化滚筒系统的加压滚筒旋转同样需消耗电能。图 3-29 比较了两种不同的熔化装置结构特点，但仅仅从熔化装置结构还不能了解能耗水平的高低，为此还需要了解不同加热类型在热机时间、处理速度和热效率之间的关系，从而也需要直接比较资料，例如表 3-1 给出的能耗比较资料。

**表 3-1　　熔化技术能耗比较**

| 技术类型 | 功率消耗 | 热机时间 | 处理速度 | 热效率 | 优　缺　点 |
|---|---|---|---|---|---|
| 滚筒加热 | 中等 | 长 | 高 | 高 | 介于优劣之间 |
| 转印带加热 | 中等 | 短 | 中等 | 高 | 转印带驱动温度稳定性要求 |
| 辐射熔化 | 高 | 短 | 低 | 低 | 热效率最低 |
| 闪光熔化 | 高 | 短 | 高 | 低 | 设备体积大、笨重、功率消耗高 |
| 压力转印 | 低 | 0 | 高 | 不需要 | 定像质量低、设备笨重、需高扭矩驱动 |

## 四、剥　　离

为了确保复制工艺的连续性，不仅要考虑系统对墨粉的熔化性能，还应当考虑纸张如何脱离熔化装置。在熔化过程进行期间，墨粉所起的作用类似于纸张和熔化滚筒间的黏结剂，工艺过程的局部连续得以保证；但纸张不能与熔化滚筒永久性地黏结，一旦墨粉层黏结到纸张，就必须及时地从熔化滚筒上剥离下来，才能保证工艺过程的整体连续性。

根据上述概念可知，剥离一词指纸张与熔化滚筒脱离黏结状态，而熔化装置的剥离性能主要由墨粉的对熔化滚筒的黏性决定。对卷筒纸静电照相数字印刷机而言，剥离操作相对容易；纸张离开转印间隙后，剥离器滚筒使纸张处于紧绷状态，以便从熔化滚筒表面剥离下纸张。单张纸静电照相数字印刷机的设计考虑与卷筒纸机器不同，必须在设备连续运转的过程中从熔化滚筒表面剥离每一印张。如果在靠近印张的前缘部位印刷，且印张正在通过整个转印间隙宽度，则对于剥离器的性能要求特别高。

在纸张有足够刚性的场合，有可能实现自我剥离，否则应采用包含起剥离作用的指形剥离装置。这种剥离装置内含很细的弹簧插销，安装在靠近熔化滚筒而与熔化滚筒旋转方向相反的位置，使得剥离器能抓住印张的前缘部位，从熔化滚筒表面剥离下来。由于剥离器弹簧插销的刚性特点，纸张处于绷紧状态，导致纸张很容易沿整个转印间隙宽度离开熔化滚筒，再传送到下一走纸路径通道。

指形剥离器借助于粉末喷射工艺覆盖涂布层，与熔化滚筒产生很宽的接触，目的在于降低压力和保持最低的磨损量。设计用于长期服役的熔化系统时，往往会配备钟摆式的剥离指，使磨损合理地分布到熔化滚筒，延长熔化系统的使用寿命。

通常，软质熔化滚筒可以实现自我剥离，这种效应利用了纸张离开转印间隙区域时不能紧贴于熔化滚筒等高曲面这一事实。如果纸张对转印间隙的离开点与熔化滚筒形成的角度达到 9°甚至更高，则自我剥离功能总能实现。

**复习思考题**

1. 根据光导体的使用寿命说明可更换部件和固定部件的配合方式。

2. 根据你所了解的静电照相或其他基于墨粉的彩色数字印刷机结构，举出顺序排列和卫星排列一次通过彩色系统的例子，并分析它们的转印特点。

3. 举出使用激光束扫描曝光系统静电照相彩色数字印刷机的例子，说明主扫描方向由于旋转镜倾斜导致激光束在光导体表面产生定位误差的原因。

4. 比较激光器和发光二极管对光导体放电的优缺点。

5. 影响低速激光打印机单组分磁性墨粉显影质量的主要因素是什么?

6. 双组分墨粉结构的载体颗粒具有何种工艺地位?

7. 采用滚筒转移法使墨粉从光导体表面转移到纸张时，是否需要对纸张充电？如果需要充电，则应该如何实现?

8. 以转印带完成墨粉从光导体表面到纸张的转移过程有哪些优点?

9. 造成双滚筒熔化系统多色墨粉层剪切效应的主要因素有哪些?

10. 分析静电照相复制工艺熔化能量60%～80%消耗在机器待命状态的原因。

# 第四章　连续喷墨

经过100多年的发展，喷墨印刷已成为当前的两大数字印刷技术之一，发展历史的悠久程度超过静电照相数字印刷。总的来说，喷墨印刷的理论研究始于连续喷墨，最早的喷墨印刷设备也属于连续喷墨技术的范畴，因而本章将喷墨印刷的早期发展与连续喷墨放在一起讨论，至于按需喷墨的发展历史则放到下一章。

## 第一节　连续喷墨的发展历史

经过100多年的不懈努力，喷墨印刷逐步演变为数字印刷的主流技术，渗透到各种领域。喷墨印刷的快速发展大约开始于50年前，此后许多喷墨系统专利和构想才迎来光明的前途，终于使喷墨印刷成为彩色文档生产的重要技术之一。

### 一、理论基础的奠定

喷墨印刷过程中发生复杂的固液偶联现象，设备设计的零部件计算需要弹性理论，而墨水在墨滴生成和喷射过程中的行为特征则要用到流体力学知识。总的来说，喷墨过程的工艺分析以流体动力学为主，由于墨滴断裂计算时必须考虑流体黏性，只有在少数场合才可以将墨水简化处理为理想流体，因而无法避免非线性的偏微分方程求解。

1752年，德国数学家和物理学家欧拉提出理想流体（即无黏流体）运动方程，为流体力学研究奠定了基础。1821年，法国工程师和物理学家Claude Navier在前人工作的基础上归纳出通用形式的弹性理论，整理成数学上可以使用的形式。1822年，他提出描述流体运动的公式，与欧拉公布理想流体运动方程的时间相隔了70年。20多年后的1845年，George Stokes提出他的流体运动方程。于是，经典力学领域著名的连续统形式的Navier-Stokes（纳维-斯托克斯）方程正式形成，成为研究黏性流体运动的重要基础。许多研究者认为，墨水在管道中的流动，以及墨水从喷嘴口喷射时的运动状态和动力特征等可以用纳维-斯托克斯方程描述，但该偏微分方程组的求解一直是流体力学的一大难题。由于纳维-斯托克斯方程的非线性本质，仅仅在一些非常特殊的边界条件下才可能求得解析解，一般情况下是无法求得通解的。此外，纳维-斯托克斯方程解的存在性、唯一性也即这一方程的适定性问题，至今尚未在数学上得到解决。

奠定现代喷墨印刷理论的基础性工作主要归功于比利时物理学家Joseph Plateau和英国物理学家、数学家Lord Rayleigh两人。Plateau首先于1856年在该领域发表其研究成果，论文名称“从圆孔流出的液体射流构造最新理论”，时隔9年（1865年）后他给出了射流直径与液滴尺寸关系的推导结果。Lord Rayleigh发表了一系列开创性的论文，他的研究工作从射流的不稳定性开始，发表于1878年的论文首次从数学和物理的角度描述了液流分离为墨滴的机制，奠定了墨滴喷射的理论基础。Plateau和Rayleigh的研究成果由后人归纳为Rayleigh断裂和Plateau-Rayleigh不稳定性理论。

喷墨印刷的实验基础研究开始于1833年，那时Savart公布了他对于液滴断裂的观察（实验）结果，首先认识到射流的断裂有规律可循，与射流产生的环境条件无关。Savart利用声能组成均匀的液滴，但遗憾的是他没有认识到隐藏在液滴断裂后面的推动力是喷嘴口处的表面张力。描述表面张力角色地位的基础性工作归功于Young和Laplace两人，他们分别在1804年和1805年公布类似的结果。

## 二、喷墨印刷的起源与近代进展

世界上第一种类似于喷墨印刷的装置由William Thomson（与许多文章中出现的Lord Kelvin其实是同一人）发明于1858年，这种设备建立在静电力基础上，由于用到了虹吸原理而取名为Siphon记录装置，用于早期通信领域，即电报信息的自动记录。虹吸效应产生的连续墨水流喷射到行进中的卷筒纸上，来自控制系统的驱动信号使虹吸管沿水平方向来回摆动。从时间概念看William Thomson的发明产生于19世纪50年代后期，但处理墨滴流的实验时间更早些，甚至可追溯到1749年，那时AbbéNollet发表了对于液滴流静电效应的研究成果，只是未诞生与喷墨相关的设备。

世界上首台工作原理类似于现代喷墨打印机的商业输出设备称为图形花样打印机，这种设备的工作原理离不开William Thomson的研究成果，离William Thomson发明Siphon记录装置大约15年的时间。William Thomson对于喷墨印刷技术的贡献主要表现在两方面：首先，他描述了墨滴充电技术，是连续喷墨系统墨滴偏转控制不可缺少的关键步骤；其次是William Thomson勾勒出的第一代喷墨打印机原型，既为后来的研究奠定了基础，也从系统构成角度提出了喷墨打印机的物理模型。

20世纪初期是喷墨印刷技术的孕育阶段，尤其是在1930年前后出现了一批研究工作者，例如Ranger、Diekmann、Schröter、Hansell和Richards等，他们致力于利用细窄墨水流的连续喷射记录各种信号（以波形信号最为典型）或图片。德国学者Schröter完整地总结了喷墨印刷的早期研究成果，他的德文著作由Springer-Verlag出版社于1932年出版，算得上人类历史上最早的喷墨印刷专著。尽管20世纪初期对喷墨印刷的学术研究颇为活跃，但那时生产的喷墨印刷设备却没有留下多少历史记载，主要原因是使用方面受到较多限制，不能实现大批量复制。

早在20世纪30年代时已经有多种喷墨记录装置取得专利授权，大多是建立在喷墨记录原理基础上的传真机输出部分，比如1931年授予Ranger和Smith的美国专利“彩色传真系统”，以及Shore在1933年取得的美国专利“传真系统”等，这些专利技术使连续墨水射流偏转的方法在承印材料上形成记录轨迹。

## 三、连续喷墨原理的实现

喷墨印刷的基础性研究基本完成后，利用液滴构成物理原理开发商业设备的工作却进展迟缓，几十年以后才出现商业化的设备。1951年，德国西门子公司的瑞典医生、工程师和发明家Elmqvist获得美国专利，他在Rayleigh射流不稳定性和断裂理论的基础上发明了世界上第一台实用的连续喷墨印刷设备。Elmqvist的发明专利导致Mingograph的诞生，该称呼Elmqvist自己命名，也称为ECG喷墨打印机，时隔一年后的1952年才公开对外发布。事实上Mingograph并非独立形式的喷墨打印机，而是在医院中才能见到的医

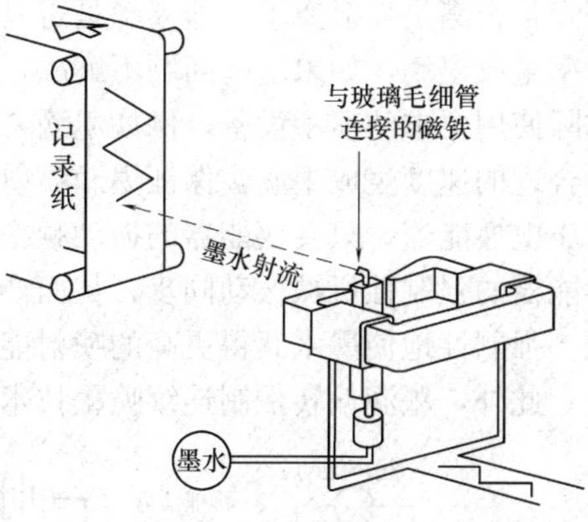


图 4-1　首次实现的连续喷墨打印装置

用电压记录仪上的记录装置部分，使用范围相当狭窄。Mingograph 的墨滴偏转由来自传感器的模拟电压驱动并控制，与目前流行的地震仪记录技术很相似。在 Elmqvist 专利的基础上还形成另一种喷墨设备，用于示波器的记录部分，这就是某些文献中提到的 Oscillmink，结构和工作原理示意图如图 4-1 所示。以今天的眼光衡量，这种喷墨记录设备的结构虽然显得过于简单，控制原理甚至很“原始”，但毕竟是喷墨打印技术的历史见证。

图 4-1 所示的打印机喷嘴由精致的玻璃毛细管组成，与小尺寸磁铁相连接，而该小尺寸磁铁则放置在一对电磁极之间，玻璃毛细管与小尺寸磁铁的组合类似于现代喷墨打印机的喷墨头，而玻璃毛细管的作用则相当于喷嘴；待记录的波形信号来自示波管，以电信号的形式加到电磁极上，产生与波形信号同步的打印控制信号；由于玻璃毛细管与小尺寸的磁铁相连，且位置在一对电磁极之间，因而控制信号通过磁场作用到与玻璃毛细管连接的小尺寸磁铁上，驱动玻璃毛细管产生偏转，导致墨水喷射路径改变；示波器的记录部分与玻璃毛细管离开一段距离，相当于对波形起放大作用，即来自玻璃毛细管的墨水射流形成的记录轨迹是波形信号的放大表示。由于纸张沿垂直方向移动，因此纸张运动与墨水射流的角度偏转组合有能力产生波形的记录轨迹。

## 第二节　Sweet 连续喷墨

根据 Rayleigh 的研究成果，液体射流离开喷嘴后处于不稳定状态，有自发断裂并形成液滴的倾向。如果对连续生成的墨滴喷射不加控制，则无法在纸面上产生有效的印刷结果，方法之一是设法使墨滴偏转，以此为基础开发成的技术被命名为 Sweet 连续喷墨。

### 一、技术实现与偏转控制

20 世纪 60 年代早期，美国斯坦福大学的 Sweet 教授发明对小孔应用压力波“图案”的方法，演示了墨水流可以分裂成尺寸和间隔均匀的墨滴。他发现，如果墨滴断裂机制处于可控制的状态，则可以在连续的墨水射流出现时有选择并可靠地对墨滴充电；当墨滴通过电场时，带电墨滴在电场作用下偏转，在承印材料上组成图像；未充电墨滴由拦截器捕获，输送到墨水回收系统处理。尽管不少研究工作者曾经对上述通过偏转控制实现的连续喷墨技术作出过贡献，但系统性的工作由 Sweet 完成，且根据墨滴的偏转控制原理实现了这种重要的连续喷墨工艺，因而以他的名字命名可以理解。由于带电墨滴只能在偏转和不偏转两种状态间选择，所以按上述原理实现的 Sweet 连续喷墨称为二值偏转控制。

Rayleigh 射流不稳定性理论得出墨滴有自发断裂倾向的结论，问题在于自发断裂形成墨滴是否满足喷射要求，即墨滴是否具备足够的喷射到纸面的初始动能，能否以相当高的频率生成墨滴，如果这些问题不解决，则仅靠射流的自发断裂形成的墨滴无法组建成符合实际使用要求的喷墨设备，例如墨滴未到达纸面前就已经在中途“夭折”了。因此，为了以合理的速度生成墨滴，保证墨滴喷射后有足够的初始动能，一方面需要在喷嘴口附近设置压电换能器，只要换能器的振动频率约等于墨滴自发形成速率，则墨滴生成过程与压电换能器的强制性机械振动同步，从而产生质量均匀的墨滴；另一方面也需要通过墨水泵加压，强制性地使墨水获得更高的喷射能量。

此外，墨滴偏转控制连续喷墨技术需要考虑的问题还不能局限于压电换能器对墨滴生成速度的影响。如前所述，墨水流从喷嘴口连续地喷射构成 Sweet 喷墨的基本特征，必须加以控制才能区分参与和不参与记录的墨滴。因此，为了控制墨滴的喷射行为，还应该考虑在墨滴形成位置附近对墨滴充电，最简单易行的方法是添加一对电极。只要墨水射流有足够的导电性能，则墨滴充电完全可行。图 4-2 所示二值偏转连续喷墨工作原理示意图用于日立公司的条形码喷墨打印机，由于墨水回收和供应系统等需要更多的控制功能，因而实际结构比理论模型显得更复杂些，但基本工作原理却与前面的描述一致。

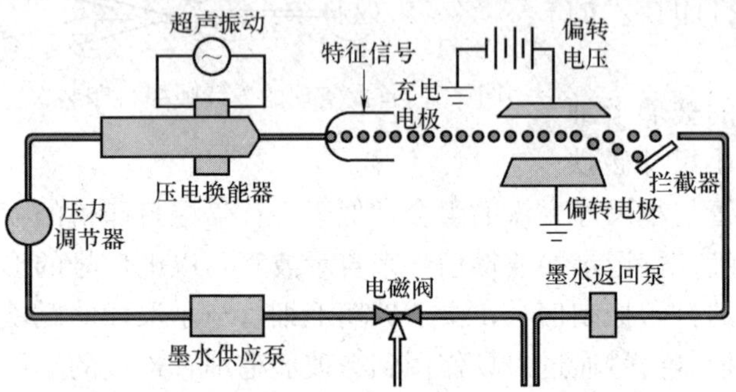

图 4-2 二值偏转连续喷墨工作原理示意图

在充电墨滴二值偏转技术继续发展的同时，多值（多态）偏转技术也取得可喜的进展。夏普和 Applicon 两家公司都参与了多重墨滴偏转技术研究，前者于 1973 年发布了他们的 Jetpoint 产品，后者则在 1977 年推出了 Applicon 彩色图像打印机。因此，到 20 世纪 70 年代时，基于 Sweet 喷墨原理的二值和多值偏转技术都取得成功，并有相应的产品问世。

二值偏转 Sweet 连续喷墨系统通过墨滴的带电和不带电两种状态实现对墨滴的偏转控制，且产生偏转的墨滴均以相同的电压充电，控制原理比较简单。二值偏转成功地实现了 Sweet 连续喷墨，但效率不高，只能用于低速度喷墨打印机。

仅仅靠提高压电换能器振动频率并不能构造出高速连续喷墨印刷系统，如果在二值偏转的基础上增加偏转的等级，则输出速度有望明显提高。为简单起见，假定墨滴偏转程度与墨滴的带电量成正比，则在相同的偏转电场作用下就能够形成墨滴的不同偏转程度。上述原理由 Lewis 和 Brown 用到 Sweet 喷墨原理上，开发成可打印字符和数字的连续喷墨打印机，他们对 Sweet 技术的扩充可以用图 4-3 说明。

多值偏转系统的墨滴离开控制电极后，将穿过由一对偏转电极产生的电场，加到“偏转电极一”和“偏转电极二”上的电压（HV）符号相反，数量达到几千伏。由于墨滴在偏转电场中的偏转量正比于墨滴的带电量，因而墨滴抵达记录材料表面时就有垂直方向的位置差异，在纸张表面产生一个记录列，墨滴的垂直位置差异反映了信号电压通过控制电极加到墨滴上的电压差异。若信号电压为时间的函数，则可以在连续运动的纸张上记录下一个接一个的墨滴列，它们的垂直位置由信号电压控制。

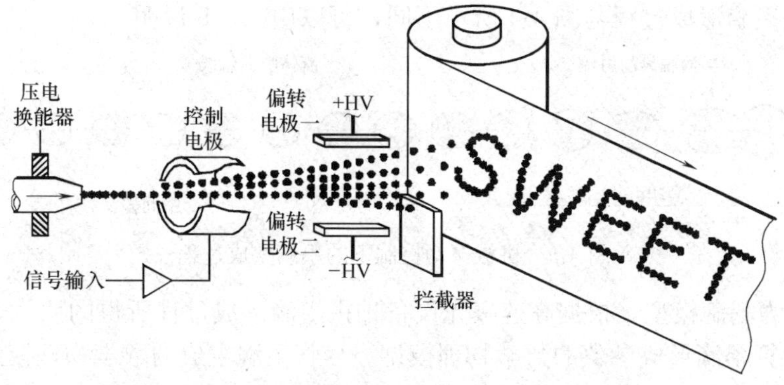


图 4-3 多值偏转 Sweet 喷墨工作原理示意图

## 二、墨滴成形

通常，连续喷墨系统的墨水射流利用强制性的方法产生，墨水在很高的压力作用下从带有圆形开口的喷嘴中喷射出来。墨水离开喷嘴后变成一定程度的自由流体，射流穿过空气飞行时产生层流运动，并受液体表面张力的作用而形成圆柱状的细窄墨水射流。如果没有特殊外力的作用，则墨水刚脱离喷嘴时射流将不会断裂，意味着在此阶段不会形成连续的墨滴流。如果墨水的黏性不可忽略，则射流的飞行速度会受到干扰而发生变化，导致墨水射流的直径略为收缩，成为墨滴与射流母体分离的重要条件之一。

射流从喷嘴出口挤出后，连续的墨水射流逐步分解为墨滴链，确定墨滴的分裂位置是设计连续喷墨系统的关键任务之一。因此，射流断裂条件和位置成为决定连续喷墨系统设计原则的重要依据，学者们在 Rayleigh 射流不稳定性理论的基础上对相关问题展开了广泛的研究，发现连续喷墨不间断进行的条件是层流喷射，如果墨水射流以很高的速度运动且受到紊流状的干扰流作用，则墨水流离开喷嘴后无法保持连续喷射。

早在 1833 年时法国人 Savart 就已经指出，处于层流喷射条件下的流体可以在某一特定点上发生射流断裂而分解成液滴链，射流发生断裂的原因是液体表面张力的作用。解释这一现象并不困难，原因在于球状液体的表面能小于包含相同容积圆柱状液体的表面能，而射流在飞行过程中总是要取表面能最小的形状。因此，圆柱状射流（比如墨水射流）本质上处在不稳定的状态，部分液体从射流母体分离出来而转换为球状液滴，如图 4-4 所示。

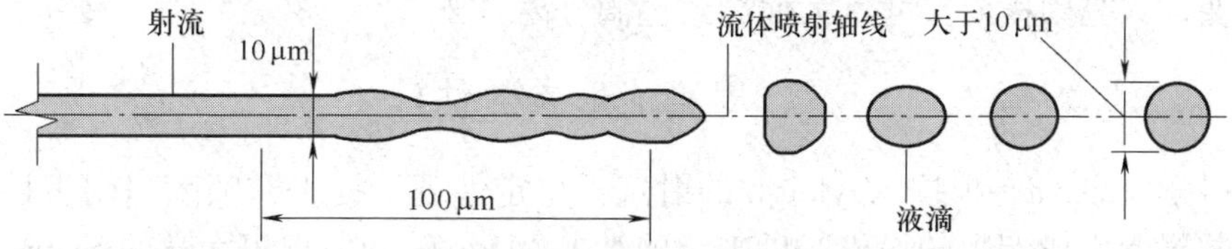


图 4-4 墨滴形成示意图

从几何尺度方面考虑，图 4-4 演示直径为 10$\mu$m 的圆柱形墨水射流在离开喷嘴后形成墨滴的大致过程，这种尺寸对连续喷墨来说有相当的典型意义，由此可确定墨滴从射流母体脱离后的飞行速度大约为 20m/s。如果在喷嘴口的恰当位置通过压电换能器对墨水射流加以机械振动控制，例如给予频率在 1.08MHz 左右的振动，且墨水射流的运动速度为

39m/s 时，则墨滴形成过程与图 4-4 所示不同，可以用图 4-5 说明。

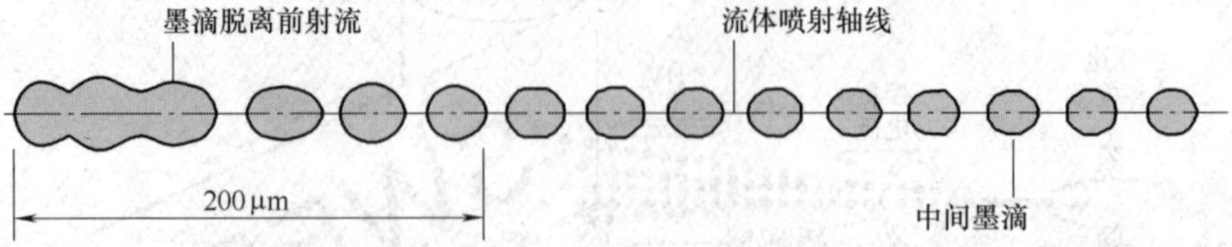


图 4-5 机械振动控制下的墨滴生成过程

图 4-5 称为墨滴模型，根据高速曝光设备拍摄墨滴形成过程所得的照片，经建模处理后产生用于计算墨滴形成参数的数学物理模型。尽管墨滴生成的数学物理模型是设计连续喷墨印刷系统的重要依据，但系统设计时还得考虑其他相关因素。理论分析和实验研究已经证明，墨滴尺寸和间距是任何连续喷墨印刷系统的重要参数，将决定系统的工作性能和印刷质量等，与喷嘴直径、液体的黏度、表面张力以及激励频率等因素有关。

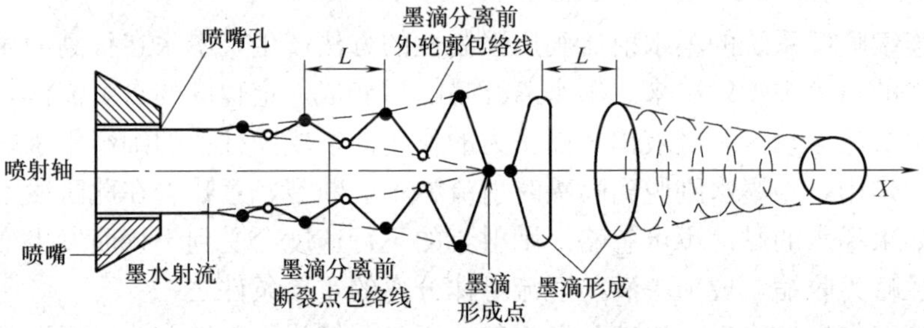


图 4-6 墨滴收缩数学模型

从图 4-6 可以看到，墨滴在脱离墨水射流母体前由于不可避免的空气接触和摩擦以及受飞行惯性的影响，不同的部位会产生不同的表面张力，形成墨滴的大体形状，这意味着墨水射流不能保证连续而光滑的外形。由此可见，墨水从喷孔中挤出后不久断裂点就已经初步成型，成为墨水射流轮廓的谷点；如果这些谷点的关系处理成包络线，则包络线的延伸终止于喷射轴线的某一位置。与此类似，墨滴的初步成形也必然产生墨水射流轮廓的峰值点，由这些峰值点可形成墨水射流的外轮廓包络线，与谷点包络大致对称，变化趋势与谷点包络线相反。在墨水射流尚未发生断裂的飞行过程中，初步成形的墨滴不断地扩展其横向尺寸，而将要成为断裂点的谷点位置则不断下移，当谷点到达墨水的喷射轴时，墨滴从射流母体分离出来，形成独立的墨滴。在墨滴形成的过程中，两个相邻墨滴峰值点的距离保持不变，只是因横向尺寸增大而导致墨滴分离。

## 三、墨滴成形参数估计

法国科学家 Savart 根据 Rayleigh 的射流不稳定性理论提出在喷嘴口附近以换能器扰动射流控制墨滴生成参数的设想，后来德国学者 Magnus 和斯坦福大学的 Sweet 等人对此问题展开过更深入的探讨，不但证实了 Savart 设想的可行性，还提出了通过墨滴充电和偏转电极控制墨滴喷射行为的观点，且最终以 Sweet 技术实现的连续喷墨。

Rayleigh 对喷墨印刷的最大贡献在于首次从理论上开展非黏性射流液滴形成机制的讨论，尽管他的研究成果来自理想流体的假设，但研究结果对黏性流体也有很高的参考价值，至少找到了墨水喷射行为的近似解。他的贡献还在于考虑了扰动因素的影响，提出如果扰动因子幅值可以表示为与射流半径的关系，则扰动因素将引起射流半径的空间振荡，且这种振荡的幅值随射流继续前进而按指数规律增加，这种处理方法后来成为 Sweet 连续喷墨印刷系统的设计基础之一。

在通常情况下，尽管各种不同波长对于墨水射流的扰动均有可能出现，但增长速率系数为最大的扰动必然占支配地位，如果以 $\lambda_m$ 表示这种增长速率系数最大的扰动，则波长等于 $\lambda_m$ 时墨水射流受到的扰动发展得最迅速，用高速摄影机拍摄可观察到这一现象。

Weber 以图 4-5 给出的经典示意图研究墨滴形成规律，他在 1931 年报道的研究成果其实是 Rayleigh 的射流不稳定性理论的扩展，主要区别体现在更符合墨水具备的流体特性本质，因为他在计算时考虑了液体的黏性。根据流体动力学的基本理论，黏性力显然应该作用于射流的内部，考虑墨水一类流体黏性后 Weber 得出的计算结果与 Rayleigh 的研究结果类似，但振荡扰动增长速率系数的最大值随液体黏度的增加而提高，当黏度超过 0.01Pa·s 后增长速率系数最大值的提高相当明显。

根据 Rayleigh 给出的基本公式可计算从喷嘴口到墨滴形成点的距离 $L$，如果令 $T$ 为扰动幅值变成射流半径等于 $d/2$ 所需的作用时间，则有：

$$T=\frac{d}{2}=\alpha_0 e^{qt} \tag{4-1}$$

式中以 $d$ 表示喷嘴直径，$\alpha_0$ 就是前面提到的扰动因子幅值，$q$ 称为增长速率系数，而 $t$ 则代表射流离开喷嘴的时间。

如果射流的运动速度为 $u$，则喷嘴口到墨滴形成点的距离 $L$ 可用下式计算：

$$L=1.03\ln(d/2\alpha_0)u\sqrt{\rho d^3/\sigma} \tag{4-2}$$

式中的 $\rho$ 和 $\sigma$ 分别表示流体密度和表面张力。

系数 $1.03\ln(d/2\alpha_0)$ 在很大程度上取决于喷嘴出口处产生的初始扰动幅值 $\alpha_0$。根据 Weber 发表的论文，采用 Haenleins 的测量结果后可算得该系数大约为 12，相应的 $\alpha_0$ 数值等于 $4\times10^{-6}d$。在此情况下，喷嘴出口到墨滴形成点距离的计算公式得到简化：

$$L=12u\sqrt{\frac{\rho d^3}{\sigma}} \tag{4-3}$$

按 Weber 和其他学者的研究结果，连续喷墨系统每当形成墨滴时，扰动波位置一定到达墨滴成形位置（点），由此可得墨滴自然生成频率 $f_s$ 为：

$$f_s=\frac{u}{\lambda_m}=\frac{u}{4.51d} \tag{4-4}$$

据此可推得墨滴形成的最高频率 $f_{max}$ 表达式：

$$f_{max}=\frac{u}{\pi d} \tag{4-5}$$

20 世纪 60 年代到 70 年代 Sweet 连续喷墨系统设计时使用最多的墨水射流直径在 50μm 左右，假定射流的飞行速度为 20m/s，则根据公式（4-4）给出的关系可算出墨滴生成频率约为 90kHz，这一数字与大多数试验结果吻合良好。

## 四、卫星墨滴

对于墨滴形成过程更详细的研究揭示了一个很重要的事实，比人们原来对墨滴形成过程的认识要复杂得多。图 4-7 给出了用高速摄影技术拍摄所得的墨滴形成过程照片，它清

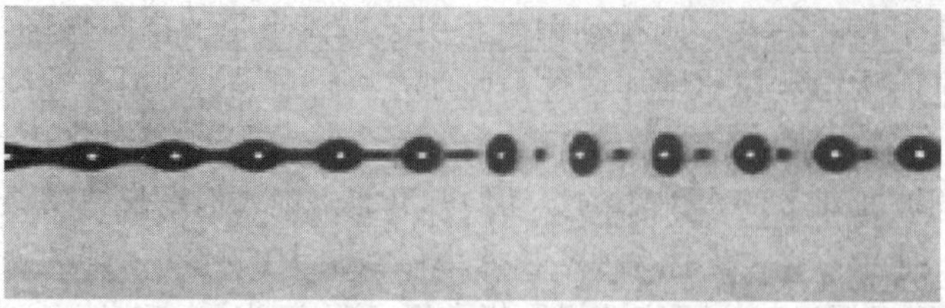

图 4-7 演示卫星墨滴的高速摄影照片

楚地显示出主墨滴周围确实存在着卫星墨滴（Satellite Drop），以出现在主墨滴尾部最为常见和典型，如果这种墨滴不能与主墨滴合并，则必然影响印刷质量。

所谓卫星墨滴是指在多个大墨滴（即主墨滴）之间出现尺寸小得多的子墨滴，图 4-8 以图形方式说明卫星墨滴如何形成，此后又如何与主墨滴合并。在墨滴形成前的一段短暂时间内，由于在墨滴雏形间存在类似"韧带"一样的墨水流（为方便计后面将称这种墨水流为墨带），其直径小于墨滴雏形，是卫星墨滴形成的客观条件。

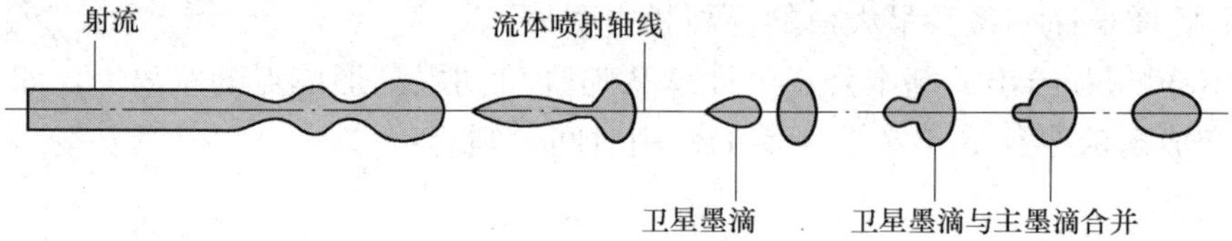


图 4-8 卫星墨滴及其合并

只要条件合适，墨带就会从与它最接近的墨滴雏形分离出来，形成一个或多个尺寸更小的卫星墨滴，在一般情况下以略为不同于主墨滴的速度飞行。沿射流轴线飞行的卫星墨滴受空气阻力的作用，飞行速度高于主墨滴的卫星墨滴将与前面的主墨滴合并，而速度比主墨滴低的卫星墨滴则与后面的主墨滴合并。即使没有通过超声波振荡技术控制墨滴形成的机制，卫星墨滴也会产生，可见墨滴生成控制手段的有或无并不影响卫星墨滴产生，只是条件不同和形成方式不同而已，因而在许多工作模式下产生卫星墨滴的可能性有上升的趋势。根据 Fillmore 等人的研究结果，墨水射流中出现卫星墨滴对采用 Sweet 原理的喷墨打印系统是十分有害的，为此人们付出了极大的努力，设法避免卫星墨滴的形成。

世界上的任何事物总带有两面性，卫星墨滴也不例外，比如若能够利用卫星墨滴的基本特点，则有可能从不利因素转化为有利因素。考虑到卫星墨滴的质量比正常墨滴（主墨滴）小得多，日本学者 Yamada 等人在 1982 年时甚至建议单独使用卫星墨滴，并据此研制成功特殊的打印机。尽管 Yamada 打印机使用的仍然是 Sweet 连续喷墨复制原理，但却能以直径较大的喷嘴产生尺寸很小的墨滴，得到高分辨率打印结果。

## 五、喷射控制措施

卫星墨滴的形成源于喷嘴口附近附加机械振动装置引起的副作用。由于卫星墨滴的质量与主墨滴质量存在很大的差异，且在卫星墨滴飞行期间最终将与其前面或后面的主墨滴合并，从而严重地干扰连续喷墨打印过程，导致喷射到纸面上的墨滴质量不同，这种情况是不允许存在的。因此需十分仔细地调整墨水射流参数，设法防止卫星墨滴的形成。根据 IBM 公司 Curry 和 Portig 两人的研究成果，如果主墨滴间距能控制到喷嘴直径的 5～7 倍，则形成卫星墨滴的可能性大大降低，这自然需要在系统设计时予以考虑。

根据偏转控制的工作原理不难知道，墨滴的喷射位置取决于充电过程，即应该在墨滴形成的瞬间使之带有特定数量的电荷，并要求在这一瞬间促使墨滴雏形从墨水射流的母体分离。多值偏转工作机制的墨滴继续前进到偏转电极时，由于墨滴带电量的不同而产生不同程度的偏转，墨滴喷射到纸面时就有垂直位置差异，如果走纸机构的运动方向与墨滴偏转方向垂直，且运动精度与偏转精度相当，则打印出正确的结果就有了可靠的保证。上述走纸机构与墨滴喷射匹配问题通过相位控制解决。在通常情况下，由于墨滴形成受多种因素的制约，从而要求充电信号的作用时间和控制墨滴形成的喷嘴机械振动的作用时间有一定程度的差异，这种处理方法称为相位控制。

墨滴偏转是实现Sweet喷墨的必要前提，而墨滴偏转控制精度对提高连续喷墨的复制质量则起着至关重要的作用。已有的研究成果表明，墨滴在偏转电极内产生的偏转量与电极板长度和偏转后的飞行距离成正比关系，因而理论上若增加偏转电极板长度或墨滴偏转后飞行距离的数值能提高偏转量。但由于墨滴在空气中飞行时受摩擦阻力的作用不可避免，增加电极板长度或偏转墨滴飞行距离的结果很可能导致墨滴动能不足，飞行速度明显下降，以至于引起墨滴散射。可见，无论是增加偏转电极板长度还是提高偏转后墨滴的飞行距离，只能对提高偏转量起一定程度的作用，但无法明显改善。

Sweet在早期研究连续喷墨技术时就已经发现，墨滴一旦形成后即以很高的速度穿过空气飞行，不仅受空气阻力影响，且墨滴彼此靠得较近时将发生静电交互作用。在其他因素表现正常的情况下，空气阻力会降低墨滴的飞行速度，而静电交互作用则使飞行墨滴的运动变得更为复杂。如果墨滴是带电的，它们相互靠近并相隔一定的距离，则墨滴在发生偏转后将沿不同的轨迹运动。假定各墨滴的运动轨迹有的差异大，有的差异小，那么墨滴链的喷射过程因受到空气阻力和静电排斥力的组合作用，其运动状态将变得更为复杂。例如，两个相邻墨滴偏转量差异不大时，飞行一段距离后在空气阻力和静电排斥力的交互作用下彼此会越来越靠近，如果空气阻力延迟墨滴飞行逐步占主导地位，以至于静电排斥力不再能保持这两个墨滴独立地飞行，终于合并为一个墨滴。对高质量连续喷墨印刷而言，墨滴合并不允许发生，必须采取措施使各墨滴保持在合适的距离，为此可采用墨滴交叉排列法、保护墨滴技术和建立局部真空方法等，避免发生墨滴合并现象。

墨滴静电交互作用也是导致墨滴在飞行过程中产生合并的主要原因，可见防止墨滴合并不仅要解决好空气阻力问题，还需要采取恰当的措施避免静电交互作用。分析导致静电交互作用的本质因素后可得出结论，采用增加墨滴间距的方法同样是行得通的，因而前面提到的三种方法原则上均可用于防止静电交互作用。

## 第三节 Hertz连续喷墨

瑞典罗德理工学院以Hertz教授为首的工作组研究成不同于Sweet技术的另一种连续喷墨工艺，命名为Hertz喷墨。虽然这两种技术同属连续喷墨的范畴，但Hertz喷墨与Sweet喷墨相比至少物理过程有一定区别，前者通过墨滴喷射密度调制代替Sweet喷墨的墨滴偏转控制技术。不过，两者也有相似之处，表现在Hertz喷墨在墨滴形成位置也有一对控制电极，用于对墨滴充电，但加到控制电极上的电压比Sweet喷墨高得多。

## 一、基本问题

由于 Hertz 喷墨系统加到充电电极上的电压很高，墨滴的带电量也很高，因而墨滴在朝向纸面飞行的过程中容易彼此排斥，导致原本线性排列的墨滴链转换成四散喷溅的“墨雾”。观察这种现象需要组建相应的实验装置，不像 Rayleigh 提出的射流不稳定性理论那样直观明了，比如高压水枪射出的水流很快断裂成水滴。

所有喷墨印刷系统的墨滴只能以打开和关闭两种状态形成记录点，对基于偏转控制的 Sweet 喷墨而言墨滴的打开和关闭对应于偏转和不偏转，最终归结为墨滴参与打印和不参与打印，这种特点对 Hertz 喷墨自然也不例外。出于更好地理解 Hertz 喷墨的考虑，这里给出某些与 Hertz 喷墨工作特点有关的数据：假定 Hertz 喷墨可以调制的墨水射流的上限频率在 100kHz 左右，则意味着每秒钟可能有超过 $10^5$ 个相互分离的墨滴喷射到纸面。得出该数据的理由如下：直径为 10$\mu$m 的墨水射流以 40m/s 的速度前进时，墨滴形成的固有频率在 800 kHz 左右，所以理论上具备每秒钟形成 $8\times10^5$ 个墨滴的连续喷墨印刷能力。

Hertz 喷墨不仅理论上可行，也符合页面记录的实际情况，下面推导每秒钟参与打印的墨滴数量：考虑到开始阶段 Hertz 连续喷墨打印机的开发目标定位于文本输出，根据文字页面的统计数据可知，页面覆盖率（页面对象实际记录面积占页面总面积的比例）大约为 12.5%；因此，参与打印的墨滴数量应该在 $8\times10^5\times0.125=10^5$ 个左右，说明墨水射流频率调制的上限为 100kHz 时，基于 Hertz 喷墨的文本页面打印确实能够在每秒钟内形成 $10^5$ 个相互分离的墨滴。由于墨滴带电量决定墨滴间的交互作用，并因此而决定墨滴喷射到纸面的运动轨迹，因而如果不采取其他避免墨滴合并的措施，则形成墨滴而需的射流切换频率（喷嘴振动频率）上限应略低于每秒钟产生的墨滴数量。

上面讨论的内容可利用图 4-9 说明，图中给出一支已经离开喷嘴的墨水射流，总长度大约 4mm；该射流有每秒钟产生 $10^6$ 个墨滴的能力，加到控制电极（充电电极）上的充电电压 $E$ 等于 500 V，每一个电压脉冲的作用时间为 10$\mu$s，每秒钟 $4\times10^4$ 个脉冲。据此推算，在 1s 内作用有电压脉冲的总时间等于 $4\times10^5\mu$s，没有电压脉冲作用的时间大约 $6\times10^5\mu$s，因而按作用 1 个电压脉冲（10$\mu$s）后停止 15$\mu$s 计算，在产生 10 个充电墨滴后紧跟着是 15 个不充电墨滴，所有充电墨滴将偏离射流轴线，不会喷射到纸面。

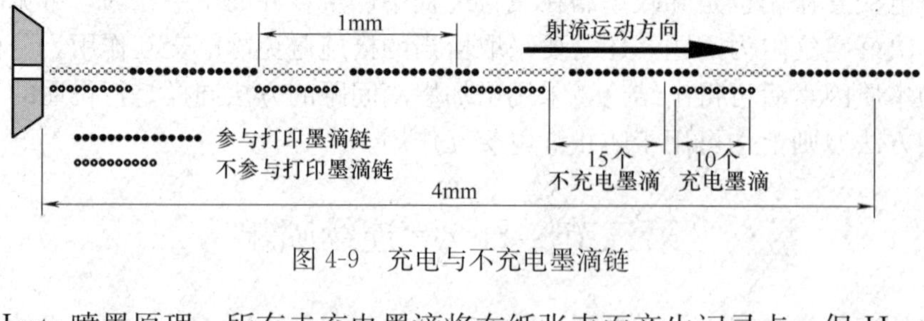


图 4-9 充电与不充电墨滴链

根据 Hertz 喷墨原理，所有未充电墨滴将在纸张表面产生记录点，但 Hertz 喷墨的每一个记录点定义为视觉可见的墨滴群，通常由 5～10 个未充电墨滴的集聚组成。充电墨滴间的排斥效应很容易观察到，而未充电墨滴则倾向于彼此靠近并合并而较难彼此区别，这种现象在未充电墨滴链的两端表现得特别明显，原因在于未充电墨滴链的两端分布着充电墨滴链，充电墨滴链则处于空气阻力和静电排斥力的双重作用下。此外，墨滴形成的历史效应对墨滴合并也有至关重要的作用，当控制电压增加时历史效应表现得更为明显。考虑到参与合并的某些墨滴带电，因而合并后形成的新墨滴常常会立即带电，尺寸肯定比合并前的墨滴大，必然会影响打印质量，因此控制电压应尽可能保持得低一些。

## 二、工 作 原 理

Hertz 连续喷墨技术需要墨滴喷溅现象，但又不能容忍墨滴四散喷溅影响到最终印刷品的质量，实践已经证明上述两个看似相互矛盾的要求都可以满足。基于墨滴喷溅的密度调制连续喷墨技术基于下面的事实：在墨水射流离开喷嘴后很短暂的时间内，射流将迅速地分裂为墨滴链，且墨滴分裂几乎与墨水喷射同步进行。如果以环状电极作为墨滴喷射前的充电装置，假定环状电极非常靠近墨滴生成位置，且已经有合适的电压添加到了环状电极，则这种充电装置作用于墨滴链的顶端，使该部位的墨滴带电，因而可以说工作方式与 Sweet 系统类似；如果加到环状电极的电压足够高，则墨滴的带电量也高，导致墨滴与墨滴间产生足够高的排斥力，此后墨水射流转换为向四周喷溅的墨滴。

Hertz 方法的工作原理可以用图 4-10 说明，墨水射流的产生同样利用强制墨水从喷嘴口挤出的方法实现，因 Hertz 喷墨的喷嘴孔比 Sweet 喷墨更小，故墨水射流更细窄。墨水柱离开喷嘴后，只要环状电极尺寸比喷嘴孔尺寸大得多，则环状电极似乎起导流作用，墨水射流将穿过环状电极，导致墨水射流在控制条件下喷射。由于电压源的一端与环状电极相连接，另一端与负责对喷嘴供墨的墨水管连接，因而要求墨水具有导电性能。当电压源的供电电压等于零［图 4-10（a）］时，墨水射流将以直线方式飞行，只要纸张的移动方向与墨滴的飞行方向垂直，则借助于纸张的运动可在纸面上产生一行记录点。当足够的电压加到环状电极和导电喷嘴间时，在墨水可导电的前提下，墨水射流因受到强电场的作用而转换为数量众多的向四周喷溅而非集中的细小墨滴［图 4-10（b）］，这意味着墨水射流断裂后形成的墨滴喷射将无法在纸张表面产生有规则的记录结果。

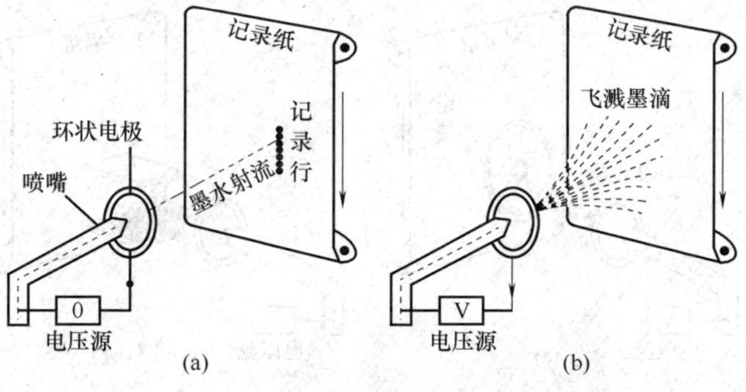


图 4-10 Hertz 连续喷墨工作原理示意图

（a）电压等于零 （b）电压加到环状电极和导电喷嘴间时

由上述讨论内容可以看到，只要以合适的方式控制加到环状电极上的电压，就能够控制墨滴飞行到纸面前的记录和不记录两种状态。比较起来，Sweet 方法利用偏转电极控制墨滴是否在纸面上产生记录点，墨滴的偏转量由墨滴自身的带电量控制，由于墨滴偏转的垂直位置差异而在纸面上产生一列记录点；Hertz 方法将墨滴记录分解成打开（记录）和关闭（不记录）两种状态，对应于电压源的工作和不工作，因而称为密度调制。

墨滴分散喷射并非自然物理现象，需要强制性的附加条件，其基础是 Hertz 方法能喷射出细小而速度很高的墨水射流，直径大约在 10～20μm，速度可以达到 40m/s。如此细小的墨水射流以很高的速度运动时，能保证在空气中飞行大约 6cm 的距离而不会导致射流直径的明显增加。如果加到控制电极上的电压数量合适，则墨水射流中包含的墨滴雏形能够从射流中分离出来，且墨滴分离时的速度方向（即运动方向）与射流的轴线方向一致，电压越高时，分离出的墨滴数量越多。当加到控制电极的电压达到更高的数值时，墨水射流将全部分散开来，形成良好定义的喷溅墨滴群。在大多数情况下，射流内部只要存在静电力作用，则墨滴就不会聚集在一起，只是墨滴的分散程度不同而已。

## 三、墨滴喷射控制

以 Hertz 技术为基础构造的连续喷墨系统中，虽然不参与记录的墨滴向四周喷溅，但它们仍然有可能到达纸张表面，在纸面上产生不希望出现的记录结果，从而严重地影响印刷质量。迄今为止的任何印刷工艺都存在纸张表面出现非期望油墨点的可能性，即使传统印刷工艺也不例外，问题在于工艺控制措施的合理性和有效性。

图 4-11 给出了两种避免 Hertz 技术分散墨滴喷射到纸面的简便而有效的方法，也可视为墨滴喷射控制措施。该图的左面采用了在纸张的前面放置中心部位开设小圆孔挡板的措施，类似于照相机使用的光圈，用于阻止喷溅墨滴飞行到纸面，而没有产生喷溅效应的墨滴可以在不受干扰的情况下顺利地穿过挡板小孔并喷射到纸面。从复制工艺分类的角度分析，这种设计方案的本质在于实现了对记录行的密度调制。表面上，墨滴到达纸面只能取 0 或 1 两种状态之一，对应于墨滴不喷射或喷射到纸面，但如果考虑到墨滴分散喷射的角度随加到控制电极上电压的大小而改变，因此控制了作用到电极上的电压大小意味着可以控制能通过挡板小孔喷射到纸面的墨滴数量。由此可见，由于作用到控制电极的电压大小决定了有多少墨滴喷射纸面，因而 Hertz 喷墨确实应该归类为记录结果的密度调制。

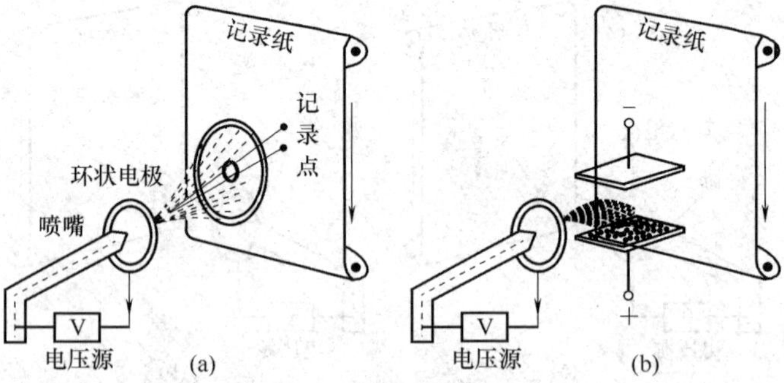


图 4-11　墨滴喷射控制方案

（a）挡板控制　（b）偏转控制

图 4-11（a）所示的墨滴喷溅控制方案仍然有缺点，某些本不应该喷射到纸面的墨滴有可能穿过挡板小孔，在纸面上产生淡色的“背景”，但这现象可采用图 4-11（b）所示的偏转控制方案予以弥补。如果在喷溅墨滴飞行到纸面前的位置上加一对偏转电极板，则由于喷溅墨滴均带有电荷而可以用偏转电场来控制，带电墨滴偏转后就不能沿直线继续向前飞行，从而也不会喷射到纸面上。另一方面，对那些未充电的墨滴（墨水射流不受控制

电极的干扰）将不产生偏转，继续沿原路径飞行，喷射到纸面。尽管电极控制方案比挡板控制更合理，控制效果也更好，但只能用于各记录行的打开和关闭调制，即墨滴只能取喷射或不喷射两种方式之一，因而不能在垂直方向上产生连续的记录点。

## 四、电极系统

如前所述，Hertz喷墨与Sweet喷墨的主要区别之一，表现在以墨滴分布密度调制代替Sweet技术的墨滴偏转控制。由于喷射到纸面的墨滴数量和分布的疏密不同，就可以形成不同的密度表现。上述密度调制概念上与凹印的密度调制有类似之处，形成期望密度的最佳方式是通过电子信号控制墨水射流。对Hertz连续喷墨来说，密度调制带来的副作用不能低估，因为四散喷溅的墨滴到达纸面后导致讨厌的“背景”颜色，严重影响记录质量。

假定以降低甚至避免四散喷溅的墨滴在纸张表面产生“背景”颜色为目的，则完全可能产生不同的技术方案和系统结构，某些方案和系统结构可能很复杂，而有的则可能十分简单。毫无疑问，只要Hertz喷墨系统的印刷质量与期望的复制效果一致，任何人肯定选择更简单的系统结构，例如通过管状电极结构防止形成“背景”颜色。

所谓的管状电极指起墨滴喷射控制作用电极的基本形状，由于取用管子形状而称为电极管，如图4-12所示。这种电极的主要部件由导电材料制成，用于控制射流形成墨滴后的飞行方式，避免墨滴四散喷溅导致“背景”颜色。只要有强度合适的电压加施到管状电极上，则墨水射流会分裂成四散喷溅的细小墨滴，其中有一部分墨滴将沿着电极内的导向管继续前行并喷射到纸面，其余墨滴则喷溅并沉积在电极管的内表面，但应设法予以去除。为了达到去除沉积墨滴的目的，可以选择多孔性的导电材料制备电极管，并在电极管的外围设置封闭的保护套，电极管外表面与保护套组成空腔。由于墨滴尺寸很小，因而利用抽气泵即能通过材料空隙抽取出沉积在电极管内表面的墨滴，进入电极管与保护套组成的空腔。为了更有效地降低喷溅墨滴引起的“背景”颜色，电极管的一端可制备成圆锥状，到墨滴离开电极管时缩成小孔，使喷射出的墨滴更有方向性。

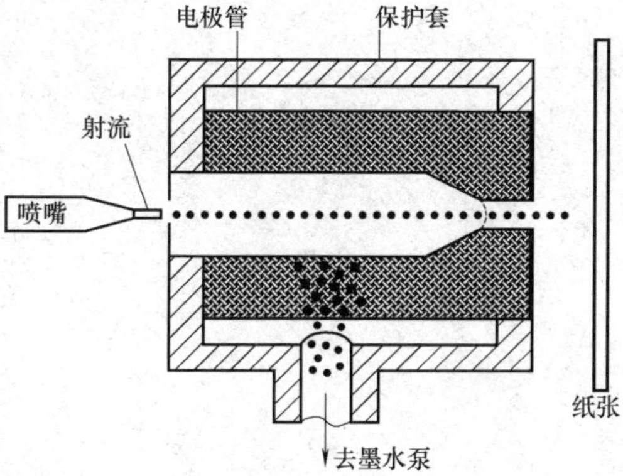

图4-12　电极管结构示意图

早期阶段开发成的Hertz连续喷墨印刷系统的喷嘴用细玻璃管制成，喷嘴的前端加工成圆锥形，射流出口处的喷孔内直径在10$\mu$m左右；喷嘴一端的细玻璃管离控制电极的距离大约在1～2$\mu$m，因而墨滴形成位置大体上在控制电极管的进口处。

**复习思考题**

1. 找一本流体力学图书，阅读有关章节后给出牛顿流体的定义。
2. 同样是描述流体运动规律，欧拉方程与Navier-Stokes方程的区别是什么？

3. 根据 Rayleigh 的射流不稳定性理论，墨水流离开喷嘴口后有自发断裂的倾向，这种射流的自发断裂能否形成连续喷墨打印机需要的墨滴？为什么？

4. 参考流体力学书籍的有关内容，解释层流喷射和紊流喷射的区别，并说明流体力学以何种参数作为判断层流和紊流形成的准则。

5. 简要描述墨水喷射后的墨滴成形和断裂过程。

6. 从 Weber 提出的喷嘴口到墨滴形成点距离的计算公式看，流体黏性项在他的公式中并没有出现，但 Weber 确实考虑了流体黏性的影响，说出你对此问题的认识。

7. 根据 Weber 提出的喷嘴出口到墨滴形成点距离的简化计算公式，分析墨水喷射速度、流体密度、墨滴直径和表面张力对墨滴形成距离的影响。

8. 何谓 Sweet 连续喷墨的相位控制？

9. 分析空气阻力和静电力交互作用对 Sweet 喷墨打印机墨滴行为的影响。

10. 从墨滴带电角度分析 Sweet 喷墨与 Hertz 喷墨的区别。

11. 环状电极对 Hertz 喷墨的意义何在？

12. 如果不加控制，则 Hertz 喷墨系统本应不参与记录的飞溅墨滴对最终印刷品会产生什么样的影响？避免飞溅墨滴副作用的措施是什么？

13. 为什么说 Hertz 喷墨属于密度调制技术？

14. 管状电极对保证 Hertz 喷墨印刷质量有什么积极意义？

# 第五章 按需喷墨

从工作机制的角度看，连续喷墨似乎很简单，墨水流连续地喷射，因而墨滴也连续地形成。现在的问题是，如果不采用连续喷射墨水并形成墨滴的方法，改成在需要的时候才通过驱动脉冲喷射是否可行，答案是肯定的。按这种工作原理建立起来的墨滴记录方法称为按需喷墨。与连续喷墨相比，按需喷墨印刷设备的主要优点包括无需墨滴断裂同步机制，也不需要充电电极、偏转电极、墨滴拦截、墨水循环处理系统、高压墨水供应系统和复杂的电路等。

## 第一节 热喷墨

顾名思义，热喷墨是基于热量作用的喷墨方法。墨水在加热器发出的热量作用下汽化，促使气泡成核并长大，压迫周围墨水向更为自由的喷嘴口移动，当墨水压力大到足够程度时便从喷嘴孔挤出；气泡不可能无限制地长大，达到不能维持的水平时破灭，导致喷嘴口处的墨水处于负压作用下，于是启动墨水重灌过程。由于热喷墨技术借助于气泡推动墨水喷射，因而某些制造商称之为气泡喷墨，例如日本佳能公司。

### 一、热喷墨技术发展简史

与连续喷墨相比，按需喷墨显得更年轻，两种主要的按需喷墨技术中热喷墨又比压电喷墨出现得更晚。据资料记载，热喷墨技术起源于 20 世纪 60 年代，那时受雇于 Sperry Rand 公司的一名研究人员致力于所谓的突发性蒸汽打印（Sudden Steam Printing）技术，后来演变成今天的热喷墨或气泡喷墨，专利申请描述的喷墨装置结构如图 5-1 所示。

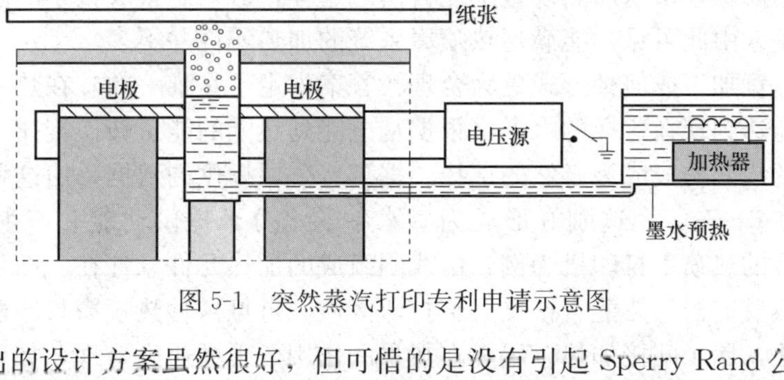


图 5-1　突然蒸汽打印专利申请示意图

图 5-1 给出的设计方案虽然很好，但可惜的是没有引起 Sperry Rand 公司的重视，因而该研究人员的设想未能转化成商业产品。他的设计思想充满创造性，但仍然为他所在的公司放弃了，直到 20 世纪 70 年代时才由佳能和惠普重新拾起。

惠普的热喷墨研究项目开始于 1979 年，打算开发用于计算器的打印机，那时惠普设在加州 Palo Alto 的研究中心一位名叫 John Vaught 的工程师正在研究通过加热措施从细小的孔喷射墨滴打印文本的方法，立即引起项目经理的重视。开始时指标定得很低，例如打印头高度参照点阵打印机确定为取 12 个点，水平分辨率按 96dpi 设计，采用两列喷嘴孔交叉排列的方法，认为以 6μs 的电流脉冲对墨水加热到沸腾并挤出喷嘴孔为最佳参数。按 20 世纪 70 年代末到 80 年代初的技术水平，即使如此“简陋”的打印头开发时也遇到许多难以想象的困难。经过不懈的努力，惠普的 2225 Thinkjet 热喷墨打印机终于在 1984 年 4 月进入市场，这种热喷墨打印机的命名来自 THermal INK JETing out of a nozzle 前三个英文单词的 8 个字母，意谓“从喷嘴向外的加热墨水喷射”。

或许是时间上的巧合，日本佳能公司的 Endo 和 Hara 同样在 1979 年重新发明由水蒸汽气泡驱动的按需喷墨打印头，命名为 Bubblejet，气泡喷墨之意。佳能的开发速度显然比惠普快，他们在 1981 年就推出了第一台气泡喷墨打印机。这里之所以说 Endo 和 Hara 重新发明气泡喷墨打印头，是因为在此之前已经有类似的发明成果了。

1987 年，惠普的 PaintJet 打印机进入市场，从此以后喷墨印刷进入彩色年代。在 PaintJet 打印机出现前，各种喷墨印刷产品以普通纸打印黑色文本为主要竞争领域，旨在满足由激光打印机设定的迅速发展的质量标准。惠普 PaintJet 喷墨打印机的记录分辨率为每英寸 180 个记录点，以彩色图文为输出目标，用于在特殊涂布纸和投影薄膜上打印。这种打印机使用的墨水以染料为着色剂（色料），黑色打印用 30 个喷嘴，黄、品、青三色打印各使用 10 个喷嘴，黑色和彩色打印头集成为用户可更换的两个打印墨盒。

热喷墨技术的发明从根本上改变了按需喷墨技术的研究内容，以热传感器代替压电元件后，人们一直关心的小型化的主要瓶颈得以解决，热传感器成为简单、小型和便宜的墨滴发生元件。热喷墨打印头可充分利用集成电路制造技术，大规模生产不成问题，每个喷嘴的生产成本比压电喷墨打印头低得多。此外，惠普借助于可抛弃的热按需喷墨打印头概念解决了可靠性问题，从此以后惠普的热喷墨打印头性能连续不断地提高。惠普主张，热喷墨技术可以喷射一切能成核的物质，包括甲苯和银悬浮液，甚至功能性蛋白质。

## 二、加热元件

毫无疑问，建立连续而不间断的热喷墨过程需要加热墨水的装置，由于体积限制和能量需求等方面的原因，墨水加热装置不能自由地选择，必须制备成很小的尺寸，且离开墨水腔的距离很短。由此可见，能满足热喷墨系统的加热元件并不多。

加热元件究竟加工成何种形式更为合理？答案肯定不是唯一的。在热喷墨技术发展的起步阶段还不能达到现在这样的水平，根据从电能到热能的能量转换规律，那时的加热器元件由一系列的线圈构成成为必然的选择。据惠普公司提供的数据，由这种加热元件产生的热辐射范围在 3～5μm，这刚好形成为墨水中的水分子提供动能并产生汽化的最佳范围。仍然以惠普的热喷墨打印机为例，由线圈组成的加热元件悬挂在三面为热反射器的空间内，这三个热反射器将热能直接反射给打印区域，可见这种热喷墨打印机没有采用直接加热墨水的方法，属于间接加热。墨水在热量的作用下干燥速度合理，如果墨水中的水分没有足够的时间引起纸张纤维肿胀，则可以避免纸张皱折，也不会与相邻的潮湿墨滴混合，可避免此种墨水颜色与彼种墨水颜色的相互渗透。

传统加热元件只能应用于低速热喷墨打印领域。从 1999 年开始，一种新的加热技术出现了，发明者称其为微精细墨滴技术（Micro Fine Droplet Technology），这一发明使热喷墨技术呈现更好的前景，必将明显改善热喷墨的印刷质量。

据 Masao Mitani 于 2003 年发表在成像科学与技术杂志上的文章介绍，一种适合于热喷墨打印头的新型薄膜加热器性能比微精细墨滴技术采用的厚钝化层薄膜加热器更好。这种新型薄膜加热器的主要优点可归纳如下：传统薄膜加热器需要厚保护层，但新型薄膜加热器不再需要它；打印头结构简单，不仅喷射出的墨滴体积均匀，且不会产生气穴；由于使用了薄膜加热器，热喷墨打印头结构发展到大规模集成的喷嘴阵列；打印系统的干燥速度极快，记录结果边缘很少会出现羽毛状的扩散现象。

新型薄膜加热器由电阻薄膜和半导体薄膜两层构成。薄膜加热器用于热喷墨打印头时必须经得住各种严酷环境的考验，要求有良好的抗氧化性能，耐电解腐蚀，有能力避免气穴现象等。虽然薄膜加热器从 1999 年就开始使用，但那时的薄膜加热器必须覆盖较厚的钝化层，以及为了防止氧化、电解腐蚀和气穴而附加的钽金属保护层。这种多层结构不但增加了打印头的复杂性，也降低了加热器的热效率，必然会大大增加墨滴喷射所需要的能量，其直接后果便是不得不使用代价昂贵的铋型互补金属氧化物技术，才能驱动大规模喷嘴阵列。此外，多层结构也会降低墨水加热速度，并导致墨滴喷射速度的波动。

图 5-2 给出了多层结构薄膜加热器和新型薄膜加热器横截面的对比示意图，两者的明显区别在于新型薄膜加热器的顶部凹陷处增加了自我抗氧化能力涂布层。

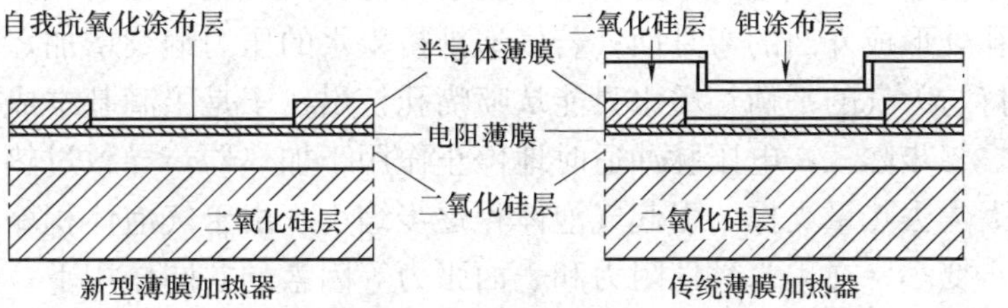


图 5-2 两种薄膜加热器对比

图 5-2 中的自我抗氧化涂布层不仅能避免电阻薄膜层的氧化，也有助于防止该涂布层受电解作用而腐蚀。新型加热器使用的半导体薄膜可以避免墨水的腐蚀，也能以墨水阻挡层覆盖在半导体薄膜层的阳极侧，形成防止电阻薄膜层电解腐蚀的另一种措施。由于自我抗氧化层和半导体薄膜的共同作用，不再需要多层涂布结构了。此外，在研制新的打印头结构时也采取了避免产生气穴的措施，薄膜加热器成为打印头结构的一部分。

## 三、打印头工作循环

如果说墨滴成形是所有喷墨印刷的工艺技术，那么汽泡成形是热喷墨基础的基础，因为推动墨水流体的压力来自于汽泡的体积膨胀，而流体没有压力的推动就不可能在喷嘴的出口位置产生墨滴。如此看来，汽泡成形对热喷墨系统的连续工作至关重要，但需知汽泡成形又与热量的作用有关，因而加热控制对汽泡成形的影响是关键因素。

按照加热元件与喷嘴口形成的位置关系，热喷墨技术可划分成顶喷和侧喷两大类，这两种墨滴喷射方式的工作循环大体相似，通常分解为气泡成核、气泡生长导致墨滴从喷嘴孔向外喷射、气泡破灭和墨水重灌四个主要步骤。

步骤一：确定大小的电压脉冲作用于加热器，时间短暂到只需几个微秒钟；此后加热器以 100℃/$\mu$s 的速率对处于加热器附近区域的墨水加热，导致墨水温度急剧地上升；墨水达到临界温度时，由于墨水的过热而形成稳定的薄膜沸腾状态，于是自动地产生覆盖于加热器面上的薄层气泡，如图 5-3 最左面的图形所示，加热器位于下方。

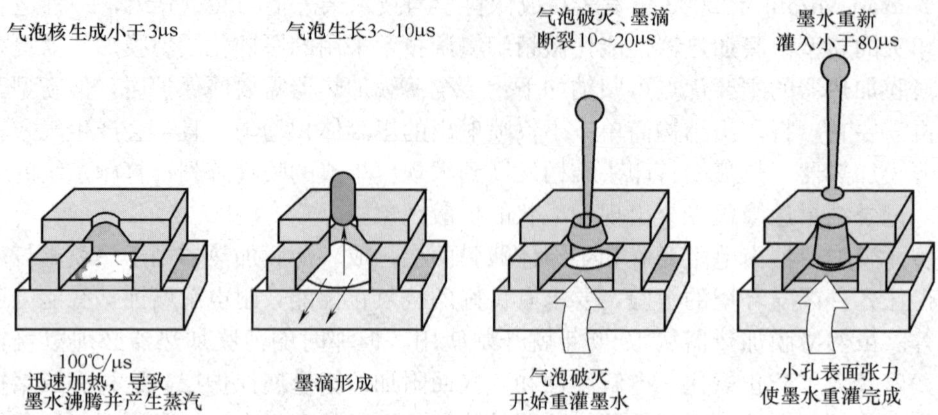


图 5-3 热喷墨工作循环示意图

步骤二：处于气体和液体界面间的过热墨水持续汽化，正在成长的气泡逐步移动、扩散并渗透到墨水中；气泡在新的环境条件下更容易扩大，气泡体积的进一步增加导致挤压附近区域墨水；由于墨水的热膨胀系数与气泡体积长大速率相比很小，因而可视为不可压缩流体，在气泡的推挤作用下墨水向更自由的空间移动；当压力大到一定程度时将在喷嘴孔处形成外凸的弯月面；若气泡推挤墨水的压力继续增加，则弯月面上的表面张力无法保持与大气的平衡，墨水只能从喷嘴孔挤出，于是墨滴基本成形。

步骤三：电压脉冲适时地停止作用于加热器，导致过热的墨水开始冷却；气泡体积长大失去热量支撑，引起气泡体积逐步缩小；由于气泡体积缩小，原来推挤墨水的压力的逐步变小；在墨水黏性阻力和表面张力等因素的共同作用下，已经挤出喷嘴孔的墨水柱尾部出现颈缩效应；连续的墨水柱颈缩终于使墨水射流母体不再能保持住前缘部分，造成墨滴从墨水柱母体分离出来，最终形成墨滴并向纸张喷射。

步骤四：在墨滴喷射的同时，墨水重灌过程也开始启动；气泡的彻底破灭导致墨水腔体积突然缩小，大气压力作用于喷嘴口的墨水，使弯月面受负压作用而内凹；当喷嘴口附近的墨水无法与外压力保持平衡时，这部分墨水便回撤到喷嘴孔内，完成墨水重灌过程。

## 四、顶喷与侧喷

在目前已上市销售的喷墨打印机中，大约 75%的采用热喷墨原理。根据公开发表的技术资料，热喷墨打印头内包含几千个墨滴喷射腔并不稀罕，且数量如此众多的墨水喷射器可以放置到同一块硅芯片上。喷墨打印头的主要成分是墨滴发生装置，而每一个墨滴发生装置则由加热器、喷嘴和墨水重灌通道组成。

如前所述，热喷墨打印机的墨滴发生装置分成顶喷和侧喷两种配置方案，惠普、利盟以及佳能公司的部分热喷墨打印机产品采用顶喷配置，侧喷结构为大多数佳能热喷墨打印机采用。热喷墨打印系统的加热元件常设计成板式结构，为了提高加热效率，需在装配时使板式加热元件的一面紧贴墨水腔。热喷墨打印头的加热元件由成像信号控制，要求在极短的时间内对墨水迅速加热，一个工作循环经历的时间极其短暂。除墨水外，热喷墨打印头中没有运动物体，关于顶喷和侧喷的墨滴喷射比较如图 5-4 所示。

顶喷打印系统的主要技术特征是加热元件轴线与喷嘴口轴线一致，更准确地说是加热元件发出热量的作用方向与墨滴飞行方向一致。顶喷打印头的喷嘴口通常放置在加热元件的顶部（见图 5-4），从位置关系上看这种配置比侧喷打印头更紧凑一些。侧喷打印系统的加热元件轴线与喷嘴口轴线成 90°放置，即热量作用方向与墨滴飞行方向垂直。

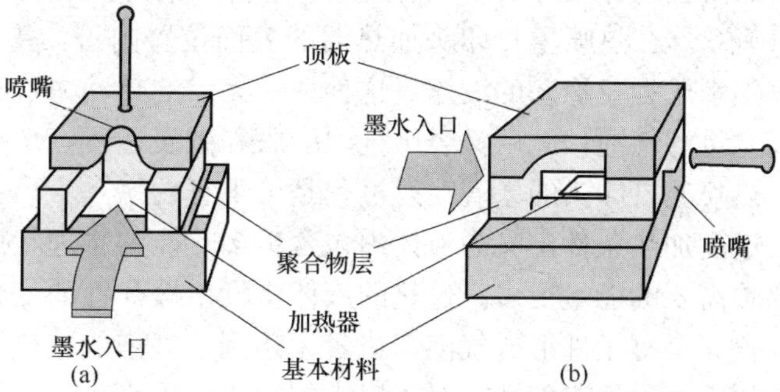


图 5-4　热喷墨打印头的两种墨滴喷射特点比较
（a）顶喷　（b）侧喷

顶喷和侧喷只是加热元件与喷嘴口的位置关系不同，热量作用方向分别与纸张垂直和平行，但两种配置方案的墨滴喷射方向必须与纸张形成垂直关系。顶喷和侧喷在工作原理上没有原则区别，经历的气泡成核、墨滴成形、气泡破灭并喷射墨滴以及墨水重灌过程也大体相似，因而不存在孰优孰劣的问题。

## 五、气 穴 问 题

气穴一词指液流内的局部压力降低到液体的汽化压力，形成水蒸汽空穴的现象。任何喷墨印刷装置均可视为不同类型和规模的液压系统，而气穴则是液压系统中经常出现的故障，它会引起液压系统工作性能恶化。除了产生振动和噪声外，还会因气泡占据一定空间而破坏墨水的连续性、降低墨水供应管道的输送能力，使容积效率降低，损坏零件，缩短喷墨打印头元件和管道的寿命，造成喷墨系统的流量和压力波动。

热喷墨技术与气泡的动力行为有密切的关系，喷嘴的稳定工作也涉及气穴现象，为此有必要提到 Rayleigh 在气泡生长和破裂动力学方面展开的研究。人们大多认为 Rayleigh 的射流不稳定性理论适合于连续喷墨，与按需喷墨关系不大，但 Rayleigh 在按需喷墨上确实是有贡献的，例如他发现了气泡生长和破裂过程中的气穴现象，这种现象与气泡的破裂机制有关。所有喷墨打印机必须解决墨水供应过程不希望出现的气泡这一问题，包括按需喷墨和连续喷墨，这成为 Rayleigh 研究成果对按需喷墨的直接贡献。

热喷墨技术本身必须利用气泡，而气泡的存在意味着气穴现象不可避免，如此就形成了利用气泡和防止气泡副作用的一对矛盾。热喷墨打印头工作时由过热墨水蒸汽形成的气泡推动墨水向喷嘴口移动，蒸汽压力的进一步作用导致墨滴喷射，设计时应当考虑加热器附近气泡的后续破裂可能引起气穴破坏作用，由于气穴现象的不可控制而损坏加热器，可能仅仅经历几百个墨滴喷射周期后加热器就损伤得无法继续使用。

气穴问题对液体系统的稳定运行如此重要，因而热喷墨设备墨滴生成装置的成功开发应该是基于与气穴控制有关的流体和材料解决方案，必须使墨滴生成装置的使用寿命延长到几百万次的喷射周期。此外，由 Rayleigh 提出的气泡模型也是计算机仿真研究和设备开发的出发点，用于理解和控制蒸汽气泡的生长与破裂。

## 六、气泡喷墨的热动力过程分析

墨滴喷射离不开电脉冲的作用，现代热喷墨打印机在大约 2$\mu$s 的时间内作用到包含加热器的薄膜晶体管，要求电脉冲的加热效应使薄膜晶体管的温度在每秒钟内上升到超过 $1\times10^8$℃。在热喷墨打印头加热器的表面位置附近，墨水温度从 60℃上升到 300℃以上，导致墨水成为亚稳态的液体，这种独一无二的热动力过程使墨水经历过热的蒸汽膨胀，形成高能量的气泡；此后又经历气泡膨胀和破裂过程，从喷嘴孔不断地喷射出数量稳定的墨滴，热喷墨打印头的墨滴喷射过程是可重复的。

过度加热条件定义为液体内包含更多热能的物理状态，产生的热能比给定压力下使液体沸腾需要的能量更多；过热的液体将发生爆炸性的变化而成为气体，因而这种变化的所在位置完全有条件形成气泡，或者说达到了气泡的成核条件，导致被液体浸润的表面出现细小的由蒸汽填充的孔。对于以水配制成的墨水来说，过度加热极限大约 340℃；温度超过该极限值时，墨水不能再以液体的形式存在，自然地就转换成了气态。气泡成核是建立热喷墨过程的必要前提，与气泡成核对应的实际温度与墨水配方、加热器表面的微观结构和液体浸润表面微孔所捕获的气泡尺寸有关。

热喷墨过程与人们在日常生活中看到的沸腾现象不同，即水温上升到大约 100℃时开始出现大量的气泡成核点，气泡核尺寸相当大，从而产生从液体到气体的相变。只要温度达不到过度加热条件，则以水配制成的墨水加热到大约 100℃时发生的现象类似。热喷墨打印机很高的加热速率可确保气泡成核的一致性，但仅仅高温位置才提供气泡成核一致性的条件，因为低温位置没有足够的时间激发一致成核过程。很快的加热速度形成的气泡具备良好的一致性，指的是释放的能量和气泡成形时间是高度一致的。

在几微秒的时间内，气泡迅速膨胀并破裂。在这种膨胀和破裂的过程中，作用效果类似于细小的活塞从加热器表面开展的向上运动冲程，填充墨滴生成腔体后再反冲；膨胀这一物理相变引起墨水流动速度的巨大变化，导致墨水射流以大约 10～15m/s 的速度离开喷嘴，气泡内的初始压力在瞬时间达到大于 10 个大气压的数值；由于气泡膨胀速度如此之快，而蒸汽数量又如此之少，以至于膨胀作用的正压力相只能维持大约 $1\mu s$ 的时间。在气泡 $20\mu s$ 甚至更短的生命周期内，尽管气泡内部的压力低于大气压力，但气泡却继续膨胀，填充由已经激发出运动状态的墨水原来所占据腔体约 50%的体积。

如果墨滴生成腔体上没有安装止回阀，则气泡膨胀期间某些墨水被强制性地通过墨水重灌管道返回。这种作用有助于“驱逐”墨水中可能存在的颗粒物和气泡，避免墨水在入口结构附近累积起来。墨水入口和交叉喷射次序的流体设计十分重要，应该使相邻喷嘴间的“交叉对话”达到最小程度。喷嘴和墨水入口的流体阻尼需达到平衡状态，才能在墨滴发生装置工作期间获得最佳的墨滴喷射效率，形成最优的墨水重灌和频率响应效果。

与液体相的墨水相比，气泡内蒸汽的导热性要低得多，从而对墨水和加热器起隔热作用。由于这一原因，一旦气泡覆盖加热器表面，则会引起少量的附加墨水蒸发。热喷墨打印头产生这种墨水蒸发效应时相当于电脉冲作用时间缩短，其结果是限制了加热器表面的峰值温度，伴随着气泡的膨胀和破裂，热量通过传导作用传递给承印材料而使加热器表面冷却。当气泡破裂发生时，回流的墨水与加热器接触，要求加热器的表面温度必须低于组成新气泡所需的温度，否则无法建立可重复的热喷墨循环周期。

## 七、热喷墨打印头

热喷墨打印头的关键部件是加热器，现代加热器制备成晶体管的形式，打印头局部结构的例子如图 5-5 所示。在加热器晶体管和硅基底层间有起阻热作用的薄膜绝热层，用于控制热量向承印材料的流动。如果绝热层的导热能力太强，则加热期间将引起太多的热量损失，导致比组成气泡要求更大的功率消耗，打印头也因此而过分加热；当绝热层的导热能力不足时，由于加热器无法迅速冷却，其结果必然是引发多次气泡膨胀。根据实验观察结果，一次电脉冲加热作用通常会引起三次或更多次的气泡连续成核。

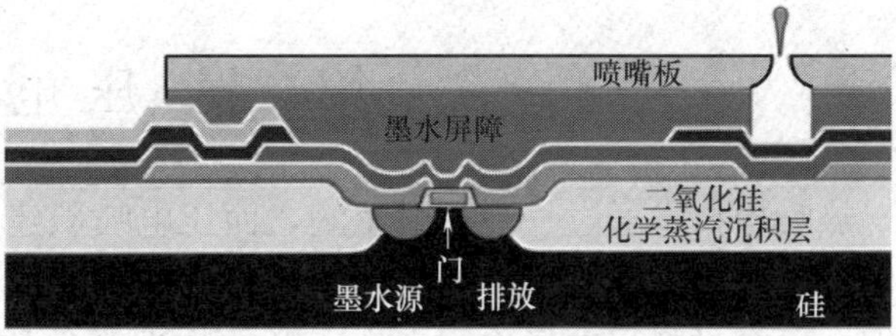

图 5-5　热喷墨打印头局部结构例子

图 5-5 所示的部分结构件起墨滴发生器作用，与墨滴生成有关的结构件均可列入。墨滴发生器的重要设计参数包括墨水重灌通道（管道）几何数据、腔体尺寸、喷嘴厚度和喷嘴孔形状等；墨滴生成还与墨水有关，需要考虑流体参数与墨滴发生器匹配问题，涉及墨水的重要流体参数包括墨水表面张力和黏度。在墨水重灌期间，墨滴发生器作用类似于简单流体机械的振荡器，由墨水重灌通道、墨水密度和黏度决定振荡器的主质量和阻尼特性，例如墨水在喷嘴口形成的弯月面、喷嘴孔和墨水的表面张力，其中喷嘴弯月面为弹性（弹簧）单元时的挺度取决于弯月面扩展到墨滴发生器腔体内部的程度。如果系统处于阻尼条件下，则弯月面达到稳定状态前将以喷嘴板平面为中心向内凹进和向外凸出间振荡，由打印头结构和墨水组成的固液系统满足这种条件。只要热喷墨打印头的结构合理，就可以通过频率调整形成临界阻尼配置，使弯月面取得稳定状态需要的时间最小，并达到墨滴发生器的最大操作频率。在弯月面稳定下来前，墨滴的向外喷射必然影响系统的喷射体积。由于墨滴发生器内的墨水数量与形成弯月面的位置和形状有关，喷射体积又处于反复的变化过程中，因而相当于气泡受到可变惯性载荷的作用。

喷墨打印过程依赖于固体与液体的偶联作用，分析喷墨打印头的动力过程和作用效果时必须与墨水结合起来考虑。墨水黏性不仅影响重灌动力效应，也影响墨滴喷射效果，因而获得一致性良好的墨滴喷射的重要前提在于墨水黏度控制。墨水黏性很大程度上取决于其配方，由于温度的不同而有明显变化。在正常情况下，墨滴发生器内的墨水温度与打印头基底材料相同；给定形成气泡所需的温度时，两者的温度差异令人惊讶。然而，气泡成核过程却如此迅速，以至于来自电阻器的热量只能渗透墨水柱 0.1$\mu$m 的范围，而墨水柱的厚度（高度）却有几十微米之多。因此，墨滴发生器内的墨水无法接受气泡成核过程中的热量，其需要的热量来自墨滴喷射周期之间与打印头基底材料的接触作用，这种分析已经为实验所证实，比如同步测量运转中打印头的基底材料与墨滴温度。

高可靠性工作的基本条件在于打印头设计，做到每一个墨滴喷射腔的墨水入口有能力抵抗堵塞，为此打印头部件应该在洁净的环境条件下仔细地清理和装配。考虑到墨水重灌通道宽度仅仅 10～20$\mu$s，因而很容易为颗粒物或纤维堵塞，比如清理和过滤时产生的颗粒和纤维，也可能因墨盒材料在长期曝光作用下形成。典型热喷墨打印头允许墨水存在一定程度的颗粒物，通常利用过滤器为每一个墨滴发生器提供多条墨水重灌路径。由于过滤器对颗粒物的拦截作用，绝大多数颗粒物不能进入墨水重灌路径；即使个别墨水重灌路径偶然为颗粒物堵塞，也不会导致喷嘴失效，因为墨水可以通过其他路径输送到喷嘴入口。

## 第二节 压电喷墨

热喷墨技术通过气泡喷射墨滴，而压电喷墨建立在压电材料（例如压电陶瓷）受电场作用产生变形的基础上，利用压电材料的四种变形模式，分别对应于挤压、弯曲、推压和剪切。压电材料受电场作用产生变形的物理现象称为逆压电效应，材料选择以 PZT 压电陶瓷居多，这里的缩写 PZT 表示 Lead Zirconate Titanate（锆钛酸铅），其中 Zirconate 和 Titanate 两词分别代表锆酸盐和钛酸盐（或钛酸酯）。

### 一、四种压电喷墨技术的形成

按需喷墨印刷领域的第一项开创性工作由美国无线电公司的 Hansell 于 20 世纪 40 年代完成，正是他发明了世界上第一台按需喷墨设备，也可认为是最早出现的压电喷墨打印机。Hansell 借助于压电材料制成的圆盘的变形作用产生压力波，形成喷溅墨滴。然而，这种打算用作 RCA 传真机概念书写器械的设备仅仅停留在发明阶段，从未发展成商业产品。

美国无线电公司虽然得到压电喷墨技术的专利授权，也出示了根据逆压电效应设计的喷墨印刷样机，但终究未能推出商业化的产品。一般来说，压电喷墨打印机的基础性工作应归功于 20 世纪 70 年代出现的三个专利，它们的共同特征是都采用压电装置，将输入压电元件的驱动电压转换成墨水腔的机械变形，如果墨水是不可压缩流体，则墨水腔的机械变形引起的对墨水的压力不能由墨水本身吸收，只能通过压电元件附近的墨水逐步传递给喷嘴附近的墨水，形成墨滴成形和喷射所需的压力。

按上述原理首先实现的功劳属于 Clevite 公司的 Zoltan 产品，于 1972 年推出并取得美国专利，采用压电效应的挤压模式。为了提高压电材料的利用效率，有效地挤压墨水，发明者认为合理的压电元件取空心管的形式。电压脉冲作用空心压电管时，由于墨水腔受到挤压，导致从喷嘴孔向外喷射墨滴，这种工作特点与现代压电喷墨的挤压模式完全一致。

第二个压电喷墨专利属于瑞典 Chalmers 大学的 Stemme 教授，于 1973 年获得美国专利授权，他采用了逆压电效应的弯曲模式。当压电材料处于弯曲工作模式时，由墨水腔壁的弯曲变形为墨滴喷射提供动力。第三个压电喷墨印刷专利由美国 Silonics 公司的 Kyser 和 Sears 提出，于 1976 年得到美国专利授权，也采用弯曲模式。

上述两个专利在同一年提出申请，但批准日期不同。两个专利存在微小的差异，主要表现在 Stemme 以平直的压电材料圆盘使墨水腔的后壁发生变形，而 Kyser 和 Sears 则利用矩形板使墨水腔的顶部变形。投放市场的第一台压电喷墨打印机是西门子公司的 PT-80 挤压模式压电喷墨设备，时间在 1977 年。Silonics 成为向市场推出压电按需喷墨打印机的第二家公司，他们于 1978 年投放弯曲模式 Quietype 打印机产品，有时弯曲模式也称为双压电晶片模式或单压电晶片模式。显然，压电喷墨专利的区别首先表现在压电材料的变形模式，其次是墨水腔的几何配置关系。图 5-6 给出了压电变形的四种工作模式。

Exxon 公司的 Stuart Howkins 于 1984 年获得美国专利授权，属于推压模式。剪切模式由 Fischbeck 首先申请专利，他完成了目前普遍采纳的压电喷墨模式，许多公司都以这种模式配置压电喷墨打印头。推压模式也称为撞击/碰撞模式，压电元件推动墨水腔壁，强制墨水腔壁产生变形而喷射墨滴。使用剪切模式时，压电材料制成可产生强大剪切变形的元件，用于使墨水腔壁变形。经过十多年的发展，终于成功地实现了四种压电喷墨模式。

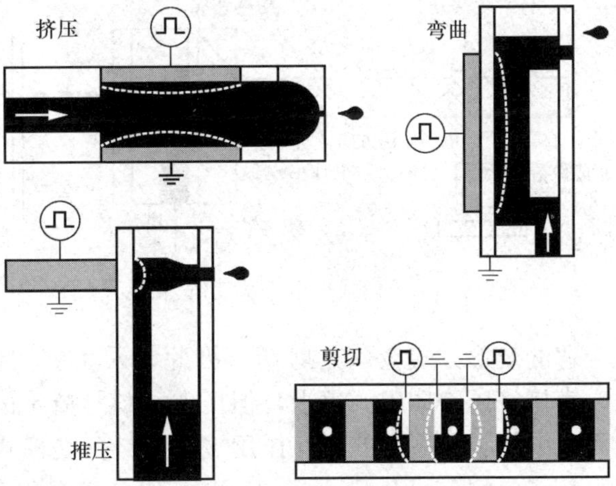

图 5-6 压电喷墨打印头变形模式分类

## 二、工作原理简述

压电喷墨打印机的墨滴生成和喷射由墨水通道壁的机械变形和位移产生，而产生机械变形的换能器由一种具有压电性的材料制成。现在，压电喷墨打印机的使用面相当广，台式压电喷墨打印机也已成为家庭、办公室和桌面出版领域的主流机种之一。

所谓压电性是指某些材料按施加在晶体上的机械应力成比例地产生电荷的能力，这一现象由居里兄弟在 1880 年发现。同年，居里兄弟证实了压电晶体具有可逆的性质，即压电晶体具有按施加电压成比例地产生几何变形，压电喷墨印刷正是利用了这种原理。

石英晶体在特定方向上受机械力作用时，两端表面上会出现数量相等、符号相反的束缚电荷；作用力反向时，束缚电荷亦反号，且在一定范围内电荷密度与所加的作用力成正比。反过来，当石英晶体处于特定的电场强度作用下时，晶体的尺寸随之变化，在一定范围内，尺寸改变与电场强度成正比。为了区分上述两种压电现象，物理学中将机械力引起的压电现象称为正压电效应，而将电场强度作用引起的压电现象称为逆压电效应，并将正压电效应和逆压电效应统称为压电效应，具有压电效应的物质称为压电体。

压电陶瓷材料应用于喷墨成像时应利用它们在外电场作用下产生不同机械变形导致的逆压电效应，按外加电场作用方向与压电陶瓷材料极化方向的关系以及压电晶体产生变形的不同，压电喷墨分为挤压、弯曲、推压和剪切四种模式。

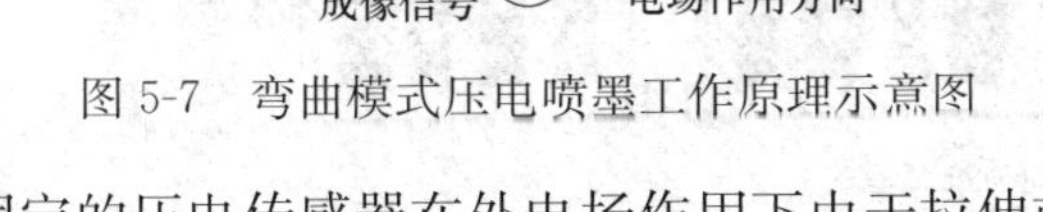

图 5-7 弯曲模式压电喷墨工作原理示意图

图 5-7 给出典型的弯曲模式压电喷墨工作原理示意图。压电陶瓷材料加工成薄板形状更容易弯曲，压电板与形变传递作用的膜片紧密连接，组成双层结构的电子机械传感器阵列，简称为压电传感器。两端固定的压电传感器在外电场作用下由于拉伸或压缩效应而只能产生弯曲变形，并压迫膜片变形，墨水受膜片挤压后在喷口处形成墨滴。采用上述设计原则生产压电喷墨打印头的制造商包括 Tektronix 和 Epson 等。

推压模式的压电元件加工成棒状，压电棒的一端固定，另一端是装有传感器底座的自由端。外电场作用导致压电棒产生伸长变形，在保持体积不变的前提下因长度增加而推动

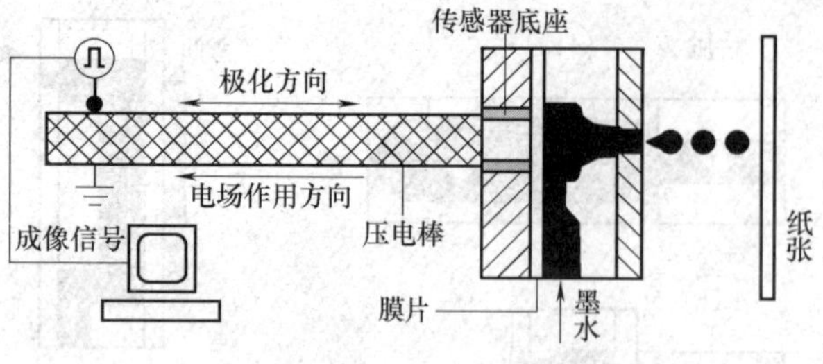

图 5-8 推压模式压电喷墨工作原理示意图

传感器底座，推力传递给膜片后挤压墨水，在喷口处形成墨滴，如图5-8所示。

采用剪切模式时，压电板在外电场的作用下发生剪切变形，而剪切变形对墨水产生正压力。如果考虑到墨水在腔体中受正压力作用时墨滴喷射最容易实现，则压电材料最合适的变形方式应该是剪切。因此，采用剪切模式时压电板可设计为墨水腔壁的一部分，直接挤压腔体中的墨水，但压电材料与墨水的直接接触可能影响压电板的使用寿命，因而压电材料与墨水的相互作用成为设计剪切模式打印头的重要参数。生产剪切模式压电喷墨打印头的公司有 Spectra 和 Xaar 等。压电陶瓷材料在外电场作用下产生剪切变形时，墨滴的生成方法按喷嘴系统的几何配置而可以采用不同的途径实现。

## 三、剪切模式

剪切模式压电喷墨打印头占有相当重要的地位，喷嘴或喷嘴系统的几何配置可以有多种选择，与喷墨打印头制造商的设计思想有关。图 5-9 所示设计方案说明如何通过墨水腔后壁的墨水通道产生墨滴并喷射，该例子中压电板成为墨水腔壁的一部分，而墨水腔的功能则类似于隔膜泵。由于压电材料的极化方向与电场作用方向垂直，特殊的结构安排使压电板产生近似于纯剪切的变形，形成对墨水的正压力；当墨水腔体积变小时将克服墨水在喷孔处的表面张力，迫使墨水从喷孔中挤出，并在喷嘴出口处附近形成墨滴。

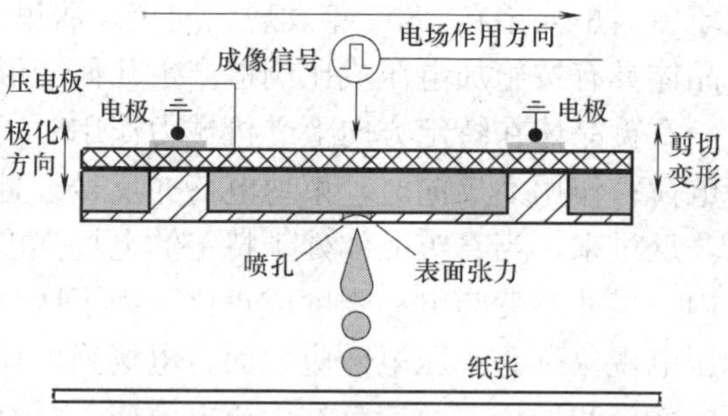

图 5-9 通过墨水通道后壁变形产生墨滴

剪切模式形成墨滴喷射的另一种方法是使通道壁产生双向变形，为此需要在特定的距离范围内按偶数规律布置墨水通道，形成如图 5-10 所示的特殊结构。

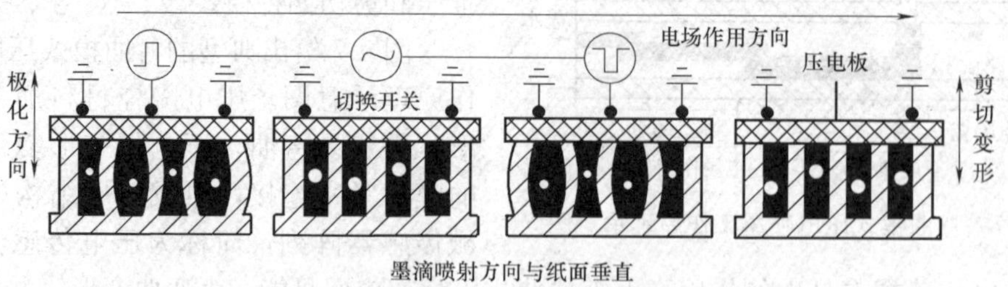

图 5-10 利用墨水通道的侧壁变形产生墨滴

由于图 5-10 所示结构的特殊性，外电场作用在狭窄的范围内，因而压电材料同样产生剪切变形；压电材料的这种变形传递给墨水通道后，由于通道壁高度方向尺寸小而弯曲刚度大，且两端受刚性约束，不能自由弯曲，只能产生弯曲变形。这种设计方案的墨滴喷射方向与纸面垂直，称为侧壁受压变形压电喷墨技术。一个墨水通道壁的剪切变形导致墨水通道的抽吸效应（类似水泵工作那样），引起相邻通道的墨水喷射，因为一个墨水通道的体积膨胀必然导致另一墨水通道的体积缩小，而体积被缩小通道内的墨水将受到挤压作用，由于液体的不可压缩效应，墨水只能从喷嘴口喷出。由于相邻墨水通道的体积变化刚好相反，以交互方式增加和缩小体积，因而得名交叉对话。

## 四、交叉对话及其副作用

利用压电材料的剪切变形可形成高效率的交叉对话墨滴喷射机制，如果控制不好也可能产生副作用，相邻墨水通道压力诱导引起的交叉对话，例如压电元件加工误差或电极配置不合理导致的电气交叉对话，打印头喷嘴和墨水通道排列结构本身激发出的直接交叉对话，驱动电压作用于目标墨水通道并变形后非相邻墨水通道也产生横截面变化造成的局部交叉对话，打印头共振效应激发的交叉对话等。此外，如果压力波不能在墨水供应通道处产生完全反射，则部分压力波将会穿过墨水供应通道甚至墨水容器，从而形成复杂的交互作用，例如压力波抵达邻域通道时导致声学交叉对话。相邻墨水通道正常的交叉对话理所当然地应加以利用，非期望的交叉对话应当避免，不能任其自由发展，为此需从打印头结构、流体参数和驱动波形设计等方面着手。

图 5-11 给出了有限单元法计算得到的直接交叉对话例子，压电驱动器由 PZT 材料制备而成，高度 500μm，装到 1mm 厚度的氧化铝基座上。驱动器附加到墨水通道块上，排列密度与压电元件的分辨率相同。假定 169μm 宽度的压电元件由基座支撑，则基座的反作用力将会引导到非驱动的压电元件，未驱动的墨水通道也将变形，如同图 5-11 左面所示那样，图中的墨水通道由黄铜材料加工而成，高度 120μm。

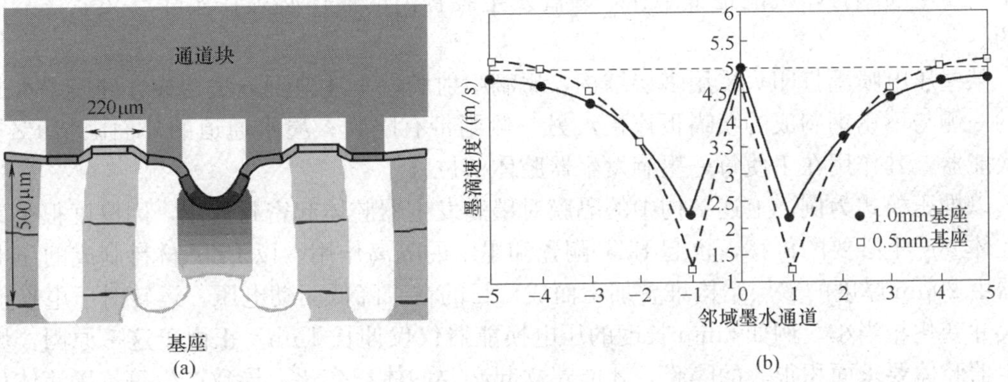


图 5-11 直接交叉对话有限单元计算结果
（a）有限元计算形状变化结果 （b）有限元计算数值结果

图 5-11（b）中的曲线图以墨滴速度为横坐标，横坐标编号对应于墨水通道，其中 0 号通道为当前墨水通道，左右两面分别为当前墨水通道的左右邻域通道。由于该图给出的是理论计算结果，因而速度分布左右完全对称。邻域墨水通道的变形结果与需要喷射墨滴的通道变形理应相反。在图 4-11（b）中，被驱动墨水通道金属箔的位移结果得 27nm，但第一个邻域墨水通道金属箔的位移沿相反方向提升了 13nm，意味着几乎 50%的交叉对话效应。因此，当邻域墨水通道被同时驱动时，墨滴速度将会降低，宽度等于 270μm 的

墨水通道的这种特点墨滴喷射演示于图 5-11（b）中，该图描述邻域通道被驱动时通道 0（目标研究通道编号）的墨滴喷射速度测量结果为 5m/s；当驱动 0 号墨水通道右面的邻域通道时，通道 0 的墨滴速度从 5m/s 下降到 2.2m/s。计算结果和实验数据表明，总的交叉对话效应对薄基座或厚基座来说大体相同，同时驱动所有墨水通道将导致墨滴成形彻底失效。

正常的交叉对话是邻域射流交互作用的结果。然而，某一喷嘴孔喷射出的液体射流的运转状态可能影响相邻射流的体积和速度，只要这种影响加到邻域射流后产生非期望的副作用，则必然导致印刷质量退化。如果与墨水通道连接的喷嘴发生附加的墨水喷射，即喷射出的墨水数量比期望的墨水数量有所增加，或墨水的喷射速度有附加增量，此时发生的非期望交叉对话称为正交叉对话；反之，若邻域喷嘴的墨水喷射特征与正交叉对话效应相反，例如墨水附加体积或喷射速度比期望值低，则称之为负交叉对话。上面提到的各种交叉对话都可以归结为正交叉对话或负交叉对话之一。根据前面对于交叉对话的描述，某些喷墨领域也可能存在非期望的交叉对话。对压电喷墨印刷而言，非期望的交叉对话引起墨滴尺寸波动和墨滴定位误差，其他喷墨技术类似。

## 五、打印头结构

受到电脉冲的驱动作用时，压电元件的典型响应是改变形状，例如伸长、剪切和弯曲。无论压电元件产生何种变形，典型位移值总在微米量级，甚至更小。热喷墨印刷的技术特征可描述为活塞（蒸汽形成的气泡）在气缸（墨滴发生器腔体）内的冲程或往复运动，压电喷墨打印机中的墨滴发生装置按体积变换原理工作，发生在大面积（隔膜）上的微小位移（压电变形）对小面积区域（喷嘴）来说相当于引起大位移（墨滴喷射趋势）。为了使压电喷墨打印机能正常工作，墨滴发生装置内的液体必须在实际意义上是不可压缩的。

某些压电喷墨打印头采用多层结构，墨滴喷射腔以下述典型方法构成：硅质墨水通道层的一侧与不锈钢制成的喷嘴板连接，另一侧则带有隔膜；墨水通道的外面固结 PZT 压电换能器，其作用在于使每一墨滴发生器腔体壁位移。

以推压模式为例，上述结构中的隔膜对墨滴发生器腔体起密封作用，因厚度很小而允许腔体壁产生必要的位移，也起 PZT 陶瓷和墨水的隔离作用。以 PZT 材料制成的压电换能器由 20μm 厚度的多层结构堆叠加工而成，目的在于降低驱动电压。运转时压电换能器的尺寸变化相当小，例如 5mm 长度的压电换能器仅仅伸长 1μm。正由于这一原因，墨滴发生器腔体要求面积很大的隔膜，才能建立起必要的体积变化，导致产生等价墨滴体积的压电喷墨打印头墨滴发生装置显得比热喷墨打印头的墨滴发生器“臃肿”得多。压电喷墨打印头喷嘴的典型距离为 140μm，如此则得到每英寸 180 个喷嘴孔的线排列密度，这种设计方案能够以垂直方向 180dpi 的分辨率打印记录点行，以 720dpi 覆盖复制面积时需要六次通过打印，每一次打印头扫描结束后纸张必须精确地移动 1/720in 的距离。

由于直接利用压电元件的伸长变形效率太低，因而大多数压电喷墨打印头采用弯曲变形模式的双压电晶片元件多层结构，这种薄层压电元件沿长度方向固结到另一种薄片材料上，例如 Epson 公司生产的多层芯片喷墨打印头，代表着现代压电喷墨打印机结构设计的流行趋势。多层芯片墨滴发生装置的墨水腔通常由氧化锆材料制成，基于 PZT 和氧化锆的双压电晶片元件依附于墨水腔体；三块层压不锈钢薄板组成打印头的喷嘴层，多路墨水支管结构层和墨水入口结构层以黏结方式固定到氧化锆层，形成整体结构。当外部电压加到压电换能器上时，双压电晶片结构发生弯曲变形，使墨滴发生器腔体产生体积变化，导致墨滴喷射。这种设计方案中的双压电晶片产生的挠曲变形大约 0.1$\mu$m，因而侧向尺度必须大于基于推压模式的多层结构压电喷墨打印头，才能获得期望的体积变化。与推压模式多层结构设计方案的 100$\mu$m 墨滴发生器腔体相比，多层芯片结构的墨滴发生装置腔体需达到 340$\mu$m，因而喷嘴间距更大。然而，比起推压模式多层结构来，双压电晶片喷墨打印头的制造成本更低，采用多次通过打印模式后可以获得更高的记录分辨率。

某些设备附加的打印装置要求体积更小巧的结构，例如由静电力驱动的 POS 机压电喷墨打印头，据说每秒钟可以在卷筒纸上打印 15 行字符，功率消耗比个人计算机领域普遍使用的热喷墨或压电喷墨打印头更低。这种打印头由三层结构组成，它们是包含 128 个喷嘴的硅基底层，结合了墨水槽和喷嘴板的硅腔体，以及包含一个电极的玻璃层。按上述方法构造的打印头在墨滴喷射方法上表现出“天生”的简单性，当直流电压在压力板和电极间切换到打开和关闭状态时，在静电引力的作用下压力板向上和向下运动，导致墨滴经由腔体从喷嘴孔向外喷射，图 5-12 给出了这种 POS 打印头的横截面。

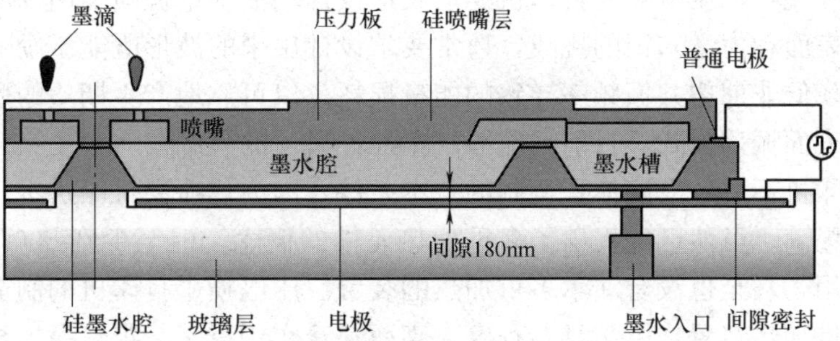


图 5-12　静电驱动压电喷墨打印头横截面示意图

图 5-12 所示打印头芯片的腔体部分用作墨水压力空间，其尺寸和结构精度对于喷嘴尺寸和设计意图的实现有直接影响，并进一步影响到打印输出质量。以 MEMS（微电子机械系统）工艺作为电路板平版印刷和蚀刻手段的替代技术后，腔体结构得以改善，有助于明显提高彩色喷墨打印机的印刷质量。

## 六、驱动波形

压电喷墨打印头利用各种类型的电气波形驱动，体现压电喷墨印刷不同于热喷墨的诸多优点，例如在给定设计方案下通过不同黏度和表面张力的墨水形成相同体积的墨滴，以针对打印头制造工艺变数作出必要的调整，从同一喷嘴孔喷射出不同体积的墨滴。

常见波形之一是双极驱动脉冲，工作时首先对压电换能器施加反向极性的脉冲，以增加墨滴发生器腔体的体积，这种条件一直保持到腔体从墨水容器中抽提墨水并进入墨滴发生器内才结束；此后正向极性脉冲（极性与以前施加的脉冲相反）加到压电换能器上，导致墨滴发生器腔体的体积缩小，从而为墨滴生成和喷射创造了条件。双极驱动脉冲的上述优点足以令制造商放弃以前使用的单极脉冲，因为峰值电压相同的双极脉冲可以喷射出体积比单极脉冲更大的墨滴。

从同样的喷嘴孔喷射不同体积的墨滴要求以更复杂的波形驱动压电喷墨打印头的压电换能器，如同图 5-13 所示的打印头结构采用的可变驱动波形那样。这种技术利用第一个脉冲激发喷嘴口附近的弯月面振荡；接下来施加幅值更大的脉冲或多个脉冲，本次驱动脉冲的任务是喷射墨滴。如果改变驱动脉冲作用的相对时间和幅值，则压电喷墨打印头可以喷射出不同体积的墨滴，例如 2.5 微微升、5 微微升和 11 微微升的墨滴体积。

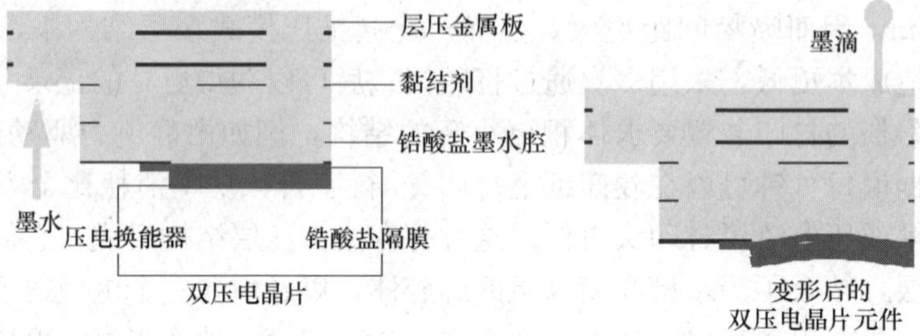


图 5-13 可变墨滴体积驱动示意图

无论过去和现在，压电喷墨打印机驱动波形设计均面临掌握喷嘴内部动力学以及喷嘴口与弯月面的表面动力学知识的挑战，通常要求设计出来的波形既能激励喷嘴结构的主驱动频率，又要降低非期望共振频率导致的能量损耗，以可靠地产生期望的墨滴尺寸。通过激励更高阶的表面振荡模式，目前已能够产生几种尺寸的墨滴。

热喷墨打印机不具备墨滴体积调制的基本条件，因为热喷墨打印机本质上只能以二进制的方式形成墨滴。虽然已经提出了多重加热元件的概念，但至少到 2000 年时尚未有实质性的工程应用，甚至也没有演示多重加热的装置。压电喷墨打印机的制造商们认为，即使能研制出多重加热装置，由于复杂程度太高而缺乏实用意义。与热喷墨相比，大多数压电喷墨打印机很容易实现墨滴体积调制，实际应用例子不在少数，例如宽幅喷墨打印要求墨滴调制技术以相同的打印头实现不同分辨率输出。然而，问题在于墨滴速度总是与墨滴体积联系在一起，墨滴运动速度的变化将导致位置偏差。改变墨滴体积最简单的方法是调制电压，从驱动电子元件方面来说容易实现。此外，无论是热喷墨还是压电喷墨打印机都可以通过在每个记录点上打印多个墨滴达到调制记录点的目的，但如此处理的结果意味着打印机的整体能力必然降低，喷嘴数量的增加也将相当可观。

## 七、交叉对话压电元件的驱动原理

为了充分利用剪切变形的优点，以交叉对话的形式喷射墨滴成为最佳选择。但如同前面提出的那样，有效的交叉对话必须避免非期望的交叉对话，因而基于剪切变形的交叉对话压电喷墨打印头加工精度要求相当高，也要考虑与流体参数和驱动电压的匹配。

一般来说，压电元件的制备工艺不具备唯一性，与如何利用压电材料的变形模式和打印头的整体结构设计有关。据参考文献［19］介绍，产生剪切变形交叉对话压电喷墨打印头的第一步是加工成尺寸较大的压电材料块，并对加工好的压电材料块的两侧临时应用金属喷镀工艺；下一步需要将高电压加到两侧的金属喷镀层上，使材料的压电属性方向取得一致，这种工艺称为极化。要求以剪切变形模式使用压电元件时，必须去除经过极化处理的金属喷镀层，并在将要用作墨水通道侧面的压电材料表面以批处理方式喷镀金属，形成新的功能性喷镀层，用于驱动压电材料变形。

图 5-14 可用于演示剪切变形模式交叉对话压电元件的结构简图和驱动原理，墨水通道除盖板外几乎全部用压电材料制成，不能说所有的交叉对话都采用这种结构，但具有相当的典型意义。为了实现有效的交叉对话，对每个墨水通道均要求其两个侧壁沿相反方向运动，唯如此才能形成需要的压力波，并与相邻墨水通道产生交叉对话效应。

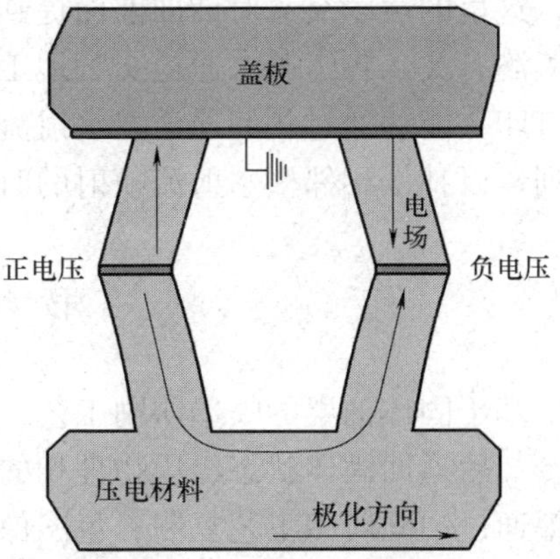

图 5-14 剪切模式交叉对话墨水通道结构

图中墨水通道两个侧壁的运动（变形）通过施加一对大小相等、方向相反的电压实现，电压加到每个侧壁的内导电层上，而两个侧壁顶部的喷镀层保持接地状态。显然，这种驱动电压应用方法有能力在两个墨水通道侧壁的上半部分截面建立数值上相等、方向相反的均匀电场，即在两两相对的薄膜压电墨水通道侧壁间建立均匀电场。由于建立的电场与极性场呈 90°夹角，因而墨水通道侧壁的上半部分以剪切模式变形，每一个墨水通道侧壁的中间部分产生离开墨水腔的向外位移，下一循环则形成压迫墨水的向内位移。

墨水通道侧壁下半部分的电场以及电场在墨水通道壁底部内的起源十分复杂，如果选择了不导电的墨水，或即使选择了导电墨水，但在墨水通道侧壁涂布了绝缘层，则将在不导电的墨水或通道侧壁绝缘层中建立数量可观的电场。然而，由于大多数“软性”压电材料（例如 PZT 压电材料）的绝缘常数通常达到典型流体和绝缘材料涂布层绝缘常数的 3 到 4 倍的量级，因而几乎所有的电位移（电场强度与绝缘常数的乘积）都将受到压电材料的限制。如此一来，就必然在墨水通道两个侧壁的内喷镀层之间建立起强大的电场和电位移，电场线穿过墨水通道壁下半部分的底部，在这一点上图 5-14 是对于墨水通道侧壁下半部分电场的很好说明。这种复杂的 U 形电场在每一个墨水通道侧壁底部截面内主要产生剪切位移，意味着压电材料的变形为剪切模式，使得墨水通道侧壁的中间部分产生从墨水通道壁原位置向外的位移，驱动墨水通道侧壁运动，与相邻墨水通道形成交叉对话机制。

从图 5-14 还可以看到，墨水通道壁底部的 U 形电场与压电材料的极化场平行，通道侧壁变形导致墨水通道的宽度增加，而墨水通道底部位置则略为下降。因此，当大小相等、方向相反的电压加到两个墨水通道壁内侧的金属喷镀层时，两个墨水通道壁的所有运动部件产生的变形作用使墨水通道的横截面面积增加；与该墨水通道相邻的通道变形特点相反，应该使墨水通道的横截面面积减少。墨水通道的这种横截面面积变化是建立压力波的主导原因，符合交叉对话机制的要求，导致从喷嘴口喷射出墨滴。

除两侧墨水通道外，由于中间部分相邻墨水通道共用一个通道壁，因而试图同时驱动两个相邻的墨水通道是不可能的。概念上，驱动一个墨水通道时可同步驱动另一个墨水通道，且墨水通道可以划分成两组，分别称为偶数组和奇数组，以交替的方式打印。驱动墨水通道的次序称为喷射次序，可降低由于使用了公共墨水通道侧壁导致的声学交叉对话效应，这里的声学交叉对话即前面提到的非期望交叉对话效应，与喷墨印刷以很高的速度喷射墨滴有关，各组墨水通道交替地工作，引起墨水通道声学结构的交互作用。此外，为了使打印头能够通过相邻通道墨水射流断裂后喷射到纸张的记录点构成直线，喷嘴孔应交叉排列，以补偿相邻墨水射流喷射的时间差异。

## 第三节 相变喷墨

基于固体油墨的喷墨印刷工艺，因固体油墨加热熔化成液体、墨滴喷射到中间转印滚筒冷却后返回固体状态经历物理相的改变而得名，有时也称为热熔喷墨。此外，由于相变喷墨通过中间转印工艺复制彩色图像，类似于胶印油墨的间接转移，因而也有人称之为数字胶印。考虑到相变喷墨的特殊性和未来良好的发展前景，故单列一节讨论。

### 一、固体油墨

相变喷墨打印机大约出现在20世纪80年代末期，迄今为止也仅仅不到20年的时间，但市场接受的速度却相当快。这种打印机在许多应用领域取得成功，例如印刷行业、办公室通用输出目标、医学数字成像、包装和三维模型打印等。只要相变喷墨打印机的输出幅面增加，则预期在宽幅打印领域将有很好的市场前景。

固体油墨的基础材料在室温下为固体，转变成液体相时黏度足够低而可以喷射；载色剂以天然蜡或人工合成蜡最为典型，但也可以是两者的混合物。这些材料的玻璃渐变点在80～100℃间，加热到大约130℃时黏度低于大约$2\times10^{-2}$Pa·s，意味着具备喷射能力。

打印时，墨滴在冷却下来的同时黏度迅速增加，接下来便转变回固相。墨滴在纸张或其他承印材料表面形成薄膜，不像液体墨水那样出现渗透效应。因此，固体油墨毛细效应的最小化会作用于记录点尺寸和形状，有利于油墨的色料保持在纸张表面，从而产生高光学密度和高饱和度的彩色印刷品。由于上述原因，与液体墨水的复制系统相比，相变喷墨印刷具备提供高质量印刷品的潜在能力，也具有更高的记录介质独立性。

不考虑上述优点时，固体油墨在室温下的机械特性面临大量实践因素的挑战。如果喷墨打印机形成的墨层脆性太高，则弯曲或压折纸张容易引起墨层开裂；为了开裂的可能性最低而打印柔软墨层时，又很容易刮伤。显然，太软的墨层刮伤后必然使印刷区域的光泽度降低，比如印张堆叠在一起时彼此摩擦引起的刮伤。

当固体油墨的玻璃渐变阈值温度$T_g$较高时，由相变喷墨打印机复制的文本和图像的机械耐久性也得到改善。通常认为，如果印刷品暴露于相当高的温度环境条件下，例如停在阳光照射下封闭汽车内的相变喷墨印刷品，则需要更高的$T_g$值有助于保护打印记录点，避免记录点粘脏。统计数据表明，固体油墨达到可喷射黏性的典型温度比玻璃渐变阈值温度$T_g$高出20～30℃，较高的$T_g$值对使用压电材料会出现问题。考虑到压电换能器必须在低于材料居里点的条件下才能正常运转，因而相变喷墨打印机应该在低于130℃的油墨熔化温度下操作，原因在于温度超过居里点时，压电换能器将丧失对电场变化响应尺度变化的能力。

固体油墨通常按固体棒状或块状的形式供货，使用时插入打印机的特定位置，在靠近打印头的封闭腔体内熔化。相变喷墨打印机制造商对每一种彩色固体油墨赋予特殊的横截面形状，以确保每一块固体油墨总能正确地安装到位。某些相变喷墨打印机允许在使用期间替换和安装，形成无需停机连续工作的特征，显然有利于提高打印机的生产能力。

相变喷墨打印机的按需熔化系统之所以广受欢迎，是因为一旦设备开机固体油墨始终保持在液体状态，以便相变喷墨打印机可随时启动工作。然而，固体油墨保持在加热状态也会出现问题，由于长期加热可能产生油墨材料特性的变化，可以从材料的聚合化、分解和损失挥发性成分等方面找到原因。另一方面，固体油墨重复的“冷冻”和“解冻”操作意味着打印机处于完全关闭状态，由于固相和液相间特殊的体积差异，很容易产生数量可观的机械应力。此外，“冷冻”和“解冻”也影响固体油墨成份的可溶性。

考虑到相变喷墨打印机利用压电原理生成墨滴，因而如何从液相油墨中去除空气和气泡成为制造商面临的一大挑战。相变喷墨打印机制造商开发了富有独创性的方法，从正在使用的打印头附近的熔化油墨中抽取空气，例如介于熔化油墨和真空腔间的气膜。

## 二、工作原理

直接喷射型喷墨打印机有不同的实现方法，它们的共同特点是墨水射流在运动过程中分裂为特定尺寸的墨滴，经过一段飞行距离后直接喷射到记录介质表面。无论是连续喷墨还是按需喷墨技术中的汽泡喷墨、压电喷墨和静电喷墨，均属于直接喷射型打印技术，无需中间转印步骤。就转移图文信息的载体来说，传统印刷油墨介于固体和液体之间，打印机或数字印刷机使用的油墨可分成液体和固体两大类，例如静电照相复制工艺的墨粉和喷墨印刷的液体墨水。多少年来，喷墨打印领域一直以使用液体墨水居多，但也不乏使用固体油墨的喷墨印刷设备，这就是相变喷墨打印机。

基于固体油墨的彩色喷墨打印机利用压电喷墨打印头喷射墨滴，从打印头结构角度看与标准的压电喷墨技术并无原则区别。这种喷墨技术受到多样化市场的普遍接受，在办公室彩色打印机市场表现突出。由于良好的应用前景，目前相变喷墨印刷的技术开发仍继续进行着，力求使这种喷墨方法改善得更合理。

相变喷墨打印机制造商为了强调与热转移和胶印的相似性，因而更频繁地称为转移喷墨打印或胶印喷墨打印。在转印原理上相变喷墨打印确实有类似于胶印的技术特征，因为这种打印技术采用了间接转移油墨的方法，在喷墨印刷领域独树一帜。此外，相变喷墨打印不同于连续喷墨，只有在需要时才喷射墨滴，因而属于按需喷墨的范畴。

在联网使用的办公室彩色打印机市场，相变喷墨打印机的主要竞争对手是静电照相彩色打印机，仅少量热喷墨和压电喷墨打印机在一定程度上对相变喷墨打印机构成威胁，这既与相变喷墨使用热熔油墨有关，也决定于相变喷墨的间接转印工艺。正因为如此，才使这种喷墨设备打印出来的彩色图像感觉质量高，色彩艳丽而生动。固体油墨和间接转印带来的另一优点也是其他喷墨技术不具备的，即使与静电照相技术相比也有一定的优势，在承印材料的广泛适应性方面不比静电照相复制技术差。

相变型喷墨打印机结构和工作原理如图 5-15 所示，与直接喷射型的喷墨打印机相比存在不少区别，打印过程可归纳如下：打印头内置的加热器对固体油墨加热，使之达到熔化温度，黏度低到足以可通过压电喷墨打印头喷射墨滴；需要打印的彩色图像喷射到中间转印滚筒表面；当整个待打印图像全部“沉积”到转印滚筒后，记录介质（例如纸张）开始进入其工作位置，与转印滚筒接触；类似于传统胶印，记录介质与中间转印滚筒间存在

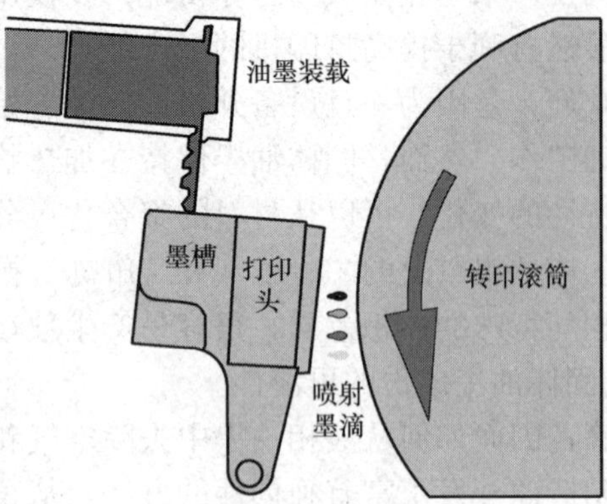


图 5-15　相变喷墨打印原理示意图

微小的转印间隙，在高压力作用下导致转移鼓上的图像复制到记录介质表面。

从上面叙述的工作原理可以看出，相变喷墨打印确实与常规胶印类似，至少也属于间接印刷工艺，但准备数字文档时无需考虑间接转印特点，打印机会自动处理。整个印刷过程包含两次转印：首先转印到中间转印滚筒，类似于传统胶印从印版转印到橡皮布；然后转印到纸张，考虑到第二次转印过程也需要压力参与，因此与传统胶印从橡皮布转印到纸张几乎不存在区别，且压力参与也有利于将突出的墨点压平。相变喷墨的主要缺点归结为蜡质感觉，转印到纸面的油墨耐久性不高，与静电照相打印机相比尤为明显。

## 三、喷射过程分析与墨滴固化模型

研究相变喷墨打印技术的关键是建立墨滴固化模型，为此需分析墨滴喷射过程。根据图 5-16 所示的相变喷墨两次转移示意图，从孤立墨滴喷射到中间转印滚筒表面的沉积过程可以分解成下述五个离散步骤：第一，固体油墨熔化成液体状态，黏度降低到足以喷射，打印头中的压电换能器根据来自栅格图像处理器的成像信号控制脉冲电压，驱动熔融状态的固体油墨运动，强制液态油墨（墨水）从喷嘴孔挤出并形成墨滴，如同其他喷墨方法那样与射流母体断裂；第二，墨滴以合适的质量、速度和喷射轨迹向中间转印滚筒表面飞行，在此期间墨滴基本上保持均匀的温度，形状可能会明显变化，但表面张力总是力图保持墨滴的最小表面能，使墨滴维持球体形状；第三，根据能量守恒定律，墨滴撞击到转印滚筒表面后必将导致衡量耗散；第四，墨滴与转印滚筒撞击后立即发生墨滴的物理扩展，而随着墨滴的扩展，来自墨滴的热能必然对转印滚筒表面产生加热作用，墨滴外边缘优先损失热能；第五，墨滴与转印滚筒的热容量差异使墨滴快速固化，此时墨滴热能必须耗散到足够程度，以保持承印材料温度高于热能优先损失的墨滴边缘位置固化温度。

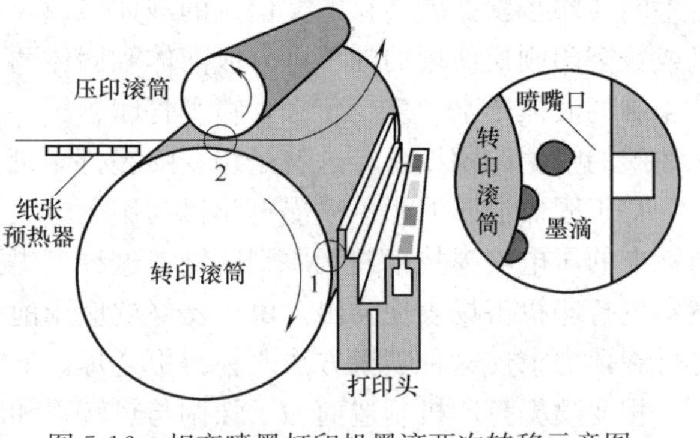


图 5-16　相变喷墨打印机墨滴两次转移示意图
1—墨滴一次转移　2—墨滴二次转移

根据参考文献［26］作者 Snyder 和 Korol 的研究结果，墨滴与转印滚筒表面撞击后的形状畸变可采用 Wright 于 1992 年提出的近似公式计算：

$$\frac{S}{D}=1.26\times(1+C_2\sqrt{Re})^{1/3} \tag{5-1}$$

式中的 $S$ 代表记录点（Spot）尺寸，即记录点的直径；$D$ 称为等价墨滴直径，体积与原来墨滴相同；$Re$ 表示墨滴的雷诺数，按流体参数估算；$C_2$ 是积分常数，大约等于 0.5。

由式（5-1）预测的记录点直径大约是体积等价球形墨滴直径的两倍，即半球面直径大约是原来球形墨滴直径的两倍。由于转印滚筒有相对高的热容量，其温度相对于墨滴的固化温度而言则是较低的，必然会降低热扩散的数量，因为转印滚筒相对于墨滴体积来说太大，以至于墨滴对转印滚筒的热扩散效应可以忽略不计。

由于墨滴在飞行过程中受表面张力和空气阻力的复合作用，虽然表面张力倾向于尽量保持墨滴刚喷射出的形状（球形）不变，但事实上空气阻力要大于表面张力，因此墨滴形状在飞行过程中必然会有变化，最有可能逐步从球形过渡到椭球形，且椭球的长轴与墨滴飞行方向一致。墨滴与转印滚筒表面接触后，撞击面位置上的墨滴形状迅速改变，墨滴的自由表面（非撞击面）则再一次恢复到球形表面。虽然撞击面的实际形状为圆柱面，但转印滚筒直径与墨滴尺寸相比可认为是无穷大，可见撞击面简化成平面对建模精度没有影响，从而导致墨滴与转印滚筒表面撞击后的整体形状成为半球形。

## 四、喷嘴结构与墨滴尺寸调制

喷嘴设计是一项相当复杂的任务，涉及流体性能以及喷嘴与集流腔等结构元件的交互作用，这种多因素相互影响的结构件往往以迭代计算的形式求解。一般来说，迭代计算应该遵循有针对性的原则，不仅仅体现在满足精度要求上，其中最主要的计算目标是满足多种约束条件的限制，但由于约束条件的多样性，有可能导致迭代计算困难重重，从而很难保证计算结果收敛到预先指定的精度。尽管如此，大多数基本喷嘴设计问题却可以从某些侧面得到加强，至少以量化的方式分析喷嘴内的流体动力特征会对设计有所帮助，比如流体集中参数模型就是喷嘴设计的有效工具。上面提到的集中参数模型指集流腔、喷嘴入口、喷嘴出口和喷嘴孔等部件的质量抽象为集中的质点，例如在图 5-17 所示喷嘴结构简化图的基础上进一步的抽象处理，各部件的质量集中于一点。

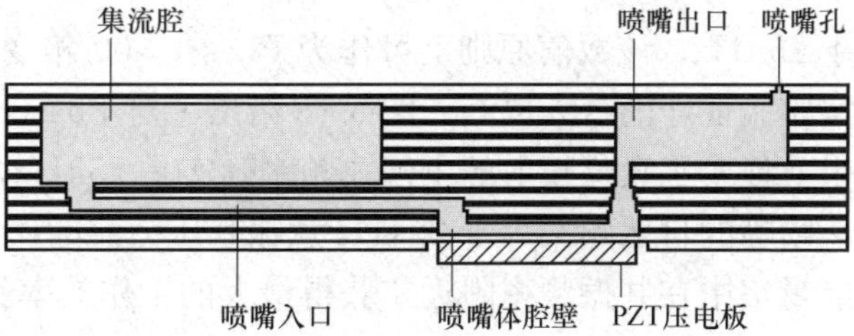

图 5-17　喷嘴结构横截面简化

从图 5-17 中可以看到，喷嘴由入口、喷嘴体、出口和喷嘴孔等构成，以集流腔作为划分喷嘴入口与出口的基准，喷嘴入口与集流腔相连。喷嘴体腔壁与压电传感器靠得很近，正是压电元件的变形引起喷嘴体腔壁变形，使墨水获得动力；喷嘴出口和喷嘴孔是两个不同的概念，前者事实上类似于管道，只有喷嘴孔才用于喷射墨滴。喷嘴的基本设计要求是获得墨滴尺寸和墨滴喷射速度两个参数，因不同的打印机结构和墨水配置而异。

设计喷墨打印机驱动墨水喷射的压力波形时有三种基本工作模式可供选择，分别为主模式（也称为 Helmholtz 模式）、弯月面墨水重灌模式和 Parasitic Standing 模式。在这三种模式中，主模式与墨滴喷射速度和最大重复（循环）速率直接相关。假定喷嘴总体结构的阻尼 $L$ 是喷嘴入口、喷嘴出口和喷嘴孔阻尼系数的综合表示，以 $L_i$ 表示喷嘴入口阻尼系数，喷嘴出口和喷嘴孔的阻尼系数分别标记为 $L_o$ 和 $L_a$，且认为喷嘴总容积 $C$ 是喷嘴体腔壁容积 $C_b$、喷嘴出口容积 $C_o$ 和其他结构容积 $C_d$ 的组合，则喷嘴频率可通过下式计算：

$$f_{\mathrm{m}}=\frac{1}{2\pi\sqrt{LC}} \tag{5-2}$$

其中，

$$L=\frac{1}{\frac{1}{L_{\mathrm{i}}}+\frac{1}{L_{\mathrm{o}}+L_{\mathrm{a}}}} \tag{5-3}$$

$$C=C_{\mathrm{b}}+C_{\mathrm{d}}+C_{\mathrm{o}} \tag{5-4}$$

分析式（5-2）后可以发现，该式实际上将喷嘴结构处理为“电容”和“电阻”组成的基本电路，其中“电容”和“电阻”等价于容积和阻尼，因而计算墨滴喷射频率归结为计算等效容积和阻尼，它们的计算公式已经在式（5-3）和式（5-4）中给出。计算等效容积比较方便，只需将喷嘴体腔壁容积、喷嘴出口容积和其他结构容积相加就可；计算等效阻尼时视喷嘴出口和喷嘴孔为一个基本结构单元，由于喷嘴出口和喷嘴孔结构上的紧密性而等效为并联阻尼，喷嘴入口与喷嘴出口/喷嘴孔组合的等效阻尼也处理为并联。

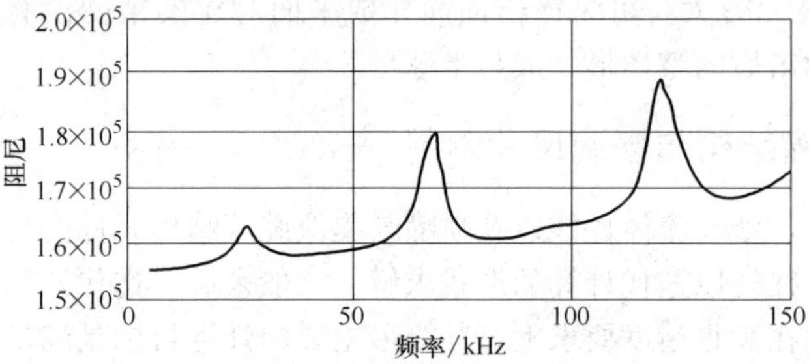


图 5-18　喷嘴阻尼与频率关系

以原 Tektronics 的 Phaser 300 相变喷墨打印机为例，按公式（5-2）计算得到的喷嘴频率大约等于 25kHz，该数值原则上可作为 Phaser 300 相变喷墨打印机的主驱动频率使用，但需要实验验证才能令人放心。图 5-18 给出了对 Phaser 300 相变喷墨打印机喷嘴频率的测量结果，证实了喷嘴喷射的主模式频率确实是 25kHz，对应图中阻尼最小的峰。

喷嘴的自然频率等于 25kHz 意味着压力波的作用时间总长度必须在 40$\mu$s 左右，才能使能量集中在共振频率附近，获得最大的工作效率。

# 第四节　喷墨印刷的某些特殊问题

为了使读者更深入地了解喷墨印刷，本节讨论喷墨印刷的某些特殊问题，包括热喷墨与压电喷墨比较、墨滴基本参数、喷墨打印机的工作能力（例如分辨率和生产能力）、卫星墨滴的形成机制、打印模式和打印蒙版等，这些问题与前面讨论的三种按需喷墨印刷方法几乎都有关系，甚至也适用于连续喷墨印刷。

## 一、热喷墨与压电喷墨

热喷墨和压电喷墨成为两种最重要的喷墨技术，走到了数字印刷的前台。由于压电喷墨技术开发者不懈的努力，热喷墨刚开始时占有的优势地位不再明显了。

压电喷墨印刷的固有缺点是对于气泡的高度敏感性。热喷墨打印机通过墨滴发生器吹出的气泡产生高速喷射的墨滴，气泡所起的作用类似于发动机的活塞；压电喷墨打印头的墨滴发生器基本上处于静止状态，仅墨滴发生器腔体的横截面部分例外，面积与喷嘴孔附近的隔膜相比很小。因此，压电喷墨打印机在正常运转条件下很难清除腔体内的气泡，墨滴发生器内的气泡体积变大完全有可能导致压电换能器的墨滴喷射过程整体性失效，原因在于墨滴发生器腔体内的墨水不可压缩是压电喷墨印刷的重要前提，而气泡的存在则使这一前提无法成立。考虑到气泡对外界压力有相当的适应性，因而墨水内的气泡必然影响喷射效果，降低喷嘴孔位置处形成的墨滴体积。

为了防止气泡因素导致的性能退化，需要对压电喷墨打印头作定期清理，打印头维护保养服务站利用墨水泵强制墨水在打印头内流动，以冲洗掉打印头内的沉积物。但问题在于拆卸压电喷墨打印机导致浪费大量的垫片，冲洗过程需要大量墨水，因此而缩短打印机的使用寿命。小型压电喷墨打印机的使用者可以利用制造商提供的维护保养软件清洗打印头，但冲洗过程仍然要浪费不少墨水。

在打印头制造方面，热喷墨打印头可充分利用集成电路制造技术，包括温度驱动控制电路、记录点计时和定位补偿等均可以通过集成电路技术实现，因而大规模生产热喷墨打印头不成问题，导致每个喷嘴的生产成本比压电喷墨打印头低得多。相比之下，压电喷墨打印头虽然也利用集成电路技术制造，但为了使压电元件产生足够的变形，打印头体积增加在所难免，例如同样喷射 30 微微升的墨滴时，热喷墨打印头的墨水喷射腔体积与墨滴体积之比大约 2∶1，低于压电喷墨打印头一个数量级。

压电喷墨与热喷墨的重要区别是压电换能器激发的墨滴喷射过程不会加热墨水，因而适合于压电喷墨打印机的墨水成分和着色剂不能为热喷墨打印机所用。例如，适合于压电喷墨使用的溶剂型墨水有干燥速度极快的优点，墨水因容易渗透而保持记录点形状，不会沿纸张表面扩散而导致网点扩大，产生与其他颜色的交互作用。

压电喷墨的其他优点也值得一提：首先，压电喷墨允许对喷射出去的墨滴形状和尺寸有更多的控制权，满足某些领域要求以相同的打印头实现不同分辨率输出，且压电晶体极小的波动有能力喷射更小的墨滴；其次，压电元件容易控制，加上喷射的墨滴体积小，因而喷嘴的排列密度可以更高，因而原则上分辨率也更高；最后，墨滴喷射前无需对墨水加热，也不需要冷却，工作周期缩短意味着节省时间。

由于压电喷墨打印机设计时的主要考虑因素是尽可能延长使用寿命，因而采用了非用户更换的典型形式。然而，前面提到的“烧焦”和气穴现象有可能导致热喷墨打印机失效，但压电喷墨打印头却不存在这种失效机制。压电喷墨和热喷墨打印头均会产生因长期暴露于墨水作用下而导致的退化，包括黏结层（剂）和分层结构失效、喷嘴形状改变、无法修复的喷嘴孔或其他部分堵塞故障、腐蚀和材料特性变化等，这些问题对两者是共同的。

## 二、墨滴基本参数

黑白和彩色图文复制都要求满足特定的性能准则。无论是热喷墨打印头还是压电喷墨打印头（也包括固体油墨喷射使用的压电喷墨打印头），重要的需求集合必然与最终喷射出的墨滴属性有关，因而墨滴属性对复制质量至关重要。

（1）墨滴速度　要求从喷嘴孔喷射出来的墨滴有特定的速度，典型值为每秒钟几米，这种要求对今天的喷墨打印机制造技术来说都已经解决。高速喷射的墨滴毫无疑问缩短了飞行时间，考虑到任何喷墨设备打印头与承印材料间的距离是确定的，因而飞行时间缩短后墨滴受到干扰因素影响的可能性降低，记录点的定位误差也相应地降低。

（2）墨滴体积　并非越小越好，应该由具体的应用来决定，例如适用于数字摄影照片打印和宽幅喷绘的墨滴体积差异相当大。根据不同的应用，对于墨滴体积的性能要求以2～32微微升最为典型。对某些应用，要求墨滴尺寸能够在打印机运转期间变化，例如覆盖大面积填充区域时就需要大尺寸的墨滴，而对于高分辨率打印则要求降低墨滴尺寸，实现这种需求的方法称为墨滴尺寸调制，通常适合于压电喷墨。

（3）墨滴速度和体积的一致性　墨滴体积增加后，通常会影响喷射速度。为了保证有墨滴调制能力的喷墨打印机按规定的参数工作，墨滴体积和速度变动必须控制在特定的百分比范围内，典型值为2%，目的在于避免打印出来的页面对象不规则。

（4）墨滴形状　墨滴喷射到纸张后形成记录点，而记录点的形状受墨滴拖尾和卫星墨滴的影响，高质量打印应尽量避免拖尾和卫星墨滴的出现。

（5）射流的直线度　墨滴必须保持直线飞行状态，唯如此才能保证墨滴在承印材料表面定位的准确性。墨滴飞行期间不可避免地会受到干扰因素作用，除了要求喷嘴口离开纸张的距离足够近外，确保层流喷射也很重要。由于墨滴从射流母体分离出来后，飞行方向与射流方向一致，因而可认为射流的直线度即墨滴飞行的直线度。墨滴脱离射流母体以弧线飞行，直线可以用弧线与水平线组成的夹角衡量，典型值控制在10$\mu$弧度范围内。

## 三、喷墨打印机的工作能力

生产能力（速度）和稳定性都很重要，这两种要求都与喷射过程密切相关。喷墨打印头的生产率主要由喷射频率决定，由一定时间$f_{\text{dod}}$内一个墨水通道喷射的墨滴数量、喷嘴数数量$N_{\text{noz}}$、喷嘴集成密度（或每英寸排列的喷嘴数）和打印头宽度定义。喷嘴集成密度的高低与喷墨系统的功能和生产能力间存在大量的因果关系，对确定喷墨打印机的生产能力来说，打印头以每秒平方米表示的生产能力$P_{\text{jet}}$由下式给定：

$$P_{\text{jet}}=\frac{N_{\text{noz}}f_{\text{dod}}}{\text{dpi}^2}\times(25.4\times10^{-3})^2 \tag{5-5}$$

式中的dpi表示每英寸记录点数，由此可得到以打印面积$A_{\text{print}}$表示的打印时间$t_{\text{print}}$：

$$t_{\text{print}}=\frac{A_{\text{print}}}{\eta P_{\text{jet}}} \tag{5-6}$$

式中的$\eta$代表打印机效率，它对往复式喷墨打印机至关重要。大多数喷墨打印机采用带几个打印头的拖板，在整个纸张宽度上移动。在拖板的相邻来回行程之间，纸张需要走动一定的距离才能覆盖全部区域。在较高的喷射频率下，拖板的回程时间和纸张步进距离将受到更多的限制，导致往复式喷墨打印系统存在最佳的按需喷射频率。对大多数喷墨打印机而言，为提高600dpi印刷品生产能力而可以使用的最高按需喷射频率大约为30.40kHz。

以每英寸记录点数表示的dpi这一指标对打印成本和质量都很重要。打印成本与墨层厚度或每平方米消耗的墨水数量直接相关。作为一阶近似，假定以600dpi的分辨率打印成记录点，则对于墨滴体积的要求大约32微微升，以1200dpi分辨率打印时相应的墨滴体积大约4微微升，理由是墨滴体积之比与空间分辨率之比成三次幂关系。墨滴体积比其实不能说明问题，更应该考虑喷射到纸张的记录点覆盖面积要求，由于记录分辨率从600dpi提高到1200dpi时，一个记录点覆盖的面积变成用四个记录点覆盖，可见600dpi

分辨率打印要求的墨滴体积应该是 1200dpi 打印的四倍。因此，以 600dpi 分辨率打印所要求的墨滴体积为 16 微微升，并按空间体积比考虑时 600dpi 打印的 32 微微升了。一般来说，分辨率越高的喷墨打印机形成的记录点越小，打印质量因此而越好。从打印质量的另一方面看问题，考虑到更高的分辨率能打印出更小的记录点，因而打印机可以表示更精致的细节，这同样也能明显减少印刷品的颗粒感，因为很小的记录点无法为眼睛所辨别。对水基墨水而言，体积更小的墨滴需要的干燥时间越短，这对改善打印质量显然是有好处的。基于这种考虑，喷墨打印机制造商都倾向于研制能喷射更细小墨滴的喷墨打印机。

综上所述，提高印刷质量和生产能力基本上形成一对矛盾，需要在生产能力与打印质量/成本间取得最佳的折衷。事实上很可能有两全其美的办法，这就是墨滴尺寸调制，可以满足上述两种需求，此时小尺寸墨滴用于高质量打印，而大尺寸墨滴则可以提高生产率。

稳定性是一切设备的使用基础，喷射过程的稳定性对喷墨打印机的整机性能自然至关重要，也是对喷墨打印头最重要的性能要求。高分辨率喷墨打印头内包含数量众多的喷嘴，要求所有喷嘴都毫无故障地工作并不现实，因而典型要求归结为每一次喷射特定数量的墨滴时最多只允许发生一次失效。对于以纸张为承印材料的喷墨印刷，上面提到的特定喷射数量典型值为 10 亿个墨滴，但某些工业领域不允许任何失效。

更一般地说，对喷墨打印机还应该有一些附加要求，包括打印头的寿命跨度，典型值确定为每一墨水通道的驱动次数不少于 100 亿次，在该性能参数上压电喷墨要优于热喷墨技术。至于喷墨打印机对材料的兼容性问题，自然是允许使用的记录介质越多越好，这方面压电喷墨优于热喷墨。此外还有设备的可维修性以及打印头的制造成本。

## 四、卫星墨滴的形成机制

按需喷墨打印机卫星墨滴的形成机制大体上分成四种类型，它们是二次拖尾断裂、Rayleigh 断裂、快卫星墨滴和慢卫星墨滴。

如果没有特殊的理由，喷墨打印机应产生单个墨滴，对绝大多数应用来说额外的卫星墨滴并不需要。墨水柱的主拖尾颈缩后，卫星墨滴会立即从二次拖尾产生，在 1～2$\mu$s 的时间内即可能形成小于 1 微微升的细小墨滴，如图 5-19 所示。

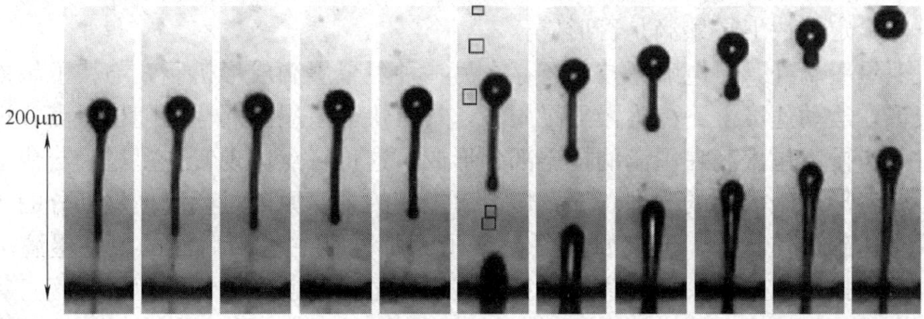


图 5-19 二次拖尾产生的细小墨滴

图 5-19 中的（a）、（b）、（c）、（d）、（e）、（f）、（g）、（h）、（i）、（j）和（k）分别对应于 $t-t_0=0\mu s$、$1\mu s$、$2\mu s$、$3\mu s$、$4\mu s$、$5\mu s$、$10\mu s$、$15\mu s$、$20\mu s$、$25\mu s$、$30\mu s$ 和 $35\mu s$ 时刻拍摄所得画面。在主墨滴成形的同时，细小的墨滴（可称为墨雾）沿主墨滴拖拉出来，如该图中的（f）到（k）所示，为容易看清而在画面帧（f）中加了方框。微观尺度的墨滴导致所谓的墨雾，围绕在主墨滴的周围，与主墨滴同时喷射到纸张。

由于长拖尾往往处于不稳定的状态，其自身特性决定了二阶卫星墨滴的形成机制。某些断裂过程由热噪声启动，这种噪声激励能驱动毛细波的表面张力。由表面张力驱动的毛细波只有在克服惯性力和黏性力的条件下才能导致拖尾断裂成许多小墨滴，这种断裂过程可以用 Rayleigh 不稳定性解释，不妨称之为 Rayleigh 卫星墨滴。

卫星墨滴成形的第三种类型出现在高速墨滴喷射场合，墨滴的一部分脱离墨滴头部的前缘位置，称为快卫星墨滴。这种卫星墨滴的形成过程不可重复，如图 5-20 所示，由二次拖尾和 Rayleigh 断裂形成雾状小墨滴。快卫星墨滴越过墨滴头部成形，原因在于墨滴成形过程开始阶段的超临界加速。墨水开始离开喷嘴时，其加速度必须保持在临界水平之下。当墨水的第一加速度超过该临界水平时，表面张力不再有能力使墨水保持在一起，这可以从图 5-20 之（g）看出来，该图也给出了墨滴内部沿喷射方向的速度分布。

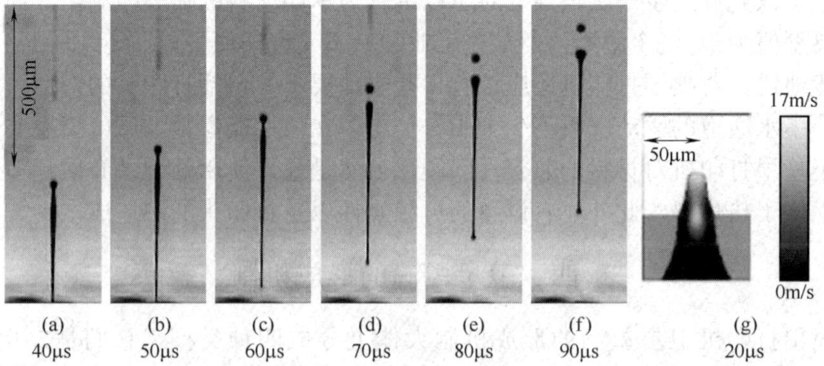


图 5-20　快卫星墨滴的形成过程

正常情况下，最高速度只能出现在墨滴头部的后面，这意味着墨水将从拖尾流入到墨滴的头部并组成球形墨滴。然而，超临界加速条件下速度分布的最大值也会在墨滴的头部出现，说明这一部分墨滴头部由于速度超过后面部分而要从墨滴的其余部分断裂出来，喷射点的条件决定了快卫星墨滴是否形成。

除快卫星墨滴外，压电喷墨技术还存在另一种卫星墨滴成形机制，与快卫星墨滴的区别主要表现在运动速度上，称为慢卫星墨滴，具有快卫星墨滴那样的随机特点，也是不可重复的过程。慢卫星墨滴在墨滴的拖尾部分形成，这种特点体现慢卫星墨滴与快卫星墨滴的区别，后者形成于墨滴的头部。导致慢卫星墨滴的主要原因是墨滴拖尾部分的质量和动量分布没有达到最佳状态，形成如同图 5-21 所示那样在主墨滴后面的卫星墨滴。从该图可以看出，当拖尾从墨滴头部分离出来后，就构成了运动速度更慢的卫星墨滴。

举例来说，如果压电喷墨打印机具有很长的驱动脉冲，则很可能激励出这种拖尾合并成卫星墨滴的物理现象，符合图 5-21 所示的特征。在正常情况下，压电元件的放电过程对于正压力波起放大作用，而这种正压力波来自同一压电元件的充电过程。放电对压力波

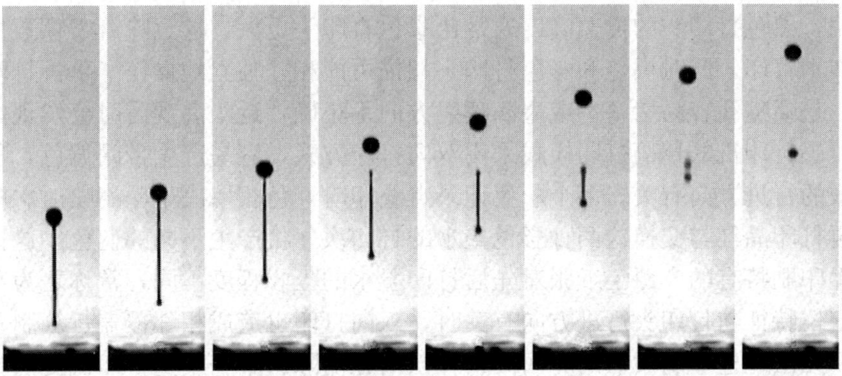


图 5-21 慢卫星墨滴形成过程

的放大效应导致巨大的正压力峰值，如果脉冲时间很长，则放电过程来得更晚。虽然压电元件充电过程产生负压力波，但由于负压力波已经在墨水槽和墨水供应通道界面反射并到达了喷嘴，因而此时已转换成正压力峰值；与此同时，来自压电元件放电过程的正压力波也到达了喷嘴，从而有利于形成第二正压力峰值。

## 五、打印模式

喷墨印刷支持广泛范围的记录介质，不同记录介质的成像特性因记录点（网点）扩大、羽毛边、颜色渗透、干燥时间和墨水复制能力的不同而变化。此外，用户在不同阶段也可能对喷墨印刷提出不同的要求，比如打印速度、复制质量和单页打印成本等。普通纸的经济性好，打印速度快，这些优点是普通纸满足文档打印需求的重要特点，适合于快速审阅和校对标记等简单应用需要。对外传播的照片和文档通常要求最高等级的打印质量和记录介质，满足这种需求的喷墨打印机提供灵活的解决方案，常称之为打印模式。

按需喷墨打印机几乎不可能仅仅靠一次通过就能完成打印头覆盖整个页面的扫描（打印）任务，在每一个期望的位置上打印出记录点。绝大多数办公室和家用喷墨打印机设计成往复式的双向扫描结构，以单向性的多次通过方式打印，其中打印头对纸张来说又是双向通过的，即打印头首先沿页面宽度产生记录点，返回时由于不打印而成为空程。

喷墨打印机的多样性决定了复制质量的多样性，但这还不是问题的全部。更重要的问题在于同一台喷墨打印机允许在不同的打印模式间选择，对应于不同用户的应用需求。按需喷墨打印机的打印模式决定复制质量，某些喷墨打印机甚至还具备在打印黑色和打印彩色间选择的功能，由使用者通过打印驱动程序的操作界面作出决定，例如在草稿质量、正常质量或最佳质量间选择，操作界面上的各种打印质量其实就是打印模式。

草稿打印模式使用的墨水数量最少，打印速度最快，因而也最经济，这种打印模式通常保留给普通纸使用。进入草稿打印模式时，喷墨打印机通过不打印每一个记录点的方法减少墨水用量，称为记录点“耗尽”。由于打印机以最少的墨水记录，因而印张的干燥速度很快，一次通过打印时可避免记录点彼此合并；实地填充颜色表现得缺乏饱和度，因为纸张应该打印的区域不能为记录点全部覆盖。为了达到可能的最高打印速度，打印“拖板”仅仅在需打印区域上方扫描一次，纸张则按照打印头覆盖高度前进。对低成本的喷墨打印机来说，黑色打印头的覆盖高度通常比彩色打印头更大，这意味着喷嘴数量更多，适合于快速文本打印，此时黑色和彩色打印头扫描可能相互独立地操作。草稿打印模式的常见问题之一是喷嘴孔容易堵塞，或墨滴喷射方向不正确，近距离观看时会发现白色条带。

某些喷墨打印机的草稿打印模式采用双向打印方式，容易产生带间偏色，程度与安装打印头拖板的行进方向有关。多个彩色记录点叠印时，色相取决于墨滴喷射次序，例如先打印青色再打印品红与交换这两种彩色墨水的打印次序将产生不同的蓝色。这种物理效应或许是喷墨印刷特有的，源于纸张对先后打印墨水的吸收程度不同，常称之为双向色相偏离。墨滴定位特征与打印头行进方向有关时，双向打印也造成相邻覆盖行复制垂直线条的位置偏差，无法通过墨滴喷射的时间调整补偿措施消除。某些喷墨打印机提供打印和扫描标定页面的功能，包含套印控制测试图案，因而双向打印定位和走纸误差得以最小化。

正常打印模式对大多数应用能实现速度和质量间良好的平衡，实地填充区域可做到全部覆盖，文本部分得到增强。在这种模式下打印时，纸张按部分覆盖高度行进，打印头在同一区域上方多次扫描，性能不匹配的喷嘴以符合要求的喷嘴替代，因而能打印出所有半色调像素行。借助于多次通过打印方式，不少小错误得以掩盖掉，例如墨滴喷射轨迹误差、喷嘴与喷嘴间的墨滴喷射体积差异和纸张前进距离误差等。

正常打印模式几乎都采用双向打印方式，目的在于消除双向色相偏移效应和墨滴喷射的定位误差。此外，某些具备高速输出能力的工作组喷墨打印机提供快速正常打印模式，包含使双向色偏达到最小程度的修正算法。

最佳打印模式的速度最慢而质量最高，由于对给定区域使用了更多的扫描次数，因而喷嘴与喷嘴可能产生的误差得以平均，墨水有更长的时间为记录介质吸收，不同颜色墨水间的彼此渗透效应最小。喷墨设备在最佳打印模式下工作时，任意给定点的相邻半色调像素将在不同的通过期间以不同的喷嘴打印出来。通常，最佳模式是照片质量喷墨纸张打印高质量图像的默认选项，但由于最近几年来记录介质和打印头设计方面取得的进步，某些喷墨打印机能够以草稿模式在大约10s的时间内完成4in高、6in宽的高质量照片的打印，与正常模式和最佳模式的打印结果几乎无法区分。

每一个像素打印的墨滴数量与打印（质量）模式和记录介质的墨水处理能力有关。恰当的色彩再现能力不仅取决于记录介质如何接受墨水，也与墨滴喷射到纸面后记录点的变形过程有关，记录介质的墨水接受特性和记录点变形结果必然会影响喷墨打印机的阶调复制特征。这就是为什么选择正确的记录介质对满足印刷质量期望如此重要，例如选择最佳打印模式和光泽照相质量喷墨打印纸后，若输纸盘装入的是普通纸，则由于喷射到纸张的墨水太多，导致浑浊而深暗的图像，色彩保真度变得很差。

长期以来，不少用户在选择合理的打印模式和记录介质上一直感到迷惑不解，因而不能有效地发挥台式彩色喷墨打印机的功能。认识到用户需求和喷墨设备应当可靠地成像的需要，某些制造商在彩色喷墨打印机内增加了记录介质类型自动识别传感器，自动地实现打印模式与记录介质匹配。这些传感器采用发光二极管和光电探测元件测量记录介质镜面反射和漫反射的差异，可以区分出普通纸、涂布纸、照片质量喷墨打印纸和投影用透明薄膜。如果在照相质量喷墨打印纸的背面添加机器可识读的标记，则还可以进一步细化打印模式选项，使照片质量打印模式优化到不同的照相质量打印纸涂布层。

## 六、打印蒙版

记录点形状的不规则性很可能来自墨水的合并，或者是产生了卫星墨滴。例如，相邻喷嘴同时喷射时，一方面很小的喷嘴间隔容易导致墨水合并；另一方面，按需喷墨打印机的墨水喷射频率和速度通常按理想流体计算，实际使用的墨水往往因存在一定的黏性而与理想流体有差异，发生墨水合并的可能性相当大。如果喷嘴以超过喷墨系统自身能力的频率喷射，或者说喷嘴的墨滴喷射实际频率高于系统的设计频率，则驱动脉冲长度超过墨滴喷射的实际长度，导致拖尾不能与墨滴头部合并，激励拖尾自身合并成慢卫星墨滴。此外，墨滴从墨水射流母体断裂后，由于飞行过程中受到空气阻力和墨滴表面张力等因素的组合作用，产生其他类型的卫星墨滴也在所难免。

喷墨打印机采用多次通过打印模式时，喷嘴访问每一个像素的次数大于一次，在特定的打印通过周期内产生一个墨滴，因而需要额外的逻辑控制，才能确定是否在给定的位置和给定的通过时期喷射墨滴。在此情况下，为了能够对喷墨打印机提供逻辑控制，有必要使用打印蒙版，通常编码成 0 和 1 组成的阵列。如果二值数字阵列中的某一单元标记为 1，且对应于该位置上半色调像素值也等于 1，则意味着喷嘴将会喷射墨滴；当阵列单元取 0 值时，无论与该位置对应的半色调像素值等于多少，均不喷射墨滴。图 5-22 给出了按需喷墨打印机采用二次通过打印模式时可用打印蒙版的示意图。

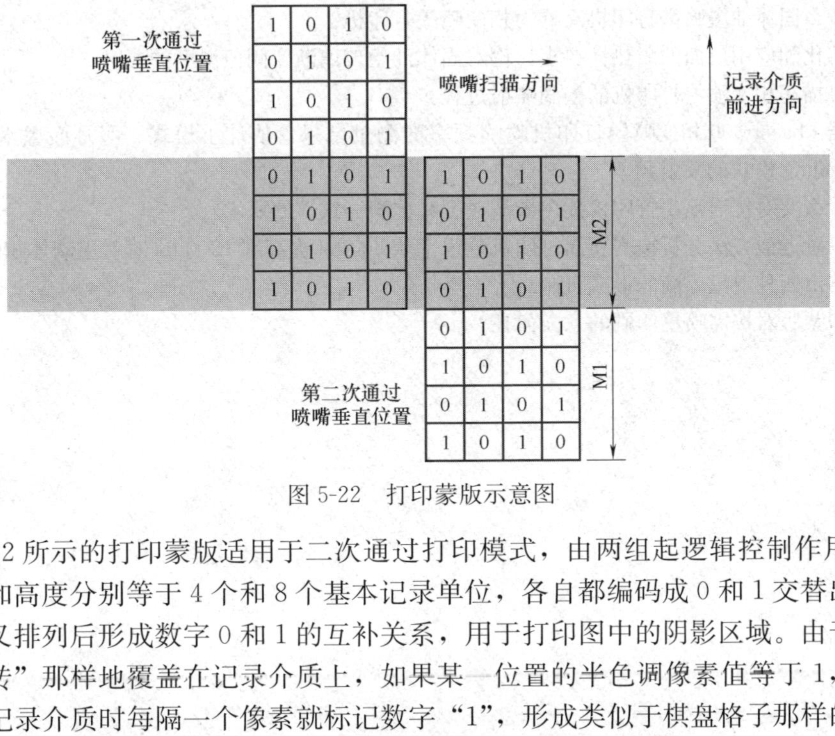


图 5-22　打印蒙版示意图

图 5-22 所示的打印蒙版适用于二次通过打印模式，由两组起逻辑控制作用的数字组成，宽度和高度分别等于 4 个和 8 个基本记录单位，各自都编码成 0 和 1 交替出现的数字阵列，交叉排列后形成数字 0 和 1 的互补关系，用于打印图中的阴影区域。由于打印蒙版类似“瓷砖”那样地覆盖在记录介质上，如果某一位置的半色调像素值等于 1，则打印头喷嘴扫过记录介质时每隔一个像素就标记数字“1”，形成类似于棋盘格子那样的 0/1 数字阵列结构；此后，记录介质的前进距离等于喷嘴高度的一半，并重新开始打印。

从打印蒙版 1 和 0 的数字配置特点可以看出，第一次通过时由 M1 阵列漏掉的所有位置将由第二次通过时阵列 M2 的位置补上。打印蒙版反映按需喷墨打印机硬件结构对喷射频率的限制，有效地避免了同一喷嘴连续地喷射，有利于防止卫星墨滴的产生。

## 复习思考题

1. 早期惠普热喷墨打印机采用何种措施对墨水加热?

2. 多层薄膜加热器的主要缺点有哪些?

3. 热喷墨打印头每一个完整的工作循环包括哪几个步骤?

4. 归纳顶喷与侧喷的主要区别和共同特点。

5. 热喷墨技术与气泡的动力行为存在密切的关系，除必须利用气泡的体积变化喷射墨滴外，还必须考虑何种热喷墨技术与气泡动力行为有关的因素?

6. 热喷墨气泡生成过程与水温上升到大约100℃时开始出现气泡有何区别?

7. 简要描述四种压电喷墨技术的形成历史。

8. 讨论压电效应和逆压电效应的区别，并说明为什么压电喷墨需要利用逆压电效应。

9. 压电喷墨推压模式的设计要点是什么?

10. 分析侧壁变形压电喷墨打印头墨水通道壁如何产生弯曲。

11. 侧壁变形压电喷墨系统利用交叉对话效应提高打印机的工作效率，但某些因素可能导致起副作用的交叉对话效应，试列举哪些交叉对话效应有副作用。

12. 以发动机类比压电喷墨的能量转换过程。

13. 说明为什么热喷墨打印机基本上不具备调制墨滴尺寸的条件，而压电喷墨打印机却具备墨滴尺寸调制能力。

14. 从剪切模式压电喷墨打印头的墨水通道结构描述交叉对话工作原理。

15. 为什么固体油墨喷墨打印机又称为相变喷墨打印机?

16. 从熔化和应用层面的耐热性要求讨论对固体油墨玻璃渐变阈值温度的要求。

17. 简要描述相变喷墨打印机的墨滴喷射过程。

18. 根据Phaser 300相变喷墨打印机喷嘴频率的测量结果，估计主模式、弯月面墨水重灌模式和Parasitic Standing模式的喷射频率。

19. 为什么要对按需喷墨打印机提出墨滴速度和体积一致性的要求?

20. 以一阶近似方法分析按需喷墨打印机分辨率从600dpi提高到1200dpi时对墨滴体积的实际要求。

21. 归纳出四种卫星墨滴的形成机制。

22. 打印蒙版对按需喷墨印刷的意义何在?

# 第六章　热成像数字印刷

由于出现了许多新的应用领域，例如证件、卡片、条形码和标签打印，因而基于热成像呈色和复制原理的黑白和彩色打印技术正变得越来越重要。尽管基于热成像的各种复制设备都只能称为打印机，但这些设备的某些能力是静电照相和喷墨不具备的，所以从完成复制任务角度看足以称它们为热成像数字印刷。热成像（Thermography）的含义相当广泛，本章讨论借助于热成像原理的复制技术，后面提到的热成像都是这种意思。

## 第一节　通用知识

不断出现的应用导致热成像打印机多样性的趋势，针对不同专门用途的黑白和彩色打印机纷纷在硬拷贝输出设备市场上出现。尽管热成像打印机的成像原理各具特色，类型多种多样，应用目标也各不相同，但总是存在某些共同的部分，因而需要放在一起讨论。此外，技术比较也相当重要，这同样成为需要本节的理由。

### 一、技术分类

热成像复制技术以材料加热后物理特性的改变为基础，总体上划分为直接热成像和转移热成像两大类，而转移热成像又可进一步细分为热转移和热升华两种类型。直接热成像通过热色敏材料产生打印结果，无需色膜或色带，以后统一称为色带；转移热成像则离不开色带，不同类型的色带是图文转移的载体，成像和复制工艺取决于应用目标需求和打印设备的设计目标，例如成像结果可能先转移到中间载体，再转移到承印物。

热成像可能是迄今为止复制质量最高的技术，但也可能复制出质量低的产品。热成像设备的打印效果主要取决于成像方法，例如热升华打印机的复制质量可以与连续调照片媲美，而直接热成像设备往往只能用于复制线条稿，图像复制效果较差。

直接热成像硬拷贝输出工艺需使用经专门处理的纸张，表面有特殊的涂布层，在热量作用下变色，例如白色纸张表面被加热部分的颜色转为黑色。由于这一原因，用于直接热成像复制工艺的承印材料称为热敏材料或热敏纸，而直接热成像复制又可称为热敏成像复制，相应的设备则称为热敏打印机，有时干脆简称为热打印机。为了与转移热成像打印机明确地区分，下面统一称为热敏打印机。因此，直接热成像应使用对加热物理作用敏感的材料，例子有普通传真机使用的热敏传真纸，以及用于印刷标签和条形码的热敏纸。

热转移成像通过色带完成复制任务，以后统一称相应的技术和设备为热转移技术和热转移打印机。热转移的图文复制特点是油墨从色带释放出来，再转移到承印物表面，这说明热转移是一种油墨加热熔化再转移的技术。为了获得良好的复制效果，必然会发生大量油墨的转移，据此有时称热转移技术为“热密集转移”。

热升华技术容易与热转移区分，向来称之为染料热升华，相应的复制设备称为热升华打印机。目前普遍接受的观点是色带上的染料基油墨加热后从固态直接转化为气态，这种描述仅涉及色料加热发生的物理现象，不能准确地说明色带油墨中的染料加热发生热升华后的转移过程。因此，从图文转移特征和加热时发生的物理现象这些因素综合考虑，描述热升华成像和复制特点的更准确的术语应该是染料扩散热转移，英文以词组 Dye Diffusion Thermal Transfer 表示，因四个单词的首字母是 2 个 D 和 2 个 T 而缩写为 D2T2。为了叙述方便，也为了与人们已经养成的习惯一致，以后统一称为热升华技术和热升华打印机。

热转移和热升华打印机的图像形成原理如图 6-1 所示，该图总结了转移热成像的两种最有代表性的技术，分别与染料热升华和热蜡熔化打印机有关。两种打印机的工作原理建立在加热元件的基础上，通过固体状态油墨的物理或化学反应形成图像。

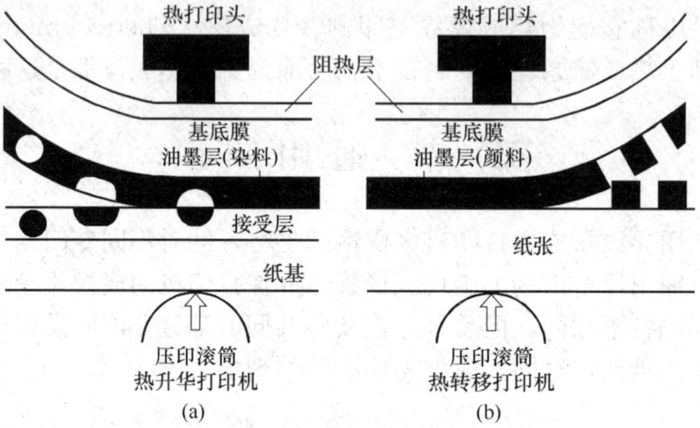


图 6-1 热升华和热转移原理
(a) 热升华原理 (b) 热转移原理

从图 6-1 至少可以看出，热升华和热转移设备使用的打印头功能相同，区别主要表现在以下三方面：首先是色带结构差异，热升华色带的油墨层由染料组成，而热转移色带的墨层以颜料为基本材料；其次是记录介质不同，热升华使用的记录介质结构更复杂些，为此需要特殊的接受层，热蜡熔化热转移对记录介质几乎没有什么特殊要求；第三是信息转移方式不同，两者分别通过升华扩散转移和转印的途径实现。

## 二、驱动机制

热敏打印机往往借助于热敏纸实现单色复制，因而无需特殊的驱动机制，只要直接驱动卷筒或单张形式的热敏纸即可。热升华和热转移打印机要用到三种颜色（以热升华打印机居多）或四种颜色的色带，为此需要打印头与走纸机构间的配合，两者结合在一起的控制方式称为打印头的驱动机制。

热升华或热转移彩色复制技术打印头的驱动方法之一称为线性序列法，划分成串行线性序列法（Serial Line Sequential Method）和并行线性序列法（Parallel Line Sequential Method）两种类型，它们的区别主要表现在印张进给与打印头驱动色带的配合方式，分别对应于色带顺序排列和平行排列，印张（记录介质）的驱动方式相同。

串行线性序列和并行线性序列已成为彩色热升华打印机的典型驱动方法，如何实现彩色复制任务的工作原理如图 6-2 所示，从该图不难看出两者的主要区别。对使用串行线性序列驱动机制的热升华打印机来说，色带上的黄、品、青三色油墨沿平行于打印头移动的方向排列，记录介质（类似与彩色照相纸）移动方向与色带排列方向垂直；一种色带到达目标位置后，热打印头向图 6-2 的右面扫描式地加热并打印，返回原位置时为空程，每打印完一种颜色需往复一次。并行线性序列法三种颜色的色带排列方向与串行线性序列驱动法垂直，即三种主色以平行方式对齐，记录介质沿垂直于色带的方向移动，热打印头移动方向与色带排列方向平行，打印头往复移动一次完成当前印张位置三种颜色的打印。

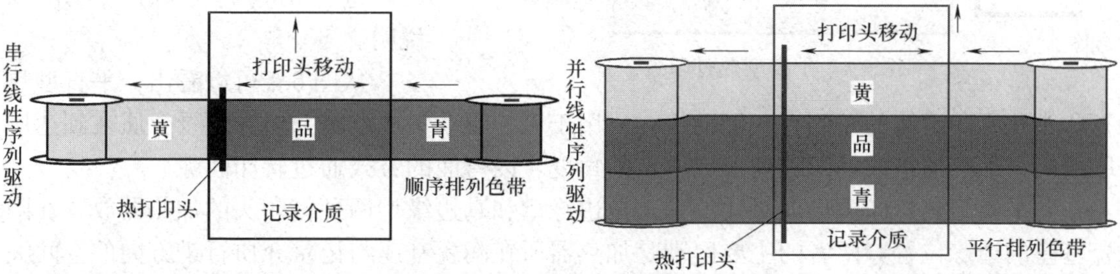


图 6-2　线性序列驱动法

面积序列驱动法的工作原理可以用图 6-3 说明，主要优点表现在处理速度高，目前打印机市场销售的大多数彩色热升华打印机已改用这种驱动机制。

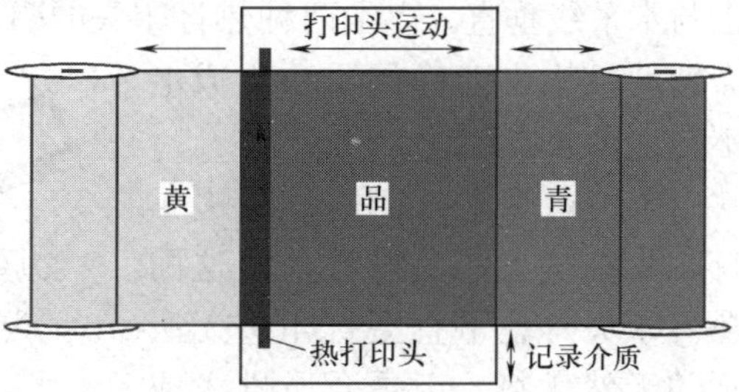


图 6-3　面积序列驱动法

虽然图 6-3 没有明确地表示出色带与记录介质的尺寸关系，但实际上两者页面沿宽度和高度方向的尺寸都是一致的，且打印头的加热元件排列宽度与色带高度基本相同，这意味着可打印面积较大。热升华打印机按这种驱动机制工作时，热打印头沿三色色带的排列方向移动，加热宽度遍及色带高度；完成一种主色的色料转移后恢复到初始位置，再继续打印下一种颜色。因此，面积序列驱动机制的实际含义是转印操作在同一主色色带的整个面积上执行，也是面积序列驱动得名的原因。大多数彩色热升华打印机完成三种主色打印后还可能增加一道覆膜工艺，目的在于提高热升华印刷品的耐久性。

## 三、热打印头结构

1965 年，号称半导体之父的美国德州仪器公司工程师 Jack Kilby 发明基于半导体技术的热打印头和热打印机，并于 1969 年研制成包含热打印机的 Silent 700 电子数据终端。

打印头是热敏打印机、热升华打印机和热转移打印机的关键部件，由于包含加热器而称为热打印头。经过多年的研究和开发，目前已形成平直型和边缘型两种打印头结构风格，也称为打印头类型。在上述两种打印头结构中，平直型打印头使用得相当普遍，结构和制造工艺比边缘型打印头简单；边缘型打印头又可进一步细分为角边缘和真边缘两种结构类型，相比平直型打印头结构来显得更合理。

平直型热打印头的加热器排列成行，处于压印滚筒的直接下方，布置在由陶瓷材料加工成的平直基座表面，且基座尺寸相比加热器很大。由此可见，所谓的“平直”指加热器的平坦排列，由陶瓷基座提供支撑。此外，平直型热打印头的驱动集成电路和加热器布置

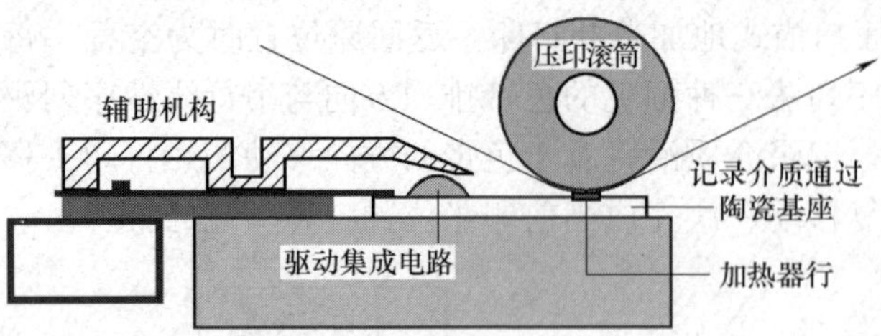


图 6-4　平直型热打印头

在相同的基座表面，因而记录介质通过时需要与水平方向形成足够的角度，按压印滚筒圆周形状弯曲，以避免与驱动集成电路触碰，这种结构特点可以用图 6-4 说明。

从图 6-4 可以看出，平直型热打印头在压印滚筒的左侧有一辅助机构，用于保护驱动集成电路并引导记录介质在到达压印滚筒与加热器组成的间隙前形成一定的角度，以弯曲的方式通过转印间隙。

与平直型热打印头形成对比的是，角边缘型和真边缘型两种打印头的加热器放置在陶瓷基座的边缘位置，两者的主要区别是加热器所在陶瓷基座与记录介质行进方向的空间关系。角边缘型打印头矩形陶瓷基座有一个角加工成与水平线形成足以使记录介质能直进直出的角度，加热器发出的热量作用方向与水平线垂直；真边缘型打印头的陶瓷基座端部加工成半圆形，且基座设计成与水平线垂直，加热器放置在基座的半圆形端部，热量作用方向也与水平线垂直。以上两种热打印头的驱动集成电路都远离记录介质的前进路径，因而无需辅助机构也能确保驱动集成电路不与记录介质触碰。

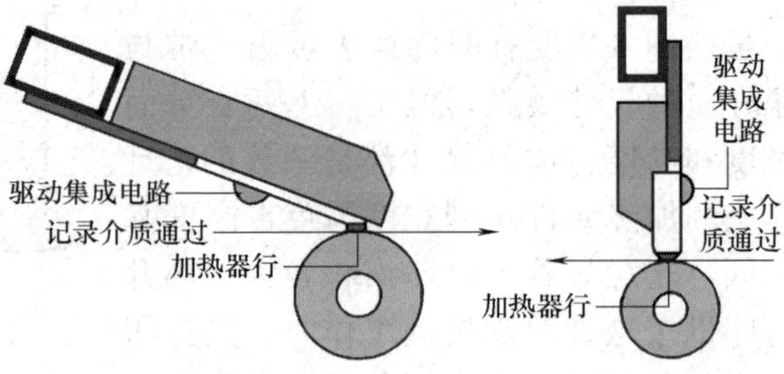


(a)　(b)

图 6-5　两种边缘型打印头结构简图和记录介质通过特点

（a）角边缘型打印头　（b）真边缘型打印头

由于角边缘型打印头和真边缘型打印头结构上的特殊性，使这两种热打印头具备平直型打印头无法达到的天然优势，记录介质进入或退出加热器行所在位置时不存在平直型打印头那样的障碍，它们的优点可以用图 6-5 说明。该图也用于演示角边缘型打印头和真边缘型打印头的结构简图，记录介质以直线方式进出的特点。由于边缘型打印头结构可以确保记录介质通过转印间隙时直进直出，因而无需像平直型打印头那样以角度进入和弯曲。

## 四、加　热　器

典型的加热器划分成薄膜加热器、厚膜加热器和半导体打印头三大类型。其中，薄膜加热器适合于高速打印应用，原因在于这种加热器优异的热响应能力。薄膜加热器的结构如图 6-6（a）所示。薄膜加热器有不少优点，但生产大尺寸的薄膜加热器却相当困难，制造工艺也相对复杂。目前，热升华和热转移打印机大多使用薄膜加热器，加热元件以丝网印刷或烧结技术组成。

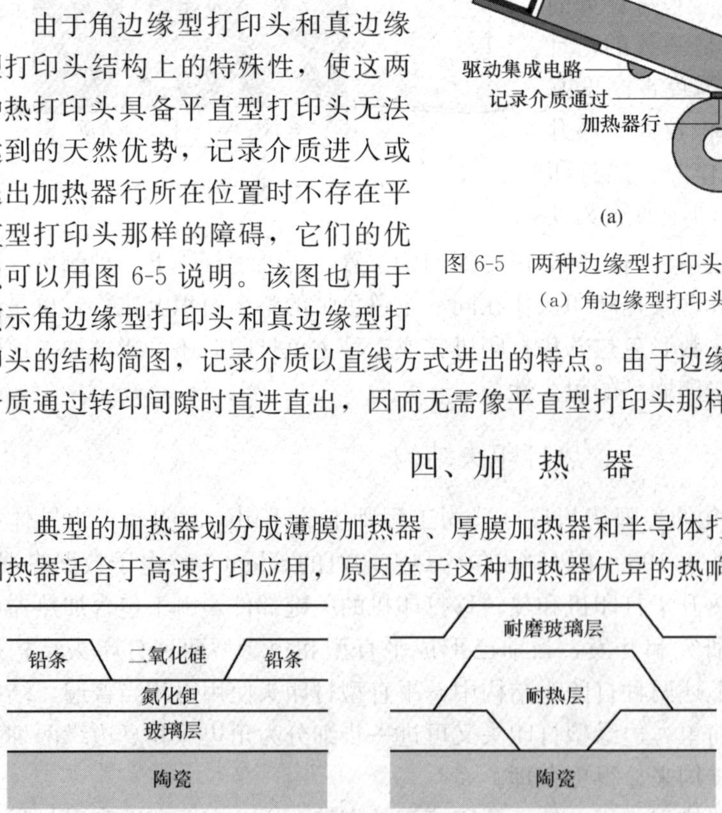


(a)　(b)

图 6-6　薄膜和厚膜热打印头结构简图

（a）薄膜打印头　（b）厚膜打印头

制造工艺简化对薄膜加热器十分重要，否则无法组织大批量生产。

薄膜加热的双重优点表现在：首先，薄膜电路通常在玻璃上加工，由于玻璃的热传导系数很低，所以薄膜打印头的加热效率更高；其次，薄膜制造工艺的固有特性主要体现在精细线条定义，因而利用薄膜加工技术可生产出高定义（高清晰度）的电阻器。

薄膜加热器有不少缺点。一般来说，薄膜电路的制造成本相对较高，不过相对于打印头的制造成本更高而言，薄膜电路制造成本高似乎不算问题。薄膜电阻器的坚固程度对于抵抗纸张摩擦显得不太合理，为此要求涂布保护层，但会明显降低打印速度。

厚膜打印头加热器的使用方式基本上与薄膜打印头相同，形成电阻器阵列需要以预定的“图案”使它们相互连接起来，才能够实现正确的寻址。这种热打印头最适合于大尺寸打印机“引擎”，用于输出大规格印张的热转移或热升华打印机，但目前热升华打印机技术开发出现小型化的趋势，原来生产大幅面热升华打印机的制造商纷纷转向小规格设备。若热升华打印机采用厚膜打印头，则热流传导到打印头的时间大约 2～20ms，而热转移需要的时间大约 1ms。由于记录工艺的不同，可能出现更大的热传导时间差异。

厚膜打印头的优点可观，特别值得一提的是厚膜电阻器在高脉冲功率条件下的机械坚固度，总能快速在纸张上打印。此外，厚膜打印头加热器容易加工成多层结构，形成复杂的连接关系，组合成加热器记录点的完整阵列，因而可有效地连接到打印头。厚膜导体的即时黏结能力有利于直接利用“沉积”到基底层的半导体，实现输入信息编码。

厚膜打印头的缺点主要表现在基底层往往使用高导热系数的氧化铝，从而对电源（功率）提出更高的要求。此外获得高定义的电阻器也是问题。如果对优点和缺点综合权衡并加以仔细设计，则某些问题可望得到合理解决。

半导体热打印头的梁式引线结构大多使用硅器件（硅芯片），通常安装在厚膜基底上，许多公司都拥有这种技术。电阻器是掺杂的半导体，热量由这种电阻器发出，要求以矩阵形式组织二极管。在某些场合，硅芯片用作开关，目的在于简化驱动电路。

半导体热打印头的优点是硅材料带来的优异抗磨损特性，生产打印头元件有工业基础良好的半导体制造技术的支持。但缺点也很明显，比如对记录点尺寸选择的严格限制，要求的供电方式复杂，对许多应用领域来说打印头价格太高。此外，由于半导体是打印头的关键成分，而半导体标准的修改不会顾及到热打印机，导致打印头跟不上发展步伐的要求。

## 五、釉 面 处 理

热打印头的性能与选择的隔热层材料类型直接相关，许多热打印头制造商采用涂布釉面的方法，形成称为釉结构件的隔热体。防止热量对陶瓷基座的损伤主要靠隔热体的釉涂布层，因而釉面厚度极为重要。一般来说，隔热体的釉面层厚度较薄时，打印头的热响应能力更好，但在其他条件相同的情况下热打印头可以达到的最高温度却比厚釉面结构件打印头低，为此

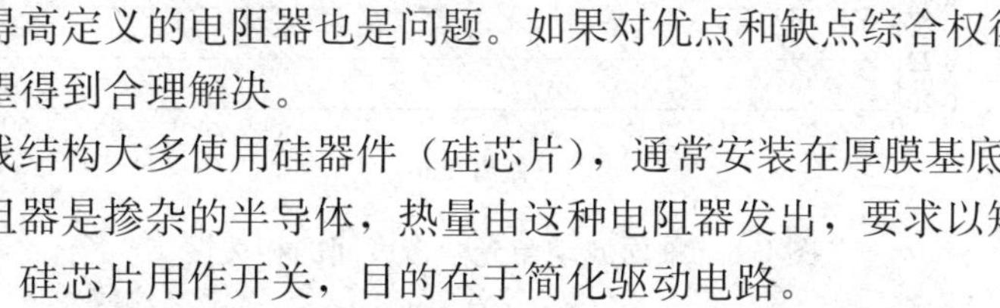


图 6-7　局部和双局部釉结构件横截面

对隔热体釉面更厚的热打印头需要供应更多的能量，才能获得与薄釉面结构件打印头同样的光学密度。由此可见，为了使热打印头的性能达到最佳，必须对釉结构件作优化处理。热打印头釉结构件的形状很独特，如图 6-7 所示。

从图 6-7 可以看出，双局部釉结构件是对于局部釉结构件的改进，隔热层的顶部从局部釉结构件的曲面改成平顶，为此需要附加局部釉材料。局部压力是各种热成像打印机获得高质量印刷品和高工作效率的很重要的因素之一，而获得高局部压力的方法之一则在于釉结构件设计。由于双局部釉结构件对顶部几何形状作出的改进，使得这种打印头结构表现出局部釉结构件不具备的优点，釉涂布层与加热器和记录介质的接触条件十分优良。因此，双局部釉结构层与局部釉结构层相比，加热器的局部压力要高得多，比起局部釉结构层来热量转移效率明显改善。

热打印头的均匀性涉及两个概念，首先是热量的均匀性，其次为导热均匀性。在影响热打印头均匀性的因素中隔热层（釉面）波动具有特殊的地位，成为影响均匀性的重要参数。釉面波动通常由不相等的机械接触引起，导致打印结果光学密度的稳定性。图 6-8 给出的曲线说明热打印头输出结果光学密度与釉面波动间存在很强的相关性。

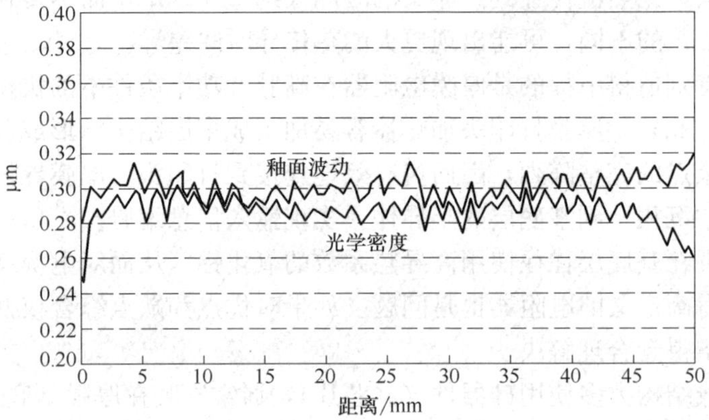


图 6-8 釉面波动与光学密度间的相关性

为了保持热成像数字印刷质量的稳定性，根据参考文献［36］作者的估算，确定釉面波动应该控制在小于 0.1μm 内。然而，以目前的上釉工艺水平，要求控制在不超过 0.1μm 的范围内还存在不少困难，为此需要在改进热打印头制造工艺的同时控制釉面涂布精度，但控制要求太高很可能无法适应大批量生产。根据工艺改进和满足大批量生产需求两种因素，可以采取在加热器周围区域附加釉面抛光的工艺措施，以确保釉面波动小于 0.1μm。

## 六、打印头的热响应能力

热打印头以热量作为产生印刷图像的“发动机”，可见处理好打印头的热平衡关系至关重要，应该成为热打印头结构优化的主要任务。加热器是各种类型热成像打印机能否正常工作的关键因素，而加热器中的发热元件又是确保加热器正常运转的关键。然而，热成像打印机在连续运转一段时间后不可避免地会产生热量的累积，有可能影响加热器的正常工作。另一方面，热打印头以热辐射的方式将热量传递给热敏纸或色带，为热敏纸变色和色带上的油墨熔化或染料扩散/转移提供足够而合适的热量。因此，如何恰当地处理好热量累积和热辐射的关系十分重要，也是保证热打印头正常工作的前提。根据上面的分析不难看出，所谓的热平衡优化指通过热打印头和加热器的结构设计、参数匹配和制造工艺等方面的努力，使热量累积和热辐射间的平衡关系达到最佳状态。

热平衡优化的核心问题是改进系统的热响应能力，提高加热器的发热效率。加热和绝热两种能力要求永远是热打印头的一对矛盾：对热打印头加热元件以及与热量传递有关的部件而言，应该是导热系数越高越好；但为了保证热量不损坏结构件，防止不必要的热量损失，应该选择绝热性能良好的材料制备隔热元件，涉及热打印头的釉面处理。

提高热打印头的工作速度与釉结构件涂布层的厚度有关，更确切地说随着打印速度的提高，热打印头的釉面层厚度应该降低。图 6-9 所示曲线表示加热和冷却响应速度与釉面层厚度的关系，该图的测量数据来自热容量小的加热器系统，结构的小型化导致更薄的釉面加工需要更长的处理周期。从历史角度看，现今的陶瓷基座材料表面上釉工艺难以形成较薄的釉面层，也无法获得半径较小、保持与加热器接触良好的釉面，原因在于釉面层与氧化铝两者形成的边界上容易出现晶化效应。前面描述的新工艺（抛光）恰当地解决了边界晶化效应的问题。半径小的釉面有助于增加转移到记录介质或色带的热量，而更薄的釉面则有利于减少热打印头内热量的累积，降低热响应速度。

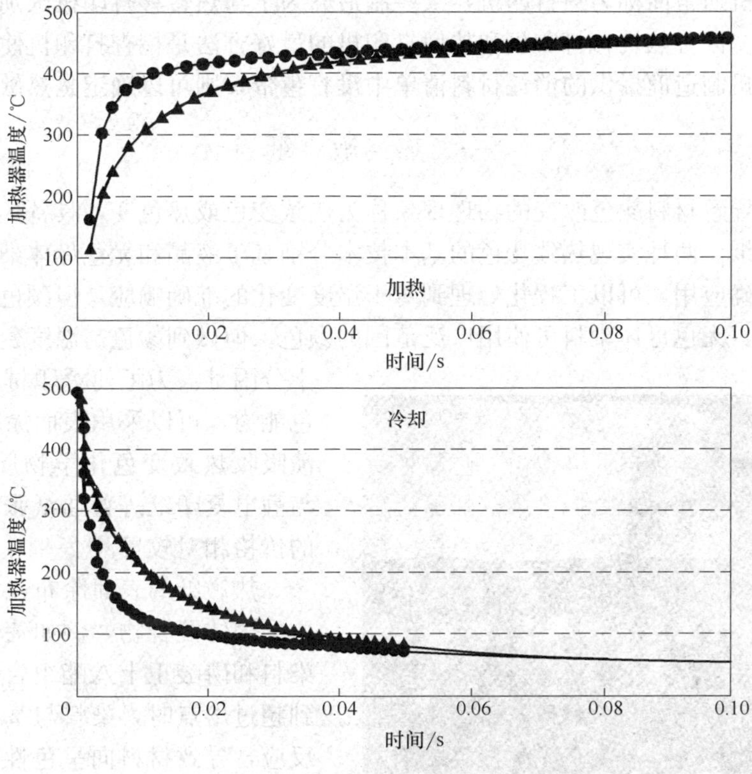


图 6-9　釉面厚度对加热和冷却响应速度的影响

▲厚釉面　●薄釉面

即使不加说明，从图 6-9 也很容易分辨出两种热响应曲线的性质，顶部和底部给出的温度响应曲线分别对应于热打印头加热器的加热和冷却过程。出于比较的目的，两幅图中都包含厚、薄两种釉面层的时间与温度关系。相对于厚釉面而言，薄釉面热打印头加热器启动后温度上升的梯度很陡，说明薄釉面热打印头加热器的温度响应速度相比厚釉面热打印头加热器更快；类似地，薄釉面热打印头加热器冷却时温度响应速度也比厚釉面热打印快。上述特点意味着在热打印头的加热器经历加热和冷却的工作循环过程中，比起厚釉面热打印头来薄釉面热打印头能够以更快的速度达到热成像打印机需要的工作状态，因而有利于打印机提高输出速度。

若釉面材料经过优化处理，且改善釉面加工工艺，例如选择合适的釉面材料，对于釉结构件涂布层表面应用抛光工艺，则釉涂布层表面的粗糙度大为改善。测量结果表明，为经抛光处理的釉面形状起伏，存在大量的高频成分；釉面材料优化和采用抛光工艺后尽管表明形状仍然有波动，但高频成分几乎不存在，有利于避免打印结果的条带效应。

## 第二节　热敏打印

热敏打印机以直接加热承印材料的方法产生印刷结果，为此需要表面添加热致变色或利用其他工艺赋予热色敏特性的特殊纸张。目前，热敏打印技术广泛地应用于标签和条形码打印机，但这些打印机未必一定使用热敏打印技术，某些打印机可能使用热转移打印技术。热敏打印机通常简称为热打印机，某些制造商为了与热转移打印机区别，有时也称为直接热打印机。区分热转移打印机和热敏打印机的最好方法是检查打印机使用何种消耗材料，如果打印机制造商提供的消耗材料清单中没有色带，则可以确定是热敏打印机。

### 一、热　敏　纸

温度变化导致材料颜色改变的物理现象称为热致变色或热色变，具备热致变色能力的纸张称为热敏纸。两种实现热致变色的基本技术分别基于液晶和无色母体染料。液晶热致变色适合于精确应用，可以工程化处理到对于温度变化的准确响应，但颜色变化范围受工作原理的限制。无色母体染料可使用广泛范围的颜色，但做到颜色与温度变化准确地对应十分困难。为了使承印材料具备热致变色能力，可以采用表面涂布热敏层或浸渍吸收热致变色化学物质的生产工艺。与静电复印纸等普通纸张比较，热敏纸的价格相对较贵。

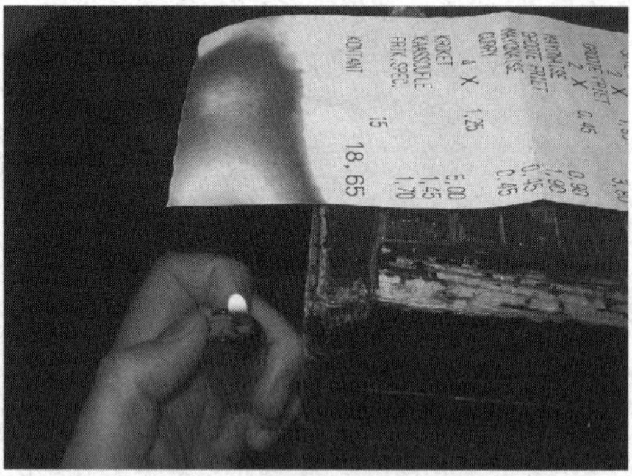

图 6-10　热敏纸应用的例子

热敏纸的表面涂布或浸渍染料和基质的固体混合物，例如荧光素无色母体染料和磷酸正十八酯组合。基质被加热到超过熔点时，染料与基质中的酸发生反应，导致材料向呈色性能偏移；基质以足够快的速度冷却并固化后，亚稳态的热致变色结果保留下来。图 6-10 是热敏纸应用的例子，一张以热敏纸打印的车票，纸张附近的热源使纸张变色。

最早的热敏纸由美国 NCR（国家收银机）公司和 3M 公司发明，其中 NCR 公司采用染料化学技术，而 3M 公司使用基于银盐的工艺。尽管 NCR 生产的热敏纸比 3M 热敏纸便宜得多，但由于 NCR 热敏纸打印的图像褪色比 3M 热敏纸快，因而价格更昂贵且耐久性高的 3M 热敏纸终于占有了市场领导者的地位。

20 世纪 70 年代到 80 年代早期，日本的理光、十条和神崎等造纸商利用相同的染料化工技术与条形码打印机制造商（例如泰格和佐藤等公司）结成伙伴关系，进入全球范围内正在出现的条形码行业，主要对准超级市场应用。在美国，NCR 的授权生产商 Appleton 以及 Nashua 和 Graphic Controls 等公司积极争取条形码这一巨大市场的份额，艾利公司等压敏标签生产商成为热敏纸的主要客户，用于打印标签。

## 二、热敏打印机

1965 年，美国德州仪器公司发明半导体热敏打印头，两年后推出配备热敏打印机的电子数据终端 Silent 700。从此以后，热敏打印机正式进入硬拷贝输出设备市场，成为价廉物美的打印设备之一。热敏打印机因价格便宜、重量轻而得到广泛应用，计算器、收银机和信用卡终端等都可以看到这种轻型打印设备的影子，例如图 6-11 所示的 Datamax 打印机。

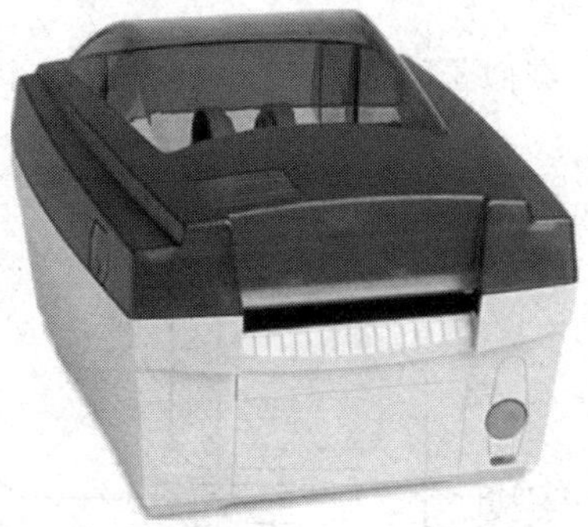

图 6-11 Datamax 打印机

通常，热敏纸受热量作用的位置将变黑，未加热的区域则保持原来的颜色不变，因而热敏打印机的输出结果是灰度图像。除单色热敏打印机外还有双色热敏打印机，可以打印黑色和另一种附加颜色，以红色使用得最为普遍。与单色热敏打印机相比，双色热敏打印机的工作原理其实并不复杂，因为只要两种颜色的热敏程度互不相同，则只需以两种温度加热敏纸，获得双色打印效果也就不难了。

热敏打印机由下述关键部件组成：用于产生热量的加热器，通常置于打印头内，热敏纸在加热器发出的热量作用下发生颜色变化；由橡皮材料构成的滚筒，是热敏打印机输纸机构的主要零件；对热打印头施加压力的弹簧，热打印头在弹簧压力的作用下与热敏纸接触，以提高加热效率；置于打印机内部的控制器板卡，与驱动软件一起组成热敏打印机的控制系统，用于管理热打印机的加热和运动机构。

为了启动热敏打印机工作，应该在热打印头和滚筒间插入热敏纸；打印机接收到来自计算机的信号后，将该信号转换成电流信号并传递给热打印头的电阻加热器，后者以预先描述的“图案”产生热量；热敏纸因受到热量的激发导致变色，这种特殊纸张对热量的响应能力取决于纸张表面的热敏涂布层。

热敏打印机的控制器卡应按照打印机的预定功能要求设计，即满足打印机的功能、打印规格和参数要求。如果对热打印机控制器卡和软件作合理的组合，则能够管理多种“条形码字体”、图形和徽标，允许用户在不同的驻留字体（包括中文和日文等亚洲字体）和字号间作出选择。热敏打印机的控制器卡也可以驱动各种传感器动作，比如降低纸张位置、驱动纸张离开打印机、打开纸张门和走纸到表格顶部等。控制器卡未必需要专门设计，完全可直接采用最常见的用户界面，例如 RS232 接口、并行端口、USB 接口和无线连接端口等。热敏打印机用于电子收款系统时，某些控制器卡还能控制现金收款抽屉。

由于热敏打印机耗电量低，耗材方面无需色带，仅仅消耗纸张，因而这种打印机的经济性更高。虽然热敏打印机消耗的纸张价格较贵，但准备就绪需要的时间很短，几乎可达到零等待时间的程度。热敏打印机的商业应用包括计算器打印装置、信用卡终端、加油站泵的状态打印、信息显示亭打印、销售点打印系统和自动售货机的账单打印等。

早期热敏纸表面的涂布层对外界作用的偶然性过于敏感，比如偶然的热作用导致变色和容易磨损；对摩擦作用也相当敏感，因为摩擦作用会导致热量的产生，由此引起纸张变暗。早期热敏涂布层的耐光性和耐水性较差，打印图像容易褪色。但是，热敏打印技术毕竟也在发展，现代热敏涂布层配方与早期相比已不可同日而语，打印出来的图像稳定性相当高，理论上热敏打印机产生的文本可达到50年的寿命。

## 三、可重写热敏打印技术

类似于直接热打印（热敏打印）的复制技术，迄今为止只有十年左右的发展历史，主要在日本和欧洲使用。可重写热敏记录技术与热敏打印技术有类似之处，例如都要用到热敏记录介质，通过加热器发出的热量使记录介质变色，得到永久性的图像等。两者的区别主要表现在可重写热敏记录介质涂布的材料不同，打印到热敏记录介质的图像不再需要时可以擦除，数量达几百次之多。可重写热敏记录介质的热化学工艺如图6-12所示。

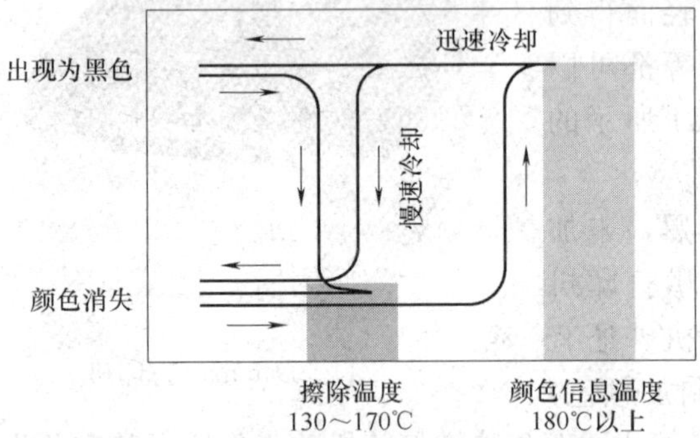


图6-12　可重写热敏记录介质的热化学过程

虽然可重复热敏记录介质打印类似于热敏打印技术，但通过加热记录介质的擦除过程必须确保不同于打印时的热量分布。打印过程需要加热和短期的冷却，这与常规热敏打印技术区别不大，主要区别是擦除（去色）过程要求在狭窄的温度范围内缓慢地冷却。据资料介绍，目前仅三菱纸业和理光两家公司提供可重写热敏记录介质，由于彼此间技术和生产工艺不可能完全相同，因而使用者有必要自行评价材料性能，找到最佳的擦除条件。

相比打印、使用和丢弃循环的热敏打印一次性记录介质，如果以可重写热敏记录介质打印无线射频识别标签，则必然有不少优点。由于标签信息驻留在系统中，因而对于那些要求重复地使用标签而不是丢弃的应用，不仅数据的利用效率高，且可提高数据的安全性。此外，以可重写热敏记录介质打印的无线射频识别技术对环境更友好，因为标签可以重复使用而无需丢弃。但必须注意，擦除和重新打印标签要求再次获取数据时，有可能导致对应用的限制，尽管限制条件并非对所有无线射频识别应用都存在。

据参考文献［34］的作者介绍，他们已经开发成新的擦除头，可擦除宽度210mm，与A4纸规格匹配；擦除速度达到100mm/s，或每秒钟4in。为了能更好地控制反向应用目标的擦除温度，打印头内置加热单元和温度传感器由正热敏系数1500ppm/℃的材料制成，其中的ppm/℃以每摄氏温度百万个单位衡量。由于采取了上述措施，才使得加热元件温度的实时监视成为可能，擦除头的基底层能够与记录介质接触。

## 四、自动热色敏技术

自动热色敏Thermo-Autochrome中的Autochrome一词来自早期彩色摄影技术，曾经称为奥托克罗姆微粒彩屏干板。一直到20世纪80年代为止，人们相信全彩色热敏打印尽管原理上可行，但付诸实施时却行不通。尽管如此，富士胶片公司经过多年的努力，终于在1994年完成了彩色热敏打印机的商业化过程。自动热色敏为新创造的词汇，以TA缩写标记，其含义是一种所有为彩色热敏打印所需的必要工作机制集成在记录介质中的系统，通过重复的加热和自动曝光输出彩色印刷品。图6-13给出了TA纸张的横截面结构。

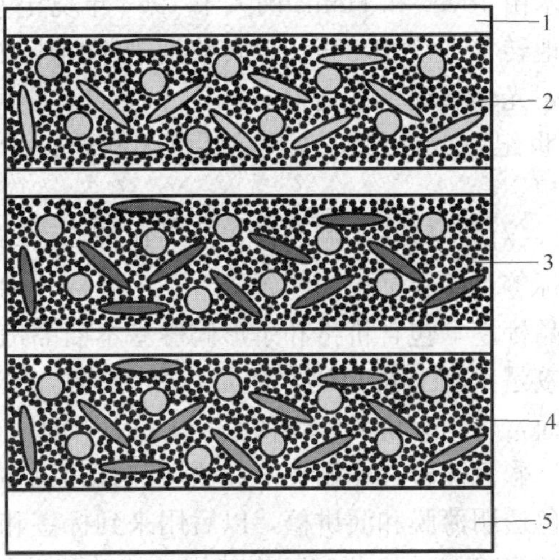

图6-13　自动热色敏纸的基本结构

1—绝热保护层　2—高热敏度黄色结构层，419nm光敏度　3—中等热敏度品红结构层；365nm光敏度　4—低热敏度青色结构层　5—支撑层

除富士胶片公司外，宝丽来在第21届国际数字印刷年会上也公布了自己的自动热色敏纸技术。图6-13所示TA纸的底部为其他结构层提供支撑；三个热色敏层用于再现彩色图像的青色、品红和黄色分量，涂布成连续的多层结构；顶部涂布起保护作用的热阻（绝热）层。每一个热色敏层以不同的热能反应，显影出彩色，其中最上面的黄色结构层以最低的热能反应，最下面的青色结构层需要的热能最高。

自动热色敏纸顶部两层（黄色和品红）的热敏和光敏程度相当，品红结构层的彩色显影成分受365nm的紫外光作用而分解，失去通过加热显影彩色的能力。因此，以加热的方式形成彩色图像后，可借助于使自动热色敏纸整体在365nm紫外光的曝光作用下固定下来。类似地，黄色显影层通过419nm紫外光的作用失去彩色显影能力。

由于自动热色敏纸内置了上述色彩再现机制，因而通过下述简单程序就可实现全彩色热敏印刷了：①记录彩色图像的黄色分量时对自动热色敏纸作用低的热能，数量与数字彩色图像的黄色信息对应；②以419nm的紫外线曝光，使黄色图像固定下来；③对自动热色敏纸作用中等程度的热能，数量与品红信息对应，记录成品红图像；④在365nm波长的紫外线作用下曝光，使品红图像固定下来；⑤对自动热色敏纸作用高热能量，热量与数字图像的青色成分对应，记录成青色图像。

## 第三节　热转移印刷

热转移印刷方法通过熔化色带表面涂布层（油墨层）的方法在纸张或其他记录介质上产生印刷结果，在温度为主、压力为辅两种物理因素的作用下使油墨与承印材料黏结到一起。热转移印刷涉及的范围相当广泛，能够完成热转移过程的设备和工艺也相当多，现代热转移材料呈现多元化的趋势，不仅仅局限于纸张，例如纺织品和木材等均可。

### 一、技术简介

热转移打印技术由SATO公司发明，大约形成于20世纪40年代后期。现代热转移技术由 Joyce 和 Hama 两人于 1967 年奠定基础，色带上的油墨层通过半导体热打印头成功地转移到接受印张。热转移记录兼具热敏打印和热喷墨两种印刷方法的优点，记录图像的耐光性和耐水性良好，转印系统的工作可靠性高，几乎不需要维修。尽管如此，直到 20 世纪 80 年代初，现代热转移印刷进展缓慢，其中最主要的因素是那时整体性能还不够理想。

完成热转移印刷的设备称为热转移打印机，使用这种设备的工业部门大体上分成条形码标签和塑料标签两大领域。条形码标签的使用时间不会很长，例如商店和超市货架上的商品标签，包含价格和条形码等基本商品信息，也可能用于打印服装标签，最简单的服装标签是 T 恤衫的尺码，比如 L 和 M 等。塑料标签往往出现在化学物品的容器上，这种标签通常采用廉价的塑料薄膜，无法使用激光打印机一类设备，否则很可能被热量所熔化。

彩色热转移印刷技术和热转移打印机在 20 世纪 80 年代初期出现，刚开始时用于打印彩色透明薄膜和演讲稿，以后用来到标签和条形码打印等领域。工业分析家估计，截止到 2002 年年底，全世界正在使用的热转移设备超过 200 万台。

前面提到 20 世纪 80 年代初期前热转移印刷进展得并不理想，尽管 80 年代后期出现了利用彩色热转移技术打印屏幕显示图像的概念，但一直到 20 世纪 90 年代早期至中期时人们才认识这种概念的现实意义，那时美国有几家从事广告印刷设备开发的硬件公司为广告设计人员提供了容易使用的彩色热转移打印机，生产四色套印室外耐久性维尼龙图文印刷品。

今天，打印机市场的各种热转移设备打印规格小到 6mm 左右的标签，大到 50 多 in 宽度的广告，例如 Roland 的可变记录点彩色热转移打印机输出宽度 12in，带切纸设备，但 5000 美元的价格却不便宜；大幅面彩色热转移打印机的例子有 Matan，据说每小时的打印速度超过 600ft$^2$，不过售价高达 12 万美元。

热转移印刷以直接转移和间接转移两种方式从色带转移油墨，其中直接转移法容易理解，色带上的油墨在热打印头发出的热量作用下转移到纸张等承印材料；间接转移法先通过热打印头完成色带油墨到中间接受介质，此后再转印到刚性和柔性的承印物，无需加热。

热转移印刷的图像质量与几个因素有关，例如打印头的发热量、硬件和软件系统的整体集成度和色带质量，以及承印材料表面的平滑度等。不同的应用要求不同的设置，才能得到最佳质量。然而，选择热转移印刷时图像质量并不是主要因素，热转移印刷工业界的技术支持者们认为，印刷品的耐久性才是占第一位的质量要素。他们甚至认为，目前还没有哪一种数字输出技术的耐久性能超过热转移印刷。

对于数量众多的标志和横幅，以热转移打印机生产的这些印刷品在户外环境条件下的使用寿命长达 3～5 年，无需添加高成本的覆膜层或保护清理层。然而，如果热转移印刷品用于船舶标识、交通工具、地板装饰或销售点广告，则增加覆膜层或保护清理层仍然很有必要，原因在于上述应用领域可能处于苛刻的工作环境下，例如冲洗、刷子摩擦或环境化学物质污染等。短期使用的标签和条形码是热转移印刷的另一极端，比如商场货架上的商品标签无需保持很长的时间，一旦价格调整就不再使用。

## 二、热转移印刷的工艺基础

热转移打印机的基本部件包括连同加热器在内的打印头、色带和接受体，三者组成热转移复制系统。其中，色带加工成多层结构，至少应该包含油墨和基底两层材料，比如电容器纸或聚酯薄膜都可用作基底层材料，油墨层采用蜡质材料、树脂或蜡质量材料与树脂的组合；如同热敏打印机那样，热转移打印头也必须包含加热元件，短暂的加热脉冲导致色带上的油墨层迅速熔化，转移到目标记录介质；由于热转移有直接和间接之分，因而接受体可能是最终的承印材料，例如普通纸张和塑料薄膜，也可能是中间介质，但第一次转移的内容转印到最终承印材料时不需要加热。

热转移打印机的记录过程可描述为：目标记录介质的油墨接受面与色带表面的热敏涂布层（一层对热作用敏感的油墨薄膜）面对面放置，通过压印滚筒或其他部件形成的压力使目标记录介质与色带紧密接触。打印头的热作用方向对准色带的基底材料，加热元件在打印机控制系统发出的电压脉冲信号的作用下形成短暂的热脉冲，加热器产生的热量足以熔化色带表面的油墨层。只要打印头的加热温度超过色带表面油墨层的熔点，则油墨层黏度因受到热量的作用而迅速降低，熔化后的油墨流动性增加，足以转移到目标记录介质表面。在油墨成功转移的同时，加热器停止工作，失去热源支持的油墨温度快速降低，导致已经转移到目标记录介质的油墨黏度恢复到常态。

热转移印刷能否成功地实现的关键归结为两种作用力之间的非平衡关系，要求色带基底层对油墨的黏结力小于目标记录介质对色带油墨层的引力（黏结力），满足上述要求时油墨才可能黏结到目标记录介质表面，完成热转移记录过程。如果以 $F_a$ 表示目标记录介质表面对色带油墨层的吸引力（黏结力），油墨层与色带基底材料之间的黏结力以 $F_c$ 标记，如图 6-14 所示，则只满足 $F_a$ 大于 $F_c$ 的条件，绝大部分油墨就会从色带上剥离下来，转移到目标记录介质表面；当 $F_a$ 小于 $F_c$ 时，油墨转移无法实现。由此可见，通过改变两种黏结力数值的相对大小，就能构成色带油墨层的全部转移或全部不转移系统，而热量作用和加压的目的在于创造油墨转移到目标记录介质的条件。

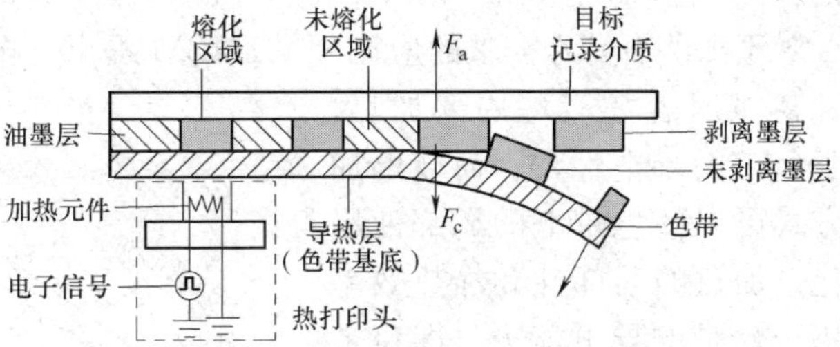

图 6-14 热转移印刷的工艺基础

高速热转移印刷要求色带上的油墨层即时熔化，在短暂的电子脉冲信号作用周期内黏结到目标记录介质表面，且油墨层与目标记录介质的黏结力应该足够大。如果油墨即时熔化和黏结力两个条件中有一个条件不能满足，则高速热转移印刷就无法实现。

## 三、导电色带热转移

20 世纪 80 年代中期，个人计算机处理能力和成本/性能比连续不断地快速发展迫切要求硬拷贝输出设备提供更强大的功能，改善打印机的工作可靠性，利用微处理器和新型的非撞击打印技术实现功能扩展和提高可靠性的目标。在打印机能力方面，高速和低噪声运转目标已经实现，并借助于附加某些打印功能扩展设备的处理能力，例如多字体和半色调图像打印，说明当时打印机与计算机信息处理的能力受到人们的普遍重视，从而扩大了打印机的应用范围，热转移打印机也进入人们的视野。

所谓的接触热转移指打印过程中包含油墨的色带与纸张接触，或十分靠近纸张，为此使用了各种局部加热色带或支承结构（色带基底层）的方法，以电加热和激光加热两种方法最为典型。其中，电加热方法以薄膜电阻或硅发热装置产生焦耳热量，加热器放置在色带背面，即加热色带的基底层，如图 6-15 所示。

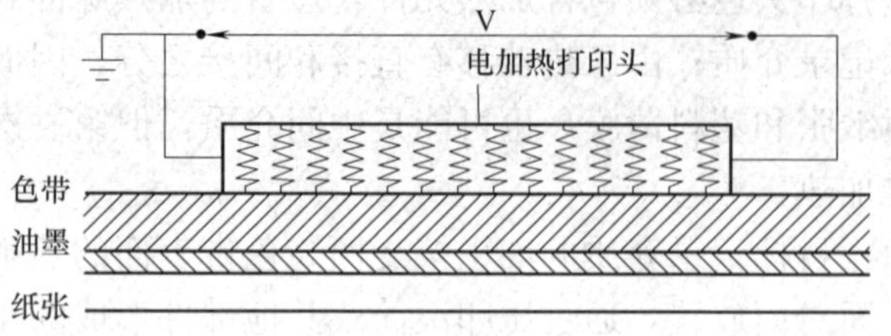


图 6-15 电加热方法

从图 6-15 给出的方法可以看到，即使到 20 世纪 80 年代中期时打印头的加热器还相当落后，但当时的商业热转移打印机大多采用这种电加热技术。归纳起来，开始阶段的电加热转移印刷只能在相对低的速度下工作，因为这种加热元件的热作用周期太长。为了解决热作用周期过长的问题，通常采用的典型热转移油墨基于蜡质材料，或使用其他熔点相对低的油墨，因而倾向于通过压力或接触的方式转移。上述限制条件导致热转移打印机能否产生高质量的印刷品高度依赖于承印材料，为了满足期望的工作速度和输出尺寸等，热转移印刷对电功率必然提出要求，从而排除了低端和低成本打印机采用物理本质上更合理的热转移技术的可能性，例如激光加热转移印刷。

对于那些有特殊需求的应用领域，IBM 提出导电色带的热转移印刷工艺，电流通过这种色带时容易实现局部加热。由于色带的导电性，因而以电加热方式可以使色带上的局部油墨熔化，加热的局部性和加热效率取决于色带的导电能力，即色带的电气特性。例如 IBM 利用非对称电子接触结构打印头实现色带的局部加热，打印头包含小面积的“打印”电极和大面积的“返回”电极，热转移印刷原理与打印头结构如图 6-16 所示。

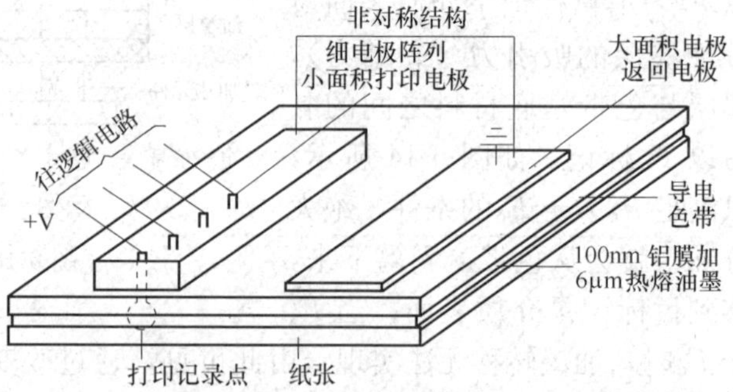


图 6-16 导电色带热转移印刷原理与打印头结构

在施加电压脉冲期间，打印电极邻域的高电流密度上升，导致打印电极邻近区域即时性的局部加热；反之，由于电流密度的快速变化，且数值与加热点离小面积打印电极距离的三次方成近似反比关系，因而低电流密度仅仅在稍为离开打印电极的位置上出现，不会在这些色带区域导致明显的焦耳热。导电色带上的油墨层以聚合物为主，涂布在色带与热打印头接触的相反侧，色带强烈的局部加热导致油墨局部熔化，在色带与纸张保持接触状态的条件下油墨的熔化区域转移到纸张。因此，导电色带聚合物油墨转移到纸张的过程属于控制转移，使导电色带接触热转移技术具备高质量和高对比度打印能力。

## 四、热转移印刷油墨的黏性效应

实验结果表明，色带上的油墨层加热熔化后的流动性与黏度存在很强的相关性，只有当油墨熔化后有足够的流动性时，熔融状态的油墨才能顺利地转移到普通纸张，部分油墨还能够渗透进纸张纤维。如果增加色带墨层与目标记录介质的接触面积，产生热转移的油墨甚至能够黏结到塑料表面。尽管热转移印刷使用的许多油墨黏性特征互不相同，但它们的熔点却非常接近，这为研究热转移印刷油墨的黏性效应提供了方便。参考文献［35］的作者以下述条件测量油墨黏性与加热温度的关系：电容器纸（色带基低）厚度 12μm，油墨覆盖率为 4 $g/m^2$，加热元件的分布密度设计成每毫米 6 个，承印材料采用纸张。

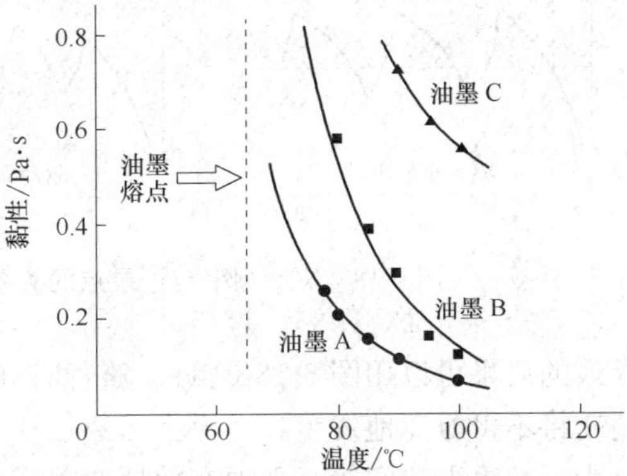

图 6-17　油墨的黏性与温度关系

图 6-17 所示曲线表示三种色带油墨的黏性与温度关系测量结果，这些油墨的熔点都接近 65℃。由该图可以看到，当油墨 A 加热到超过熔点的温度后，黏性与温度关系曲线显示出这种油墨熔化后的流动性最好。与此相反，尽管色带油墨 C 的熔点与油墨 A 相似，但根据黏性/温度关系曲线可知该油墨的流动性不够高。当图中给出的三种油墨加热温度达到大约 90℃时，油墨 A、油墨 B 和油墨 C 的黏度值分别为 0.12Pa · s、0.3Pa · s 和 0.75Pa · s。

无论何种印刷工艺，印刷图像的反射光学密度主要取决于油墨的转移效率，或者说油墨转移效率的高低决定了图像反射光学密度的高低。因此，热转移印刷油墨的黏性效应也可以通过印刷图像的光学密度评价，因为色带油墨的黏性不同时必然导致不同的热转移效率。理论研究和实验结果表明，热转移印刷图像的反射光学密度与加到热打印头加热元件上的能量间存在确定的关系，根据这种关系也可以评价油墨的黏性效应。

## 五、驱动频率的影响

现在已经有条件通过热转移印刷得到高清晰度的图像，但用于热转移印刷的热打印头必须具备高清晰度复制的能力。传统热打印头基底采用氧化铝陶瓷材料，现在出现基底层材料改成单晶硅的趋势，绝热层薄膜借助于硅基合金电抗性喷溅工艺制备而成，采用厚度大约 20μm 的低密度圆筒形结构。打印头的加热元件位于硅基合金基底层的突出部分，两者结合在一起时需要对热打印头施加集中载荷。经上述工艺措施改善后，硅基合金基底层热打印头对色带油墨的宽容度提高，例如允许使用树脂型油墨，转移效率令人满意。

毫无疑问，开发具备高清晰度复制能力的热转移打印头需要从各种影响因素着手，其中最主要的问题是打印头的热特性。根据本章第一节讨论的内容，热打印头的工作基础是加热元件的热特性，为此需要处理好打印头的热平衡关系，确保加热器功能的正常发挥，优化加热器的热平衡关系，而热平衡优化的核心问题是改进热成像系统的热响应能力。由此可见，系统的热响应能力应该成为高清晰度热转移印刷需要解决的首要问题，这一要求已经为科研成果和实践所证明。

理论计算结果表明，热转移打印机以 10in/s 的速度输出，按 600dpi 记录分辨率考虑，则要求打印头在 6kHz 的驱动频率下工作。根据热转移印刷与喷墨印刷的区别，热转移打印头的驱动频率达到 6kHz 不能算低，在这种频率条件下打印头的热响应能力很可能无法

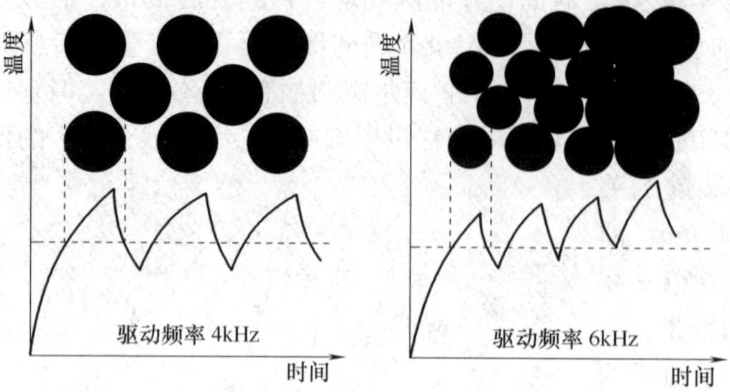

图 6-18 驱动频率与记录点的关系

与实际工作频率匹配，加热器的快速打开和关闭容易引起基底材料的热堆积；加热元件在非寻常状态下工作，导致色带墨层（尤其是树脂油墨）的过度加热；油墨熔化也进入非正常状态，造成熔化油墨过高的流动性，从而严重地影响图像质量。打印头热响应能力与实际工作频率不匹配和油墨流动性过高导致的后果可以用图 6-18 说明，随着时间的迁移，打印头温度越来越高，记录点的尺寸畸变将不可避免地发生。

为了解决上述问题，必须有效地改善基底材料的热辐射特性。如果基底层辐射出太多的热量，则再次启动加热会变得相当困难，因为在此条件下需要巨大的能量快速地启动加热元件重新产生必须的热量。问题回到本小节开头叙述的内容，传统热转移打印头以氧化铝陶瓷为基底材料，实践已证明这种材料无法以 600dpi 的记录分辨率为加热元件准备稳定间距的线圈，因为基底层表面将出现直径从几个毫米到 10mm 的大量空白，看起来像毛孔一样，很容易造成短路或断开，从而无法保证打印头的正常工作。

此外，为了以更低的能量保持打印头在加热和冷却间的快速切换能力，需要开发合理的绝热层材料，要求这种材料在高散热基底层上组成，且自身又是低散热的。

## 六、提高热转移印刷速度的约束条件

很明显，提高热转移印刷速度的主要前提之一是缩短电压脉冲信号的作用时间，这成为提高热转移印刷速度的第一约束条件。已有的实验结果表明，当电压脉冲信号的作用时间较长（例如 3ms）时，如果以涂布不同油墨层的色带打印图像，发现热转移印刷图像的反射光学密度与输入功率曲线之间不存在明显的差异。降低电压脉冲信号的作用时间后，可以观察到油墨的黏性出现差异，由此猜想热转移印刷图像的反射光学密度与输入功率关系曲线也可能有差异，这一猜想后来得到实验数据的支持。

提高热转移印刷速度除了要求缩短电压脉冲信号的作用时间外，还要求打印头加热元件的输入能量越低越好，这成为提高速度第二约束条件。已经有实验数据表明，在相同的输入功率作用下，黏度低的油墨产生反射光学密度高的热转移印刷图像，而黏度高的油墨印刷出来的图像反射光学密度却较低。例如，为了获得反射光学密度等于 1.0 的图像复制效果，低黏度油墨（加热到 90℃时的黏度等于 120cP）要求的输入功率为 0.87W；高黏度油墨（加热到 90℃时的黏度为 750cP）只有当输入功率达到 1.25W 时才能达到 1.0 的反射光学密度。上述列举的实验测量结果说明，油墨的黏度必须恰当，过高的密度必然导致功率消耗的增加，与降低能量需求的热转移打印机开发目标不符。

图 6-19 表示在各种电压脉冲信号作用时间下加热元件为获得 1.0 反射光学密度必须的输入功率与油墨黏度关系曲线，该图的优点在于表示为油墨黏度与热打印头输入功率的

关系，与色带涂布何种类型的油墨无关。

图 6-19 演示的油墨黏度与输入功率关系曲线明确地提示，电压脉冲的作用时间大于一定数值时无论热打印头的输入功率多大，油墨黏度基本上保持不变；只有当电压脉冲信号作用时间小于一定数值的情况下油墨黏度才会改善。

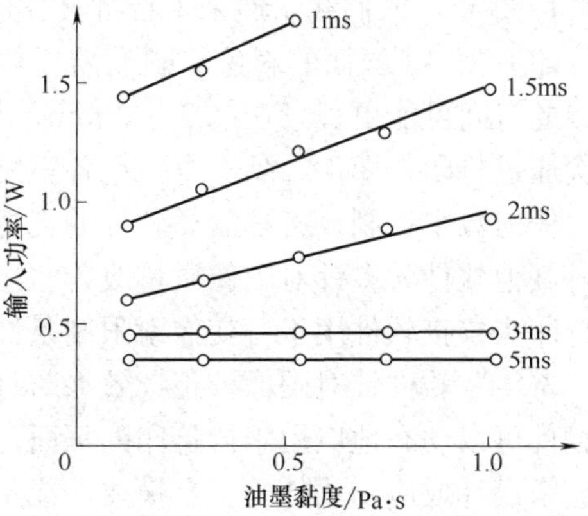


图 6-19　光学密度等于 1.0 时的油墨黏度与输入功率关系曲线

打印头电压脉冲信号作用时间缩短意味着热转移印刷速度提高，油墨与承印材料的接触时间也相应缩短，黏度的急剧降低使得油墨能有效地黏结到承印材料表面。热转移打印机的使用经验表明，热打印头以 1.5ms 作用时间获得合理的打印速度时，打印头的使用寿命可以接受。但这一限制并不是绝对的，如果能研制出功率更大的打印头，则热转移打印速度还可进一步提高，已经为最近开发成的热转移打印机证明。

## 第四节　染料扩散热转移印刷

染料扩散热转移（以下简称热升华）印刷进入市场已经有 20 年的时间了，在此期间经历了奇妙的变化，从开始时人们出于好奇而使用它，发展到每天都在使用的消费电子产品。现在，即使家庭也可能拥有热升华打印机，价格降低到与台式彩色喷墨打印机相当的水平，仅仅输出规格比家用彩色喷墨打印机小而已，但质量相当高。

### 一、热升华印刷发展简史

热升华印刷可以追溯到 20 世纪 80 年代索尼公司发布的 Mavica 产品，号称索尼的无胶片摄影版本。索尼发明的 Mavica 属于静止图像摄像机，严格意义上属于数字照相机的范畴，因而可以认为 Mavica 也是数字摄影的开始技术，以磁性元件存储拍摄结果。

索尼公司推出 Mavica 时还不存在服务于数字摄影的数字印刷技术，只能在暗室环境下生产照片。在照片上添加文本虽然想法不错，看起来也很简单，但却要求技能熟练的专业人员来完成，而且还需要文本照片蒙版。现在，高质量的数字摄影照片可以在几秒钟内用低价格的热升华打印机或彩色喷墨打印机等设备输出，不再需要投资于暗房，也无需化学处理工艺，甚至起居室也能方便地使用各种台式打印机。

热升华印刷具备连续调复制能力，因而用于标签、条形码和传真机文本输出的二值型热敏打印技术不在此列，即使彩色热转移印刷也不具备连续调复制能力。热升华印刷的工作原理依赖于涂布了特殊染料的色带，来自打印头加热元件的热量作用到色带的染料层后从固态直接进入气态，以连续调复制的方式使染料从色带转移到接受体印张上。

从 20 世纪 80 年代中期开始，柯达跟踪了由其他公司取得的专利，积极地追踪大约 100 家公司的热打印技术。现在，大量制造各种热成像打印机的硬件公司数量已达到 200 家左右，说明热成像印刷良好的市场前景和强劲的社会需求。

1989年，人们终于迎来了首批具备连续调复制能力的A4幅面彩色热升华打印机，据说打印一张A4幅面的彩色印刷品需要等待3.5min以上的时间，打印到透明薄膜时需要等待的时间可能更长，在3.2～12min，与选择的密度和色带有关。高质量透明薄膜要求两次通过打印，即黄、品、青三色各重复一次，才能达到高透射密度。

任何数字控制设备都需要软件的支持才能工作，其中驱动程序是打印机工作的基础条件，其他软件大多针对图像质量改善。迄今为止的图像质量改善软件可谓五花八门，例如热打印头校正软件用于可变像素限制条件下的一次性修正，防止页面出现条纹；所谓的防止“寄生”软件针对图像校正，效果与打印机加热元件的数量有关；基于“热污点”算法的软件可以动态地应用于待打印的页面，以补偿热打印头内的热量堆积；自动红眼消除功能通常设计成应用软件的一个模块，或集成到热升华打印机的控制系统软件；目前普通的热升华打印机都有可能提供包含场景平衡算法的软件，用于校正曝光参数不准确、闪光微弱或高对比度场景，但大多数场合由于增加了这种算法而增加打印时间。

## 二、热升华印刷的工艺基础

热升华与热转移印刷在复制工艺依赖的物理效应上存在相当大的差异，由此导致系统结构的不同，例如打印头加热元件。一般来说，复制工艺的物理效应不同时，最终的复制效果也不会相同。除下一章即将讨论的照相成像彩色数字印刷外，热升华印刷可能是迄今为止所有数字印刷方法中复制质量最高的技术了，不仅适用于打印数字摄影照片，也可用于彩色数字打样，例如柯达高等级数字打样系统Approval。

彩色热升华打印机的加热元件往往不同于热敏打印和热转移印刷，大多利用激光器加热，这种借助于激光器加热的复制技术容易获得高清晰度的图像，理由在于激光束可以聚焦成直径很小的光斑，热能可通过脉冲调制的方法控制，准确的位置控制也容易实现。

尽管染料的加热升华是一种并不常见的物理现象，但又是物理常识，热升华印刷更重要的概念是染料扩散和热转移过程，理当成为理解热升华印刷的重点。由于染料加热并升华后的扩散和转移过程完全不同于其他热成像打印机，因而热升华印刷严格意义上不存在最终记录点的概念，但考虑到激光束以点作用的形式加热色带，出于理解上的方便，这里仍然借助于记录点的概念解释热升华印刷原理。

热升华打印机或数字打样系统形成记录点的基本原理可简述如下：加热系统的热激光器（以激光二极管较为典型）在成像信号的控制下对色带加热，激光加热产生的热辐射作用使色带油墨层中的染料发生升华现象，即染料直接从固态转为气态；热升华印刷使用的特殊纸张由载体层和扩散层构成，气化后的染料与特殊纸张的扩散层接触，开始向纸张的里层扩散，但由于向下扩散受到载体层的限制而只能向两侧扩散；气化染料的扩散因纸张扩散层的阻断作用不能无限制地进行下去，当扩散作用力与阻断作用力取得平衡时扩散过程结束，形成与页面图文部分对应的彩

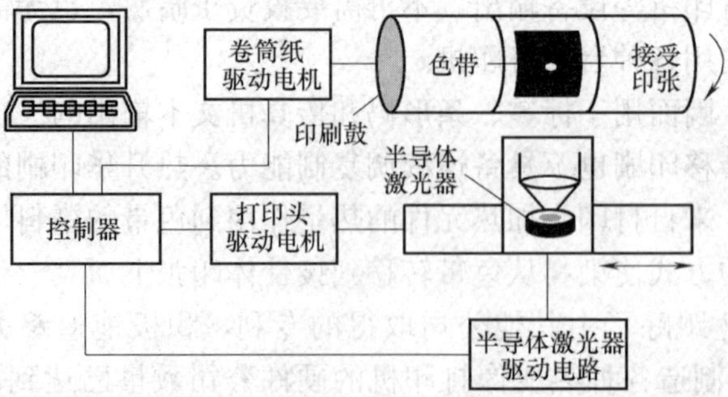

图6-20 热升华印刷工作原理示意图

色图像。上述工作原理可归纳成图 6-20 所示的抽象工程模型，实际的热升华印刷系统自然要复杂得多。

图 6-20 所示的热升华印刷系统以卷筒形式供纸，属于示意图性质。尽管如此，热升华打印机需要的基本部件已经包含在该图中了，例如半导体激光器、卷筒纸进给和驱动打印头移动的副扫描系统，其中的印刷鼓用来完成主扫描，鼓上包裹有接受印张。观察图 6-20 时应该将印刷鼓和包括半导体激光器的打印头联系起来，事实上半导体激光器的加热对象是色带。

对同一个被复制像素，当热升华打印机激光器供给的热能不同时转移到纸张的油墨（即染料）数量也不同，油墨的转移量与作用于色带的热量成正比。这一特点说明，尽管热升华印刷的一个记录点对应一个像素，但每一个记录点能复制的光学密度却随着作用于色带的热量而改变，无需用多个记录点形成与像素值大小对应的网点。

## 三、染料扩散转移类型

以激光器加热色带油墨层中的染料并使其升华虽然重要，但热升华印刷的重点应该是如何实现升华染料在特殊纸张内的扩散和转移。染料局部加热升华后的扩散和转移需要接受印张的配合毫无疑问，为此需要开发有利于染料扩散和转移的承印材料，获得类似于模拟彩色摄影照相纸的复制效果。因此，热升华印刷的关键问题之一归结为对色带的结构要求，色带上的染料既要具备加热后气化的良好灵敏度，且气化必须控制在局部区域内。

除色带的特殊结构要求外，热升华印刷系统色带上的染料以何种方式扩散和转移也十分重要。热升华系统建立印刷条件归结为色带以何种方式与特殊接受印张交互作用，方式之一是色带与接受印张以相互接触的方式建立印刷条件，受激光器加热作用发生气化（升华）的染料在这种印刷条件下实现常规扩散和转移，如图 6-21（a）所示。除常规接触扩散和转移外，有的热升华印刷系统也采用有间隙的扩散/转移工艺，即色带与接受印张不发生接触，系统配置示意图如图 6-21（b）所示。由于间隙扩散/转移法在色带和接受印张间增加了一层隔离膜，由此必然会产生气隙，因而升华的染料只能通过气隙向接受印张扩散和转移。此外，也有在色带和接受印张间增加垫珠的热升华印刷系统，考虑到垫珠颗粒的大小和形状差异，对气化染料的扩散和转移行为将产生不同于隔离膜的影响。

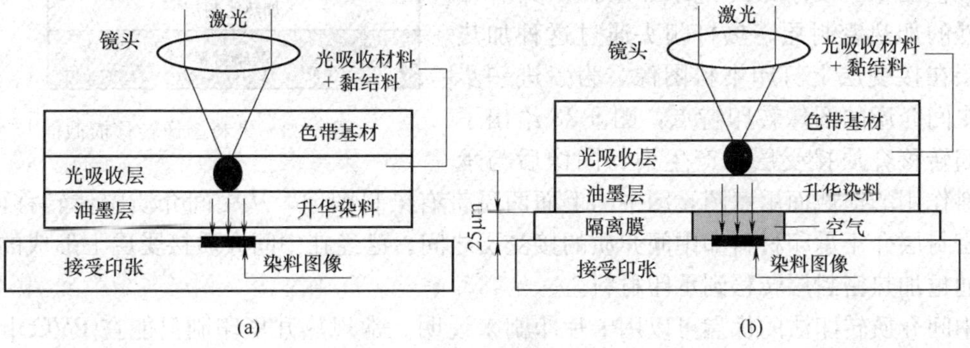


图 6-21　接触和间隙扩散/转移

（a）接触转移　（b）间隙转移

实验结果表明，常规接触扩散/转移与间隙扩散/转移之间存在一定程度的差异，主要区别表现在常规接触配置更容易实现染料的扩散，且染料转移的数量也更多；间隙配置的染料扩散和转移效果对加热时间更敏感，染料不能转移的唯一原因是气隙存在而导致的色带变形，没有转移就谈不上扩散，所以染料扩散也连带受到影响。

## 四、中间转移介质热升华印刷

无论染料直接转移还是间隙转移，都对承印材料的染料接受层有特殊要求，从而限制了热升华印刷的应用范围。为了消除热升华印刷对承印材料的特殊要求，有人提出借助于中间转移介质的热升华印刷新工艺，染料图像在中间记录介质的接受层上组成，从中间记录介质剥离接受层后，染料图像再与接受层一起转移到目标对象，复制原理如图 6-22 所示。这种工艺也称为逆图像印刷，优点主要表现在对接受印张的广泛适应性，不再要求对接受印张添加性能优异的特殊接受层，且最终印刷结果的耐久性良好。

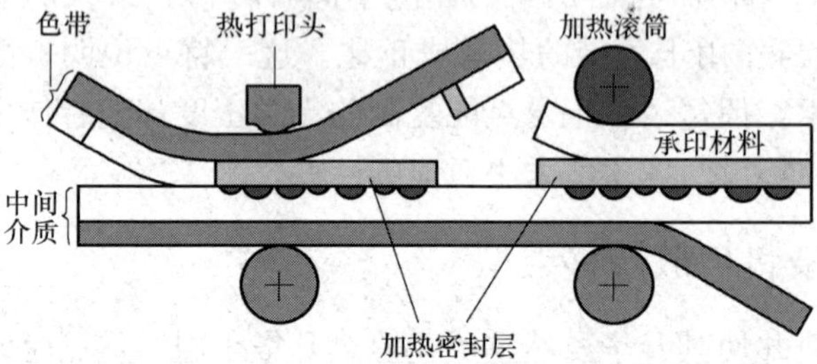

图 6-22　中间转移介质形成图像的基本原理示意图

从图 6-22 可以看出，采用中间转移介质作为染料接受体后，复制原理与彩色热转移印刷十分相似，因而这种热升华印刷方法或许更应该称为热转移记录技术。归纳起来，中间记录介质接受层形成的染料图像可以转印到所有的承印材料，无需任何要求染料能扩散转移的专有属性。中间转移法的主要优点如下：允许在各种对象表面组成图像，例如纸张、塑料表面和卡片，以及平直印张、新闻稿和弯曲表面等；印刷面积扩大，甚至可以印刷到承印材料边缘；由于染料图像通过中间介质和最终接受体组成，因而印刷图像的耐久性高；如果图像打印装置与图像转移装置采用分离形式，则又能通过改变转移装置的方法将图像转印到不同空间形状的接受体，进一步扩展应用范围。

为了利用中间记录介质在各种承印材料上形成彩色图像，要求最终记录介质提供具有黏结特性的加热密封层，热打印头通过这种加热密封层在接受层上打印染料图像。为了进一步说明中间介质的图像转印特点，图 6-23 给出了在中间转移介质接受层上产生染料图像后与承印材料作用的横截面示意图，图中的上面两层带有染料图像，从中间介质整体转移而来；加热密封层介于承印材料和中间介质的接受层之间，已经在中间介质接受层上形成的染料图像通过加热密封层转移到承印材料。

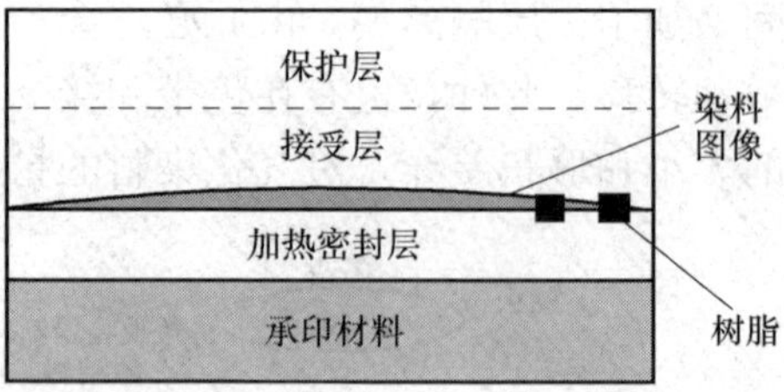

图 6-23　染料图像转移横截面

中间介质转印法的优点可以用卡片印刷来说明。常规热升华印刷只能在 PVC 卡片上直接记录图像，不适合于在诸如 IC 卡那样的不平整表面上印刷；改成中间转移介质热升华印刷后，可打印材料扩展到 PET 和 ABS 卡片等。试验结果表明，两种热升华印刷方法在耐热性、耐湿性和耐化学性能等方面相似，中间介质转印法的光稳定性高于常规热升华印刷。

## 五、逆图像卡片打印与复制质量

如同前面已经指出的那样，所谓的逆图像印刷就是中间转移介质热升华印刷，使用这一名称时往往指卡片打印。直接热升华印刷和逆图像印刷的主要区别是，前者要求打印头与卡片接触，选择逆图像印刷时染料升华图像通过打印头转移到空白的薄膜（即中间转移介质），再借助于热量和压力使图像熔化到卡片表面，打印头与卡片永不接触。

只要逆图像印刷能够与先进的编码技术和覆膜技术结合起来使用，则可提供卡片打印的最佳解决方案，适合于需使用技术卡片的领域，用于打印重要的安全证卡。这里提到的技术卡片指嵌入电子器件的卡片，例如信息验证电路、接触芯片或无触点集成电路芯片等。由于逆图像印刷将染料和树脂转移到表面光滑且可弯曲的中间薄膜介质，打印头与卡片表面不接触，因而技术卡片的表面缺陷不影响印刷质量，比如智能卡芯片引起的表面不平整或 RFID 电子标签内部天线导致的脊状凸起等。

记录点或网点是喷墨印刷、静电照相和热转移印刷等的工艺基础，热升华印刷严格意义上不存在记录点，染料从色带到最终承印材料或中间介质的转移伴随有扩散过程，主色混合后构成平滑过渡的连续阶调，据说可产生 1670 多万种颜色。

热转移印刷利用黄色、品红和青色建立有限范围的颜色，每一个着色点按给定的次序彼此叠印，得到需要的色彩组合。包括逆图像印刷在内的热升华印刷产生的颜色比热转移印刷更为鲜艳，色彩表现与现实世界更为一致。以分辨率 600dpi 的打印头为例，若要求每一个网点能表现 100 种色调等级，且以调幅网点传递颜色和层次变化，则热转移打印头的分辨率牺牲到仅仅 60dpi。如前所述，热升华印刷色带上的染料升华后产生扩散和转移过程，印刷结果不存在颗粒感；以 300dpi 分辨率的打印头为例，最终印刷效果等于甚至超过 2400dpi 的分辨率，加热元件也不需要排列成很高的密度。实际上，分辨率为 300dpi 的热升华打印头可以达到 300 线/in 的图像质量。可见简单地比较热升华和热转移打印机分辨率的高低是没有意义的，对逆图像印刷同样如此。

基于染料升华的逆图像印刷效果有时也会受到批评，因为图像使用一段时间后容易褪色，不过覆膜能够解决这一问题。为了测试染料升华打印逆图像的易褪色特性，可以将覆膜后的卡片暴露在紫外线下一段时间，比如在 96 个小时内以标准 QUV 测试器械曝光，测试过程结束后测量卡片，以确定褪色是否发生，或发生褪色的程度。对于未曾受过专业训练的观察者，当色差大于 5～6 时被认为不可接受；受过专业训练的眼睛能够区分色差在 3～4 间的两种颜色；如果色差小于 2，则眼睛无法区分。实验结果表明，以一般材料覆膜并执行标准测试后发现，褪色导致的色差达到 12；以改进后的材料作覆膜处理，则褪色造成的色差仅 2.0，说明合适的覆膜材料使眼睛无法感受到热升华印刷品的褪色现象。

## 六、色带与接受印张

热转移和热升华印刷都需要色带，其中的核心成分是色料。一般来说，热转移印刷使用基于颜料的油墨，而热升华印刷的色带以染料为主要材料。颜料着色是大量分子作用的结果，而染料呈色则基于单个分子；颜料着色剂属于非溶解性的物质，如同封装成胶囊那样的树脂点结构。有研究者认为：颜料和染料的区别表现在尺寸、对外部条件的抵抗力以及光线反射能力诸方面，微小的染料颗粒反射光线，产生更生动的颜色；颜料颗粒尺寸比染料颗粒更大，意味着颜料颗粒更倾向于使反射光沿各方向散射，导致不生动的颜色。

色彩表现的评价准则是色域、反射光学密度或图像密度，以及色彩的耐光性，其中色域定义为可以被图像数字化设备捕获的颜色阵列（数组）的极限，以彩色编码数据媒介的形式表现，或者是输出设备或记录介质的物理实现，可见更大的色域范围意味着能产生范围更广的颜色。进一步研究染料油墨、颜料油墨和喷墨印刷复制颜色的对比度后发现，染料基油墨的色域范围（颜色数量）大约是颜料基油墨的 1.5 倍，喷墨印刷的 2.4 倍。

如果说热升华印刷用色带的关键问题是选择加热升华的染料，则解决这一问题或许并不复杂；然而，热升华印刷不仅要求染料加热后升华，还要求扩散和转移，而染料的扩散转移过程必须与接受印张的性能匹配。借助于中间转移介质的逆图像印刷因打印头与最终承印材料不接触而对接受印张没有特殊要求，但打印头与接受印张以接触方式实现的热升华印刷必须使用表面涂布有利于染料扩散和转移的特殊纸张。

从发明热升华印刷技术开始，人类对接受印张的研究从未停止过。为了改善热升华印刷品的光学密度，从 20 世纪 90 年代早期开始提出空白点接受体的记录介质开发思路，目前继续按这种思路开发记录介质。改善热升华印刷品光学密度的努力与接受印张的导热性能有关，提高印刷密度和导热性以降低不均匀密度为通用原理，目的在于使热升华印刷期间的热损失达到最小程度。于是出现了在接受体表面附加带有空白点的层或带有空白点的薄膜的技术，只要利用与接受体不兼容的材料薄膜作双向拉伸，就可以形成带空白点的薄膜，事实上拉伸过程也是空白点形成的过程。热升华印刷的实践表明，空白点有利于降低接受印张的导热性，提高热升华印刷的染料扩散和转移效率，如图 6-24 所示。

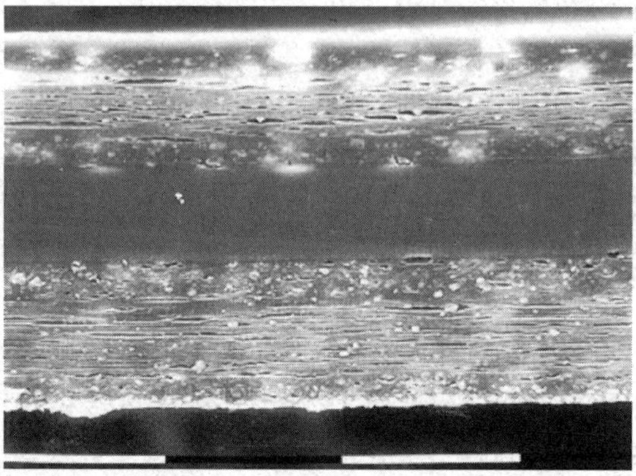

图 6-24 空白点接受印张横截面扫描电镜照片

接受印张表面附加空白点层后，热升华印刷密度明显改善。由于这一原因，目前几乎所有染料扩散热转移印刷技术都采用在接受印张表面附加某种类型空白点层的方法。如果没有空白点特征，则打印头的能量要求提高，产品的其他优势因此而丧失。

## 复习思考题

1. 热转移和热升华打印机的主要区别是什么？
2. 根据线性序列驱动和面积序列驱动的差异说明面积序列驱动的优点。
3. 平直型热打印头结构的主要缺点有哪些？
4. 试比较薄膜加热器和厚膜加热器各自的优缺点。
5. 为什么热打印头的性能与釉结构件有关？

6. 何谓改善热打印头热响应能力的热平衡优化?

7. 从釉面厚度不同时的两种热响应曲线这一特定角度说明何者为优。

8. 两种实现热致变色的基本技术各自有什么特点?

9. 从日常生活中看到的热敏打印机（例如信用卡 POS 机和医院的热敏打印机）分析这种设备的主要部件。

10. 自动热色敏纸如何实现全彩色热敏印刷?

11. 热转移印刷能否成功地实现的关键因素是什么?

12. 试归纳出导电型色带实现热转移印刷的主要优点。

13. 从应用角度讨论热转移印刷色带油墨层黏性效应的工艺地位。

14. 以例子说明热转移打印头驱动频率对印刷图像质量的影响。

15. 简要叙述提高热转移印刷速度的约束条件。

16. 热升华打印机除驱动软件外是否需要其他软件的支持，如果需要，则哪一种软件对热升华印刷显得更为重要? 通常会包含哪些功能?

17. 描述热升华印刷形成“记录点”的基本工作原理。

18. 为什么热升华打印机选择以激光器加热色带?

19. 根据本章对接触转移和间隙转移的基本描述归纳这两种方法各自的优缺点。

20. 中间转移热升华印刷的中间介质如何与承印材料配合形成最终印刷结果?

21. 为什么说简单地比较热升华打印机和热转移打印机分辨率的高低是没有意义的?

# 第七章　其他数字印刷技术

除静电照相数字印刷、喷墨印刷和热成像数字印刷外，商业市场还出现了其他数字印刷技术，例如磁成像数字印刷、离子成像或电子束数字印刷、直接成像数字印刷和照相成像数字印刷等。本章讨论的重点放在已经实现商业化、且已经有成熟产品的技术，对那些正在出现的技术则不作讨论，例如墨粉喷射和电子凝结数字印刷等技术。

## 第一节　磁成像数字印刷

Schein 认为，磁成像（Magnetography）是静电照相的磁模拟，两者的主要区别在成像阶段，显影过程必须利用墨粉磁性，成像和显影结束后的其他过程基本相同。磁成像数字印刷基于材料的铁磁性，即以铁磁性代替静电照相数字印刷的光导性，因而静电照相数字印刷与磁成像数字印刷的根本区别在于物理效应不同。

### 一、技术基础与发展简史

人类早就发现了磁石吸铁现象，其历史大约可追溯到我国的战国时期。在印刷技术不断推陈出新的今天，具有铁磁特性的材料找到了用武之地，产生了磁成像这一独特的信息记录和转移技术，并研制出了相应的设备。

现代社会广泛使用磁记录技术，录音带记录声音信号、录像带记录视频信号和磁盘记录数字文档等是使用磁记录技术的例子。磁记录技术的应用与磁性材料有关，而存在于自然界的天然磁性材料就是磁石，一种学名为四氧化三铁的矿石。现在，人类已很少使用天然磁性材料了，各种基于磁性的记录技术使用的磁铁大多用人工方法制成，例如铁、镍和钴等金属可以制成称为永久磁铁的合金材料。目前使用的另一种重要的磁性材料称为铁淦氧磁体，由氧化铁与二价金属化合物通过烧结工艺组成。

天然磁铁能吸引铁、镍、钴等物质，这种现象称为磁性，能够为磁铁吸引的物质称为铁磁物质或磁性材料。铁磁物质在自然状态下并不显示磁性，但当接触或靠近磁铁时因受到磁铁的影响而呈现出磁性，从而被磁铁所吸引；当铁磁物质离开磁铁一定距离后，它们的磁性多半不能保留。这种基本原理后来用到了磁记录和磁成像技术中。

材料的铁磁性和光导性本来属于物质的两种不同属性，反应两种不同的物理现象，如果不考虑成像结果的永久性和临时性，则铁磁性和光导性都可用于记录。由于铁磁体特有的磁滞回线现象，使铁磁材料具备永久性记忆的能力，这说明磁成像结果可以永久性地保存下来，且需要时可以借助于相同的原理施加反向磁场予以擦除。静电照相成像基于材料的光导性，充电和放电过程得到的结果称为静电潜像，一旦显影过程结束，静电潜像就失去了利用价值，因而静电照相成像属于临时性的记录结果。

静电照相成像对于材料光导性的利用以及铁磁材料的信息记录能力两者的共同性引起了不少人的注意，20 世纪 70 年代初至少有五家公司对磁成像的硬拷贝输出能力表示出很大的兴趣，于是出现了利用磁感应头阵列在铁磁材料上建立磁潜像的设想。由于磁感应头写入铁磁材料的信息为磁图案，因而显影时必须使用磁性墨粉。1972 年，美国 Data Interface 推出基于磁写入技术的 DI 240 磁成像打印机，每秒钟打印 240 个字符，每分钟打印 180 文本行，每行可打印字符密度达到 80 个，输出到 8.5in 宽的卷筒纸。美国通用电气公司和日本岩崎公司分别在 1979 年和 1982 年发布磁成像行式打印机和磁成像鼓等产品。磁成像技术对于数字印刷应用得最成功的公司当数 Bull，该公司于 20 世纪 80 年代初期研制成磁成像打印机 MP 6090，该产品 1985 年进入商业打印机市场。1992 年，Bull 组建独立经营的 Nipson Printing Systems 子公司，专门从事磁成像数字印刷机的研制和营销。

磁成像以及相应的复制工艺可简要归纳为：利用铁磁材料在磁场作用下的磁化特性形成类似于静电潜像的磁图案，有时也称为磁潜图像，并将形成的磁图案加到成像滚筒上与页面图像对应的区域。由外加电场产生的磁场通过一种特殊的输墨（显影）装置吸附铁磁性墨粉，然后使墨粉颗粒转移到承印材料表面。原则上，磁成像滚筒具有在特定表面永久性地存储磁图案的能力，无需像静电照相那样对相同的内容重新成像。

## 二、磁潜图像

所有磁成像复制工艺均需要记录磁潜图像的磁性表面，建立磁潜图像的方式也多种多样。磁成像复制系统需要信息写入工具，例如图 7-1 所示的磁成像头，由成像头核、线圈和记录极组成。显然，成像头是磁成像系统的核心部件。

成像滚筒体的表层由铁磁材料组成，成像信号加到线圈上后产生感应磁场，形成与页面图文内容对应的磁通变化，这意味着通过成像头和成像滚筒的铁磁材料层即可形成闭合磁通。图 7-1 所示的磁力线在窄极（记录极）端产生记录结果，磁力线的返回路径在成像头的宽极端。成像头中有磁力线通过时，记录极利用磁通变化使成像滚筒的表面涂层产生不同程度的磁化效应，在成像滚筒的记录层（铁磁材料涂层）上产生磁潜图像。

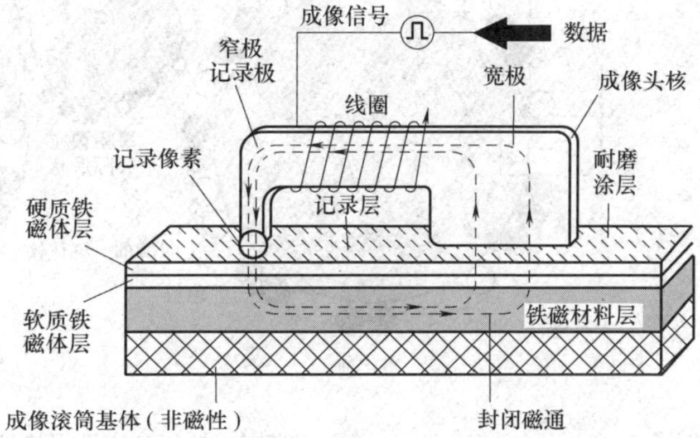


图 7-1　磁成像头结构与工作原理示意图

考虑到设备的制造成本，用于写入信息的磁性表面通常是一层涂覆在滚筒状部件表面的薄膜（称为铁磁膜），无需制备成整体铁磁材料的形式。磁潜图像的建立可通过不同的方式实现，例如按记录头与铁磁膜的位置关系可分为垂直记录和水平记录两大类。

垂直记录原理已经在图 7-1 中给出，这种成像方法所用记录极的磁化方向与铁磁膜垂直，其中记录极处理成针状磁极的形式，通过磁极的磁通变化控制记录动作，在成像滚筒的铁磁层上产生磁潜图像。磁成像与所有磁记录技术一样，需形成闭合的磁力线，因此成像系统还需为磁力线提供作用到记录表面后的返回路径。如果磁力线沿铁磁膜返回，则将破坏已经记录在铁磁膜表面的磁潜图像，因而磁力线必须通过其他路径闭合，为此还需要在成像滚筒的铁磁膜下提供一层导磁材料，称为磁通返回的子层。

水平记录通过环状或马蹄铁状的记录头实现，记录头放置在靠近铁磁膜的位置上。这种记录方法的典型例子是使用扁平型的薄膜记录头，螺旋形线圈的上、下两侧均有坡莫合金层（一种由铁镍组成的导磁合金）；两层坡莫合金边缘组成环状磁缝，可产生发射形的磁潜图像。某些水平记录工艺通过皮带结构在铁磁膜正面或反面记录，若打印头处在铁磁膜正面位置，则容易在墨粉转移时沾污铁磁膜；打印头在铁磁膜反面时，容易降低磁成像系统的记录分辨率，因为磁场通过承印物和铁磁膜形成的区域时将产生扩散现象。

## 三、墨粉和显影

如同静电照相数字印刷系统那样，磁成像数字印刷系统也需要作为图文转移载体的墨粉颗粒，每一个印刷动作均将发生墨粉颗粒从输墨装置转移到成像滚筒、再从成像滚筒转移到承印材料的两次转移过程。

图 7-2 给出了磁性墨粉的结构示意图，墨粉颗粒外形呈不规则形状，图中简化成了圆形，最大尺寸约 10μm。磁性墨粉颗粒的核由长度约 1μm 的条状氧化铁以及附着在氧化铁上的色料构成，其中色料用于使墨粉颗粒带有需要复制的颜色。

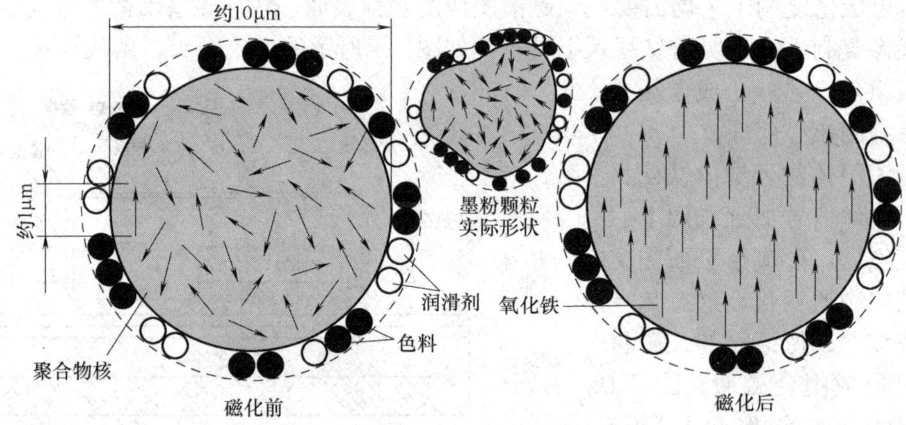


图 7-2　单组分磁性墨粉结构

氧化铁属于铁磁体材料，由于使用时将要为成像鼓表面的磁潜图像所吸引，因而需要在使用前磁化，但磁化过程应该在墨粉制备工艺的最后阶段执行。磁化前，墨粉中各磁畴的磁矩方向呈不规则形态排列，墨粉颗粒在外磁场的作用下极性方向将与磁场方向取得一致，该极性方向实际上就是磁性墨粉磁畴的磁矩方向。附着在核外边缘的色料层与墨粉核的质量比大约为 40：60，这意味着单组分磁性墨粉的颜色将会明显受到核的影响，因为墨粉核由氧化铁构成，而氧化铁的颜色较深（通常为暗红色），色料层占墨粉总量的比例不到一半，因而墨粉的最终颜色与墨粉核的颜色较为接近。

一般来说，磁成像复制系统可使用类似于静电照相复制工艺中磁性墨粉颗粒显影的磁刷结构，但多极旋转磁辊应独立于成像滚筒。考虑到旋转磁辊产生的磁场强度足够高，因而全部墨粉颗粒的极性将与旋转磁辊产生的磁场方向取得一致。此外，成像滚筒表面已有磁潜图像的极性与旋转磁辊所产生的磁场方向相反，但由于旋转磁辊的磁场强度没有超过成像滚筒表面铁磁材料的矫顽磁场强度，因而仍然保持其极性方向而吸引墨粉颗粒，形成磁性墨粉图像。研究结果表明，吸引磁性墨粉颗粒的磁力大小与外加磁场强度成正比，且与磁场衰减程度有关。磁性墨粉显影是颇为复杂的过程，因为墨粉颗粒被吸附到成像滚筒表面后磁化强度会发生改变，导致吸附其他墨粉颗粒的非期望结果。实验研究还表明，磁成像滚筒对墨粉颗粒吸附力的数量级比静电照相同类显影结构小一个量级。

## 四、转印磁性力

磁成像复制技术最重要的问题之一是需要了解作用于墨粉的磁性力，仅当磁性力控制到合理水平时才能形成需要的显影结果。为此，参考文献[43]的作者针对垂直记录磁成像系统建立包括墨粉和记录介质在内的封闭磁路数学模型，并计算了这种记录系统相邻磁过渡区域产生的磁性力，采用图 7-3 所示的坐标系统。出于简化的考虑，假定记录介质仅仅沿 $x$ 方向磁化，记录介质沿 $y$ 方向的尺寸比厚度足够大，且 $y$ 方向从纸张表面延伸到背面。

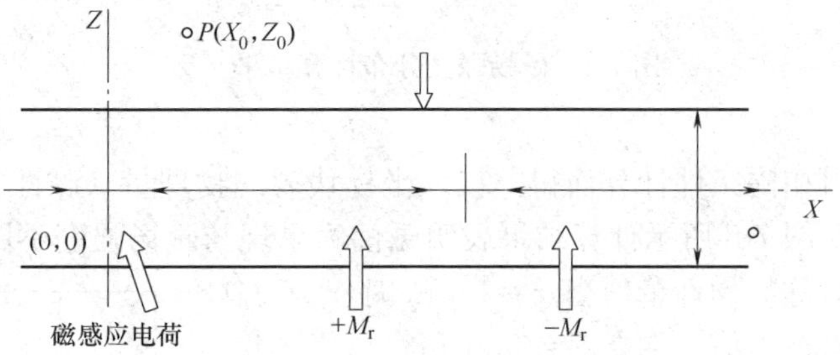

图 7-3　理论分析坐标系统

由每一个过渡区域产生的磁场可以用下面这样的近似公式表示：

$$H_x(x,z)=M_r\delta/\pi\mu_0\times x/r^2 \tag{7-1}$$

$$H_z(x,z)=M_r\delta/\pi\mu_0\times(z+a)/r^2 \tag{7-2}$$

式中的 $M_r$ 代表记录介质内的残余磁化效应，以 $\mu_0$ 表示真空条件下的渗透性，$r$ 为假设电荷中心（0，$-a$）到位置 $P(x_0, z_0)$ 的距离，而 $a$ 则代表渐变（过渡）常数。

从各磁性过渡区域产生的每一个磁场叠加起来，在点 $P(x_0, z_0)$ 组成结果磁场，作用于位置在 $P(x_0, z_0)$ 磁颗粒的磁性力可按如下公式计算：

$$F=m\cdot dH/dr=\chi H\cdot dh/dr \tag{7-3}$$

式中之 $F$ 代表作用在每单位面积磁性墨粉颗粒上的磁性力；$H$ 表示墨粉颗粒所在位置的综合磁场；$r$ 为墨粉颗粒所处位置，$m$ 代表墨粉颗粒感应出的磁力矩（磁矩），且有 $m=\chi H$；而则 $c$ 表示墨粉颗粒包括退磁因子在内的有效磁化系数。

针对磁成像数字印刷系统转印过程磁性力的计算结果如图 7-4 所示，出现在计算公式中的参数 $z$ 假设为 $10\mu m$，由此得到图 7-4 给出的磁场强度分布。根据磁成像数字印刷的目前状况，墨粉颗粒的平均直径取 $10\mu m$ 是合理的。如果墨粉层的厚度为 $20\mu m$，且认为该数值与坐标 $z$ 等价，则 $z$ 坐标原点处于墨粉层的中心位置上。此外，假定相邻磁过渡区域之间的距离为 $30\mu m$，并假设磁性正电荷的中心在 $x=0\mu m$ 的位置处，而磁性负电荷的中心位于 $x=30\mu m$，则相邻磁过渡区域之间的中点必然在 $x=15\mu m$。图 7-4 中的 $H_x$、$H_z$、$H$ 和 $\theta$ 分别代表水平磁感应强度、垂直磁感应强度、磁场强度和磁力线角度。

图 7-4 给出的计算结果假定磁成像数字印刷系统的记录分辨率为 400dpi，成像滚筒磁

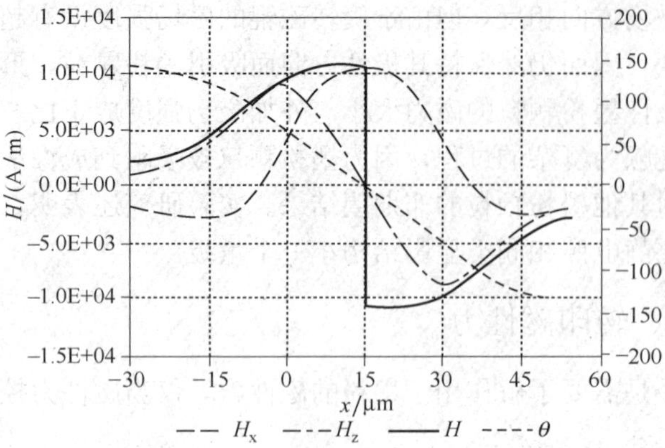


图 7-4 磁场强度分布计算结果

性涂布层的厚度为 $\delta=1\mu m$，残余磁化强度 $M_r=0.8Wb/m^2$，墨粉磁化系数 $\chi=1.58\times10^{-6}$ H/m，相对渗透性 $\mu_s=2$。计算结果表明，磁化强度 $H_x$ 以 $x=15\mu m$ 为对称轴，即前面曾经提到的墨粉层中心位置，结果原在意料之中。从图中给出的关系可以看到，磁化强度 $H$ 和 $H_z$ 也以 $x=15\mu m$ 这一根垂直为对称轴，但形成反对称关系，显然是符合物理规律的。图 7-5 所示的磁性作用力分布曲线由相同条件计算而得，仅纵坐标代表的物理量（磁性力）不同。

图 7-5 所示计算结果表明磁性力呈现与磁场强度不同的关系，但仍然有关于 $x=15\mu m$ 轴对称的物理量，当 $x=15\mu m$ 时取得最大值，并在 $x=0\mu m$ 和 $x=15\mu m$ 两个位置取得最小值，但超过墨粉层厚度界顶的区域后，磁性力又呈现增加的趋势。

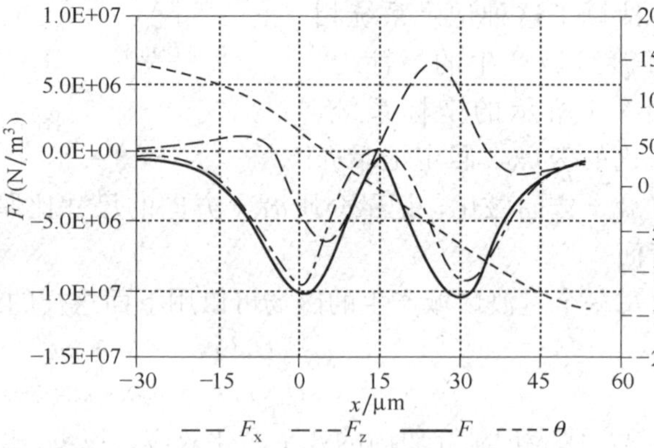


图 7-5 磁性力分布计算结果

铁磁材料的记忆能力是成像结果可反复使用的保证，也为建立连续的转印过程创造了基础条件。但磁成像复制系统在显影和转印期间将经历复杂的变化，电和磁的交互作用可能导致系统无法正常工作，也是理论分析的困难之处，例如实验结果往往与前面给出的封闭磁路模型的计算数据不一致。为了确保磁成像数字印刷系统作业过程的连续性，在经过几个工作周期后，需设法消除墨粉颗粒上的静电接触电荷，防止在磁场停止作用后被磁潜图像的静电力所吸引，干扰成像、显影和转印的正常工作过程。

## 五、典型磁成像数字印刷工艺

图 7-6 给出了由 Nipson 最近生产的磁成像数字印刷机的部件配置示意图，成像滚筒直径 4in（约合 101.6mm），长度 16in，从内到外共由四层组成，分别为青铜或铝加工成的非磁性滚筒芯、厚度 $50\mu m$ 的软质铁镍磁性合金层、厚度 $25\mu m$ 的硬质钴镍磷磁性合金层和 $800\mu m$ 厚的保护层，后者的材料选择与机器型号有关。

电子图像（磁潜图像）以并行排列的记录头阵列写入，记录头包含多个模块，例如打印宽度 14in 时有 10 个记录头阵列模块参与记录，每一个模块由 336 个记录头组成，线排列密度达到每英寸 240 个磁极。记录头在成像滚筒芯上蚀刻到 $50\mu m$ 深而成，每个模块中的全部记录头嵌入塑料并以 13N 作用力的弹簧压到成像滚筒表面。脉冲电流通过绕在记录头上的线圈时，将在记录头和磁成像滚筒间建立封闭磁路，窄记录极的磁通密度如此之高，以至于记录层内的磁畴与成像滚筒的表面垂直；而宽极的磁通密度又太低，因而不会对成像滚筒的磁性层产生任何影响。这样，磁性脉冲就在记录极下面的成像滚筒记录层内建立起微小的磁化区域，形成记录点。设计记录极时必须考虑其磨损能力，通常设计成至少允许 200$\mu$m 的磨损量，只要不超过这一数值，则不会对磁通密度和分布有任何影响。

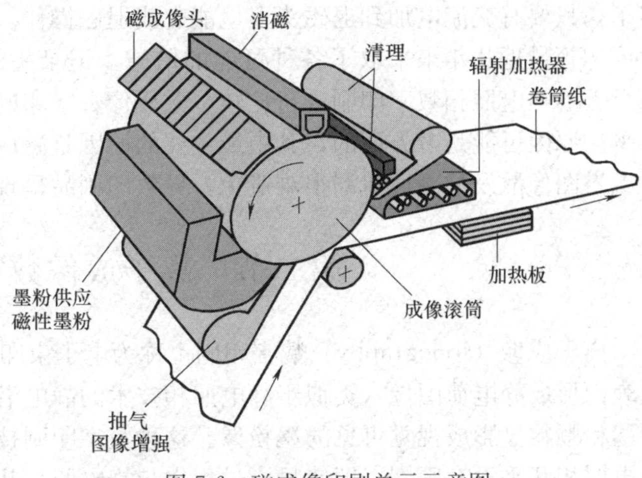

图 7-6 磁成像印刷单元示意图

记录极在成像滚筒记录层内形成的磁化记录点组成磁潜图像，带有磁图像的滚筒旋转到显影工作站所在位置；已经过磁化处理的单组分墨粉由旋转带输送到显影间隙，墨粉为成像滚筒表面的磁潜图像有选择地吸附，产生视觉可见的墨粉像。

磁性墨粉原则上只能为磁潜图像吸引，但总可能在非图像区域和阶调渐变区域沉积一定数量的非期望墨粉，这种背景墨粉可以用磁性“刮刀”或真空吸附系统去除。清除多余墨粉的操作不仅能改善背景质量，也有助于增强图像的清晰度，所以该步骤称为润饰。

前面曾经提到过，磁成像相比其他非撞击印刷技术的突出优点是磁潜图像的永久性保持能力，除非成像滚筒受强大的磁场作用，否则成像结果总可以稳定保持下去。因此，下一轮成像操作内容不变时，记录下来的磁潜图像可以继续显影，无需重复成像。

如同其他数字印刷技术那样，墨粉到纸张的转印过程对磁成像数字印刷而言同样至关重要，大约 60%的墨粉在机械压力作用下通过转印滚筒转移到纸张，可见滚筒压力进一步确保了高质量的印刷效果。经验观察数据表明，当成像滚筒与转印滚筒间存在静电场作用时，墨粉转移效率可提高到 80%～85%，为此要求转印滚筒保持一定的电位，并在转印前以电晕装置对墨粉充电，以改善静电转印效率。转印过程结束后，由第二电晕装置对墨粉作放电处理，避免静电效应导致的相邻印张黏结。

磁性墨粉的熔化方法与静电照相复制技术类似，商业磁成像数字印刷机通常采用辐射加热器的组合，位置在纸张的印刷面一侧；纸张的另一侧设置加热板，目的在于保持恒定的纸张温度。来自卤素灯泡的红外辐射热使墨粉颗粒熔化，黏结到预热过的纸张表面。

为了防止记录头变脏，必须在启动新一轮印刷周期前彻底清理成像滚筒。磁成像数字印刷机的清理机构由刮刀和清理皮带组成，在与成像滚筒保持接触的状态下清除滚筒面上未转移到纸张的墨粉颗粒。清理工作站内堆积起来的墨粉颗粒利用抽气系统或磁性滚筒转移到其他地方，处理后可重复使用。

在准备新的印刷周期时，磁性成像滚筒必须作退磁处理，使滚筒表面恢复到磁化前的中性状态。执行退磁操作的原理与记录头多少有点类似，但退磁装置的结构比记录头简单多了，只要有交流电加到退磁头上就能完成退磁操作。

尽管最近几年来采取了各种可能的措施，记录头的排列密度也增加到了600dpi，但与今天的静电照相数字印刷进行比较，磁成像数字印刷仍然不能达到静电照相的印刷质量水平。原因可能是多方面的，其中最主要的原因是磁成像数字印刷原理上的固有弱点，来自磁潜图像散发的磁通泄漏很难避免，导致印刷品呈现一定程度的模糊外观。

## 第二节　离子成像数字印刷

离子成像（Ionography）数字印刷也称为电子束印刷或电荷沉积印刷，定义为在电介质表面形成静电荷图像（类似于静电照相技术的静电潜像）的成像工艺，通过带相反电荷的墨粉颗粒显影成视觉可见的墨粉像。这种数字印刷技术除成像过程不同外，其余工艺与静电照相几乎没有区别，即使显影过程也与静电照相几乎相同。

### 一、离子成像技术的起源

从物理学的角度看，绝缘体分子内的束缚电荷在外电场的作用下产生微观位移而产生极化电荷，这称为电介质的极化。介质的极化程度与质点电偶极子有关，取决于质点电荷重心的分离程度。离子成像正是利用了绝缘体的极化现象，通过一种电介质的极化效应发生离子，进一步控制离子的定向流动就能够在另一种电介质表面记录信息。

早在1777年时人们就已经观察到了绝缘体表面可以在外界刺激因素的作用下产生星状图案，例如灰尘一类的绝缘体粉末落到瞬态放电的树脂表面，则由于粉末的极化效应而为树脂所吸附，这种过程类似于静电照相复制系统光导体吸附墨粉的显影工艺。到20世纪30年代时，人类开始了对于放电树脂吸附绝缘粉末颗粒的工业应用研究，例如匈牙利物理学家Selenyi曾经于1936年演示电荷图案写入到绝缘体的记录系统，成为最早的离子成像工程模型，他的基本思想可以用图7-7说明。

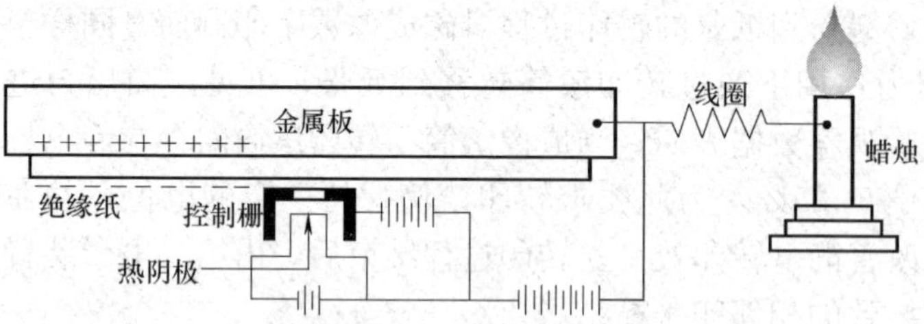


图7-7　离子成像的起源

在图7-7所示的记录系统中，金属板和热阴极相当于电容器的两块平行金属板，绝缘纸是放入电容器中的电介质，从介质的极化效应可知绝缘纸张表面在电场作用下可感应出负电荷。该记录系统的作用原理可归纳如下：由电源对阴极加热，阴极发热后向绝缘纸张发射电子，从而为绝缘纸表面感应负电荷创造条件；控制栅的作用在于控制阴极电流的大小，阴极发出的电子数量也因此而得到控制；阴极发射出的电子向绝缘纸迁移，在靠近控制栅一侧的绝缘纸表面形成电荷图案（静电潜像）；当绝缘粉末颗粒撒到纸张表面时，颗粒在电场作用下发生极化而能传递电作用，为静电潜像吸附，使静电潜像转为视觉可见的绝缘粉末图像，完成显影。绝缘纸张的另一侧是一块与蜡烛连接的金属板，连接蜡烛和金属板的导线在中间部分放置一线圈，蜡烛发出的正电荷用于擦除纸张上的静电潜像。

由于离子成像省略了起临时记录作用的光导体，无需静电照相成像技术的充电和曝光过程，因而离子成像技术代表比静电照相更为简单的复制工艺。历史上出现过多种借助于绝缘材料建立静电潜像的方法，首先采用的方法是多重刻针排成的阵列，每一个像素对应一个针头，加到刻针上的电压大于 350V 时导致空气击穿而形成离子，曾经出现过每英寸包含 8～12 个刻针的记录装置。施乐下属的一家子公司 Versatec 也利用离子成像技术制造打印机，静电潜像通过液体显影实现。

在 1981 年召开的国际非撞击印刷年会上曾讨论过离子成像技术的进展和发展前景，包括空气击穿离子生成机制造成的对分辨率的限制。当时正在开发两种技术。第一种技术类似前面提到的刻针记录法，先对绝缘介质均匀充电，再用针状电极阵列对充电表面作有选择的中性化处理，显影、转印和墨粉熔化过程与静电照相复制工艺相同；基于这种技术构造的打印机输出速度达 40ft/min，记录分辨率在 300～400dpi，但未取得商业应用。第二种技术采用了相当独特的充电机制，称为等离子体作用下的离子沉积法，通过高压作用实现转印和熔化组合步骤，使用导电型单组分磁性墨粉，早期产品分辨率达到 240dpi，每分钟输出速度 50ft。方法二显得更实用，大约在 20 世纪 70 年代初期出现第一代商业打印机，但那时技术还不太成熟，将在后面较详细地讨论。

根据 1981 年国际非撞击印刷会议预测，绝缘纸双面显印技术有助于在离子成像领域实现双面印刷，但一直到 2002 年为止商业市场仍然没有出现这类产品。尽管如此，另一项预测（离子成像将在中等速度领域与撞击式打印机展开竞争）却得到证实，到 2001 年年底时离子成像数字印刷机成为中速计算机黑白印刷的真正竞争者，记录分辨率稳定在 300dpi，输出速度从 40ppm 提高到 125ppm。虽然单组分磁性墨粉限制了离子成像数字印刷机的应用范围，但 20 世纪 90 年代中期启动了研制彩色离子成像数字印刷项目。

## 二、离子发生器

以刻针阵列的方法在绝缘体表面建立静电潜像后来发展成另一种技术，数字印刷通常将这种技术分类成电子成像数字印刷，要求以绝缘纸为承印材料，正因为材料的限制而未取得商业上的成功。这样，建立静电潜像的第二种方法自然就发展起来，成为离子成像的主流技术，其核心是离子发生技术。

宏观物质产生离子的过程称为电离，加热、放电、辐射或化学反应都可以成为宏观物质发生电离的手段，但最适合于离子成像系统的手段毫无疑问是放电。因此，离子成像系统采用的离子发生器是一种高压放电设备，例如通过对离子源材料和大气加高电压即可获得离子，这里的离子源材料和空气均是电介质。但是，仅产生离子是不够的，由离子源产生的离子应受到特定的控制机制作用，一方面需要控制离子发生的数量，此外还得控制离子从离子源到成像表面的转移，以形成符合复制要求的静电潜像。

根据电介质物理知识，温度、晶体结构和晶格缺陷是影响离子电导率的三大主要因素，上述因素中的晶体结构和晶格缺陷由离子源材料确定，可见一旦离子源材料确定下来，则影响离子电导率的因素就是温度了。显然，温度控制对成像系统来说并不困难，因此离子成像的关键问题是选择合适的离子源，即需要从材料的晶体结构和晶格缺陷方面考虑，容易在高电压下产生离子，且电导也容易控制。

对于离子成像技术来说，首要问题表现在必须确保成像系统的正常工作，为此要求成像系统产生连续的离子流。由于目前大多采用加高电压的方法发生离子，因而成像系统的正常工作归结为防止离子源或离子发生材料击穿，否则不能形成连续的离子流。

只要外加电场强度保持在合理的水平，则束缚电荷仅产生微观位移。当外电场超过某一极限值时，电介质分子中的正负电荷就会挣脱束缚，成为自由电荷，电介质的介电性能因此而遭到破坏，此时电介质被击穿而成为导体。理论研究和工程经验表明，电介质击穿大多与介质所处环境的相对湿度有关。这样，如何控制离子源附近的湿度就成为离子成像系统能否可靠地工作的关键因素了，因为当环境湿度超过一定限度时离子发生器中电弧的放电电压将上升，有可能导致离子源及其表面被击穿和损坏。在实际应用中，对成像滚筒加热是控制环境湿度的主要手段，比如有的成像系统设计方案采用了成像操作在惰性气体中进行的方法，由此而降低离子源被击穿或损坏的可能性。

很明显，离子成像数字印刷需要产生离子的设备，常称之为离子发生器。从结构设计和方便使用的角度考虑，最合理的实现途径是将离子发生器安排在可更换的容器内，形成类似于静电复印机或静电照相打印机“硒鼓”或墨粉盒套件的装置。考虑到离子成像数字印刷的特殊性，并为了与“硒鼓”或墨粉盒套件区别，这里称之为打印头。毫无疑问，离子成像数字印刷机的核心模块是成像装置，而成像装置是打印头与成像滚筒的组合，由于打印头中安排了离子发生器而起着离子源的作用。图 7-8 演示离子源的横截面，在 Delphax 研制的第一台以离子成像技术为基础的数字印刷机上使用。

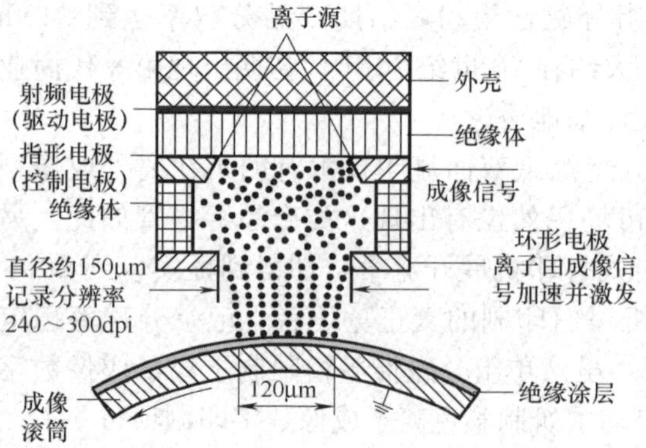


图 7-8　离子源的基本结构

图 7-8 所示的离子成像装置模型由 Rumsey 等人提出，后来成为构造离子成像数字印刷系统的基础，现代离子成像数字印刷机的工作原理与该图大同小异。

## 三、离 子 成 像

绝缘体附近的空气被射频电极所加的高电压击穿而发生离子，但在击穿空气的同时必须保证绝缘体不会被击穿。离子发生器产生的离子在腔体内呈紊乱的状态，这一紊乱状态由环状电极阻断，形成有规则的离子流；接地极设置在成像滚筒的内腔，与环形电极组成一对电极，成像滚筒表面的绝缘涂层在电场作用下极化；离子的极性与成像滚筒表面的绝缘涂布层的极性相反，离子在成像滚筒表面有选择的沉积即形成静电潜像。

离子发生装置中的射频电极用作驱动电极，由该电极发出的驱动电压对空气击穿来说应该足够高，足以使空气离子化；但驱动电压还应该适当的低，以避免高电压导致击穿组成离子腔的绝缘材料。为了在离子成像系统中减少放射高电压的驱动电极数量，缩小离子成像打印头的尺寸，应该将驱动电极设计成多极装置，即在驱动电极和控制电极间放置多个离子腔。环状电极因带有网孔而称为丝网电极，形成离子流的出口，用于规范离子流的运动方向和离子束直径，每个出口对数字图像的一个像素成像，出口直径约 150$\mu$m。

图 7-8 演示的离子成像装置由打印头和成像滚筒两大部件构成，打印头上配置几种起不同作用的电极，包括起驱动作用的射频电极、用于控制离子发生数量的指形电极以及带网孔并对离子流起规范作用的环形电极。成像滚筒外表面是绝缘涂布层，用于接受来自打印头的离子，形成与页面图文内容对应的电荷图像。

离子成像过程可进一步归纳如下：外电源作用于射频电极，由该电极发出的高电压使离子发生装置腔体内的空气击穿而产生离子；指形电极和环形电极组成外加电场，电场的强弱由成像信号控制，使离子流按成像要求迁移；离子发生装置腔体的离子受成像信号的控制，离子由成像信号加速并激发迁移强度；离子流受到环状电极的规范作用而形成迁移运动，有选择地沉积到成像滚筒表面的绝缘涂布层，组成电子潜像。

由于图 7-8 所示的离子发生装置用于早期离子成像数字印刷机，因而记录分辨率相对较低。从该图标记的环形电极的开口直径 150$\mu$m 可推算出成像精度在 170dpi 左右，但必须考虑到离子束到达成像滚筒表面时尺寸有一定程度的缩小，典型数字为 120$\mu$m，可见早期离子成像数字印刷系统的实际记录分辨率可达到大约 210dpi。

最近，人们研究出了以薄膜技术为基础并结合使用照相平版微结构技术的离子源，使得离子成像数字印刷系统的记录精度从 300dpi 提高到 600dpi。类似地，也有采用微机械结构的方法来产生离子源的。人们期望，多行配置的离子源产生后，以离子成像为基础的数字印刷系统的记录分辨率有可能达到 1000dpi。

## 四、离子成像数字印刷机

20 世纪 70 年代末，艾利公司的前身之一美国的 Dennison Manufacturing Company 启动开发高性能离子成像打印机，这类设备后来以 Delphax Systems 公司（由 Dennison 公司和加拿大开发中心组建的合资企业）的名义销售，现在 Delphax Systems 已经改名为 Delphax Technologies，提供单张纸和卷筒纸离子成像数字印刷系统。如前所述，离子成像也称离子沉积记录，而 Delphax 则称之为电子束成像，结构设计和工作原理如图 7-9 所示。

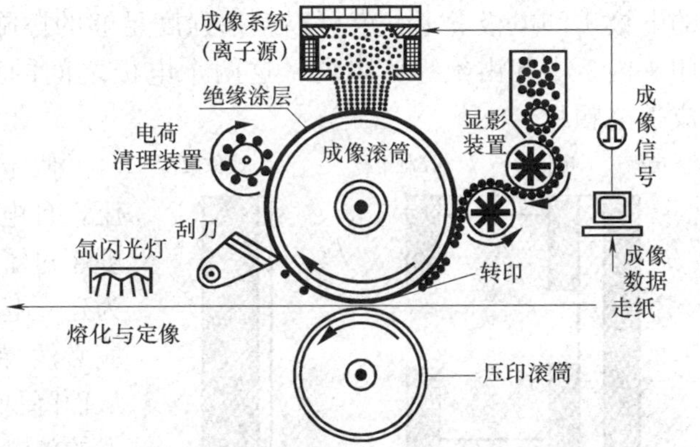


图 7-9　离子成像数字印刷机结构与工作原理示意图

分析图 7-9 给出的离子成像数字印刷机可以看出，这种技术与静电照相数字印刷存在不少类似之处，复制工艺大体上划分成五个步骤：第一步，离子发生器发出的离子在成像滚筒的绝缘层上形成电荷图像，与静电照相充放电过程形成的静电潜像其实没有区别，同样可称之为静电潜像；第二步，显影过程，墨粉颗粒吸附到成像滚筒表面；第三步，墨粉图像以所谓 Transfusion 的方法转移到纸张表面，由于墨粉转移和熔化同时发生而得名，此外还有附加的闪光熔化工艺，是否安排这一过程与机器型号有关；第四步，以刮刀清理成像滚筒表面未转移的残留墨粉颗粒，由于绝缘涂布层的材料选择范围比静电照相数字印刷的光导体宽得多，因而可形成耐磨的绝缘层，允许用刮刀清理；第五步，类似于静电照相数字印刷，离子成像数字印刷完成所有作业任务后也必须擦除残留的静电潜像。

据Delphax介绍，由于该公司生产的墨粉包含百分比控制的磁性成分，再加上Delphax离子成像数字印刷机引擎固有的设计特点，因而适合于MICR印刷。这里提到的MICR系磁性油墨特征识别之意，由美国国家标准委员会定义，符合MICR标准的磁性油墨印刷的字符可以用高速磁性识别设备识读出来，受到国际银行业的普遍支持。

目前由Delphax提供的离子成像数字印刷机分成单张纸和卷筒纸两大类。其中，单张纸机器形成Imaggia系列，分辨率600dpi，最高输出速度达到每分钟300页A4印张，最大印刷幅面A3尺寸。卷筒纸机器细分为CR和RS两大系列，其中CR系列的CR2000号称世界上最快的基于墨粉转移信息的数字印刷机，最高印刷速度达137m/min；RS系列适合于数据中心快速印刷需求，支持MICR印刷。以上两大卷筒纸离子成像数字印刷机系列均支持IPDS智能印刷数据流格式，满足高速账单印刷要求。

## 五、降低墨粉背景的措施

在讨论降低墨粉背景的工艺措施前，有必要简单地归纳离子成像数字印刷的复制工艺过程。内置离子发生器的打印头向成像滚筒表面投射带电颗粒（即离子），离子流的定向运动以及离子的选择性沉积在滚筒表面的绝缘层上产生记录结果，形成电荷潜像；商业离子成像数字印刷机通常使用导电型的单组分磁性墨粉，以类似于静电照相的方法使电荷潜像显影到墨粉图像；显影过程得到的墨粉图像转移到纸张，在墨粉熔化的同时借助于压印滚筒作用到成像滚筒的高压力使墨粉图像与纸张形成牢固的统一体。

显影和墨粉图像转移导致静电潜像的电位发生明显变化，从大约200V降低到60V左右。由于60V的残余电压不算低，再加上摩擦产生的电荷和其他因素的干扰，很容易形成非期望的墨粉背景，因而必须对残留下来的“潜像”作中性化处理。去除残留“潜像”自然是放电，但需要针对性地设计有效的带丝网的放电装置，核心成分由涂布玻璃的钨丝和控制栅格构成，只要有频率100kHz数值800V的电压作用到图7-10所示的电极1和电极2上，就可以产生强度足够的擦除离子流。该图电极1和电极2置于打印头内，中间由绝缘体隔离，这两个电极之间的边界区域产生自然放电现象时，将形成带电颗粒。

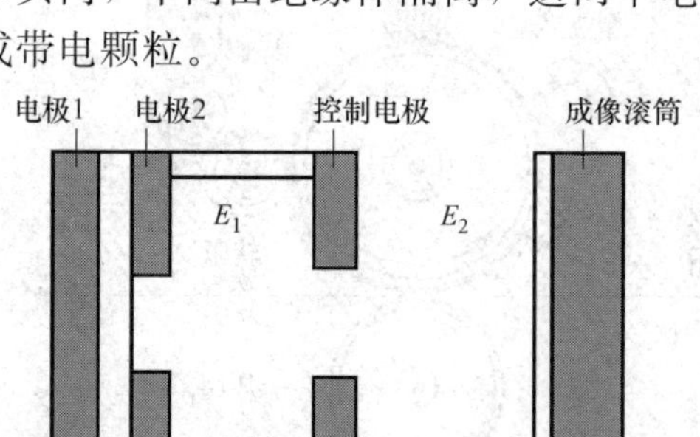

图7-10 打印头内的电极构成

假定在电极1和电极2之间作用有交流电压，且电极1和电极2构成的边界区域电场强度超过了打印头内空气的击穿电场强度时，就为建立起放电过程创造了条件；而这种放电效应必然导致边界区域的绝缘体表面带有电荷，从而降低边界区域的电场强度，并对空气击穿激发的放电过程起抑制作用。即使加到电极1和电极2之间的电压极性相反，也照样会引起相同的物理现象，区别仅在于边界区域绝缘体充电后的带电符号相反。上述放电过程在边界区域绝缘体表面能够达到的电荷密度既取决于打印头的几何结构，也与加到电极1和电极2之间的交流电压的频率和交流电压的强度有关。

## 六、印刷质量影响因素分析与技术开发成果

事实上，成像滚筒绝缘层表面建立的电荷潜像以相同方式的“充电”过程建立。考虑到离子成像不同于静电照相数字印刷的固有特点，也为了避免潜像电荷被空气击穿或成像滚筒的放电效应中和掉，并能够将电荷有效地传递到成像滚筒表面的绝缘涂布层，因而需要设置起电荷控制作用的附加电极，这成为图 7-10 所示控制电极存在的理由。如果在控制电极和成像滚筒组成的电极对上作用有电压 $E_2$，则可以“吸收”掉由于对成像滚筒执行放电操作而产生的电荷。这样，仅当用于生成离子的电压和控制电压同时作用时，才能在成像滚筒的绝缘层产生电荷图像。

空气内部的放电效应产生副作用强烈的电荷，例如湿润的大气组成稳态和亚稳态的活泼混合物，以及硝酸和硝酸铵形成的化合物等均会导致空气放电。为了避免这种现象的发生，通常要求打印头在近似于 60℃的温度条件下运转。盐类物质的组成往往是放电效应产生的结果，可能沉积到成像滚筒的绝缘层上，与潮湿的空气同时作用时将引起侧向导电性，从而导致一定程度模糊的印刷品。实验结果表明，如果离子成像数字印刷能够控制在相对湿度小于 10%的条件下进行，则不会影响印刷质量，这正是要求成像滚筒温度保持在 50～60℃之间的主要原因。

对 Delphax 生产的离子成像打印头来说，主要以迁移率 $\mu_c$ 大于 750cm²/V 的电子形成负电荷。由于它们在大气压条件下的空气内的平均自由路径在微米量级范围内，因而离子或电子的路径与电场线直接对应。对于控制电极左右两侧作用典型电压 $E_1$ 和 $E_2$ 时，如果控制电极影响范围不存在电荷，则电场线略为收敛，以 90°角“撞击”到成像滚筒表面的绝缘层，电场线的会聚特点和作用方式可以用图 7-11 说明。

根据图 7-11 给出的电场线分布特点，沉积到成像滚筒绝缘层表面的电荷（离子）数量是电场线密度的函数。随着越来越多的电荷在绝缘层上堆积起来，电场线将会偏转某一角度，具体数值与加速作用到控制电极和成像滚筒之间的电压以及沉积到滚筒表面的电荷数量有关。若“撞击”到成像滚筒表面的电荷数量越多，则电荷图像生成效应越强，这意味着必须找到成像滚筒绝缘层表面电荷沉积量的最佳数值，以获得更理想的黑色实地区域填充效果，提高记录点直径的精度和记录点的清晰度，如图 7-12 所示。

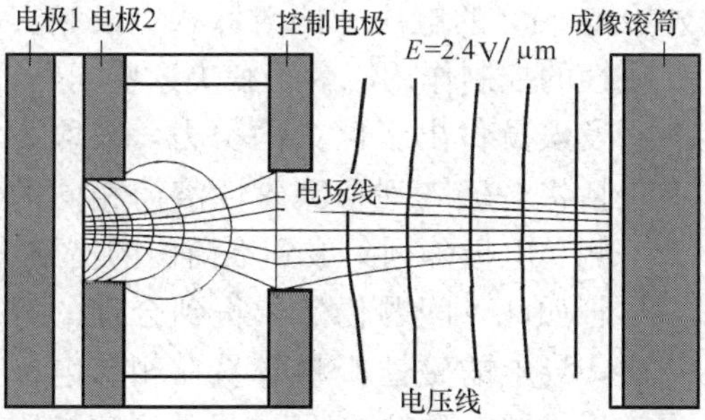


图 7-11　打印头内部的电场线

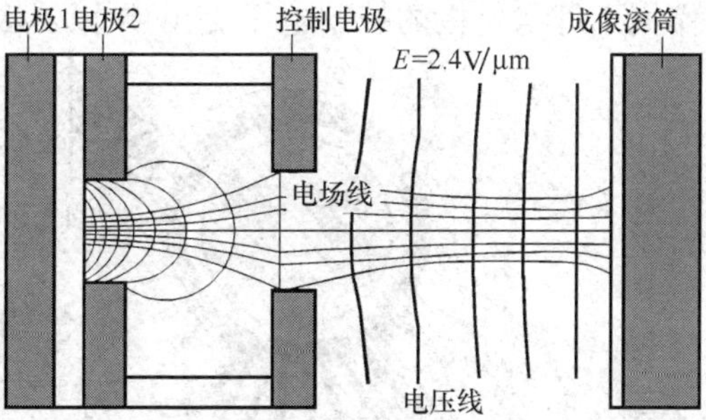


图 7-12　成像滚筒绝缘层带电时的电场线

上面描述的离子成像打印头的明显缺点反映到整机系统时表现为性能下降，严重的磨损导致机器的服务寿命缩短，大约只能印刷 17.5 万个页面。

现在，记录分辨率达到 600dpi 的离子成像打印头已开发成功，用到了各种型号的离

子成像数字印刷机上，比如最近发布的双子星印刷单元和双面墨粉转印技术。新的离子成像数字印刷机采用厚度 50μm 的带形图像载体，以聚酰亚胺材料制成，在长度达到 1.83m 的条件下仍能保持平滑地运转。根据聚酰亚胺的物理特性，这种图像载体与转印滚筒接触时的最佳温度大约 65℃。为了实现墨粉从图像载体到转印滚筒再到纸张的有效转移，需要对纸张作预热处理，大约加热到 90℃的预热温度，具体数值与转印滚筒表面的硅树脂温度以及图像载体与转印滚筒的接触压力有关。一般来说，转印滚筒硅树脂涂布层的温度必须控制在大约 125℃，带形图像载体与转印滚筒的线接触压力近似于 3.7kg/cm。

## 第三节　直接成像数字印刷

这里要讨论的直接成像数字印刷既不同于印版直接成像记录，也与直接成像胶印技术毫无关系。事实上，喷墨印刷或许更应该是真正意义上的直接成像记录，因而所谓的直接成像是相对于静电照相数字印刷而言的，原因在于直接成像数字印刷系统中并不存在起光感受作用的图像载体。由于无需在光导体上形成中间结果，墨粉从成像滚筒直接转移到纸张表面，所以才得名直接成像数字印刷。

### 一、直接成像的技术源头

3M 公司的 A. R. Kotz 于 1974 年提出一种称为电子印刷工艺的专利申请并获得美国专利局的批准，可视为奥西现代直接成像技术的“祖先”，但人们对 3M 电子印刷技术的认识却源于“磁性刻针”工艺这一名称。这种特殊的复制技术在磁性滚筒上产生导电型的单组分墨粉薄层，表面带涂布缘层的记录介质（纸张）通过带接地极的磁性滚筒和细小电极阵列（即刻针阵列）组成的转印间隙，当简单的电压脉冲作用到电极时，在对应墨粉颗粒链的端部感应出电荷；这种电荷足以保持住纸张绝缘层受针状电极影响区域最上层的墨粉颗粒，并将墨粉输送到走出显影间隙的纸张。

从图 7-13 所示的 3M 专利工作原理和部件排列可以发现下述缺点，由于绝缘层厚度的影响，导致电极和成像表面间的距离很大，一方面容易引起电气杂散场效应，也限制了系统的记录分辨率，无法获得高质量的印刷结果。此外，电极与成像表面距离过大必然对作用于针状电极的控制电压提出要求，必须达到大约 1000V 的电压才能对针状电极起实质性的控制作用。为了解决这些问题，研发人员付出了巨大的努力，采取了包括将电极阵列移到磁性滚筒相同的一侧和电极阵列集成到滚筒内的措施。尽管如此，问题仍然未得到合理的解决，导电的磁性墨粉容易在相邻电极间形成墨粉颗粒“桥”，导致无法控制相邻电极产生的飞弧，从而在最终的印刷图像内出现清晰可见的不规则缺陷。虽然 3M 公司力图在印刷质量方面作出改进，但结果不能令人满意，

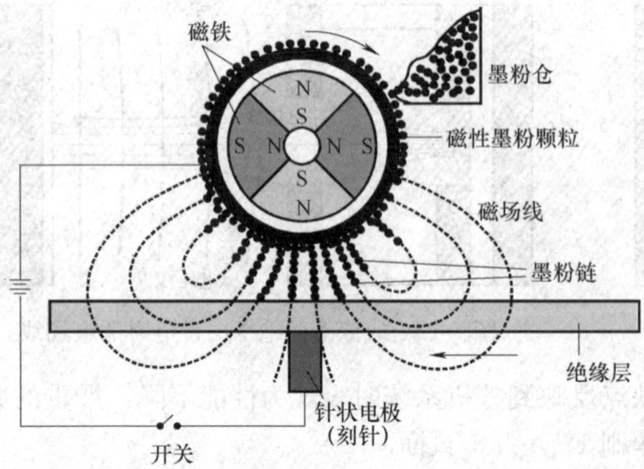

图 7-13　磁性刻针印刷技术示意图

促使3M公司于20世纪80年代中期放弃了他们的“磁性刻针”工艺，停止了所有的技术开发活动。

奥西在改善并力图使“磁性刻针”技术尽善尽美方面连续不断的努力换得直接成像技术的诞生，这种新型的成像技术得益于合理的决策步骤，电极阵列改成放置在绝缘层表面或绝缘层的内部，由此明显降低了控制电压。这样，绝缘层不再用作直接记录介质（即纸张），而是像静电照相技术的光导体那样，成为中间成像的载体。

## 二、直接成像滚筒

直接成像技术的核心是成像滚筒，由金属芯体和非导电的环氧树脂层组成，成像操作在滚筒面与页面同等宽度的范围内执行。在环氧树脂层内刻有许多凹槽，用于容纳环状电极，相邻凹槽按给定的记录分辨率加工而成，因而凹槽的排列密度决定了直接成像系统的轴向分辨率。在制造成像滚筒时，凹槽以导电的环氧树脂填充，如此则形成沿直接成像滚筒周向缠绕的环状电极，也可称之为线圈。

直接成像滚筒的基本形态如图7-14所示。值得注意的是，直接成像数字印刷系统的成像步骤完全依赖于电子信号驱动，成像结果表现为环状电极沿周向的长短不一的成像轨迹，这种轨迹决定了直接成像数字印刷必须采用线形网点复制原稿的阶调和层次变化。最初推出直接成像数字印刷机时相邻环状电极的间距为63.5μm，所以直接成像系统的轴向分辨率为400dpi，首次应用于奥西于1998年推出的CPS700直接成像彩色数字印刷机。后来发布的CPS900分辨率提高到600dpi。按直接成像滚筒表面的印刷宽度317mm和轴向分辨率400dpi推算，需要沿直接成像滚筒轴向排列（317/25.4）×400＝4992≈5000道环状电极。

图7-14　直接成像滚筒

成像滚筒的表面经整体的光滑处理，再在滚筒的外表面涂布氧化硅绝缘层，也起保护层的作用，厚度仅1μm左右。直接成像滚筒加工技术面临的主要挑战是要求环状电极（线圈）有足够的导电性，既需要与高速的加工工艺适应，也要避免漏电的危险，甚至应当考虑到防止更糟糕的情况出现，比如由于环状电极材料为环氧树脂，如果环状电极的导电性太高，则有可能导致环状电极电极被完全消耗掉。此外，每一个环状电极还得与自己的电气控制阵列单独连接，困难在于电气控制阵列位于直接成像滚筒的内部。

## 三、墨粉显影与转印

直接成像数字印刷采用单组分的磁性墨粉，各种彩色（包括黑色）墨粉由许多颗粒组成，直径大约10μm。这种带磁性的单组分墨粉处理成具有导电性，显影时通过感应方式充电。由于在聚酯型墨粉材料的内部分散着很细小的柔软磁性颗粒，因而容易在磁场的作用下磁化。直接成像数字印刷属于七色墨粉单层并肩定位的彩色复制工艺，不同颜色的墨粉以彩色染料或颜料制备而成。与磁成像数字印刷相比，直接成像数字印刷墨粉中的氧化铁比例很低，大约只占总体积的5%；磁成像数字印刷工艺使用的磁性墨粉中氧化铁的比例高达60%左右。此外，直接成像数字印刷并非利用磁场力转移墨粉，而是基于电场力作用下的墨粉转移技术。由此可见，磁成像数字印刷之所以很难复制彩色图像，是因为墨粉转移需要很强的磁性力的帮助，需要在墨粉中加入比例很高的氧化铁；尽管直接成像数字印刷在墨粉中加入氧化铁成分也是为了产生磁性，但墨粉转移时磁性起辅助作用，从而不要求加入比例较高的氧化铁，这意味着直接成像数字印刷可复制出类似纯黄色的淡色。

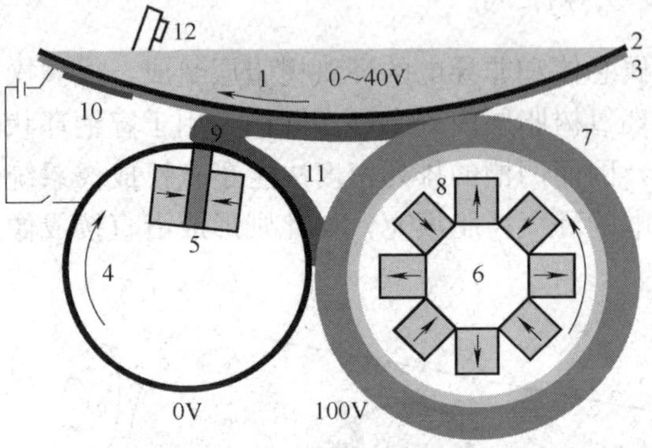


图7-15　直接成像显影工艺示意图
1—直接成像滚筒　2—环状电极　3—绝缘层　4—旋转显影套筒　5—磁性刀　6—墨粉供应滚筒　7—已供墨粉　8—静止磁铁　9—墨粉链　10—已显影墨粉　11—被清理墨粉　12—驱动电路板

直接成像数字印刷系统的显影工作原理如图7-15所示，墨粉显影发生在由直接成像滚筒、墨粉供应滚筒和旋转显影套筒形成的曲面三角形区域内，其中显影套筒和墨粉供应滚筒也分别称为第一滚筒和第二滚筒。借助于磁性相当强的旋转墨粉供应滚筒，并作用预先定义的显影偏压，单层墨粉就能够转移到直接成像滚筒的表面，电压在100～180V。墨粉通过感应方式充电，显影偏压加到墨粉与环状电极之间。此时成像滚筒表面的墨粉均匀分布，与成像滚筒上是否存在成像轨迹无关。

第二滚筒（即墨粉供应滚筒）的内部沿圆周方向均匀布置静止磁铁，用于产生强大的局部磁场，磁力线以90°角对准该滚筒的表面。在静止磁场影响到的区域，墨粉从直接成像滚筒整体“清除”下来，经由旋转套筒传输到第一滚筒（即旋转显影套筒）表面。旋转显影套筒沿成像滚筒的旋转方向产生很强的高磁场梯度（俗称磁性刀），这种磁性刀按线条集合方式吸附墨粉。所谓的磁性刀放置在旋转显影套筒内部，位置固定不动。

当环状电极给定合理数值的电压时，即产生作为成像结果的成像轨迹，从而在墨粉与成像轨迹间形成了电场。若墨粉与环状电极间不存在电场（即环状电极的电压等于零）力作用，则意味着不产生成像结果，磁性与墨粉颗粒相互作用引起的机械力组合大于电作用力，导致清除所有供应墨粉。粗糙的旋转显影套筒表面有能力拾取并移动任何多余的墨粉，送回到墨粉供应滚筒，可以重新使用。当成像轨迹取得大约40V的电压时，原来的作用力平衡状态被打破，从而在成像滚筒表面产生墨粉图像。

布置在直接成像滚筒内部的电子轨迹驱动器在恰当的时间为每一个环状电极提供预先确定的电压。如同前面已经指出过的那样，直接成像滚筒上排列的环状电极数量决定系统的轴向印刷分辨率。通过环状电极的频率开关控制和加快成像滚筒的旋转速度，即得到直接成像数字印刷系统的切向分辨率，这说明直接成像数字印刷的切向分辨率选择有很高的自由度，例如沿成像滚筒切向可形成1600dpi的分辨率。

## 四、直接成像滚筒的墨粉覆盖效率

由于直接成像滚筒以恒定的速度旋转，因而时间因素直接变换成由成像滚筒表面覆盖的工艺作用方向的距离，大多数情况下切换到印刷电压的成像轨迹不可能即时而完整地为墨粉颗粒所覆盖。要求获得整体覆盖的距离称为边缘锐化，图 7-16 给出了一个墨粉覆盖如何按印刷电压沿工艺方向 $x$ 作用的例子。该图中印刷电压切换到 40V 并作用到距离为 $a$ 的成像轨迹上，导致沿寻址算法确定的成像轨迹产生显影墨粉，图 7-16 中间部分给出的墨粉覆盖形状表示成像轨迹上的平均墨粉覆盖率 $\mathrm{cov}(x)$，该物理量是工艺作用方向距离 $x$ 的函数，平均包含大约 50 个采样点。然而，如果仅仅印刷成一个点，则墨粉覆盖外形不可能如图中给出的那样平滑。电压基线长度与墨粉覆盖外形之差称为线条变宽，图 7-16 中以 $\Delta a$ 标记，该图也给出了 CCD 相机记录的成像滚筒表面的显影墨粉颗粒。

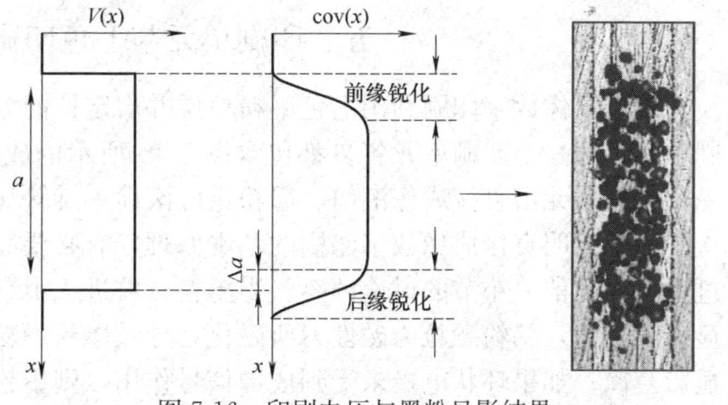

图 7-16　印刷电压与墨粉显影结果

刚好在直接成像滚筒表面的有限个单元（可理解为实际直接成像数字印刷机的成像轨迹）离开墨粉链的边缘前，系统需要决定应该以多少墨粉颗粒显影到这些单元。墨粉链的复杂行为特性可以用离散单元模型描述，以便从理论上预测直接成像滚筒表面的大面积区域墨粉显影，但这种方法需要耗费太多的运算时间。因此，相对直接的统计模型显得更合理，利用统计模型可以预测由于墨粉链复杂交互作用引起的墨粉覆盖率变化。

参考文献［45］的作者以如下假定模拟像素面积的显影墨粉数量：每一个像素的平均墨粉覆盖率等于即将显影到该像素的墨粉颗粒的印刷概率，印刷概率与像素内的每一个表面单元相等，像素内的印刷概率是相互独立的，由此得到下面给出的二项式分布：

$$f(n,x)=\binom{m}{n}\mathrm{cov}(x)^{n}[1-\mathrm{cov}(x)]^{m-n} \tag{7-4}$$

上述二项式分布描述的概率准确地说明有 $n$ 个墨粉颗粒显影到位置在 $x$ 的像素内，式中的 $m$ 表示墨粉颗粒的最大数量，与一个像素的面积匹配，可以按像素尺寸、墨粉颗粒尺寸和堆垛因子计算，其中堆垛因子在 0.9 左右。墨粉平均覆盖率的标准离差由下式给定：

$$\sigma_{\mathrm{cov}}(x)=\sqrt{\frac{\mathrm{cov}(x)[1-\mathrm{cov}(x)]}{m}} \tag{7-5}$$

式（7-5）说明，墨粉平均覆盖率的标准离差与墨粉颗粒最大数量的开方结果成反比关系，意味着墨粉颗粒最大数量越高时，墨粉平均覆盖率的标准离差，从而形成均匀性更好的显影效果。该公式或许可以解释为何直接成像数字印刷需要在旋转显影套筒表面形成图 7-15 那样的墨粉链或厚墨粉层。

显然，二项式分布仅仅提供像素的待显影墨粉颗粒离散数量。事实上，墨粉颗粒具有微小粒子的尺寸（直径）分布，可以显影到像素的边缘，从而需要在当前被显影的像素区域连续地覆盖。由此可见，墨粉覆盖函数可以从标准离差为 $\sigma_{\mathrm{cov}(x)}$ 的平均覆盖函数 $\mathrm{cov}(x)$ 周围的正态分布选择，已经得到理论计算和工程观察的验证。

## 五、印刷单元与七色印刷的实现

直接成像数字印刷利用七色墨粉单层并肩定位的方式复制彩色图像，为此需要 7 个印刷单元，每一个印刷单元各自都包含图 7-15 所示的成像、显影和墨粉转移装置，说明每一个印刷单元由直接成像滚筒、墨粉供应滚筒和旋转显影套筒三大基本部件构成。

为了说明直接成像数字印刷的基本原理，有必要简单回顾与彩色图像复制有关的工艺过程，深化前一小节的讨论内容。当墨粉颗粒进入由直接成像滚筒和旋转显影套筒构成的显影间隙时，墨粉颗粒为磁性刀所磁化，导致墨粉颗粒从直接成像滚筒表面拉向旋转中的显影套筒；如果环状电极未受到成像信号作用，则墨粉颗粒借助于旋转显影滚筒的粗糙表面传送回墨粉供应滚筒。这种操作称为清理状态，前提是环状电极的电压等于 0，在此条件下建立起平衡关系，进入和退出显影间隙的墨粉数量相等。墨粉进出显影间隙的平衡条件导致显影间隙的墨粉颗粒数量大体上保持为常数，从而形成所谓的墨粉链，似乎“装配”成曲面三角形的封闭区域，墨粉只能在该三角形区域内往复运动。只要环状电极切换到 40V 的电压，则直接成像滚筒附近的墨粉颗粒通过上面描述的机制在墨粉供应间隙感应出电荷，这一操作称为印刷状态。由于墨粉尚未转移到纸张，因而只能说墨粉按成像结果有选择地转移到直接成像滚筒的表面，为以后实质性的印刷创造了条件。

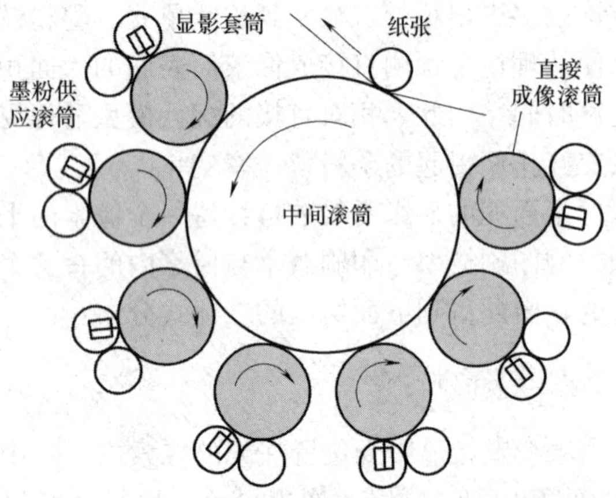

图 7-17 直接成像彩色数字印刷机结构示意图

直接成像彩色数字印刷机的系统结构如图 7-17 所示，由七个成像滚筒产生的各色墨粉图像先集中到柔软硅橡胶构成的中间转印滚筒，所有原来相互分离的墨粉图像由黏结力组合起来，并一次性地通过熔化工艺在纸张表面形成全彩色图像。

图 7-17 清楚地表明，直接成像数字印刷机结构上属于卫星式排列集中转印一次通过彩色系统，转印间隙由中间滚筒和压印滚筒组成，纸张只需走过转印间隙一次。

由于直接成像彩色数字印刷机包含 7 个成像装置，因而显影工艺结束后应该使 7 个成像滚筒表面已有的不同颜色墨粉图像转移到中间滚筒的橡胶表面，这种转移按印刷单元沿中间滚筒的排列次序进行。在墨粉图像从各印刷单元的成像滚筒转移到中间转印滚筒的过程中，墨粉颗粒仍然依靠电场力和黏结力吸引到中间滚筒表面。由于墨粉与中间转印滚筒橡胶表面的黏结力高、墨粉彼此间的黏结力低，因而只有那些与中间滚筒橡胶表面直接接触的墨粉颗粒才能够顺利地转移到中间滚筒表面。上述特点可以用图 7-18 说明，该图同时给出了墨粉从直接成像滚筒表面到中间转印滚筒表面图 7-18（a）以及随后从中间转印滚筒表面转移到纸张图 7-18（b）的特点，其中图 7-18（a）的红色墨粉已经先转移到了中间滚筒，而随后的黄色墨粉只能转移到中间滚筒表面的空白区域，已显影墨粉的这种转印方式由直接成像复制工艺所决定，因为直接成像彩色数字印刷不使用叠印原理。

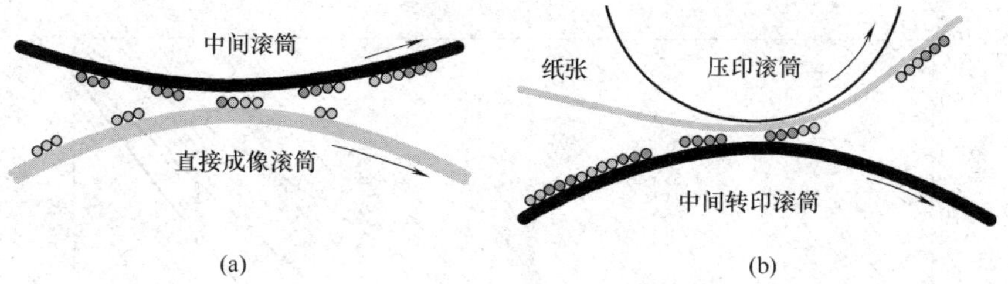


图 7-18　墨粉的二次转移示意图
（a）直接成像滚筒　（b）中间转印滚筒

奥西称其墨粉图像集中转移原理为互补转移，以设计良好的色彩邻接性提供全彩色单层墨粉图像，为此需使用有某种程度搭接的陷印或补漏白算法，如此才能确保相邻颜色间不会出现纸张白色。然而，不同颜色墨粉图像间的搭接有可能导致墨粉覆盖率损失，这种潜在缺点可以在图像处理期间通过附加覆盖率寻址予以考虑。

## 六、在机灰度等级连续标定

为了得到良好的图像质量，任何印刷工艺首先都必须产生良好质量的半色调对象。对于与实际需求高度相关的生产环境而言，应该确保一致的图像质量；彩色数字印刷产品的最终色彩表现与各色油墨（墨粉）的叠加结果有关，对直接成像数字印刷而言则取决于并肩定位墨粉的数量与彩色成分，因而直接成像数字印刷品的色彩表现是彩色半色调的混合结果。如同胶印和其他传统印刷工艺那样，数字印刷系统复制半色调对象时的印刷结果应该表现出良好的时间稳定性，直接成像数字印刷当然不能例外。

众所周知，几乎每一种印刷工艺都是非线性的，即输入半色调等级（数值在 0～255 之间，实际上是数字图像之像素值的取值范围）与印刷到纸张的油墨或墨粉覆盖率之间的关系表现出非线性特点，直接成像数字印刷同样如此，即使直接成像数字印刷不采用墨层叠加的方法再现原稿色彩和层次变化，因为单层墨粉并肩定位照样存在覆盖效率问题。基于上述考虑，确定数字图像的像素值与实际转移到纸张油墨或墨粉数量的准确关系显得十分重要，而确定输入半色调等级与墨粉覆盖率关系需要标定技术的支持，以便为图像处理提供符合复制特点的标定曲线。通常，标定程序可以自动地或以手动方式执行。

图 7-19 所示曲线是对于直接成像滚筒表面墨粉覆盖率的测量结果，其中每一个测量数据均来自面积很小的印刷区域。该图同时给出了光学测量结果（墨粉覆盖率）和墨粉传感测量结果（墨粉电容），曲线的横轴为输入半色调等级。图 7-19 中的对角线代表经过标定的复制曲线，其他两条曲线分别代表光学测量和墨粉传感测量结果，它们的形状看起来颇为相似，但尚未达到理想匹配的程度。光学测量数据来自对数字照相机捕获画面的分析结果，该照相机安装在显微镜头上。对墨粉覆盖率测量而言，测量数据来自对墨粉颗粒表面的测量结果。两种场合的墨粉传感似乎在电容测量数据上表现得不太理想，或者说电容测量结果与打印墨粉颗粒的表面累积电容不成直接的正比关系。

为了获得一致性良好的图像质量，目前可采用的主要方法有两种。第一种方法在设计阶段考虑，取决于能否设计出具备固有稳定性的数字印刷系统；另一种方法建立在采取或多或少标定步骤的基础上，在数字印刷机使用前或使用过程中实现印刷参数的传感器测量

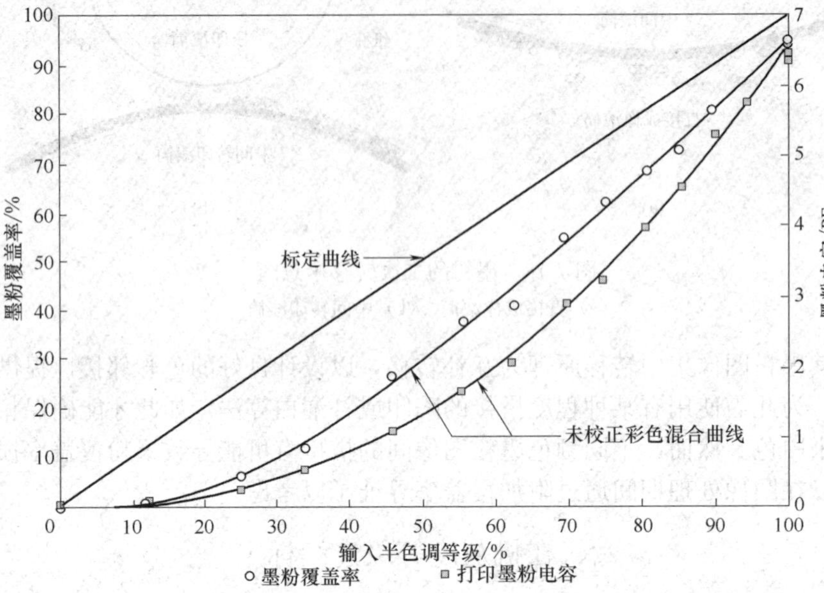


图 7-19 墨粉覆盖率和墨粉电容与输入半色调等级关系

功能，并建立信息反馈的机制。奥西在开发直接成像技术和设计 CPS700 直接成像彩色数字印刷系统时采用了第一种方法，使数字印刷机本身是稳定工作的，或者说从设计上保证直接成像数字印刷系统固有的很稳定的印刷质量。

## 七、半色调与色彩模拟

直接成像彩色数字印刷系统通过可以选择的加网参数复制彩色图像，分成粗糙、正常和精细三种类型。为了给用户以印刷品质量要求和印刷速度间权衡的选择权，系统内置加网参数选择和控制部件，在纸张表面建立有规律分布的墨粉图案，类似于高线数报纸印刷的半色调结构，墨粉图案的尺寸和精细程度将决定复制品的细节和均匀性。

对于需要优化细节复制的印刷品生产工艺，奥西建议用户选择精细等级的半色调网点结构，目的归结为在纸张表面建立高频成分丰富的半色调图案。虽然眼睛或许无法辨别高频成分丰富的对象，但彩色图像的细节复制确实需要这些高频成分。直接成像数字印刷的精细结构网点原理上与多色叠印类似，因为精细的半色调网点结构有助于降低莫尔条纹对视觉系统的干扰，这对复制高分辨率图像、小尺寸字符和细线条有利。

均匀性很高的对象（例如实地填充区域）无需用精细网点结构复制，应该选择粗糙半色调网点，其结果是在纸张表面产生低频成分丰富的半色调图案，视觉系统容易感受到低频半色调图案导致的均匀性。因此，粗糙网点结构适合于复制低分辨率图像，以及密度较低的背景颜色，也有助于降低莫尔条纹对视觉系统的干扰。正常网点结构适用于一般原稿的印刷，其他可选的网点结构还有更精细和更粗糙的。

图 7-20 是直接成像彩色数字印刷系统三种半色调网点结构放大 10 倍的结果，图中的顶部、中部和底部分别对应于很精细网点、正常网点和很粗糙网点，不同的颜色按不同的

网线角度排列，按从左到右的次序分别代表黑色组、RGB组和CMY组。

由于直接成像数字印刷系统以七种墨粉复制彩色，不能使用常规加网角度组合。根据奥西的直接成像白皮书介绍，加网角度分成黑色、RGB和CMY三组，除黑色加网角度固定于90°外，其他两组在不同的加网线数下略有差异（表7-1）。

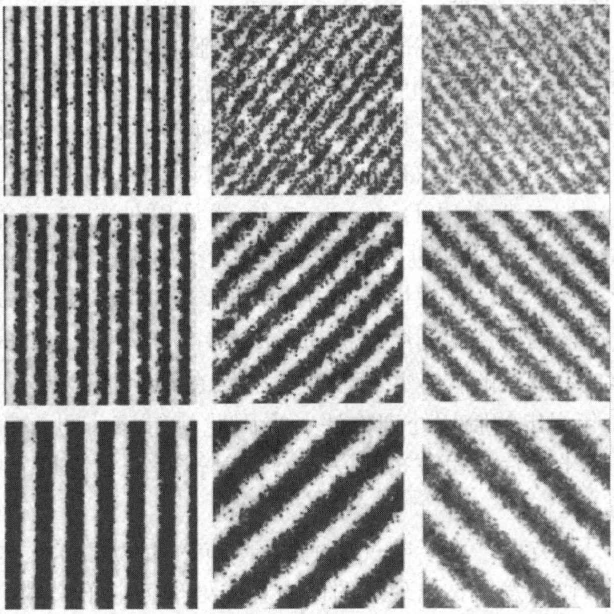

图7-20　三种网点结构的半色调图案放大表示

从表中列出的数据可以看出，奥西对RGB和CMY使用了互补的加网角度，两组彩色的加网角度之和总是等于180°，因而与黑色的角度差保持相等。

分析表7-1列出的数据不难看出，两个彩色组与黑色的加网角度差大体上控制在45°左右，是为了降低莫尔条纹视觉副作用的优化处理结果，加网角度差最大的半色调控制发生在粗糙网点结构，但34°的网线角度差总比15°好。

表7-1　加网线数与加网角度汇总

| | 加网线数/lpi | 黑色加网角度/(°) | RGB加网角度/(°) | CMY加网角度/(°) |
|---|---|---|---|---|
| 很精细 | 黑色200,彩色190 | 90 | 40 | 140 |
| 精细 | 黑色150,彩色125 | 90 | 53 | 127 |
| 正常 | 黑色150,彩色105 | 90 | 45 | 135 |
| 粗糙 | 黑色150,彩色90 | 90 | 34 | 146 |
| 很粗糙 | 黑色100,彩色70 | 90 | 45 | 135 |

此外，图7-20演示的网点均为线条类型。这种半色调处理的理由很简单，因为直接成像结果产生在环状电极上，而环状电极就是线圈。因此，直接成像结果必然形成线条形的网点，驱动电路按像素值的大小输出长短不同的脉冲信号，形成长短不一的线条。

## 第四节　照相成像数字印刷

传统彩色冲扩技术通过照明系统使记录到彩色胶片的负像聚焦到卤化银彩色照相纸上输出彩色图像，经过一定的曝光时间后显影，即得到彩色照片。数字冲扩技术具备复制已有彩色底片和照片的能力，因为彩色原稿可通过CCD扫描仪转换到数字图像，曝光到卤化银彩色照相纸，经显影处理后得到彩色照片。此外，数字冲扩工艺还可以直接利用数字照相机的拍摄结果，无需扫描仪转换就能输出彩色照片了，但显影还是需要的。

## 一、照相技术发展简史

传统摄影建立在卤化银化学的基础上，人们称之为光化学成像。从摄影技术发展历史的角度看，早在19世纪30年代，捕获和保持摄影图像变为现实，这里的“保持”一词指临时保存在胶片上。从那时开始，各种技术发明并发展起来，例如William Fox Talbot发明防止胶片记录图像在短期内褪色的技术，Louis Daguerre公布了他的银板照相法，摄影技术中的专业术语Daguerreotype就是以他的名字命名的。1936年，柯达公司的Kodachrome分支机构进入摄影市场，人类历史上从此有了消费级的彩色摄影胶片。就即时摄影（俗称一次成像摄影）方面来说，宝利来（Polaroid）公司于1963年首次向市场投放一次成像拍摄使用的照相机和彩色胶片，此后其他即时摄影产品也逐步开发出来。此后，摄影技术发展的脚步并未停止，仍然在不断地改进，其中的重要发明之一是3M公司于1964年提出的胶片处理方法，也因此使得该公司1986年研制成功干银盐彩色技术。同年，富士胶片公司宣布开发成漫反射转移型彩色热显影卤化银材料技术，并于次年投放市场。

另一方面，由于电视技术的声画同步传播效果大大超过广播技术的优势，导致电视传播技术快速发展，出现了图像内容先处理为电子信号、再通过阴极射线管显示图像处理结果的新技术。到20世纪50年代末，由于空间技术在图像传输方面的激烈竞争，数字信号处理以及处理结果的接收技术也发展起来。在上述技术取得长足进步的同时，打印来自电子信号和数字图像的需求逐步增长。由于上述原因，当索尼于1981年发明Mavica数字照相机时，通用彩色打印机的研制和开发加快了市场化的步伐。

基于卤化银光敏反应的摄影材料曝光成黑白或彩色底片属于图像记录方法，而阴极射线管则是通用图像记录技术之一，因为阴极射线管的结构相对紧凑，制造成本也较低，传统工业显示领域用于即时“曝光”整幅图像。

摄影领域仅仅有卤化银光敏材料肯定是不够的，摄影技术的发展与新材料开发的关系历来十分密切。此外，多元化的摄影技术应用需要多样化的材料支持，才能开拓更广泛的市场。在摄影技术的发展历史中曾经出现过各种材料，正是这些材料与卤化银光敏材料的配套使用才造就了摄影技术光辉灿烂的历史。因此，摄影材料不能局限于卤化银胶片，其他与卤化银光敏胶片同时使用过的摄影材料还有一次成像胶片、反转片和直接记录彩色纸等，这些材料的开发成功使摄影成为更实用的技术，在许多领域发挥了重要作用。

技术发展不可能停留在原位不动，尤其像摄影这样实用性很强的领域。摄影技术的发展在相当程度上与新材料开发和性能改善有关，例如摄影材料的感光灵敏度、层次表现能力、可复制的色彩范围和分辨率等，这些进展一定程度上代表了技术发展的重要成果。同样地，曝光对摄影也很重要，曝光措施的改进得益于多方面的努力，在摄影材料性能改进同时也取得不少进步，例如光源（例如闪光灯）的发射光谱和发射光量、曝光系统的寻址能力、层次控制和彩色复制能力等方面的发展。

## 二、曝光系统与视频打印机

光化学为摄影结果的形成提供了成像基础，也为光潜像生成奠定了理论基础，但光潜像还不能直接使用，必须转换成视觉可见的影像，为此需要显影、定影和冲洗工艺的配合。然而，底片尺寸毕竟太小，因而需进一步记录到照相纸上，才能供人们欣赏。因此，摄影不仅需要曝光技术，也需要基于底片的照片印刷工艺。对现代照片复制技术来说，显示和印刷已经发展到很难分割的关系，因而曝光技术和照片印刷相互结合的重点归结为显示领域广泛使用的阴极射线管 CRT 和光导纤维管 FOT 技术。阴极射线管曝光属于系统性操作，二维图像显示在阴极射线管屏幕上，再借助于光学方法使屏幕上显示的图像投射和曝光到光敏材料，如图 7-21（a）所示。光导纤维管曝光同样是系统性操作，显示区域处理成平板式阴极射线管的一维装置，曝光时显示图像和光敏材料同时移动，通过光学方法在光敏材料上组成彩色图像，见图 7-21（b）和图 7-21（c）。

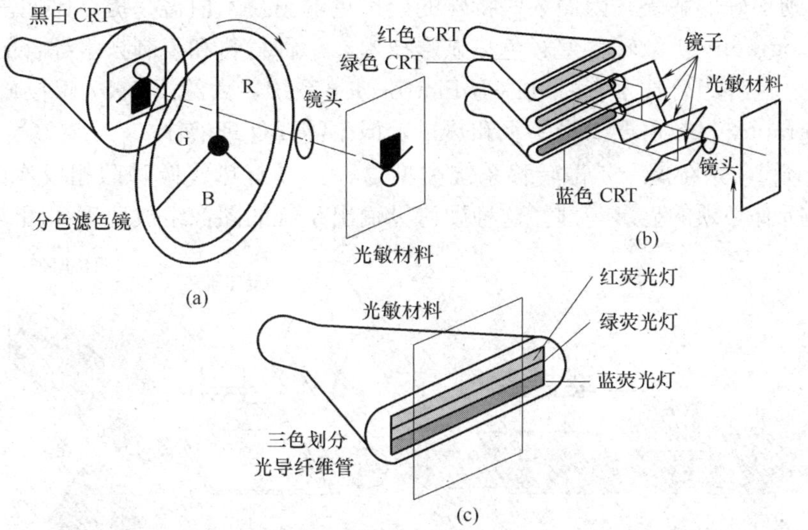


图 7-21　阴极射线管和光导纤维曝光系统

（a）CRT 曝光系统　（b）RGB 单色光导纤维管曝光系统　（c）三色划分光导纤维管曝光系统

由于以阴极射线管（显示器）实现显示彩色图像记录到光敏材料时每一幅图像需曝光三次，因而用于光敏材料灰度图像记录的阴极射线管并不适合于彩色图像。一次曝光操作显然不能解决问题，需要三次连续的曝光操作，每一次曝光针对一种加色主色，为此需要增加用于分色的滤波器。通过滤色镜的分色作用，彩色图像分解为红、绿、蓝三原色，这三种加色主色如同灰度图像曝光和记录到光敏材料那样，三次类似于灰度图像的曝光操作叠加起来便形成彩色图像。上述处理过程可以从图 7-21（a）得到解释。

考虑到视频信号与底片、照片或印刷品彩色原稿的原则性区别，视频信号“原稿”的数字化处理不需要由机械部件构成的扫描系统，因而处理视频图像的装置十分简单。目前市场上供应的许多视频打印产品采用了不同于常规打印机的复制材料，视频打印机输出硬拷贝图像时往往与即时“曝光”的摄影材料结合起来使用。

与彩色照相纸结合的视频打印机大约在 20 世纪 80 年代末期投放市场，富士胶片公司的 FVP600 是其中的典型例子，最大记录宽度 102mm，差不多是 A4 页面宽度的一半，因而从规格上看已经不错了。该照片打印机以 7in 对角线长度的高亮度阴极射线管执行多次曝光操作，以垂直方向划分成 525 个扫描行的方式工作，三色加色主色完成三次曝光总共需要大约 3s 的时间，速度基本合理。

到20世纪90年代时，大尺寸、高性能的视频图像硬拷贝设备开发成功，例如AGFA公司的商用系统DSP视频打印机。这种设备的最大宽度提高到203mm，使用9in的平板型阴极射线管显示器，形成整幅画面需要1024行扫描线。

## 三、热显影扩散转移照片复制工艺

就彩色图像复制技术总体角度看，在灵敏度和图像质量方面，使用卤化银的摄影材料要优于其他硬拷贝信息记录材料。然而，传统摄影领域卤化银彩色照相纸并非想象的那样完美无缺，例如以数字硬拷贝输出设备复制彩色照片时显影液和处理速度的控制上的某些问题尚未得到很好的解决，因而某些特殊的硬拷贝输出技术值得一提，比如富士胶片公司推出的Pictrography扩散转移型彩色热显影技术，一种材料和复制技术综合的彩色照片数字印刷方法。这种组合技术有时也称为Pictrocolor系统，大约于1987年投放市场。尽管处理Pictrography材料需要少量的水和热量，但不需要处理液体。

Pictrography系统属于扩散转移系统类型之一，具有热成像和照相成像的组合特点，材料内置了所有必须的显影药剂。这种硬拷贝输出系统的图像组成原理如图7-22所示。

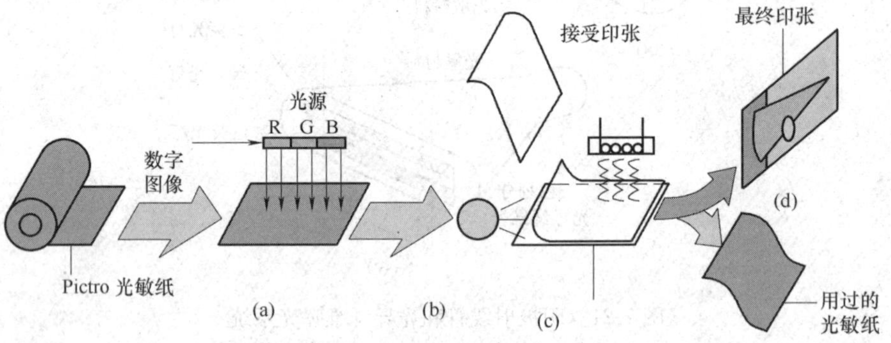


图7-22　扩散转移型热显影打印技术工作原理示意图
(a) 曝光　(b) 以水湿润　(c) 加热显影与转移　(d) 剥离

Pictrography系统与彩色图像硬拷贝输出密切相关的曝光、注水、接触、显影和剥离过程可归纳为：第一步，系统接收来自彩色数字图像的RGB主色数据，以相应的激光器对特殊的光敏纸（也称色带）作曝光处理，在光敏纸上记录成光潜像；第二步，以少量的水供给光敏纸使其湿润，每张A4页面大约0.7mL或每平方米10mL的用量；第三步，图像接受体或接受印张覆盖到光敏纸顶部并保持接触，其中接受印张是起中间作用的图像转移载体；第四步，对记录光潜像的光敏纸作热显影处理，激发光敏纸三层染料的转移过程，热显影结果转移到接受印张；第五步，从光敏纸上剥离下接受印张，用过的光敏纸只能丢弃。

扩散转移型照片复制系统的光潜像生成、热显影和染料扩散转移是彩色照片打印的关键步骤，这些工艺步骤的工作原理可以用图7-23进一步说明。

图7-23中的成像部分以红、绿、蓝三色激光器对光敏纸的三层染料作曝光处理，在光敏纸的三个染料层上记录成与彩色图像红、绿、蓝三色对应的光潜像。由于光敏纸设计成热显影材料，因而光潜像必须通过加热才能完成显影。利用这种照相成像和热成像结合的技术可获得质量很高的彩色图像，接近摄影照片，每一个被复制像素的阶调值达到256

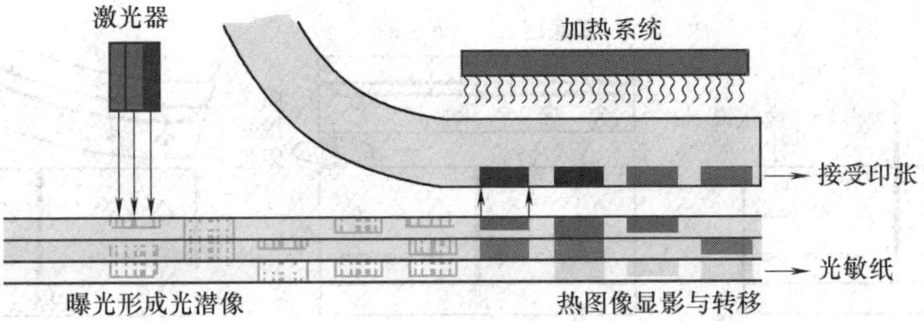


图 7-23　光潜像生成、显影和扩散转移原理

个。尽管 Pictrography 系统的额定记录分辨率只有 400dpi，但由于对每一个像素均可复制出 256 个阶调值，因而得到的网点结构非常精细，且色域范围宽。

## 四、热显影光敏材料

根据 Pictrography 系统的彩色图像复制工艺原理，热显影材料是系统设计的关键。换言之，只有成功地开发出合适的热显影材料，才有可能设计整机系统，理由如下：用于生成光潜像的激光器的发射波长和发光强度必须按光敏纸的三层彩色染料选择，红、绿、蓝三色激光器分别对各自的补色染料曝光，形成青、品、黄三色潜像；湿润和热显影子系统的加热温度必须与光敏纸染料层的热特性匹配，这意味着设计加热器时需要考虑到如何控制对光敏纸的加热速率和加热温度；开发接受印张也与热显影材料有关，应该有利于热显影完成后光敏纸上的三色染料层均能够顺利转移到接受印张。

热显影材料经激光器曝光后形成光潜像，如同光导体曝光后转换成静电潜像那样。从光敏纸染料层的化学结构成分分析，曝光处理后光敏纸染料层中原来的卤化银转换成了包含三到四个银原子的金属银原子核结构，即前面一直提到的光潜像。作为曝光结果的光潜像仅为中间结果，经供水湿润、光敏纸与接受印张接触以及加热处理后染料层转换成碱性，再经进一步的热显影处理则释放出水溶性的染料。此后发生的物理效应类似于热升华印刷的染料扩散和转移，从热显影光敏纸释放出来的染料扩散并转移到接受印张，再借助于定色剂的作用使彩色图像固定在接受印张表面。从热显影光敏纸上剥离下图像接受纸张，由于剩余热量的作用，残留的水分迅速蒸发。

光敏纸经历上述复制工艺步骤时发生的内部变化如图 7-24 所示，印刷过程结束后光敏纸只能丢弃，无法重复使用。剥离下来的接受印张上只包含染料，不可能有卤化银成分了，所以不会因卤化银的存在而导致图像质量退化。

热显影光敏纸的主要成分是亲水的联结料，比如凝胶（白明胶）、对特定光谱成分敏感的光敏性卤化银、染料释放氧化还原化合物 DRR 和能生成碱的前体（母体）型基本金属化合物，其中的 DDR 常被认为是染料。图像接受介质（特殊纸张）的结构成分也是亲水性的联结料，例如凝胶或各种聚合物、起染料固定作用的阳离子定色剂聚合物以及与热显影光敏纸内基本金属起反应的前体化合物，后者用于通过螯化效应生成碱。

对 Pictrocolor 系统来说，没有必要为加快显影过程而生成碱，直到热显影光敏纸和接受印张接触时才需要，目的在于使用前能更好地保护材料，为此必须在接触前保证光敏纸和接受印张处于稳定的状态。接触后，包含在接受印张内的水溶性媒介和少量的可溶性基本金属化合物与少量的水反应，在 2～3s 的时间内生成碱，即使在室温条件下也照样如

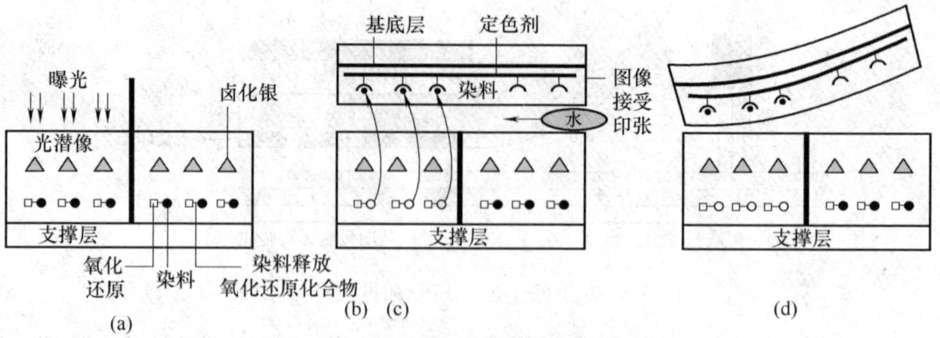


图 7-24 热显影光敏纸的内部变化

（a）曝光 （b）湿润/接受体与光敏纸接触 （c）热显影/图像转移 （d）剥离

此。碱有助于 DDR 化合物的催化反应，释放可扩散的染料（见图 7-24）。

## 五、热显影扩散转移型打印机

基于光敏纸潜像加热显影后染料层扩散转移的硬拷贝输出设备简称 PG 打印机，名称来自 Pictrography 中的两个关键字母，第一代机器于 1987 年开发成功。这批 PG 打印机以发光二极管为成像光源，热显影材料以卷筒纸形式供应。作为普通光源使用时，发光二极管的诸多优点或许是其他光源无法比拟的，比如发光二极管可以包装成十分紧凑的尺寸，制造成本低，动态范围宽，发光强度比白炽灯和荧光灯都要高，输入电流与发光强度间良好的线性关系等。虽然现在发光二极管已经用作静电照相打印机的成像光源，但在 20 世纪 80 年代末期却尚未达到成像光源的要求。即使发光二极管可以用作合格的静电照相打印机成像光源，对基于卤化银的热显影材料成像却未必合适，因为彩色图像达到照片质量的复制工艺对成像光源的要求比静电照相打印机高得多。

归纳起来，基于发光二极管成像的热显影材料曝光系统存在下述两大主要缺点：首先是发光二极管的发光点面积与热显影材料要求的光点尺寸相比显得太大，导致用于构成照片质量彩色图像的光束直径不能在光敏纸表面变细，从而限制了照片质量复制系统记录密度的提高；其次，热显影染料扩散转移打印机采用外鼓式曝光系统，由于发光二极管的曝光速度跟不上成像滚筒的旋转速度，滚筒转速不能提高必然限制系统记录速度的提高。

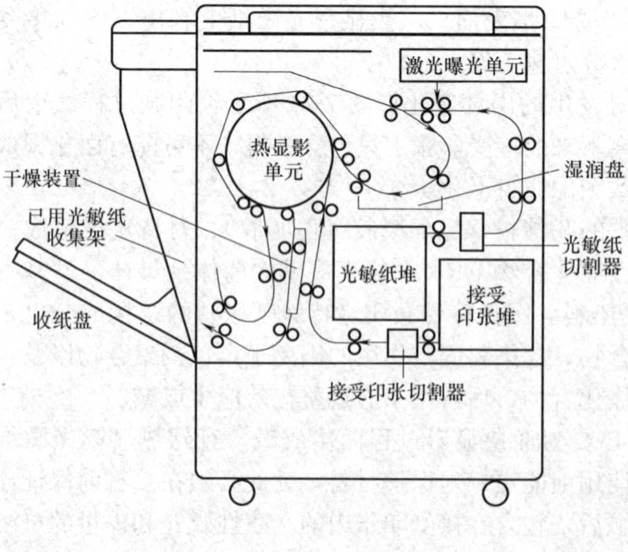


图 7-25 改进后的 PG 打印机结构

上述两大原因导致 PG 打印机很难达到高分辨率复制效果，也无法实现高速度的像素记录工艺。因此，从1993年开始生产的PG打印机放弃了发光二极管曝光，改成了基于激光器的外鼓式曝光系统，结构示意图如图7-25所示。

与发光二极管比较，激光鼓式曝光能获得更小的光束直径，适合于高密度记录，分辨率从284dpi提高到400dpi。由于激光准直镜的集聚效率如此之高，以至于曝光强度足以实现高速记录。此外，通过激光装置与包含多边形棱镜和f-θ镜头偏振器的组合，热显影光敏材料可以在平面传输过程中曝光，从而使设备小型化。

然而，优点往往与缺点并存，激光鼓式曝光的主要不足之处如下：①激光曝光装置的实际可用波长是有限的；②从曝光装置整体考虑，电流和光学输出特征随温度的变化而明显改变；③以相同的镜头处理并通过三束不同波长的激光束构成彩色图像时，波长与图像的形成特点有关，例如光束直径的变化导致颜色失真；④如果光学部件沿主扫描方向同时存在透射系数和反射系数分布，则可能引起阴影，特别是阴影特征与色彩不同时，这种差异容易被感受为彩色阴影。

## 六、照相成像数字印刷

Pictrography系统的某些技术完全可以用于构造更高效的照片印刷设备，例如富士胶片公司于2001年推出的全数字复制小尺寸Frontier照相成像数字印刷机，同类型的设备还有诺力士的QSS系列。在不太严格的意义上，照相成像数字印刷以可以实现数字控制的激光或发光二极管代替传统彩色冲扩设备的成像光源，从摄影照片的模拟印刷改成数字印刷。

基于固体激光器或发光二极管的曝光系统具备产生高质量图像的优异特征，有利于实现设备的小型化。图7-26给出了富士胶片公司Frontier 340照相成像数字印刷机的工作流程示意图，该数字印刷机使用固体激光器，卤化银彩色照相纸以卷筒形式进给，整机可容纳两卷彩色照相纸；卷筒照相纸切割成特定长度的印张后向上传送，完成改变印张进给方向的过程后输送到激光曝光部件，再执行后续的工艺过程。

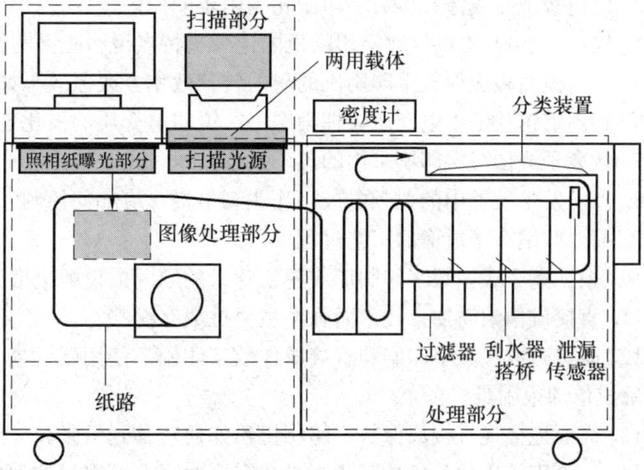

图7-26　照相成像数字印刷工艺流程简图

记录在照片上的实物场景的颜色变化取决于光的波长，且这种变化反映在照相底片和照相纸的三个光敏染料层上，由于照相底片或照相纸的每一个感色层均匀分布着极其微小的银盐颗粒，在正常阅读距离内颗粒尺寸可认为接近于0，因而从实物场景拍摄得到的底片或印刷到照相纸上的照片被称为连续调原稿。

照相成像数字印刷的意义在于，模拟摄影的暗房技术应用到通过数字控制方法复制彩色图像的新工艺，因而对照相纸的成像必须改成数字寻址方式。归纳起来，数字照相成像复制与模拟照片冲印的主要区别包括：成像控制采用了数字寻址方式，复制对象不再是底片而是数字文件，成像光源改成激光或发光二极管。

据富士胶片公司介绍，刚推出Frontier340照相成像数字印刷机时型号340后面加E而成为Frontier 340E，之所以要加字母E，是因为新一代的彩色照片冲印设备隐含三个以E带头的英文单词或词组，即Express、Easy Operation和E Picture，旨在强调照相成像数字印刷设备工作速度快、容易操作和照片电子印刷。

Frontier 340的外形尺寸1.56m宽、0.93m深、1.67m高，在如此小的空间内容纳了模拟原稿输入（扫描光源使用发光二极管）、激光成像系统、图像处理硬件、控制器、卷筒纸切纸器、显影装置和照片分类器等。富士胶片公司早期生产的Frontier照相成像数字印刷机都带有彩色底片扫描系统，随着数字摄影的快速发展，底片扫描显得多余，因而目前市场上出现的Frontier系列数字彩色冲扩设备不再提供底片扫描仪了。

图像处理对照相成像数字印刷系统至关重要，以硬件（电子线路）和软件的配合下完成诸多的处理任务，例如彩色复制优化处理、色彩渐变控制、提高图像视觉表达能力的清晰度增强和阶调修正处理、恰当的低通滤波处理、人像摄影作品的脸部增强处理、主色通道的独立修饰、红眼消除处理以及各种版式的照片和文字合成功能等。

## 复习思考题

1. 回忆普通物理关于磁滞回线的知识，说明为何铁磁材料具备永久性信息记录能力。
2. 磁成像数字印刷设备的打印头形成闭合的磁力线的途径和实现技术？
3. 说明实现磁成像彩色数字印刷相当困难的原因。
4. 根据Nipson磁成像数字印刷机的记录头特点说明磁潜图像的记录原理。
5. 如何提高磁成像数字印刷机的墨粉转移效率？改善效果如何？
6. 到图书馆找一本电介质物理学图书，说明电介质的极化现象和电偶极子如何形成。
7. 从离子成像数字印刷采用的离子发生技术讨论环境湿度如何导致离子源材料击穿的主要原因。
8. 离子发生装置中的射频电极用作驱动电极，应如何控制？
9. 简要归纳离子成像的工艺过程。
10. 根据离子成像数字印刷形成墨粉背景的原因提出解决措施。
11. 直接成像滚筒加工技术面临的主要挑战有哪些？
12. 既然磁成像数字印刷和直接成像数字印刷都使用磁性墨粉，但为什么直接成像能够实现彩色印刷而磁成像却很困难？
13. 简要地描述直接成像数字印刷墨粉如何转移到纸张。
14. 讨论直接成像彩色数字印刷系统需要使用七色墨粉的理由。
15. 根据视频打印机的工作特点，你认为这种打印机应选择何种信息记录材料。
16. 为什么说Pictrography系统具有热成像和照相成像的组合特点？
17. 根据Pictrography系统的彩色图像复制工艺原理，阐述只有成功地开发出合适的热显影材料后才有可能设计整机系统的理由。
18. 基于发光二极管成像的热显影材料曝光系统存在哪些缺点？

# 第八章　数字印刷质量检测与评价

数字印刷的普遍使用引发一系列需要明确的基本问题和概念，例如数字印刷与传统印刷质量的区别、数字印刷机或打印机分辨率的确切含义、寻址能力与分辨率的区别等。此外，印刷技术的快速发展迫使印刷和打印机行业的从业人员提出如何以数字印刷一致的方式定义和评价印刷质量的基本问题，要求与印刷企业使用的特定印刷技术无关。除彩色测量仪器（例如分光光度计）和密度计外，用于评价线条、字符、填充区域均匀性和套印精度等印刷图像质量属性的客观性方法还不多。为了改变这种现状，需要从以下两个方面着手解决问题：首先，开发评价印刷质量的国际标准；其次，以自动化测量设备实现新的标准，以减少人为因素导致的误差。人们高兴地看到，上述愿望正在逐步变成现实。

## 第一节　数字印刷与胶印质量区别

长期以来，印刷业一直保持着自己独特的产品质量评价方法和价值取向，被人们视为基于手艺的产业部门。由于印刷品的特殊属性，印刷工作者需要在产品加工期间与客户保持密切的联系，以满足客户提出的质量要求，且质量评价和判断有用户参与，常常借助于视觉检查的方法实现，这种工作方式明显不同于其他加工工业。数字印刷出现后相当长的时间内，基于视觉检查的质量检验和评价方法并未改变，人们继续以习惯性的思维和方法处理数字印刷质量。问题不仅出在数字印刷不同于传统印刷，也并不在于数字印刷质量一定低于传统印刷（例如胶印）质量而必须放松要求，问题的关键在于数字印刷还没有发展到传统印刷那样成熟的标准化的程度，在于数字印刷在设备、材料和工艺等诸方面尚不具备互换性的程度。另一方面，印刷业自身对于质量检验和评价的认识也需要深化，某些方面需要坚持，比如基于缺陷检测原则的质量评价；仅仅依赖于视觉检查的评价方法则需要改变，逐步过渡到主观评价和客观评价结合的正确轨道。

### 一、期望质量

印刷业与消费者推动生产发展的工业很相似，这种行业可以说比比皆是。对于不同的工业产品，它们的期望质量因产品档次和目标市场的差异而表现出不同的等级，为此需要由不同的质量标准规范生产工艺。图文是印刷品传播意图的载体，也是构成这类特殊产品的视觉要素。图文复制的结果必须形成视觉可识别的并能体现传播意图的文字、图形和图像等内容，或许更应该称之为印刷图像，或简称为图像。尽管从印刷品整体角度考虑时印刷质量的含义应该更广泛，例如体现产品使用功能和外观属性的质量要求等，但印刷品作为视觉产品使用毕竟是最重要的。必须注意，虽然印刷质量主要由图像质量决定，但其他质量要求也应该引起足够的重视，否则有可能导致产品报废。

按照质量指标的严格程度以及行业长期以来形成的习惯，印刷品（图像）质量可划分成表 8-1 所示的三种类别，分别称为推断质量、以语言表示但没有严格文档规定的质量、不仅以语言表示且有严格文档规定的质量。在上述三种质量等级中，推断质量等级的要求是不明确或不确定的，即对于质量要求没有清晰和明确的描述。如果在基于推断质量等级的基础上组织印刷品加工，则客户只能依赖于印刷工作者的专门技术和经验，这种情况下的印刷工作者或许更应该称之为手艺人，他们必须凭借自己的技艺（包括专门知识）生产印刷品，相信自己的手艺能加工出符合客户要求的产品来，并据此满足客户的需要。

表 8-1 图像质量等级

| 质量要求(等级) | 结 果 |
|---|---|
| 推断质量等级 | 很可能超过供应商成本预算 |
| 定性描述但缺乏定量描述的质量等级<br>期望质量要求不明确,也不清晰 | 满足重复性的期望质量<br>不能满足客户或客户拒绝接受,重新印刷,成本增加 |
| 定性加定量描述质量等级 | 满足定量描述的期望质量要求 |

质量等级以语言表示时，质量要求只能停留在定性描述上。显然，基于定性描述的质量要求无法以严格的文档约定（即定量描述）表示，因而客户提出的质量要求仅在少数场合才会得到满足，大多数情况下不能令客户满意。值得指出的是，尽管基于定性描述的印刷质量等级不存在严格的文档规定，但完全有可能存在某种程度上隐含的定量要求，若不能满足这种隐性的定量要求，则印刷企业必须与客户重新协商，在取得客户同意的前提下修改以前签订的合同，以弥补客户的损失。

通常，既有定性描述、又有定量要求的质量等级是最合理的，将逐步成为印刷企业与印刷品用户约定质量要求的基础。从某种程度上理解，这种质量等级兼顾了印刷图像质量的主观评价和客观评价，技术上符合产品质量客观检验和评价的趋势，又兼顾到印刷品的视觉属性，后者至少到目前为止还只能定性描述，由人的眼睛观察并作出评价。

## 二、质量缺陷分等

技术发展到今天这样的程度，印刷图像的质量属性应该有明确的定义，图像质量的判断和评价方法也应该上升到新的高度，这意味着质量等级不仅要有定性描述，还必须重视定量表示。为了确保产品质量，美国政府印刷办公室启动了称之为“通过属性的质量保证计划”项目，旨在使表 8-1 所列的第三种期望质量等级具体化，规定待检查的印刷质量属性以及质量属性信息的沟通和传递规程，要求在签定印刷品加工合同前明确下来。根据印刷技术已经发展到的程度，以及印刷品终端用户的质量期望，以可以定义和可测量的属性为基础描述印刷质量将成为印刷业质量活动的主流方向。

按照传统做法，图像质量评价历来以视觉缺陷检测为基础的方法进行，如同印刷品用户评价印刷图像质量时采用的方法那样，主观评价一直占支配地位。以视觉检查为基础发现质量缺陷的做法虽然在其他工业部门同样存在，但并非绝大多数工业部门唯一依赖的方法，事实上其他工业部门更重视产品的客观质量检验和评价，仪器检查占支配地位。由于最终印刷产品内很难避免的质量缺陷或缺乏应有的印刷品视觉属性，例如出现在实地背景上的斑点（断墨）、很差的文本可阅读性、过分的颜色变动以及明显的与内容表现无关的痕迹等，因而最终产品为客户所拒绝或者同意接受是不确定的。尽管如此，仍然有某些印刷质量模型（例如由前述“通过属性的质量保证计划”提出的模型）明确地定义了图像的质量属性和测量程序，允许通过所谓的“缺点系统”确定印刷作业是否满足质量等级提出的要求。对生产实践而言，所谓的印刷品缺点指不合理、不能接受或无法满足确定性要求的印刷质量属性，表 8-2 中列出了三种缺陷类型。

表 8-2　三种印刷质量缺陷

| 质量缺陷 | 描　述 |
| --- | --- |
| 次要缺陷 | 仔细观察时不太明显的缺点，不能成为客户投诉的理由，次要缺陷（例如断墨）不应超过规定的允差数值 |
| 主要缺陷 | 这种缺陷严重地影响印刷品的整体（外观）视觉效果，条纹和斑点是主要缺陷的例子，这种缺陷超过规定的允差 |
| 致命缺陷 | 严重偏离标准规定的允差，危及印刷品的整体性，例如图书的封面在非打开状态时从书脊处撕裂 |

若印刷品包含的缺陷数量超过了规定的等级，则客户有足够的理由拒绝接受，如同其他工业部门正在实践的那样。此外，表 8-2 列出的质量缺陷也说明与印刷品使用功能有关的质量要求不可忽视，可能因危及印刷品的整体性而上升到主要地位，成为致命缺陷。

## 三、胶印的开放性

作为一种高度成熟的传统印刷工艺，胶印的开放性表现在诸多方面，例如设备、印刷工艺、印刷材料和质量检验标准等。在设备方面，胶印机与其他机械产品类似，结构和制造工艺已达到标准化的程度，可以像其他机械产品那样组织大规模生产。由任何一家制造提供的胶印机可以与任何国家生产的材料匹配，无需购买特定厂家提供的印刷材料。

胶印工艺也已经实现了标准化，例如美国的 SWOP 和欧洲的 Euroscale 等。胶印工艺标准不仅数量众多，且积累了相当丰富的工程经验，建立了良好的实践基础。经过 100 多年的发展历史和不断的实践检验，胶印成为相当成熟的工艺，包括从印前开始到印刷乃至于印后加工的整个生产流程，某些控制要素已深入人心，比如灰平衡控制。

胶印工艺的标准化与印刷材料有关，自然也涉及材料标准化，包括 PS 版、纸张、油墨和辅助材料等。任何胶印工艺标准的制定不可能针对特定的胶印机，也不可能针对特定的 PS 版、纸张和油墨。事实上，任何制造商生产的胶印机可以与任何厂家提供的印刷材料配合起来使用，这意味着胶印工艺具有材料互换性。以印版为例，尽管印版的生产技术经历了多次技术变迁，然而能否在胶印机上使用却与制版工艺和印版类型无关，人们不必因转移到新的印版生产工艺而担心无法在已有的胶印机上使用。

尽管传统的质量检验和评价方法还有待改善，但总体上胶印质量标准和执行技术也发展得很成熟，主要指胶印工艺与材料的匹配和相互适应特性，具体表现在印刷材料的性能测量完全能达到与标准规定的目标数据一致，满足胶印工艺提出的要求。

在众多的胶印标准中，最典型的标准莫过于材料适性和工艺控制了，例如国际标准化组织制定的油墨黏度（黏性）测量规程、纸张白度测量标准、折页结果的耐久性测量程序、承印材料光泽度测量标准、套印色油墨的色度属性和透明度指标、以主要印刷工艺为目标应用的多色套印色度控制标准等。上述标准以及各国（地区）自行规定的标准和实践结果成为百年胶印发展的支柱因素之一，使印刷工作者能完全从整体上控制印刷工艺，规划印刷质量的测量程序，避免出现印刷缺陷，特别是避免致命缺陷。

综上所述，胶印工艺具备开放性的特点，或者说胶印工艺是建立在设备和材料等诸因素组合成的开放系统上的印刷工艺，生产过程涉及的各种要素可以互换。因此，印刷工作者尽可以根据客户提出的要求选择承印材料和油墨，制定相应的工艺参数。换言之，任何厂家（公司）提供的印刷材料不仅可以相互匹配，且不必担心由于设备和印刷材料的不同而影响胶印工艺的普遍适用性。

## 四、数字印刷的封闭性

与胶印技术类似，其他传统印刷工艺也具有开放性，但程度上或许不如胶印。与传统印刷工艺形成强烈对比的是，数字印刷至少到目前为止仍然只能算封闭的生产系统，数字工艺当然也是封闭的了。数字印刷企业必须高度依赖于数字印刷系统的制造商，只能使用制造商或定牌生产商提供的工具和材料，其中墨粉因素显得尤为突出。

以静电照相数字印刷为例，光导体充电、曝光、墨粉充电、纸张充电、转印和清理过程等都离不开静电效应，而发生在复制工艺过程中的静电现象带有相当的随机性，必须采取有针对性的工艺措施加以控制。然而，由于静电照相数字印刷机的制造商使用不同的墨粉材料和成像光源，对允许使用的纸张有限制条件，迄今为止远未达到标准化的程度，要求形成胶印那样的开放系统显然是不现实的。仅以曝光（放电）使用的光源与光导体的静电性能匹配为例，由于每一种光导体只能以特定波长的光源改变导电性能，因而曝光后形成的静电潜像与光导体和光源都存在很强的相关性，于是只能组成相对封闭的系统。

静电照相数字印刷机以墨粉为信息记录载体，但这种数字印刷材料往往隐含了不少专有属性，包括墨粉成分、充电性能、熔化温度、色域范围、黏结能力、颗粒尺寸和形状的均匀性等。墨粉制备远未达到标准化的程度，通常由材料生产商有针对性地为特定的数字印刷机制造商专门生产，赋予能满足特定静电照相数字印刷复制工艺的专有属性。无论使用何种类型的墨粉，必须使墨粉颗粒带电才能完成显影（输墨），但带电极性的正负和数量需视机器类型和光导体材料而定。由于光导体材料的不同，墨粉带电量的多少不能一概而论，这就和系统结构、光导体材料和复制工艺有关了。

由于墨粉的专有属性对静电照相复制工艺的作用和最终复制效果的影响至关重要，因而在一种数字印刷机上运转良好且功能发挥正常的墨粉用到其他数字印刷系统时很可能出现问题。例如，适合于施乐数字印刷系统的墨粉对柯达的 Nexpress 系列数字印刷机未必合适，这两种数字印刷系统的色域范围也因此而大相径庭。

到目前为止，在所有已经使用的成熟数字印刷技术中以喷墨对纸张性能的要求最为严格和苛刻，限制条件很多。若仅仅从一般角度看问题，则纸张对静电照相复制质量的影响确实不大，至少程度上比喷墨印刷低得多。然而，尽管静电照相数字印刷对纸张性能的限制不像喷墨印刷那样严格，但存在着墨粉转移到纸张后产生更多参数差异的可能性，而这些参数差异恰恰源于纸张的某些性能。

光导鼓（光导皮带）的电气性能和不准确的墨粉熔化工艺往往是引起实地填充区域条带效应的主要原因。与胶印 PS 版磨损对质量的影响相比，光导体老化影响复制质量要显得严重得多；若熔化滚筒结构不合理，或滚筒尺寸因热应力疲劳而偏离正常值，则作用于墨粉和纸张组合的压力不均匀，导致实地填充区域出现条带；光导鼓的旋转速度（或光导皮带的移动速度）与纸张进给速度不同步时，会在印刷图像的轮廓边缘产生严重的模糊。

由于以上原因，为胶印制定的标准并不适合于数字印刷。数字印刷材料的专用属性应该引起业内人士的高度重视，不能像胶印工艺那样按客户要求自由地选择，应视为与数字印刷机相关的因素。到目前为止还没有测量墨粉工艺适应性的标准，如果数字印刷机在运转期间出现了与材料有关的严重质量问题，则操作者无法解决。

与胶印相比，数字印刷属于禁止操作者干预的印刷工艺，某种意义上数字印刷机操作者仅仅是点击打印按钮的“机器人”。然而，只要胶印机的操作人员或理化检验人员测试过油墨和纸张（承印材料）属性，则他完全有能力执行修改操作，比如增加表面活性、调整变形量和改变颜色等，也可以自由地调整印版压力、印刷机速度和油墨覆盖率，且允许操作者在印刷机开机前和印刷机运转过程中调整相关的设备参数，及时解决印刷过程中可能出现的各种问题。事情的另一方面还在于，数字印刷机的操作者面对客户提出的要求而必须使用新的承印材料时，他必须确定该材料在允许使用的材料清单中，并得到数字印刷机制造商的确认，才能保证数字印刷机功能的正常发挥。大家知道，确实需要对数字印刷系统作出合理的调整时，操作人员只能求助于数字印刷机维修技术人员。

## 第二节　数字印刷系统的基本客观质量指标

根据前面对数字印刷目前尚处于非标准工艺的现状，数字印刷系统可定义为基于特定成像技术和复制工艺的设备和印刷材料的集合。如果考虑到成像技术需要的数字资源和阶调再现技术，则数字印刷系统还涉及数字图像和半色调算法。由于数字印刷系统本身的客观质量指标的多样性，全面讨论所有的客观质量指标和影响因素并不现实，只能讨论某些最基本的指标，比如数字图像和半色调图像质量、分辨率和寻址能力等。某些质量指标尽管从系统角度看也很重要，但由于篇幅限制而只能放弃，例如静电照相数字印刷的光导体质量和墨粉质量，以及喷墨印刷的喷嘴质量和墨水质量等。

### 一、数字图像的客观质量指标

许多学者致力于数字图像质量研究，大体上从感觉（主观）质量和图像的物理属性两方面展开。除数字摄影图像外，有不少数字图像来自模拟原稿的数字化转换结果，因而数字图像质量与原稿质量的关系十分密切。尽管如此，原稿质量不能等同于数字图像的客观质量指标，应该视为影响数字图像质量的重要客观因素。数字图像的客观质量往往与数字化转换过程的特定物理属性有关，比如扫描仪的信噪比和频率响应能力，但这些因素仍然不能成为客观质量指标，而是影响数字图像质量的客观因素。

真正意义上的数字图像客观质量指标应该从数字化的结果去找，事实上确实可以找到不少衡量指标，比如色调、层次、清晰度、色彩饱和度、对比度和分辨率等。分析上面列举的指标后可以发现，前几项指标大多涉及图像的色彩和层次表现能力，可认为是一组关联因素，其中只有分辨率独立于其他指标。事实上，在图像数字化设备信息捕获能力确定的前提下，分辨率的高低决定了色调和层次等关联指标。可以想象，如果数字图像的分辨率很低，则色调、层次、清晰度、色彩饱和度和对比度等就失去了基础。因此，分辨率是衡量数字图像客观质量的关键指标，讨论数字图像的客观质量时应该以分辨率为基本控制参数，或者说只有在分辨率满足使用要求的前提下才谈得上其他指标。

图像客观质量指标归结为以分辨率衡量后问题仍然不简单，因为分辨率指标也是多种多样的，例如设备分辨率、加网线数或网点分辨率、光学分辨率和色调分辨率等。设备分辨率涉及输入（比如扫描仪）和输出（例如打印机和数字印刷机）两种设备，但无论哪一种设备，它们的分辨率都是设备的固有属性，不能用作衡量数字图像质量的客观指标。扫描仪的信息提取能力有最高扫描分辨率和光学分辨率之别，其实际含义与输入设备分辨率不存在原则性的差异，因而也不能成为数字图像客观质量指标。网点分辨率更适合于衡量最终印刷效果，也是数字图像转换到网点图像的重要参数，但同样不能作为衡量数字图像客观质量的指标。因此，图像客观质量有关的指标只有图像分辨率和色调分辨率两项，只有这两项才是与数字图像本身有关的分辨率指标。

现在，剩下来的问题就是如何以色调分辨率和空间分辨率两项评价数字图像的客观质量了。假定数字图像的色调分辨率和空间分辨率是两个独立的变量，则评价数字图像的客观质量必须以各自独立的方式利用色调分辨率和空间分辨率分别衡量，实际上不存在统一的评价意见，图像的客观质量评价也无法进行下去。

尽管图像的色调分辨率和空间分辨率是两个独立的变量，但作为函数的两个自变量看待时却可以相互关联，如同图像平面上任意点的亮度用 $g = f(x, y)$ 表示那样。假定数字图像的色调分辨率和空间分辨率分别以 $T$ 和 $S$ 表示，以 $Q$ 代表数字图像的客观质量，则三者关系可表示为 $Q = F(T, S)$，因而问题归结为应使用何种运算关系。

确定运算关系时自然越简单越好，为此可以从简单运算符中选择，比如逻辑运算符和算术运算符。两者中逻辑运算虽然简单，但用于表示色调分辨率和空间分辨率与数字图像客观质量的关系时显然不合适。在加、减、乘、除四种运算中，减和除也是不合适的，导致两种参数相互对立。此外，色调分辨率和空间分辨率相加对评价图像的客观质量同样不合理，比如若数字图像 A 的色调分辨率和空间分辨率分别为 72 dpi 和 8 位，图像 B 的色调分辨率和空间分辨率各自取 80 dpi 和 4 位，相加的结果导致图像 B 的客观质量高于图像 A，即使从直觉判断，图像 A 的客观质量肯定高于 B。这样，评价数字图像客观质量最适合的运算关系只剩下相乘了，应用于上面所举的例子得出的结论是合理的。

## 二、衡量半色调图像的客观质量指标

作为联系数字图像和硬拷贝输出结果的桥梁，半色调技术最有特色的功能当数能够在均匀灰色区域产生纹理，高频细节的再现主要取决于数字图像的锐化程度，或半色调处理前如何执行高通滤波操作，以及高通滤波执行到何种程度。为了尽可能保留原图像的细节，预先作某种程度的锐化处理往往是必要的，以产生高质量的半色调图像。

Ulichney 认为，衡量半色调算法及处理结果优劣的最合适的指标，是半色调算法再现原图像均匀灰色区域的能力。就模拟照相加网效果的数字半色调算法而言，以傅立叶变换评价半色调图像时归结为在频率域内检查均匀灰色再现能力，因而用于检查这种能力的方法取决于最终产生的二值纹理图案是否形成了周期性的纹理结构。检验传统网点结构需要傅立叶变换这一数学工具，以便深入探讨模拟传统网点的半色调算法周期性输出结果的本质。数字半色调技术的不断发展诞生了调频加网算法，由于原数字图像均匀灰色区域的半色调操作结果表现为典型的非周期性结构，为此需要以放射形式取傅立叶变换功率谱的平均值，一种各向异性的衡量指标，提供研究非周期性半色调图案的机制。

模拟传统网点的半色调算法源于电子分色机的激光加网技术，专业文献称之为有序抖动算法，归结为通过阈值处理或周期性阈值数组“网屏”实现半色调操作。一般来说，有序抖动半色调算法产生的二值输出结果的周期性与阈值数组的空间周期相同，与半色调操作的空间采样矢量或采样栅格排列方式有关。早在20世纪60年代就已经证明，只要有序抖动算法满足偶数周期和正方形采样栅格两个条件，则可以通过傅立叶变换评价半色调图像。考虑到传统印刷和数字印刷的有序抖动算法都选择正方形采样栅格，且数学上可以证明正方形栅格的两个奇数周期总是可以“包装”成一个偶数周期，因而以傅立叶变换评价半色调图像可以实现预期目标。

某些半色调工艺无法通过具有确定性的周期性阈值数组执行阈值化操作来产生输出结果，而往往使用非周期性的阈值数组，例如误差扩散算法这种典型的调频加网技术。非周期性阈值数组也称为非周期性图案，以此为基础的抖动处理可以用随机过程建模。

静态随机过程自相关函数的傅立叶变换产生功率谱 $P(f)$。在大多数情况下，给定半色调工艺的自相关函数往往是未知的，因而必须利用某种频谱估计方法得到傅立叶变换功率谱 $P(f)$ 的估计值 $P^*(f)$。根据Bartlett提出的方法，数学上已经证明一维傅立叶变换功率谱的估计值确实存在，该方法提出后人们将其命名为平均周期图。后来，美国麻省理工学院的Ulichney通过对10个周期图作平均处理证实，上述一维结论可以推广到二维。

固定灰度等级产生的半色调图案与具体的算法有关，可能产生周期性的图案，也可能产生非周期性的图案。研究非周期性的半色调图案比周期性图案更复杂一些，因无法从周期性角度考虑而带来数学上的难度。研究结果表明，非周期性半色调图案的期望属性应具有放射对称性，因而复合傅立叶变换的放射平均功率谱便成为评价非周期性半色调图案的第一个衡量指标。根据Ulichney提出的建议，基于非周期性阈值数组的半色调算法对原数字图像的再现能力应该用傅立叶变换功率谱估计的各向异性指标衡量。数字半色调技术的研究者们普遍认为，放射平均功率谱以及功率谱估计值的各向异性程度是更合理的定量评价指标，这两种指标对于某些半色调算法占有特殊地位，例如蓝噪声技术。

## 三、数字印刷机的分辨率指标

在讨论数字印刷机或打印机的分辨率指标前，有必要先讨论Dot这一使用得十分普遍的术语，可以理解成硬拷贝输出设备产生的记录点或网点，为此需要从使用Dot的上下文中寻找答案。扫描仪以Dot表示像素点，激光照排机和数字印刷机或打印机等硬拷贝输出设备则以Dot表示记录点，但问题的复杂性在于省略Screen时Dot也可以表示网点。由此可见，考虑到Dot这一称呼固有的模糊性，理解和使用它时必须十分小心。

扫描仪和数字照相机领域已经对数字成像系统的分辨率这一关键客观指标建立了良好的工业标准，例如由国际标准化组织制定的ISO 12233照相机拍摄电子静止图片分辨率测量标准。不幸的是，迄今为止数字印刷领域还缺乏规范和正确使用数字印刷机或打印机分辨率指标的工业标准，导致目前的混乱局面。数字印刷机和打印机以及扫描仪和数字照相机同属数字设备，两者在客观分辨率指标上出现如此不一致的原因可以从历史差异部分得到解释，数字照相机和扫描仪从基于胶片的摄影技术“继承”了分辨率这一术语，但人们处理数字印刷机或打印机分辨率时却往往习惯性地从胶印寻求答案，而胶印又恰恰无法满足人们的“好奇心”，事实上加网线数与分辨率是两个不同的概念。

鉴于数字印刷领域目前尚无分辨率指标严格定义的现状，惠普的D. Towner提出参考胶片工业使用的方法，建议将分辨率定义为每英寸内交替出现的黑色和白色线条对的最大数量，可以由数字印刷机或打印机以足够的对比度复制出来，且能够为裸眼在正常视距范围内有效地辨别。问题似乎得到了解决，但似乎又十分的不明确。一方面，以每英寸线对数定义数字印刷机或打印机分辨率指标的合理性值得质疑，因为数字印刷机或打印机是基于记录点的输出设备。另一方面，人们已经接受了以dpi定义硬拷贝输出设备的记录精度，引入每英寸线对数的分辨率指标可能导致另一种认识上的混乱。

打印机或数字印刷机的分辨率适宜于定义为成像系统能达到的最高纪录精度，虽然也常常以dpi表示，但实际含义不同于硬拷贝输出设备的寻址能力。在关于如何测量分辨率指标的问题上，鉴于数字印刷领域目前尚不存在严格的分辨率测试方法和测试图，因而借用针对扫描仪和数字照相机开发的分辨率测试图实属无奈之举。由于针对扫描仪和数字照相机开发的测试规程大多假定所定义的测试图是包含任意空间频率的统一体，使用时必须极端小心，理由如下：数字照相机和扫描仪分辨率测试图作为数字成像系统的输入对象时，测试图的空间频率范围相当宽，但数字印刷机或打印机却要求输入对象按设备的像素间距采样，导致数字印刷机或打印机对测试图适当的采样很可能仅仅包含特定的线条宽度，甚至连近似于分辨率极限附近的大多数任意或连续变化的空间频率也无法表示。

## 四、寻址能力

数字印刷机或打印机制造商在产品样本中提到的dpi往往指系统的寻址能力，用于描述每单位长度内硬拷贝输出设备能够定位到纸张的最高能力，或者说数字印刷机或打印机传动机构的最高定位精度，英文以Addressability表示。

客观地说，寻址能力确实是硬拷贝输出系统的重要技术指标，它从一定程度上反映数字印刷机或打印机的记录精度。然而，寻址能力并不等同于分辨率，因为寻址能力仅仅反映设备的定位精度，不能反映设备的物理记录精度。一般来说，硬拷贝输出设备的物理记录精度或分辨率决定于成像部件实际可产生记录点的尺寸，例如静电照相数字印刷机或打印机激光点的直径决定了单位长度内排列得下多少个记录点。

从经济性角度考虑，提高成像系统传动机构的运动精度代价不会太高，但提高硬拷贝输出设备的物理记录精度却必须付出更昂贵的代价。静电照相数字印刷机或打印机的物理记录精度取决于激光器或发光二极管发射出的光束直径，喷墨打印机的物理记录精度则取决于喷嘴孔的大小；与此对应，无论静电照相设备或喷墨打印机，它们的寻址能力由设备传动机构的运动精度确定，而提高运动精度主要取决于微电子机械加工水平，比起提高物理记录精度来更容易。以微机械设备的定位精度为例，达到微米级的控制精度对机械加工领域来说大规模生产已不成问题，也不存在明显的技术障碍。

然而，强调寻址能力不同于物理记录精度并不意味着寻址能力没有价值，硬拷贝输出设备确实有能力以自身最高的定位精度在相应位置上对纸张提供色料，理论上也确实可以形成记录点，问题在于相邻记录点能否彼此清晰地区分。

围绕分辨率和寻址能力的误解往往与制造商的误导有关，市场化的宣传文章（尤指产品宣传资料）在强调打印机或数字印刷系统的能力时常常以每英寸记录点数或每毫米记录点数描述分辨率，分别以dpi或dpm标记，实际上以寻址能力代替设备的物理分辨率。

误解也可能来自使用者，例如有的人认为数字印刷机或打印机的分辨率指标无关紧要，觉得评价设备能力的唯一要素是最终的印刷品质量；也有人过于信任制造商，不加思索地接受制造商提供的参数，对物理分辨率和寻址能力不加区分。

### 五、分辨率与寻址能力的联系和区别

数字印刷机或打印机的物理分辨率与传动机构无关，而寻址能力却取决于成像部件的传动机构，例如激光束的直径由激光器的能力指标决定而无法改变，但传动机构驱动激光束扫描的精度却可以变化，因为机构精度与激光器没有关系。物理分辨率的本质体现在衡量设备复制图像精细结构的能力，与图像的感觉质量直接相关。在分辨率和寻址能力关系方面，作为衡量设备物理记录精度的分辨率可以与寻址能力相等，但不能超过寻址能力。

设备的寻址能力肯定影响分辨率。然而，如同图 8-1 所示的寻址能力与记录分辨率关系那样，数字印刷机或打印机的寻址能力并非控制分辨率的唯一因素。该图给出的寻址点栅格模拟可寻址位置距离的一半、一倍、两倍和四倍，这些可寻址点栅格清楚地说明，如果记录点的尺寸越大，或打印到纸张的记录点扩展得越明显，则大尺寸记录点不能像小尺寸记录点那样以相同的分辨率复制图像，也体现寻址能力与分辨率越大的差异。

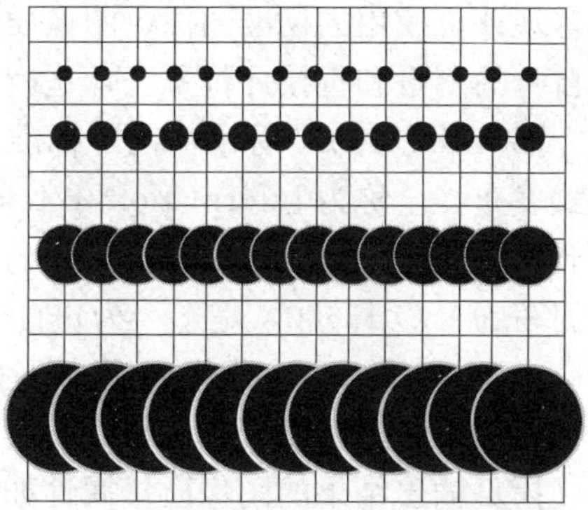

图 8-1 寻址能力与分辨率的关系

确认制造商提供的分辨率需要测试，数字印刷机或打印机的实际分辨率应该由该设备输出的印刷样张决定，应视为数字印刷系统的一种属性，包括数字印刷机或打印机的自身结构、色料耗材（例如墨粉）、记录介质和控制软件，它们都将影响测量分辨率。

数字印刷机的用户应该对分辨率有正确的认识，并非分辨率越高越好。如果数字印刷机输出分辨率超过了视觉系统的极限分辨率，则认为这样高的分辨率表示设备性能优异是没有意义的。由于摄影底片的尺寸很小，冲印时通常要放大，但数字印刷机的输出结果与摄影底片不同，输出结果即设备的最终产品，是由裸眼观看而并非机器阅读。因此，用于确定数字印刷系统分辨率的方法对摄影底片这样的材料并不适合，也不适用于由机器阅读的标签等印刷品，合理的结论是并非数字印刷机的分辨率或寻址能力越高越好。

几乎所有分辨率测试均采用黑色油墨印刷，这意味着仅测量黑色分辨率。以黑色油墨测试硬拷贝输出设备分辨率的主要理由在于必须考虑到眼睛的感受特点，因为对图像清晰度起支配作用的是视觉的明度通道，且使得彩色和单色（仅黑色）数字印刷机的分辨率测量更为简单，避免彩色成分对获得正确的测试结果带来的困难。

## 第三节 数字印刷质量标准

经过多年的开发和研究，一个不同于以往测量和评价方法的国际性数字印刷质量标准 ISO/IEC 13660 已经于 2001 年颁布。此外，另一个数字印刷标准 ISO 19751 正在开发过程中，有望成为更合理和完整的数字印刷质量标准，补充 13660 没有包含的某些关键数字

印刷质量属性。开发13660标准的主要目标在于帮助质量控制工程师们评价来自办公室成像系统印刷品的质量属性，但该标准的实际意义并不局限于办公应用领域。传统成像系统（例如油墨覆盖纸张的印刷系统）通过比较原稿和印刷品评价图像质量，或比较印刷品与图像底版（印版）后作出评价，然而许多电子成像系统以数字方式建立印刷图像，不存在硬拷贝形式的底版，从而也无法使用常规的比较法评价作为成像结果的印刷品质量。

## 一、ISO/IEC 13660标准简介

任何页面对象经过印刷系统转换后都成为图像，文字和图形的矢量属性也必然失去，印刷质量评价即印刷图像质量评价，不存在原则区别，甚至可认为两者是等同的。

客观评价以物理测量为基础，需要规定物理度量，比如密度或色度值；此外还要求定义客观评价使用的标准图像、图像质量属性和测量方法等，但也有仅仅依赖于图像质量属性自身的测量和直接评价方法，这就是ISO 13660标准。

ISO/IEC 13660标准由国际标准化组织和国际电工委员会联合制定，于2001年9月正式发布，全称为Information technology-Office equipment-Measurement of image quality attributes for hardcopy output-Binary monochrome text and graphic images，通常省略IEC而简写为ISO 13660，是迄今为止首个国际性的图像质量客观评价标准。由于ISO 13660标准由JTC1的SC28组织制定，且JTC1致力于制定IT产业相关标准，其下属的SC28分工办公设备，因而ISO 13660归类于信息技术的办公设备就不足为奇了。该标准用于指导硬拷贝输出结果的图像质量属性如何测量，并在此基础上评价二值单色文本和具有图形属性的矢量图像输出质量。在ISO 13660的说明部分，制定者明确该标准适用于数字印刷。

ISO 13660标准起草工作组的主要成员来自施乐和惠普，目标归结为：首先，开发与电子成像系统质量评价相关的国际标准，汇集图像属性清单，并使它们与人眼对于印刷品质量的视觉感受关联起来；其次，定义测量图像属性的方法，能通过简单的系统自动执行。

该标准起草工作组认为，图像的可阅读性和外观表现（外貌）决定图像的使用价值和质量等级，包括细节容易检测、图像单元与背景隔离得很好、图像的总体缺陷最小和成像系统有很好的几何保真度等四大方面。但必须注意，这些要素不能为图像质量固有的量化属性评价所覆盖，因为大量的心理和文化成分难以评价。

制定ISO 13660标准的目的在于表示客观而可测量的属性集合，给出与观察者在标准观看条件下产生的图像感觉质量的相关性，使印刷品的使用者能将试验样本归类成从最好到很差的几个组。属性及其评估方法基于下述假设：图像是传播意图的表示；在同一图像单元内阶调表现是均匀性的；字符图像、符号和图形单元都是有规则的，即使发生变倍操作时仍然是相同的，意味着符合相似性原理；已经筛选掉了有极端总体缺陷的样本。

ISO 13660适用于由文本、图形和其他对象构成的图像，只有两种阶调等级（单色图像），典型例子为白纸上的黑色图像，由该标准建议的工作程序限制于裸眼可察觉的图像质量属性。标准起草工作组选择了简单的方法和有效的度量指标，建议完整的评价系统应该由图像捕获设备、评价软件和针对应用的质量标准（包括样本采集计划）三部分构成。

## 二、ISO 13660 的主要内容

ISO 13660 标准划分为范围、引用参考标准、术语与定义、结果报告与采样规则、属性及属性含义、系统验证性试验六部分，其中属性及属性含义部分是重点。

在 ISO 13660 的适用范围方面，只是说明起草小组没有考虑到该标准对于画报一类出版物的适用性，也不计划用于打印在透明薄膜或类似记录介质上的图像，而是针对白色承印物上的黑色图像作优化处理。起草小组认为，评价由彩色油墨或承印材料产生的图像比起黑白图像来更困难，因为评价结果与照明条件的变化有关，因而 ISO 13660 建议的工作规程很有可能不适用于传统印刷工艺或彩色图像，即使采用也必须小心。

ISO 13660 引用的参考标准包括 ISO 5-1（1984）摄影/密度测量/第一部分：术语、符号和标记约定，ISO 5-3（1995）摄影/密度测量/第三部分：特殊条件，ISO 5-4（1995）摄影/密度测量/第四部分：反射密度测量几何条件，CIE 15.2（1986）色度，TAPPI T480（1992）纸张与纸板 75°几何条件下的镜面光泽度和 TAPPI T452（1992）纸浆、纸张和纸板亮度。

由 ISO 13660 标准定义的术语除解释二值、二值图像、单色图像、图像单元、字符图像、像素、边界、着色剂、承印材料、页面、畸变、硬拷贝、标称值、标准观察距离、光学密度、可阅读性、伪随机、随机和等边缘清晰度基本概念外，也包括测量和评价/计算图像质量属性所需的边缘阈值、边缘梯度、图像分割区域、内边界边缘、线条宽度、法线边缘轮廓、外边界边缘、阈值等高线、反射系数和相对反射系数等，以及针对测量和计算方法定义的兴趣区域、兴趣区域最大反射系数、兴趣区域最小反射系数、每英寸光斑数或每英寸样本数、“瓷砖”和规则“瓷砖”排列等术语。

在结果报告和样本采集方案部分，ISO 13660 标准规定评价结果报告可以选用任意采样、随机采样和页面整体采样方案之一，同时也描述了实现三种采样方案所需的信息，且规定评价报告必须包含能够由采样方案准确复制且数量足够的专门信息。例如，大面积填充区域属性测量至少选择包含最明显斑点的 10 个兴趣区域，而字符、线条属性评价则需要找到 3 幅最亮的字符图像和 3 幅最暗的字符图像，在此基础上对满足预定准则的页面和选择区域执行视觉检查，并在每个选择区域内对属性作出评价。

属性及其度量指标是 ISO 13660 的主体部分，分成大面积填充区域密度属性和字符/线条属性两大类型。按 ISO 13660 规定，大面积填充区域的密度测量数据应该来自面积不小于 21.2mm×21.2mm 的兴趣区域，测量仪器的光圈面积至少达到 19.6mm$^2$，仪器可测量区域的最小尺寸 5mm，且测量必须遍及图像单元整体。此外，ISO 13660 还要求被测量线条的长度不小于 1.27mm，字符域定义为临近字符图像或其他图像单元的页面区域，这种区域的范围从字符图像的外边界边缘开始计算，或离开其他图像单元 500$\mu$m 的距离。

ISO 13660 的最后部分涉及系统的验证性试验要求，目的在于验证由硬件、软件和操作人员组成的测量和评价系统是否经过了良好的标定，证实系统的准确度和精度足以满足标准提出的要求。如果仪器系统获得的数值在标准给定的目标值允许偏差范围内（每种属性和每一种试验对象都需经过验证性试验），且试验结果独立于被测量对象的方向以及对象在观看域内的位置，则认为测量系统经过了正确的标定。

按 ISO 13660 标准规定，验证性试验涉及的测量应采用分辨率不低于 600spi、每个像

素以8位描述的仪器，且测量必须在较大的观看域内（例如600spi的平板扫描仪）执行，动态范围至少在0.1～1.5。要求600spi分辨率的仪器在水平和垂直方向有42.3μm的光学采样间隔，采样窗口尺寸接近于42.3μm×42.3μm。为了使系统的验证性试验标准化，ISO 13660定义了六种试验线条，以0和1两个数字组成的数字序列给出。

## 三、图像质量属性

从1992年开始展开的一系列国际性标准化活动为测量图像质量属性奠定了基础。作为制定系列标准的第一步，二值单色文本和矢量对象的硬拷贝输出图像质量属性的测量方法已经形成ISO 13660标准的核心部分，其中字符/线条质量属性8种，大面积填充区域质量属性6种，表8-3是对于ISO 13660定义的质量属性的归纳和总结。

表8-3 图像质量属性

| 字符与线条 | | 大面积区域 | |
|---|---|---|---|
| 编号 | 属性 | 编号 | 属性 |
| 1 | 模糊度 | 1 | 大面积暗度 |
| 2 | 粗糙度 | 2 | 背景朦胧 |
| 3 | 线条宽度 | 3 | 颗粒度 |
| 4 | 字符暗度 | 4 | 斑点(杂色) |
| 5 | 对比度 | 5 | 背景无关痕迹 |
| 6 | 填充 | 6 | 空白 |
| 7 | 字符域无关痕迹 | | |
| 8 | 字符域背景朦胧 | | |

表8-3所列的图像质量属性不仅反映数字印刷的特殊性，某些质量属性对传统印刷工艺或许并不重要，甚至无需考虑，但一定程度上也反映由于测量的技术进步而已经有条件深化人们对印刷质量检测和评价的认识。对数字印刷而言，表8-3列出的印刷图像属性不仅体现质量评价深入到比传统标准更广的范围，更重要的进步还在于通过ISO 13660传达的信息和积极意义：属性测量和评价无需规定试验测试图或参考图像，评价结果来自图像自身，因而只需测量图像本身的特征参数就能完成评价任务。按ISO 13660标准，质量评价前应该标定测量系统、试验对象和目标值，以说明测量系统的标定结果能够接受。

ISO 13660标准与设备无关，被测量图像可以是激光打印机印刷品、喷墨打印机产品甚至铅笔画等，来自传统印刷或数字印刷工艺；评价的目标对象为文本和图形，因而规定的测量规程适用于任何字符、线条和大面积区域。这样，测量和评价时无需专门的标准测试图像，也不需要专用测量设备，但要求设备符合四种验证性试验要求。

## 四、字符与线条质量指标

按ISO 13660标准，字符与线条划归同一类别，统称字符图像与线条属性，这里的属性即质量指标，质量属性或质量指标是评价印刷图像质量的依据。

字符图像和线条的模糊度（Blurriness）定义为被复制对象的轮廓呈现朦胧或模糊的外貌，从背景过渡到字符（或线条）时存在黑色程度可以察觉的渐变。模糊度用对象轮廓边缘内边界和外边界的平均距离度量，例如图8-2是线条类对象（也可以是字符笔画对象）横截面的放大表示，该图所示的线条类对象两侧边界的边缘特征表明，从边缘的内边界到外边界存在一过渡带，模糊度与该过渡带的平均宽度有关。

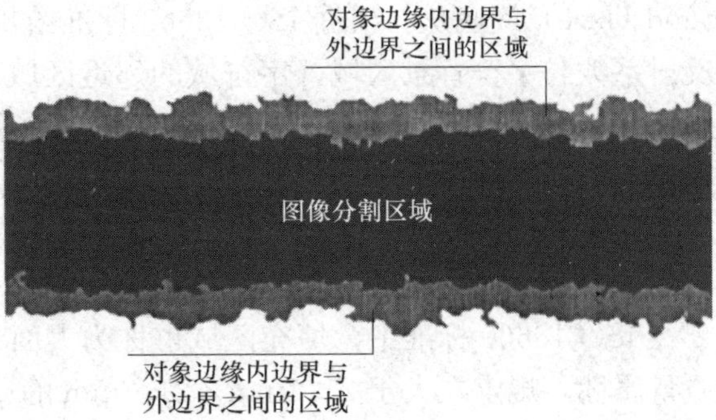


图 8-2　线条类对象的模糊度

粗糙度（Raggedness）定义为字符笔画或线条对象边缘从其理想位置产生几何畸变后形成的外观形态。若对象复制后形成了粗糙的外观，则边缘必然呈现高低不平的锯齿形状或波浪形状，从而偏离字符笔画或线条的理想平滑边缘和直线形态。线条类对象的边缘阈值可通过最小二乘法拟合到直线，该拟合直线到边缘阈值的距离称为剩余部分，计算各测量点剩余部分的标准离差，即得到线条类对象的粗糙度。因此，粗糙度以线条类对象拟合直线到阈值边缘距离的标准离差为衡量指标，标准离差沿垂直于拟合直线的方向计算。

线宽（Line Width）定义为字符笔画或线条的平均宽度，每一个测量点的线宽可根据线条一侧的边缘阈值到另一侧的边缘阈值计量，再以所有测量点线宽求平均值，即得到线宽测量值。测量线宽时沿垂直于图像单元中心线的方向进行，采样频率至少 600spi，这里的测量频率即仪器的空间分辨率，以每英寸多少个采样点数量表示。

以黑色填充线条或字符对象笔画内部时，字符暗度（Character Darkness）指线条类对象内部填充的黑色程度；如果填充油墨为黑色以外的其他颜色，则字符暗度指填充颜色的色调深浅。根据 ISO 13660 标准对字符暗度的定义，先按扫描仪或数字照相机捕获图像的 75％反射系数阈值得到对象边界，再测量由 75％反射系数界定区域内多个位置的密度，最后计算全部测量数据的平均值，即得到字符暗度测量结果。

对比度（Contrast）用于衡量线段、字符图像或其他象形文字图像及其范围的黑暗程度间的关系，ISO 13660 标准建议以下述公式计算对比度：

$$C=\frac{R_f-R_i}{R_f} \tag{8-1}$$

式中的 $C$ 代表对比度；$R_f$ 表示区域的反射系数，定义为周围字符区域（Character Field）的平均反射系数，其中字符域包括油墨留下的痕迹、细小墨点形成的灰雾对象和承印材料；$R_i$ 称为图像反射系数，以图像单元内边界边缘内的平均反射系数计量。

对线条类测量对象而言，填充（Fill）指线段、字符图像或其他象形文字图像边界内同质（Homogeneity）暗度的外貌，以具有 75％相对反射系数值面积的比例表示，或内边界具有 75％相对反射系数值面积与内边界总面积的比。

字符域无关痕迹（Extraneous Marks of Character Field）指字符或线条对象周围区域呈现的非正常形态，定义为出现在字符周围区域内的着色剂颗粒或着色剂颗粒结块后形成的更大颗粒，在标准观察距离下即使不借助于辅助工具也能够为裸眼所察觉，辨别为相互间有区别的痕迹。该质量属性以字符周围区域痕迹面积与字符域总面积之比衡量，其中痕迹面积在痕迹的边缘阈值内测量，规定在不小于字符边界 100$\mu$m 的范围内测量。

字符周围区域内的着色剂颗粒或着色剂颗粒形成的结块在视觉上可见，但在标准观看条件下仅靠裸眼不能辨别为清晰的痕迹，这种质量缺陷称为字符域背景朦胧（Background Haze）或底灰。根据 ISO 13660 标准给出的定义，该质量属性以字符周围区域平均反射系数与字符背景区域（字符域的邻近区域）的反射系数之比衡量，测量和计算时应排除字符周围区域的痕迹和图像单元，背景附近区域的含义是字符周围区域外的那部分面积。

## 五、大面积填充区域质量指标

在 ISO 13660 标准中，填充区域也称为大面积密度属性，共定义了六种大面积填充区域质量属性，规定在大于 21.1mm×21.2mm 的属性特征区域内测量与评价。每一个候选测量区域称为兴趣区域，即用来测量和评价大面积填充区域光学密度的图像单元。规定大面积填充区域内图像单元的光学密度用光圈面积不小于 19.6mm$^2$ 的仪器测量，要求兴趣区域的最小尺寸不低于 5mm，且测量必须遍及图像单元整体，如图 8-3 所示。

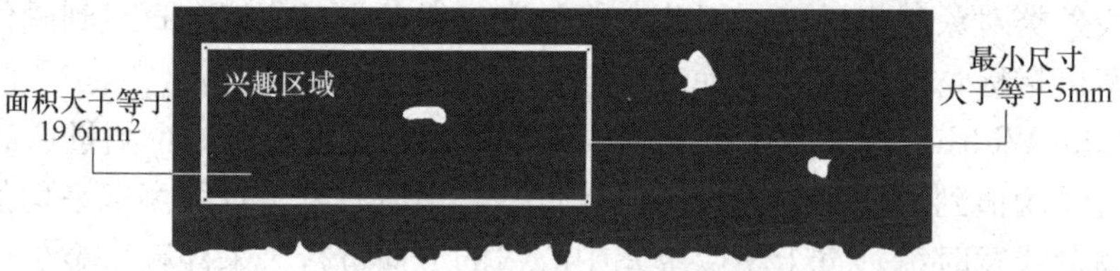


图 8-3 大面积暗度测量

大面积暗度（Large Area Darkness）定义为兴趣区域的平均光学密度，该质量属性的测量和评价与后面即将介绍的颗粒度和斑点属性有关，要求满足颗粒度和斑点测量的采样方案，规定大面积暗度的测量结果需特征化处理为平均值 $m_i$ 的平均值。

在复印机制造和应用领域，背景朦胧（Background Haze）也称为底灰，其含义是背景区域的着色剂（色料）可能看得见，但在标准观察距离下仅借助于裸眼却无法识别为独立的痕迹。兴趣区域内背景朦胧的度量指标定义为该兴趣区域背景（排除痕迹）的平均光学密度，规定测量仪器的光圈不小于 19.6mm$^2$，最小尺寸 5mm，至少在离开任何图像单元边界 500$\mu$m 的距离上测量。背景朦胧的测量与评价方法与大面积暗度相同。

颗粒度（Graininess）指所有方向上空间频率大于 0.4 周期/mm 的非周期性密度波动，颗粒度测量应横跨兴趣区域进行，定义为$\sqrt{(\sum_i \sigma_i^2)/n}$，其中的 $\sigma_i$ 表示第 $i$ 个“瓷砖”内光学密度测量值的标准离差，$n$ 为“瓷砖”排列的总数。

颗粒度可按如下方法测量：找到一个面积至少等于 161mm$^2$ 的兴趣区域，最小尺寸至少 12.7mm，兴趣区域整体包含在分析面积内；均匀划分兴趣区域，至少产生 100 个互相不重叠的正方形“瓷砖”，且正方形面积至少为 1.61mm$^2$，边长大于等于 1.27mm；在每一“瓷砖”内执行 900 次间隔均匀且互不重叠的密度测量操作，对每一编号为 $i$ 的“瓷砖”计算测量数据的平均值 $m_i$ 和标准离差 $\sigma_i$。这样，对于 600spi 的检测系统，上述要求对应于 90000 个像素，划分成包含 900 个像素的“瓷砖”，如图 8-4 所示。

斑点（Mottle，或称为杂色）定义为所有方向上空间频率小于每毫米 0.4 周期的非周期性密度波动。这种质量属性的测量应横跨兴趣区域进行，定义为 $m_i$ 的标准离差，其中 $m_i$ 是第 $i$ 块“瓷砖”内密度测量数据的平均值，关于 $m_i$ 获取的方法已经在颗粒度测量中定义。

背景无关痕迹（Background Extraneous Marks）的概念多少与背景朦胧类似，指出现在背景区域、且能够通过裸眼在标准观察距离下辨别为痕迹的着色剂颗粒或着色剂颗粒的结块。根据 ISO 13660 标准规定，背景无关痕迹应该在至少离图像单元 500μm 距离的范围内测量和评价，其中图像单元指大面积填充区域对象。背景无关痕迹与背景朦胧都属于被复制对象背景区域的质量缺陷，它们的主要区别表现在几何尺寸上，后者由细小的颗粒状墨点构成，导致灰雾状的外观效果，不能在标准观察距离条件下由裸眼识别；背景无关痕迹中的"无关"两字指并非为被复制对象要求的着墨结果，例如静电照相数字印刷机错误的成像信号或光导体缺陷导致的墨粉颗粒堆积。背景无关痕迹的度量指标为每一痕迹（最小尺寸至少 100μm）边缘阈值内的面积，因面积尺度相当小而规定以 $\mu m^2$ 计量。测量和评价结果报告为全部痕迹及其面积（连同兴趣区域面积一起报告）的清单，或以全部痕迹总和的形式出具报告，后者等于全部痕迹总面积除以兴趣区域面积。

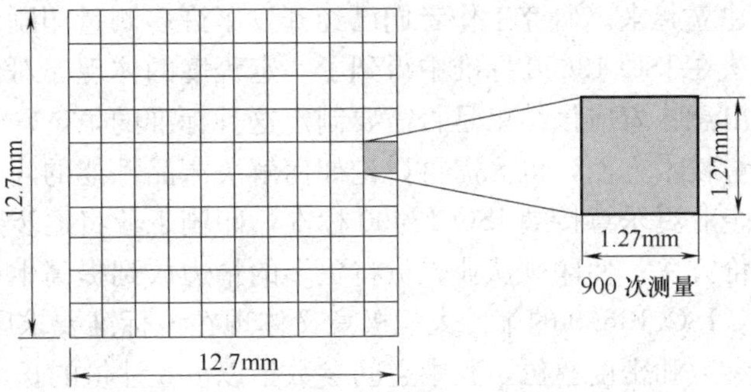


图 8-4　兴趣区域划分为"瓷砖"

空白（Void）定义为大面积填充区域内可以看见的空洞或缝隙，尺寸大到足以通过裸眼在标准观察距离下彼此独立地辨别。测量空白时以实地图像区域内每个空洞的面积表示，因面积很小而以 $\mu m^2$ 计量，规定测量区域的最小尺寸至少达到 100μm，且空白的面积在它们的边缘阈值范围内测量。规定评价结果报告为空白及其面积（连同兴趣区域面积一起报告）的清单，或报告为总和的形式，后者等于全部空白总面积除以兴趣区域面积。

## 六、ISO 13660 的基本功能

任何质量标准不可能适合于所有应用目的，要求来自不同机构或组织的人员同意多种印刷质量分析方法显然是困难的，因为特定的质量标准无法面对各种实际问题，也无法针对所有应用领域需求开出万能的处方。有鉴于此，ISO 13660 标准起草委员会的成员一致同意选择那些容易为人们接受的数字印刷质量属性，他们希望为以后进一步开发更综合性的质量标准奠定基础，打算扩展的印刷质量属性根据专业领域能接受的程度逐步添加到以后的标准内，例如正在开发的 ISO 19751 标准将考虑基于彩色图像色貌的印刷质量属性测量和评价方法。事实证明，ISO 13660 标准起草委员会的这种思路是成功的。

ISO 13660 标准有不少方面值得引起注意，但其中的两点特别重要，它们可能从根本上改变印刷品质量检验和评价的现状。

首先是 ISO 13660 提出的印刷质量指标的标准化测量方法，也是第一个由国际标准化组织建立的印刷质量客观评价标准。现代工业生产活动取得的大量实践经验表明，任何工业产品的质量状态都应该以客观的指标衡量和评价，离不开仪器检查数据，尽管印刷品的特有属性要求主观评价的参与，但客观指标无疑更重要。多年来，业内人士迫切希望建立客观评价指标，并制定一套与客观评价指标直接相关的标准化的测量方法，然而却一直未

能建立起来。研究工作者们已经开发了许多测量印刷（图像）质量属性的不同方法，这些方法在 ISO 13660 标准中得到了一定程度的体现。对标准开发人员来说，客观质量标准的推出意味着应该结束是否需要制定这种标准的争论，更多的讨论将集中在定义质量属性和测量技术方面，也无需再讨论如何解决产品性能的问题。对应用部门而言，随着越来越多的企业更乐意接纳 ISO 13660 标准，印刷工业将逐步熟悉该标准定义的术语和质量检验和评价方法，使印刷从业人员将更多的精力放到提高生产效率上。

ISO 13660 的第二大积极意义体现在该标准要求印刷质量评价系统使用经过标定的空间参数和密度单位，其中空间参数指以 μm 计量的长度和距离，密度单位表示为百分比反射系数。现在，某些以扫描仪或数字照相机捕获印刷图像的测量和评价系统以未经标定的单位输出测量数据，例如像素和 GSV，其中的 GSV 表示 Gray Scale Value 的缩写，例如数值取 0 到 255 间的一个数字。采用未经标定的单位意味着来自一个系统的数据不能与其他系统的数据比较，重复性往往很差。因此，使用经过标定的单位应该成为印刷质量分析信息沟通的基本要求，来自不同系统的数据不仅能相互比较，且重复性也大大改善。

ISO 13660 定义的某些方法特别值得一提，线条宽度测量技术就是很好的例子。该标准将承印材料（白色）和着色剂（黑色）的反射系数定义为 $R_{max}$ 和 $R_{min}$，线条边缘的等高线定义成 $R_{max}$ 与 $R_{min}$ 之间 60％反射系数渐变点，可利用下述公式计算：

$$R_{60}=R_{max}-(R_{max}-R_{min})60\% \tag{8-2}$$

类似地，边缘清晰度基于 90％反射系数内边界和 10％反射系数的外边界，相应的反射系数 $R_{90}$ 和 $R_{10}$ 由公式（8-2）计算。这种方法成为有效的边缘适应阈值化技术，对纸张白度和油墨暗度的变化不敏感。此外，ISO 13660 也体现不少其他优点，例如建议的测量规程简单，测量方法和术语经过良好的定义，也容易理解。早在 ISO 13660 标准正式发布前，就有不少研究工作者根据标准草案展开了有关的试验验证，并开发出相应的软硬件结合的测量和评价系统。对于标准草案的使用经验表明，已经定义的 14 种印刷质量属性可用于解决范围广泛的印刷质量问题。

## 七、ISO 13660 的局限性

ISO 13660 标准建立在长期研究和经验积累的基础上，标准的推出使许多很好的技术具体化了，但标准的推广应用还需要细化和加强，少数局限性也应予以指出。

第一是对于粗糙度的定义不完整，主要表现在没有限制采样的精细程度和采样线段的最大长度两方面。按 ISO 13660 标准的规定，粗糙度的衡量指标定义为线条类对象的边缘阈值拟合到直线后与对象边缘阈值形成的剩余部分的标准离差，要求沿垂直于拟合直线的方向计算。从上述内容看，对线条粗糙度的衡量指标定义得并不十分明确，不同的采样精度和采样线条长度势必产生不同的测量和评价结果。

第二，按 ISO 13660 标准规定，测量仪器的采样频率（分辨率）不得低于 600dpi，或每隔 42.3μm 采集一个样本，但对于边缘采样的精细程度却未作强制性的规定。有可能引发的问题包括更精细的采样可能导致更高的粗糙度值，即使在这些波长下的粗糙度有较低的可感知性也如此。由 Grice 和 Allebach 完成的研究课题表明，如果对 ISO 13660 标准不作修改，则将严重限制粗糙度印刷质量属性值。有研究者认为，以后有机会修订标准时应该要求将数据滤波到非常接近 600dpi 的边缘采样频率。

第三，虽然 ISO 13660 对线条类对象的采样长度提出了不得低于 1.25mm 的要求，但没有规定采样长度的上限，而这同样是有问题的，因为更长的线条（例如 10mm 长线条）通常会产生某种程度的弯曲，从而出现弯曲度支配粗糙度值的趋势。此外，即使粗糙度的测量和识别结果相同，但根据 1.25mm 样本推导的粗糙度数据和推导自 10mm 样本的结果却可能很不相同。因此，修订标准时应该要求固定的测量长度，或规定对切线边缘应用高通滤波器。在目前情况下，用户应该在报告测量长度的同时也报告粗糙度值。

第四，字符笔画和线条边缘的模糊度测量方法也需要细化。现有 ISO 13660 标准将模糊度定义为边缘阈值 $R_{10}$ 和 $R_{90}$ 间的距离，由于反射系数 10% 边缘阈值以处在反射系数曲线斜率低的区域为典型特征，因而测量数据的重复性较差。与此对应，边缘阈值 $R_{20}$ 通常出现在反射系数曲线渐变更清晰的区域，因而给出的测量结果更可靠。

第五，就目前的 ISO 13660 版本来说，在颗粒度和斑点这两种印刷质量属性上也存在相当的改善空间。颗粒度定义为发生在小于 1.27mm 但大于 42.3μm 测量区域范围内的不均匀性，斑点则定义在大于 1.27mm 的测量范围内。这种以 1.27mm 为固定尺寸划分颗粒度和斑点的方法虽然有简化的优点，但对于特定的印刷质量问题显得测量结果相对地不灵敏，例如喷墨印刷很容易出现的墨水合并现象很可能被忽略。为此，有研究工作者提出了一种替代方法，即采用可变尺寸“瓷砖”的测量区域，可以揭示关于非均匀性尺寸范围的重要细节。使用可变尺寸“瓷砖”时，应该在报告分析结果的同时附加“瓷砖”尺寸。

第六，除 ISO 13660 标准定义的印刷质量属性外，还有大量很有价值的其他印刷质量属性，其中的某些属性应该包含到标准的修订版中，例如线条位置的定义。来自专业文献的信息表明，线条位置在印刷质量诊断测量方面已经广为应用，比如确定喷墨打印头喷嘴的直线度。另一重要的质量属性称为条带，在许多印刷工艺中表现得相当明显，可划分为周期性（正弦）和非周期性（脉冲）两种类型。为周期性和非周期性条带分别定义印刷质量属性将体现其必要性，制定 ISO 13660 标准的国际标准化委员会的 SC28 分会正在开展与此有关的工作，打算将线条的周期性和非周期性条带质量指标扩展到 ISO 13660 中。

此外，对于标准的符合逻辑的扩展还应该包括彩色测量内容，例如具有交互特征（相互影响）的彩色出血或彩色渗透，例如喷墨印刷的墨水渗透和墨滴合并；彩色数字印刷系统的套印准确度，以及半色调图像噪声等。国际标准组织的 SC28 委员会正在按某些委员的提议对此展开工作，使 ISO 13660 扩展到大面积彩色测量。

## 第四节　质量检测与评价系统

印刷品不是普通商品，它的特殊性决定了不能仅仅靠客观评价得出结论，因而印刷质量评价应采用主观评价和客观评价的组合的系统。主观评价的必要性表现在印刷品是提供给人看的，印刷质量也需要主观判断。然而，主观评价结果往往受观看条件、观察者以往的经验、图像类型以及眼睛疲劳等因素而变化，重复性较差。另一方面，以物理测量为基础的客观评价有良好的可重复性，决策和判断也比较容易，因为客观评价过程和结果以数字方式表示。许多研究者发现，物理描述与主观评价呈现很高的相关性。

### 一、理想评价模式

建立质量评价系统时必须考虑到印刷品的客观和主观评价指标，也需要了解印刷品的生产过程及其最终的形态特点。印刷品是图文复制的结果，原稿、材料、印版（传统印刷）设备、成像、输墨和转印工艺等因素的综合作用结果形成印刷图像，图形和文字的矢量属性对页面描述、排版和RIP解释至关重要，尤其在输出时必须区别对待图形/文字和图像这两类不同性质的对象，才能得到最合理的结果。但是，图形和文字的矢量属性对印刷结果而言却已经变得没有实质性的意义了，因为这些对象一旦转印到纸张表面后就失去了它们的矢量特征，眼睛“阅读”印刷品的方式与利用扫描设备输入没有本质差异，总是以点阵描述的方式感受印刷品明暗和色调在二维平面上的分布规律。因此，评价印刷质量时无需区分页面对象的点阵描述和矢量描述特征，认为印刷质量评价等价于印刷图像质量评价（以下简称图像质量评价）也完全说得过去。

图像质量评价经历了相当长的发展历史，方式也多种多样。质量指标（参数）测量是评价的基础，而质量评价则是心理或物理指标与测量数据比较的结果，为此需要建立比较基准或衡量指标的可接受数值。在某些情况下，客观评价与主观评价很难分清，也可能使用同样的物理指标，但结果可能很不相同。比如，颗粒度是图像质量的衡量指标之一，以图像物理特征为基础的测量数据有客观性的量值特征，用经过合理标定的仪器多次测量能得到相当接近的结果，或者说多次测量数据的重复性相当高。然而，基于同一物理特征的视觉“测量”则属于主观评价的范畴，结果往往因人而异，重复性很差，原因在于视觉检查与人的心理特征（期望）和视觉敏锐度有关。

因此，理想评价模式应该是仪器客观测量与主观（视觉）检查的结合，物理指标与心理指标的结合，在此基础上得出图像质量的整体评价结果。印刷品的特殊属性决定了不能孤立地使用客观尺度，因为客观尺度常常关系到视觉感受与识别特征，应该通过描述人类视觉系统功能的模型使主、客观评价相关联。此外，图像质量的视觉感受和识别特征还可能与客户认同的整体质量相关联，也需要通过视觉系统模型描述两者的关系。

印刷工艺链中包含着很多个成像过程，例如原稿扫描（包括数字摄影）、胶片输出、晒版或计算机直接制版乃至于印刷工艺本身等都属于成像过程，打样和数字印刷同样离不开成像技术的支持，甚至屏幕显示也是成像过程，可见“成像”一词描述了印刷工艺链在特定介质上记录图文信息或图文处理结果的共同特征。显然，图像质量评价的根本目的在于改善印刷质量或通过成像系统设计改善图像的输出质量，使成像系统的物理描述与图像的质量要求相适应，与眼睛的视觉感受相适应。由于这一原因，长期以来成像技术领域广泛开展着系统物理描述与主观评价间的相关性研究，以构造出与主观评价结果高度相关的客观评价方法，使客观评价与眼睛的信息处理结果关联起来。

图8-5给出了主观评价与客观评价相结合的图像质量评价模式，也可以据此构造主客观结合的评价系统，表明围绕输出图像（印刷品）展开的一系列主观和客观评价过程。

传统工艺的成像系统（以油墨和纸张组合形成的复制系统最为典型）大多通过比较原稿和印刷品、或比较原稿和打样稿的方式评价印刷质量，归类于主观评价方法。绝大多数电子成像系统（例如数字印刷系统）以数字方式建立和复制图像，自然无法沿用常规的比较法评价成像质量。电子成像系统的操作者往往通过控制成像工艺保证获得良好的图像质量，并利用标准测试图和参考图像评价成像系统的性能。

人类对图像质量评价技术的研究和应用从来没有停止过，由于成像技术领域图像质量改善活动的不断开展而取得了不少进步，比如传统印刷、卤化银摄影、彩色电视、静电照

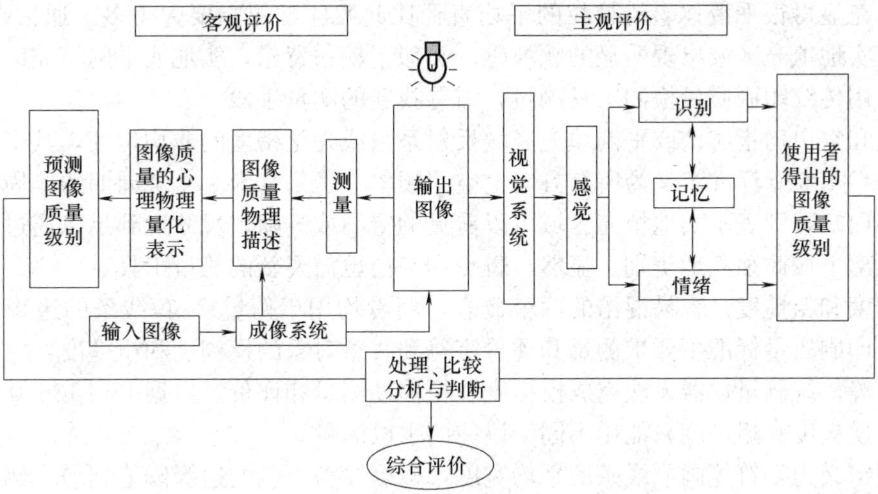


图 8-5 理想评价模式

相数字印刷和喷墨印刷等领域的图像质量评价技术，其中不少评价方法表现出与物理特性和主观评价结果有较好的相关性，也开发出了适用于不同领域的图像质量评价系统，但仅仅用主观评价一个尺度很难被普遍接受。

## 二、质量属性分析与测量仪器适应性

根据 ISO 13660 定义的印刷质量属性，页面复制对象划分为大面积填充区域和字符/线条两大类型，其中的某些质量属性可以用传统仪器测量。传统印刷质量标准通常不考虑字符和线条质量，主要原因并非这类质量属性不重要，而是缺乏测量手段（设备），事实上无论以分光光度计、色度计或密度计均不能测量字符和线条质量。数字照相机和扫描仪等图像捕获设备出现后，才使得字符/线条复制质量的测量和分析变得切实可行。

迄今为止，已经出现在商业市场上的各种数字印刷技术的实地复制密度通常不如胶印等传统印刷工艺，平网填充区域的复制效果类似，可见测量和评价数字印刷品大面积填充区域的暗度属性十分必要。按习惯，印刷图像的暗度质量属性应该以反射密度或反射系数指标衡量，因而理解和测量这种属性没有困难。

背景朦胧（底灰）和背景无关痕迹与干粉型数字印刷工艺（例如静电照相、磁成像和离子成像数字印刷）的错误墨粉信号和图像载体缺陷以及喷墨印刷的卫星墨滴等复制工艺因素有关，导致页面非印刷部分（背景区域）出现墨粉或墨滴，导致灰雾状的墨粉背景或颗粒尺寸更大的背景无关痕迹。以墨粉复制工艺为例，上述两种质量属性反映墨粉沾污白色纸张背景的程度，其中背景朦胧由较大规模的细小墨粉颗粒形成，所谓的背景无关痕迹指零星墨粉导致的复制质量故障，往往与光导鼓表面的物理缺陷有关。以密度计等传统仪器测量上述两种质量属性显然不行，因而需要新的测量技术。

填充区域的颗粒感主要源于半色调网点结构和色料颗粒尺度太大两种因素。网点结构主要影响平网填充区域的颗粒感，目前干粉型数字印刷因分辨率的限制而无法做到与胶印制版工艺等价的加网线数，导致平网填充区域的颗粒感比胶印强。以色料为载体的墨粉颗粒尺度影响实地填充区域的颗粒感，由于胶印油墨颜料的颗粒尺寸大体上在 1～2$\mu$m，因而实地填充显得很平滑；墨粉颗粒的平均直径比起胶印油墨来要大得多，通常在 6μm 左右，致使实地填充区域出现明显的颗粒感。类似于墨粉背景，实地或平网填充区域的颗粒度也不能用传统印刷质量检测工具测量，需寻找新的测量手段。

斑点和空白均指实地或平网填充区域反射系数或光学密度的非均匀性，其中斑点质量属性由 ISO 13660 标准定义为所有方向上空间频率小于每毫米 0.4 个周期的非周期性密度波动；空白缺陷则表示实地填充区域可以看见的空洞或缝隙，尺寸大到足以通过裸眼在标准观察距离下彼此独立地辨别。显然，斑点和空白也需要新的测量工具。

模糊度和粗糙度是容易混淆的两个概念，两者均用于衡量字符/线条的边缘质量。胶印等传统印刷质量标准不要求测量和评价字符和线条对象的模糊度和粗糙度，主要原因在于密度计等传统测量仪器无法完成模糊度和粗糙度测量和评价。根据 ISO 13660 标准给出的定义，模糊度和粗糙度只能用不同于以往的手段测量。

线宽定义为字符笔画或线条的平均宽度，根据线条一侧的边缘阈值到另一侧的边缘阈值计量。这种质量属性用传统工具测量也行不通，必须引入新的测量和评价方法。

字符/线条质量属性中的字符暗度、背景朦胧和背景无关痕迹与大面积填充区域质量属性的暗度、背景朦胧和背景无关痕迹含义基本相同。其中只有字符暗度可以用密度计测量，其他属性则需要新的测量技术。

字符和线条的对比度和填充质量属性既有联系、又有区别，前者用于衡量字符和线条类对象复制范围内黑暗程度间的关系，定义为兴趣对象与背景域的反射系数差；填充指字符/线条对象边界内同质暗度的外貌，定义为边界内具有 75%反射系数面积与区域总面积之比。显然，测量和评价这两种质量属性也需要新的技术。

## 三、图像捕获设备

从 ISO 13660 标准定义的 14 种质量属性可以看出，除大面积填充区域的暗度（即反射密度）外，其他印刷质量属性都无法通过现有的常规仪器测量。为此，该标准提出以空间分辨率不低于 600spi、每个像素以 8 位描述的仪器测量全部印刷图像质量属性，且规定测量必须在较大的观看域内进行（例如 600spi 的平板扫描仪），密度测量的动态范围至少在 0.1 到 1.5 之间。按 600spi 的采样频率计算，测量仪器在水平和垂直方向均可达到 42.3μm 的光学采样间隔，采样窗口尺寸接近于 42.3μm×42.3μm。

常规仪器无法适应 ISO 13660 标准定义的质量属性测量要求，可见以密度计一类的仪器直接测量和评价印刷品行不通，必须先转换到数字图像，才能执行测量和评价。数字照相机和平板扫描仪是目前普遍使用的图像捕获设备，但一般用途的数字照相机因信号捕获精度不尽如人意而达不到专业测量要求的精度，需选择专业用途的数字照相机。此外，为了准确定位到用户定义的兴趣区域，执行多次和渐进式的精确定位和测量，用作印刷图像属性测量的平板扫描仪必须达到很高的定位精度。

根据上述分析，问题归结为选择合理的数字图像捕获设备。第一，即使普通用途的数字照相机和平板扫描仪，照样能满足 ISO 13660 标准提出的“分辨率不低于 600spi、每个像素以 8 位描述”的基本要求。第二，只要选择了专业数字照相机和定位精度高的平板扫描仪，则这类数字照相机和扫描仪也满足 ISO 13660 标准提出的“测量必须在较大观看域内进行”以及测量仪器“在水平和垂直方向有 42.3μm 的光学采样间隔，采样窗口尺寸接近于 42.3$\mu$m×42.3$\mu$m” 的附加条件要求。第三，对需要执行连续测量的系统，具备高精度定位能力的平板扫描仪是不成问题的，但数字照相机必须附加高精度移动和控制系统。

从测量精度分析，现代平板扫描仪达到每个像素 10$\mu$m 的测量精度并不稀罕，且价格也相当便宜，只要扫描仪的重复定位精度经过测试，符合质量属性测量要求，则测量和评价系统配置平板扫描仪的问题也就解决了。若测量和评价系统选择专业数字照相机组建而成，则测量精度可以达到每个像素 1.5$\mu$m，完全能满足高清晰度印刷图像的测量和分析。

从系统的可靠性角度考虑，平板扫描仪捕获图像和质量属性测量的操作在封闭的环境中执行，照明条件固定不变，系统的工作可靠性得以保证。作为消费级电子产品的数字照相机在各种现场条件下拍摄时可靠性已相当高，再加上选择专业级设备，且在照相机固定的条件下拍摄，可靠性自然不成问题。因此，利用平板扫描仪和专业数字照相机可以组建成高可靠性的测量和评价系统。

在测量范围方面，目前商业市场供应的平板扫描仪至少达到 A4 规格，满足测量应该在较大观看域内进行的要求。尽管平板扫描仪不能变焦，但采样频率也大大超过 ISO 13660 提出的要求。专业数字照相机具备变焦能力，只要配以高精度移动控制机构，则较大的观看域和进入准微观层次测量没有问题。

从测量仪器发现印刷质量缺陷方面考虑，在平直域内发现尺寸从几毫米到几微米的缺陷对专业数字照相机完全可以，平板扫描仪能达到 10$\mu$m 的精度，基本符合要求。数字印刷品的斑点和条纹缺陷往往出现在频率相当低的区域，对应于数字图像的低频成分测量和评价，平板扫描仪和数字照相机都具备这种能力。颗粒度和条带效应的频率成分高，需要采样频率更高的设备测量，这对专业数字照相机不成问题，平板扫描仪基本满足要求。

## 四、图像捕获设备标定

尽管数字照相机和平板扫描仪符合 ISO 13660 提出的基本测量要求，数字照相机和平板扫描仪的制造商们力图使自己提供的设备能捕获质量良好的图像，但并不打算用作印刷质量测试仪器，因而数字照相机和扫描仪必须经过标定后才能够使用，包括空间标定、密度标定、颗粒尺寸标定和彩色标定。

空间标定的主要目的在于测量数字照相机或扫描仪捕获图像包含的像素和试验样本实际像素之间的距离关系，以满足 ISO 13660 提出的光学采样间隔和采样窗口尺寸要求，准确地掌握捕获信号的位置关系。一般来说，选择用作印刷质量测试系统主体的图像捕获设备时系统供应商已执行过空间标定操作，只要确认所选择的数字照相机和平板扫描仪的空间定位精度符合 ISO 13660 标准提出的要求即可，这样对用户操作而言归结为选择合理的图像捕获分辨率。以基于扫描仪的印刷质量检测和分析系统为例，捕获图像与测试样本的距离关系取决于扫描期间选择的分辨率，例如 1600dpi 的扫描分辨率等价于每个像素取自 15.875$\mu$m 的正方形范围，而像素距离则与该数字相同，测试图像素与试验样本像素的距离关系可据此推算。

数字照相机和平板扫描仪只能捕获印刷样张（以专门设计的测试图印刷）相应位置上的亮度或色度信号，即输出大家熟知的 RGB 数据或 Lab 数据，而这种数据不能为印刷质量分析和评价直接使用。因此，只有执行了正确的密度标定程序，建立亮度（色度）数据与密度数据或反射系数间的对应关系，数字照相机或平板扫描仪才能用于印刷品密度或反射系数测量，如同利用反射密度计测量密度或反射系数那样。由此可见，之所以要对数字照相机或扫描仪执行密度标定，是为了使设备捕获的数据与质量评价指标取得一致关系。由于质量评价指标总是由特定的标准所规定，因而标定结果应该与有关标准统一起来，使得印刷质量检验和分析系统能够与国际标准 ISO 13660 规定的印刷质量标定规则取得一致。

对图像捕获设备执行颗粒度标定的必要性主要体现在：评价静电照相数字印刷独有的墨粉背景和喷墨印刷常见的卫星墨滴的前提，在于需要掌握小颗粒墨粉和卫星墨滴的尺寸特点。由于更多的墨粉颗粒和卫星墨滴或大尺寸的墨粉颗粒有可能导致高得多的可视性和更高的背景密度，因而有必要对墨粉颗粒和卫星墨滴数量准确地计数，并精确地测量。以墨粉为例，需要测量的墨粉颗粒直径范围在 5μm～40μm，对那些几何尺度小于 5μm 的墨粉颗粒由于直径太小，因而对密度可视性几乎没有贡献，自然也不需要测量。墨粉颗粒直径大于 40μm 的情况或许根本就不存在，即使多个墨粉颗粒结块后形成的“墨团”尺寸达到甚至超过了 40μm，视觉系统也将感受为由许多墨粉颗粒集聚成的簇，对视觉密度的贡献可以由数字照相机在一般放大比例条件下测量出来，从而也无须标定。

尽管 ISO 13660 标准针对单色硬拷贝输出设备制定，但数字印刷质量检验和分析系统制造商已将 ISO 13660 扩充到彩色测量。来自应用方面的需求表明，许多印刷图像质量检测和分析系统的用户希望系统具备获取彩色数据的功能，比如即使能给出 Lab 彩色数据的估计值也可以，这成为系统开发商提供基本彩色测量功能的动力。

图像捕获设备的彩色标定方法归结为如下步骤：首先，由设备捕获的 RGB 测量值转换到 sRGB 数据，可采用基于从 RGB 到 sRGB 相关性的方法计算，借助于经验方法获得两者的转换关系，其中的 sRGB 值通常已经在图像捕获设备制造期间根据彩色数据已知的测试图完成了标定；其次，根据步骤一转换得到的 sRGB 值，测量结果通过 sRGB 到 $L^*a^*b^*$ 的经验关系转换到 $L^*a^*b^*$ 数据，虽然以上述方法从仪器测量数据得到彩色估计值的方法表现出良好的重复性，但精度仍需继续改善。

## 五、兴趣区域

大面积填充区域的暗度、背景朦胧、颗粒度、斑点、背景无关痕迹和空白等六种印刷图像质量属性的测量和分析离不开兴趣区域，规定图像的质量属性测量、分析和评价应该遍及这种有针对性地挑选出来的区域。兴趣区域应该取自印刷页面样张的图像质量属性测量区域，根据 ISO 13660 标准提出的规定，测量和分析不同图像质量属性时对兴趣区域有不同的要求，背景朦胧和暗度属性的兴趣区域面积 $<19.6mm^2$，最小尺寸 $\geqslant 5mm$；测量颗粒度和斑点时兴趣区域面积至少 $161mm^2$，最小尺寸 12.7mm；对测量背景无关痕迹和空白没有具体规定，但由于这两种质量属性的基本定义和测量方法类似于颗粒度和斑点，为此应参照颗粒度和斑点兴趣区域面积的确定原则。

ISO 13660 标准没有对随机采样和页面整体采样如何选择兴趣区域作出规定，任意采样方案要求选择包含最明显斑点的 10 个区域。对于 600spi 分辨率的采样系统，测量前需将每一个兴趣区域均匀划分成包含 900 个像素的正方形“瓷砖”。为了满足包含“最明显斑点”的要求，应首先抽取印刷图像的斑点几何特征，找出 10 个最明显的斑点，兴趣区域的中心位置与斑点中心重合，然后按 ISO 13660 的尺寸要求确定兴趣区域。均匀地划分兴趣区域并不困难，只需对测量仪器附加辅助设施和控制软件就可。

实现以 ISO 13660 标准为基础的印刷图像质量属性测量和评价时，兴趣区域的确定必须得到软件的支持，能够自动地划分兴趣区域，对于最明显斑点区域的选择最好能自动地执行，至少应提供人工搜索捕获图像放大版本的功能。因此，测量和评价系统的软件部分不能停留在一般的图像捕获控制，除分析测量数据并作出评价外，还应当具备能控制图像捕获设备传感器随机定位到任意兴趣区域的能力。必须注意到 ISO 13660 标准没有对测量仪器作强制性的规定，只是提出了一些基本要求，例如用于测量图像质量属性物理指标的图像捕获设备空间分辨率不能低于 600dpi、每个像素至少以 8 位描述，动态范围（密度范围）至少在 0.1～1.5，且测量必须在较大的观看域内进行，满足上述要求的测量仪器包括分辨率 600dpi 的平板扫描仪、寻址能力相当的数字照相机或测量精度相当的微观密度计等。此外，由测量仪器、配套设施和软件构成的测量和评价系统还应该经过验证性试验，确认系统具备测量和评价 ISO 13660 定义的质量属性的能力，与 ISO 13660 建议的测量规程相适应。系统的验证性试验要求以数字方式捕获图像，照明体、测量几何条件和光谱响应特征必须与 ISO 13660 标准对图像质量属性的定义相适应。虽然数字图像获取设备的选择是相对自由的，但却是精度和测量成本间权衡和折中的结果。

## 六、数字印刷质量检测与评价系统

有效的质量检测和评价系统应具备某些最基本的能力，满足功能和性能要求，要考虑到使用上的方便性和灵活性，用于现场测量和评价的系统应便于携带，且构造系统时还需考虑到经济性，降低系统的制造成本，以有利于推广和应用。

在功能和性能方面，必须考虑测量和评价系统的工作可靠性、测量精度和测量数据的可重复性，以及系统与国际标准或现行工业标准的兼容性。

为了实现真正意义上的可信赖和有效性，图像质量检测与分析系统必须既容易学习又容易使用，即使对那些要求很高的分析任务也应该体现操作的简单性，能够快速地提供可靠的分析结果，且分析报告的形成与测量/分析过程无缝连接。

为了满足数字印刷乃至于传统印刷行业的不同需求，图像质量检测与分析系统必须考虑功能的完备性，有能力分析广泛范围的质量指标。数字印刷是不断发展的技术，标准的制定尚未到达十分稳定的阶段，有可能根据技术发展和应用层面的需求提出新的图像质量属性，为此系统应当配备能体现技术发展成果的最新分析模块。由于数字印刷行业对测量和分析仪器要求的多样性，并考虑到现场使用特点，某些图像质量检测和分析系统除尽可能提供广泛而有效的功能外，还必须结构紧凑，重量轻，便于携带，制造成本低。

借鉴相关领域制造商在诸如密度计、分光光度计和光泽度计等经典便携式印刷质量测试仪器上取得的成功经验，数字印刷质量检验和分析系统的制造商已经研制成基于数字照相机捕获图像的便携式分析系统，通常由环状几何配置的白色发光二极管、光学元件、彩色数字照相机和显示器等关键部件构成。这种系统的出现有利于加快印刷质量的客观分析和技术推广应用的进程，现场使用时可设置到活动视频模式，如此测量头下面的样本在彩色显示窗内显示为活动图像。操作便携式图像分析系统无须太多的专业知识，数字印刷质量检测和分析对大多数非专业人士不再是遥不可及的事，其潜在的适合于现场使用的优势肯定比专家指导更有帮助。

平板扫描仪的数字图像捕获装置由一维 CCD 元件组成，所有 CCD 元件安装在电动机驱动的工作台上。以平板扫描仪获取数字图像的主要优点表现在下述方面：第一，由于这种系统的开发成本低，因而用户的启动成本（购买成本）也低；第二，平板扫描仪有能力捕获图像质量测试样本很大的面积，至少达到全尺寸 A4 规格的页面图像，这使得特定的印刷质量分析效率更高，例如条带效应和记录点跳动测量和分析；第三，平板扫描仪本身安排紧凑，因而以扫描仪为基础组建的印刷质量测量和分析系统具备结构紧凑的特点。平板扫描仪特别适合于测量某些印刷质量属性，比如印刷品大面积填充区域的反射系数畸变和密度的均匀性。一般来说，平板扫描仪对某些精细特征的测量和分析并不合适，比如小尺寸的网点（记录点）和宽度很细的线条，尽管可以用高分辨率的平板扫描仪甚至滚筒扫描仪测量印刷图像的质量属性，但这些扫描仪的价格太贵，且捕获图像保存为文件的数据量也太多，导致后续处理上的困难。因此，平板扫描仪在印刷质量分析领域扮演重要角色的同时，目前人们更偏向于使用二维的 CCD 数字照相机。

就数字印刷设备制造商和研究机构而言，他们希望对数字印刷机的复制性能和最终印刷品的质量属性有更深入的了解，掌握设备的实际记录精度和寻址能力，分析数字印刷质量缺陷的根源，根据测量数据推断出更有价值的结果，甚至希望能深入到印刷质量属性的微观层次。满足上述要求的印刷质量属性测量和分析系统已经出现，将在下一节讨论。

## 七、数字印刷质量属性的自动测量与分析

专业级的测量和分析系统具有自动操作的特点，这种印刷质量分析系统建立在图像理解的基础上，考虑到即使对数字摄影结果那样最复杂的图像也由基本的单元构成，因而诸如记录点或网点、线条和实地填充区域这样的基本图像单元的定量分析成为专业级系统的基本任务。设计良好的专业级印刷质量属性自动测量和分析系统应该提供高水平的综合性能力，才能有效地找出质量参数的主要特征。

图 8-6 给出的系统以 CCD 元件为基础的科研用数字照相机构造，实现了测量精度和制造成本控制的良好组合。由 ISO 13660 定义的图像质量属性要求以一定的放大比例测量印刷页面，才能保证捕获到必要的信息，可见拍摄距离不可能大，且一次只能捕获印刷页

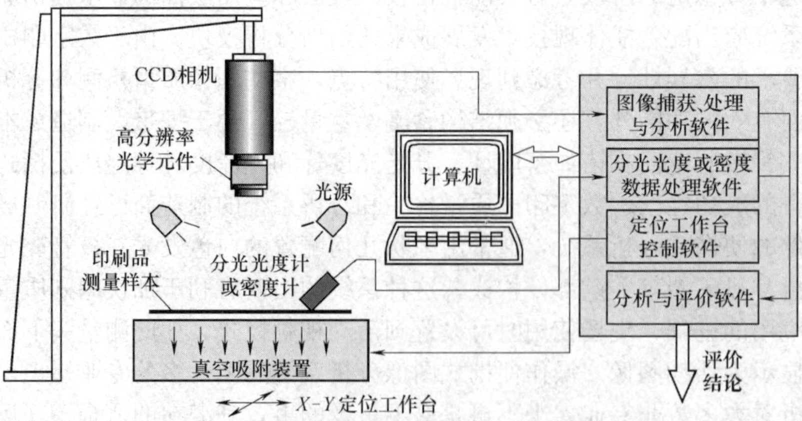


图 8-6　专业级测量和评价系统配置

面的局部区域。因此，为了能够在印刷页面上作连续的自动测量，有必要使用 CCD 相机与高精度定位工作台的组合，此外定位工作台沿二维方向的移动通过计算机控制。这种系统能自动地执行测量和分析任务，具备微观尺度测量和分析印刷图像质量属性的能力，按要求的放大比例和测量位置迅速调整焦距，可以准确地定位到兴趣区域和目标测量位置。

专业级系统之所以要配备 *X-Y* 移动工作台，是为了能够在整个印刷样张的表面测量印刷图像的质量属性，要求工作台的移动平稳、快速和准确。由此可见，移动工作台的台面应该平直，使数字照相机在印张测试样本的整个表面上保持稳定的焦距。尽管移动工作台的平直度要求部分地由数字照相机的景深范围确定，但以 25μm 量级的平直度最为典型。移动工作台的速度要求与应用有关，大多数移动操作应该在几秒钟内完成。

对移动工作台 *X—Y* 定位的精度要求也与应用有关。如果全部印刷质量属性指标在同一视场范围内测量，则相对粗糙的运动控制（例如 100μm 精度）相当合理。按现有工程应用经验，对大多数印刷质量检测和分析可以取该典型值。若测量数据需要在连续变化的视场条件下获取时，则对移动工作台的运动控制精度要求更高。例如，若测量距离为 100mm 的两根线条，则必须知道移动工作台的准确位置（比如 5μm 的精度），因而在此场合典型地要求使用光学编码器。此外，照相机聚焦需要 *Z* 方向的调节功能，以方便操作。

## 第五节　数字印刷质量检测与评价应用

数字印刷发展到现在这样的程度，印刷质量属性的测量、分析和评价应该提到议事日程上了。本节将以数字印刷的主流技术静电照相和喷墨印刷为例，说明如何测量和分析由 ISO 13660 标准定义的质量属性，某些内容可能超过 ISO 13660 定义的范畴，但由于商业数字印刷质量检测和分析系统已经实现了更多的功能，因而有必要介绍。

### 一、文本与线条复制质量

ISO 13660 定义的线宽、模糊度、粗糙度、对比度、填充质量和暗度可以集成到测量和分析系统的同一种工具内，因为基于图像捕获设备的系统完全具备一次性测量结束后分析和评价与线条对象有关的这些印刷图像质量属性。对字符图像而言，文本质量的检测和评价以笔画宽度、笔画边缘质量和暗度为主。根据应用方面提出的要求，已经商业化的数字印刷质量检测和分析系统也提供超过 ISO 13660 的功能，例如喷墨印刷彩色线条的邻接特性和彩色墨水相互渗透、彩色套印误差以及线条或文本笔画的调制传递函数等。

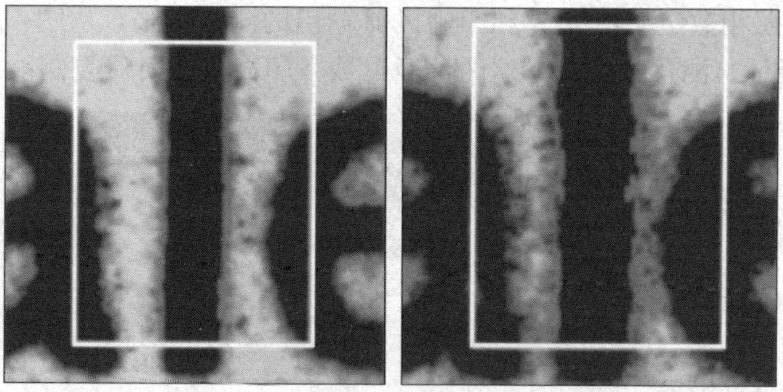

(a)　(b)

图 8-7　两种墨粉暗盒打印的文本质量对比

（a）宽度 200μm，粗糙度 3.8μm　（b）宽度 261μm，粗糙度 10.0μm

图 8-7 所示的例子来自激光打印机产生的两份测试样张，以两种不同的墨粉暗盒套件通过同一台激光打印

机输出，图中也给出了基于测量数据的分析结果。

即使以视觉判断图 8-7（b）所示测试样本的图像捕获结果，也可以看出有过多的墨粉转移到了纸张，与该左图所示的图像捕获结果相比墨粉的转移量明显增加。根据图像分析系统对测试样本执行的测量和分析，得到的结果表明两种墨粉暗盒在线条复制质量上出现了明显的差异。由于墨粉转移量太多，导致右面图像的字符笔画太粗，且笔划的边缘粗糙度也增加。根据文本的易读性要求，这种过粗的笔画应该更细，才能接近印刷页面上文本对象的原貌。除直观判断和定量检测数据外，根据印刷图像质量属性测量和分析系统给出的信息，专业人员可以进一步研究造成这种结果的根源，比如墨粉转移信号不准确或打印机工作机制出现问题等。进一步延伸下去，系统得到的测量和分析结果还可以用于指导如何改善打印工艺，比传统印刷质量评价更具智能性和客观性。这一例子充分说明以定量方式测量和分析带来的优点，使定量分析成为解决印刷质量问题的“前奏”。

在改善印刷质量的信息沟通方面，定量分析的优势十分明显。倘若没有客观性的测量和分析数据，则人们只能局限于“右面的图像质量差、左面的图像质量高”一类的定性描述。根据图像分析系统提供的测量数据，对于被测量对象的描述目标更准确了，比如对本例的测量结果描述变成线条宽度等于（200±20）$\mu$m，粗糙度小于 8$\mu$m。

## 二、阶调复制能力与颗粒度测量

阶调和色彩是提到印刷质量属性时谈论得最多的话题。在典型的复制实践中，这两种印刷质量属性常借助于反射密度计或分光光度计测量，长期以来一直是成像工业领域采用的重要工具。设计、制造和推广印刷图像质量检测和评价系统并不意味着要取代反射密度计或分光光度计，而是作为这两种仪器的补充。使用实践表明，新的测量和分析系统不但与密度计和分光光度计同等重要，且具备新的能力。

密度计和分光光度计属于典型的大尺寸光圈设备，直径通常大于 4mm。因此，这两种仪器适合于测量兴趣区域的平均反射系数密度或色调值，在它们的光圈范围内不可能存在非均匀现象。基于图像捕获设备的测量和分析系统则与此相反，系统的设计目的在于分析印刷图像的结构特点，因而适合于印刷品的非均匀参数和图像噪声测量，以及印刷系统阶调和彩色复制参数的定量描述。

大家都知道，阶调复制能力是印刷质量的基础。图 8-8 所示的测量结果是两台彩色静电照相数字印刷机 A 和印刷机 B 输出的测试样张，从图中给出的亮度（即 L*a*b*空间的 L*指标）测量数据看，这两台静电数字印刷机在阶调复制能力上似乎没有多大区别。

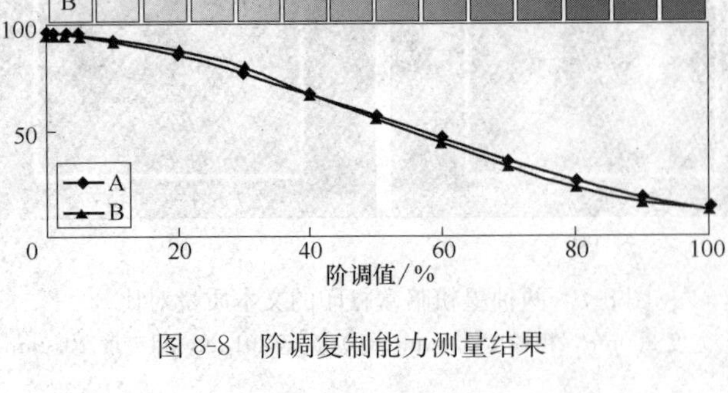


图 8-8　阶调复制能力测量结果

对两台彩色静电照相数字印刷机输出测试图样张的视觉检查结果表明，内容相同但数字印刷设备不同的两幅彩色图像的阶调质量也很相似。基于图像捕获设备的印刷图像质量属性测量和分析系统通常提供面积工具，借助于这种工具很容易执行阶调、密度和彩色测量等操作。尽管上述质量属性也可以用密度计或分光光度计测量，但这些设备无法测量阶调复制结果的非均匀性。对于以平板扫描仪或数字照相机构造的测量系统来说，不仅能像密度计和分光光度计那样测量印刷品的常规阶调复制数据，也可以测量阶调复制结果的非均匀性，例如图 8-9 所示的颗粒度测量结果，斑点测量与颗粒度类似。

基于图像捕获设备构造的测量和分析系统按 ISO 13660 标准建议的方法测量并计算颗粒度，斑点测量类似。这种系统的测量和分析结果表明，虽然两台彩色静电照相彩色印刷机的阶调复制特征相似，但图像的颗粒度却明显不同，且给出了定量分析数据。

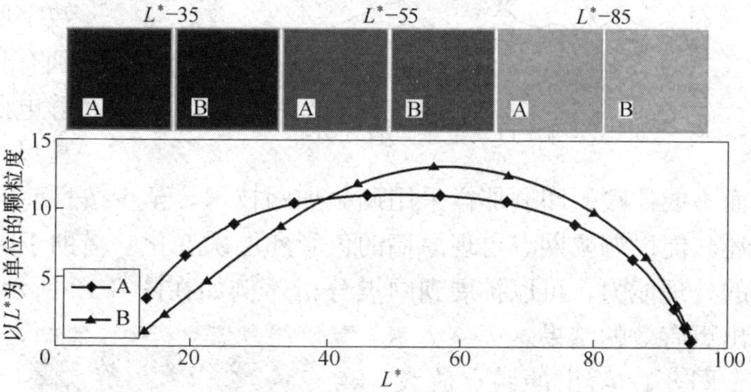


图 8-9　颗粒度测量结果

## 三、记录点测量

记录点是任何传统印刷工艺复制原稿颜色和层次变化的基础，数字印刷也不例外。由于多个记录点的集合构成网点，因而记录点质量很差时，网点质量必然受到影响。例如记录点尺寸增加导致明显的网点扩大，印刷品质量也因此而变差，颗粒感同样会增加。

记录介质的差异会明显影响喷墨印刷质量，出现问题的源头在记录点。图 8-10 所示的记录点分布来自质量属性测量和分析系统的图像捕获设备，由同一台喷墨打印机输出到两种不同类型的记录介质，两者的差异相当明显。

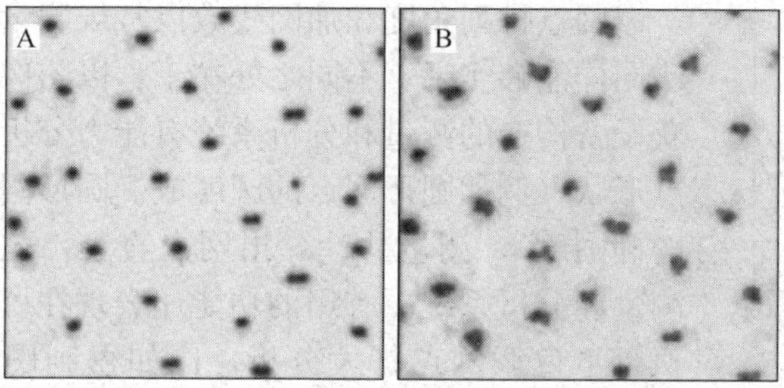


图 8-10　不同纸张的喷墨印刷记录点放大图像

从图 8-10 不难看出，墨滴喷射到记录介质 A 形成的记录点与记录介质 B 相比尺寸明显减小，如果没有进一步的手段，则结论只能停留在定性描述，如同以往利用放大镜检查印刷品的细节那样，显然不能体现由图像捕获设备构造的印刷质量属性测量和分析系统的优势。新的测量和分析技术很容易给出定量数据，墨滴喷射到纸张 A 和纸张 B 形成的最大记录点直径分别为 40$\mu$m 和 55$\mu$m。测量和分析系统的能力并不局限于给出记录点的最大直径，还可以分析出更有说服力的结果，比如根据图 8-11 所示的记录点分布得出墨滴喷射到两种纸张后形成的记录点的尺寸一致性，这种能力是常规测量仪器不具备的。

根据分析结果，墨滴喷射到纸张 A 形成的记录点的直径波动比喷射到纸张 B 更小，两种纸张表面产生的记录点直径的标准离差分别为 3$\mu$m 和 8$\mu$m，这意味着记录介质 A 有能力形成更均匀的半色调外观，印刷密度控制当然比记录介质 B 更容易。

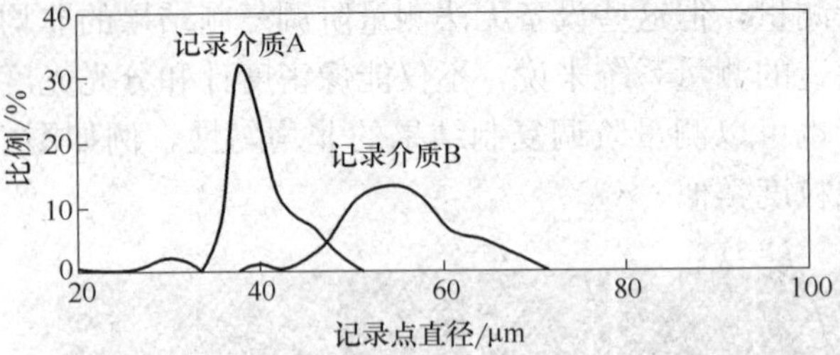

图 8-11 记录点直径分布

## 四、网点测量与分析

如果失去了控制软件和必要的辅助设施的支持，仅仅靠扫描仪或数字照相机的图像捕获能力无法得到有价值的测量和分析结果。由于静电照相数字印刷机使用的墨粉颗粒尺寸和形状的非均匀性相当严重，因而不能像喷墨印刷那样采用调频加网技术，至少按目前的技术水平而论静电照相数字印刷还只能以调幅网点再现原稿的色彩和层次变化。借助于印刷图像测量和分析系统对记录点的处理能力，可以扩展到网点分析，例如在图 8-12 所示网点图像捕获结果的基础上诱导出更有效的结果。

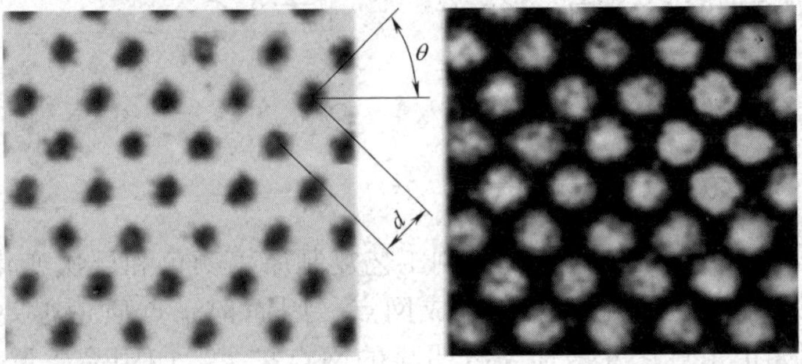

图 8-12 激光打印机形成的调幅网点

图 8-12 给出的网点放大效果来自印刷质量属性测量和分析系统的图像捕获设备，来自激光打印机不同密度设置条件下输出的印刷样张。测量系统根据捕获到的图像跟踪网点边缘后得到网点的圆度和直径，并在此基础上确定网点形状及其几何中心，则图中所示的网点距离和网点排列角度很容易计算出来，且根据网点距离还可以算出加网线数。

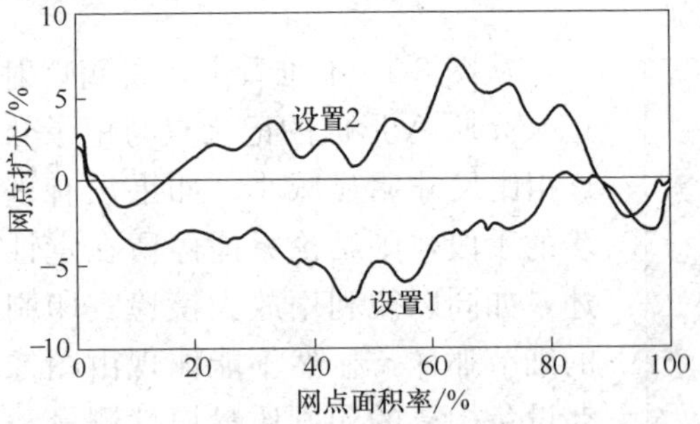

图 8-13 调幅半色调网点扩大分析

网点排列角度和加网线数以常规测量方法同样能够实现。不同之处在于，以图像捕获设备构造的测量和分析系统有能力分析网点形状（例如圆形网点的圆度或椭圆形网点的椭圆度），测量并计算出网点直径。这种测量和分析系统更有用的功能还表现在可以执行半色调网点扩大分析，比如得到图 8-13 所示的结果。

图 8-13 中的网点扩大分析结果来自图 8-12 所示的半色调图像，由于输出这两幅图像前激光打印机的密度设置（即网点扩大补偿）经过了调整，因而出现不同的网点扩大规律。若不考虑密度设置的合理性，则图 8-13 所示结果至少给出了密度设置对物理网点扩大的影响，有利于今后对激光打印机执行更合理的密度设置。

## 五、墨粉背景

随着墨粉暗盒回收利用和墨粉暗盒套件再生工业的发展，墨粉暗盒套件的质量和兼容性问题日益突出，来自二手市场和回收再生的套件数量迅速增加，墨粉暗盒套件再生企业使用不同供应商的部件也难以避免。虽然某些墨粉暗盒套件的质量有可能相当高，但来自不同供应商的套件良莠不齐毕竟很难避免，这些套件组合和匹配后使发生失效的潜在可能性大大增加，因墨粉暗盒套件兼容性导致的印刷质量问题将显得尤为突出。

由于光导体使用一段时间后引起的表面磨损或错误的成像信号，不少静电照相数字机输出的印刷品的背景区域有可能出现由细小墨粉颗粒组成的灰雾状对象和墨点痕迹，即ISO 13660 标准定义的背景朦胧（底灰）和背景无关痕迹，这里一并称之为墨粉背景。

类似于喷墨印刷的卫星墨滴现象，静电照相数字印刷可能形成卫星墨粉颗粒，通常出现在靠近黑色和白色的过渡区域。卫星墨粉颗粒往往是存在错误信号墨粉导致的结果，例如显影在放电区域进行、而墨粉充有正电荷的复制系统。以有机光导体为例，如果由于光导鼓或光导皮带充电不够充分，比如主充电滚筒质量很差，或有机光导鼓磨损很严重，则虽然墨粉“信号”正确，但照样产生错误的结果。

需要综合考虑各种因素导致的纸张白色背景区域出现的墨粉背景，如何以定量的质量指标评价墨粉背景的严重程度其实缺乏国际标准，即使 ISO 13660 也没有定义评价指标。为此，数字印刷质量检测和评价系统开发商依据现有的工业标准定义称为 *GS* 或 *RMS GS* 的质量指标，后者的含义为均方根 *GS*。这种衡量指标对静电照相数字印刷很有针对性，墨粉背景的严重程度可根据测量系统探测到的背景墨粉点数量和尺寸按下式计算：

$$GS=\sqrt{\frac{4.74\times10^{-6}\sum_i(d_i)^4}{a}} \tag{8-3}$$

式中的 $d_i$ 表示第 $i$ 个墨粉颗粒的直径，以 μm 计量；$a$ 为兴趣区域面积，按 $m^2$ 计算。

图 8-14 所示卫星墨粉颗粒图像来自印刷质量分析系统的图像捕获设备，其中左面的放大图像在黑色（假定以黑色墨粉复制）和白色的过渡区域附近出现的墨粉颗粒很少，右面的放大图像说明该测试样张在过渡区域存在大量的墨粉颗粒。

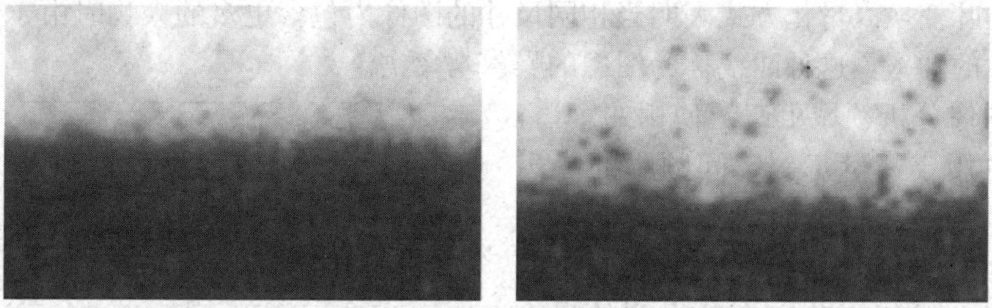

图 8-14　测试样张的卫星墨粉颗粒数量比较

虽然从图 8-14 只能得到定性结果，但这种表示方式相当直观，适合于视觉检查。根据该图给出的放大影像也可以加深对卫星墨粉颗粒的理解，显然与喷墨印刷的卫星墨滴性质和行为特征上均有所不同，卫星墨滴定义为紧随在主墨滴（大墨滴）后面的小墨滴，乃是从主墨滴分离出来的细小墨水滴，尺寸比主墨滴小得多。静电照相复制系统产生卫星墨粉颗粒源于错误的墨粉信号，颗粒尺寸与正常显影的墨粉颗粒相同，只是出现在错误的位置上。

很难确定卫星墨粉颗粒与光导体感光灵敏度的相关性，这种不确定性在过渡区域外同样存在，例如图 8-15 所示测量结果，称得上真正的墨粉背景了。

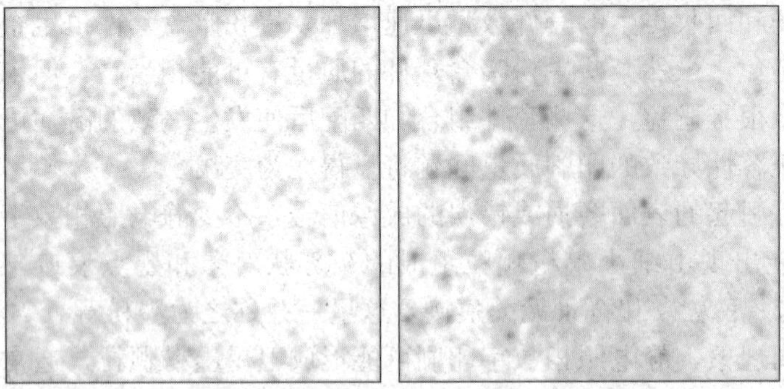


图 8-15 不同测试样张的墨粉背景比较

静电照相数字印刷机形成墨粉背景的可能性不大，但普通激光打印机容易记录成墨粉背景，可以用式（8-3）定义的 $GS$ 指标衡量其严重程度。卫星墨粉颗粒和墨粉背景通常与墨粉类型有关，甚至对上述两种质量缺陷的产生起控制作用。以不同的墨粉复制时墨粉背景的差异可能很大，因而选择墨粉显得十分重要，试验或许是作出决策的必要前提。

## 六、图像质量的噪声功率谱评价

傅立叶变换是傅立叶分析的基础，这种重要的数学分析工具出现于 18 世纪。根据傅立叶当时提出的基本思想，任何形状都可以描述为图像内所有频率之和。如果仅仅停留在频率可以描述频率的形状方面，则傅立叶分析的用途将大打折扣，傅立叶的贡献还在于他开发成功如何从图像内抽取所有频率成分的数学处理方法，后人称之为图像傅立叶变换。

实地或平网填充区域反射系数分布的一维傅立叶变换称为噪声功率谱，这种数学变换应用于像素分布的图像时常常被称为维纳光谱，也就是前面提到的图像傅立叶变换。作为更通俗的称呼，图像傅立叶变换的例子如图 8-16 所示，来自对两幅人物图像执行傅立叶变换的计算结果。该图的水平轴代表频率，以相对单位表示；垂直轴代表傅立叶变换计算值的平方，图中命名为功率，它表示某一频率下图像特征的相对重要性。从图 8-16 可以看出，傅立叶变换以量化方式表明当相同尺寸的图像内包含更多的人物时由于频率更高而表现出更大的功率，这种曲线称为图像的噪声功率谱。

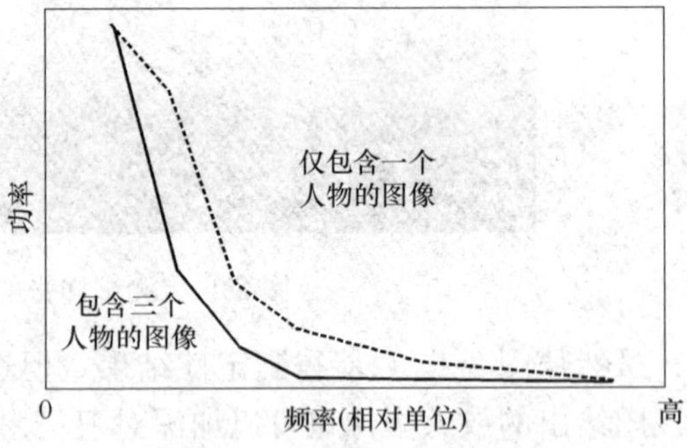


图 8-16 图像的噪声功率谱

作为图像分析领域更广泛使用的术语，维纳光谱可用于衡量每一空间频率的噪声变动程度，噪声功率谱曲线下方的面积等于图像噪声总的变化量。反射系数分布的测量数据经一维傅立叶变换后得到的噪声功率谱与图像傅立叶变换的结果类似，图 8-17 是噪声功率谱分析的例子，用于衡量每一空间频率下的噪声变动特征。

图 8-17 所示反射系数分布的噪声功率谱来自两台静电照相数字印刷机输出的彩色图像测试样张，从模拟皮肤阶调的中间调色块反射系数测量数据而得。噪声功率谱与颗粒度和斑点存在很强的相关性，但更反映图像的噪声特征。根据噪声功率谱的计算方法，每一条噪声功率谱下方的面积等于图像噪声总的变化量，由此可知静电照相数字印刷机 A 复制皮肤阶调的效果要优于数字印刷机 B。根据设备对模拟皮肤阶调之中间调色块的复制

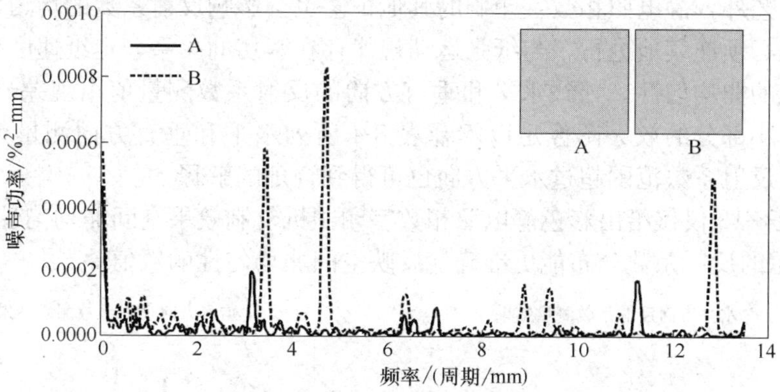


图 8-17　噪声功率谱测量和分析结果

能力还可以进一步推知，彩色静电照相数字印刷机 A 也优于数字印刷机 B。

## 七、反射系数均匀性评价

静电照相数字印刷机以激光束对光导体曝光时，激光束到达记录位置后形成的光斑尺寸和形状由成像系统的定位机制保证，通常不会出现太大的问题。台式激光打印机制造商为了降低设备的制造成本，不可能提供控制光斑尺寸和形状的机制，再加上激光束水平扫描运动与光导鼓旋转运动匹配不良，则成像精度很难保证。由于显影（输墨）过程直接利用激光束的曝光结果，水平扫描与光导鼓旋转运动一旦出现问题，则输墨精度就失去了保证。此外，显影阶段墨粉输送过程涉及更多的可变因素，比如光导体运动速度与墨粉传输速度能否正确地匹配，墨粉在静电潜像区域分布的厚度和均匀性等，都可能影响兴趣区域复制密度或反射系数分布的空间均匀性，从图 8-18 所示的图像可见一斑。

图 8-18 来自 ISO 定义的 SCID 标准测试图库之 Cafeteria 图像天空部分，根据 J. Briggs 和 M. Tse 两人利用便携式图像质量分析系统的测量结果，该图所示区域水平和垂直方向的反射系数测量值出现相当大的差异，如表 8-4 列出的数据所示。

**表 8-4　　反射系数测量数据　　单位：%**

| 方向 | 范围 | 最大值 | 最小值 |
|---|---|---|---|
| 水平方向 | 7.2 | 22.0 | 14.7 |
| 垂直方向 | 13.3 | 27.6 | 14.2 |

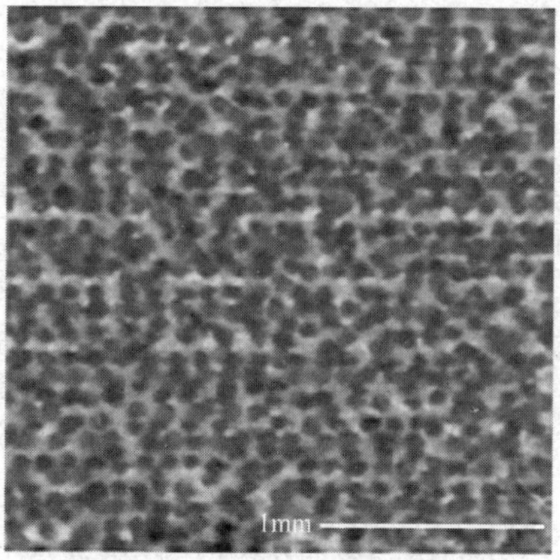


图 8-18　反射系数测量区域放大效果

表 8-4 中的范围是基于光电转换原理测量仪器沿水平和垂直方向测量所得的最大反射系数和最小反射系数之差，两者几乎相差一倍。由于仪器在测量前经过标定，且同一位置测量数据的重复精度也相当好，因而两种方向在反射系数上表现出来的差异并非测量仪器有什么问题，而是由静电照相数字印刷系统的复制工艺所决定的，这种沿水平和垂直方向多点测量得到的反射系数恰恰反映了问题的本质。

除显影工艺外，静电照相数字印刷的其他工艺也会影响反射系数的均匀性。例如，转印与熔化过程必须连续地进行，与纸张运动规律存在密切的关系，走纸速度稍有变化都会引起墨粉熔化的非均匀性，导致水平和垂直方向的反射系数测量值出现差异。图 8-18 所示兴趣区域一小部分的放大图像足以解释表 8-4 所列水平和垂直方向测量数据不同的原因，垂直方向反射系数范围超过水平方向也可得到合理的解释。

如果说图 8-18 仅仅给出彩色静电照相数字印刷机复制效果空间非均匀性的直观印象，则图 8-19 所示的反射系数分布能更准确地反映空间非均匀性的数值差异。

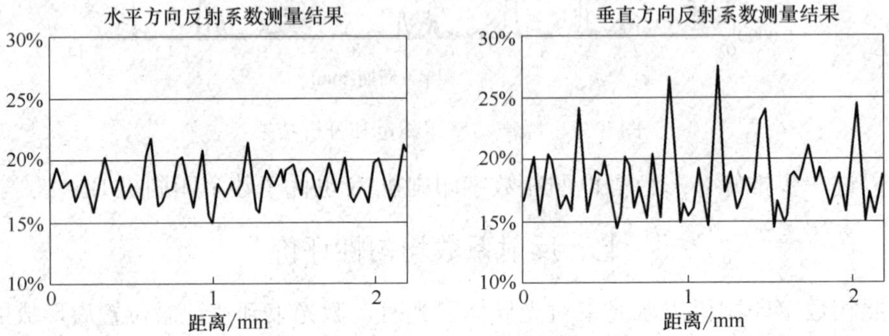


图 8-19 水平与垂直方向反射系数差异

水平与垂直方向反射系数分布比较不仅有助于了解静电照相数字印刷实地或平网区域复制结果的空间非均匀性，也可以推断出存在所谓的条带效应（Banding Effects），例如图 8-19 所示水平方向反射系数分布的最大和最小值之差仅 7.2%，而垂直方向反射系数范围却达到 13.3%，两者明显的均匀性差异必然导致条带效应。尽管这种质量缺陷的可接受程度与应用和市场等因素有关，但得到定量分析结果总是判断条带严重程度的关键步骤。

## 复习思考题

1. 根据你了解的我国印刷质量检验和评价现状，阐述我国印刷业目前以何种质量要求和描述方法评价图像质量。

2. 印刷品的生产数量有时达到相当大的规模，请参照其他工业部门对大批量制造工业产品的质量检验方法谈谈你对大规模生产印刷品质量检查的想法。

**建议：阅读数理统计和可靠性检验的有关书籍后回答。**

3. 查阅我国专业印刷杂志后说明 SWOP 标准如何评定胶印质量。

4. 比较彩色静电照相数字印刷机和多色胶印机的结构特点后，说明这两种机器的标准化程度。

5. 从油墨角度说明数字印刷工艺的封闭性。

6. 胶印工艺的开放性表现在哪些方面？

7. 为什么说半色调图像是联系数字图像和硬拷贝输出的桥梁？

8. 利用图像处理软件 Photoshop 提供的二值图像转换功能，比较传统加网技术、模式抖动和误差扩散算法模拟均匀灰色区域的差异。

9. 平板扫描仪与数字印刷机分辨率指标的含义有什么区别？

10. 到任何一家生产静电照相数字印刷机公司的网站查阅该公司提供的设备参数，分析产品介绍给出的分辨率指标属于寻址能力还是记录分辨率。如果你认为给出的分辨率指标并非记录分辨率，则真正的记录分辨率等于多少？

11. 以发光二极管为静电照相数字印刷系统的成像光源时，记录分辨率和寻址能力是否相同？说出你的理由。

12. 如果静电照相数字印刷机以蓝色墨粉复制单色图像，则输出的数字印刷品质量检测和评价是否能纳入 ISO 13660 标准的范畴？

13. 用密度计能否测量和评价印刷品上的线条对象？为什么？

14. 阐述你对于线条宽度测量和计算的看法。

15. 许多专业书籍介绍对比度概念时通常定义为最大反射系数与最小反射系数之差除最大反射系数与最小反射系数之和，这明显不同于 ISO 13660 给出的定义，阐述你的看法。

16. 颗粒度的测量和计算步骤比较复杂，请归纳计算颗粒度的方法和步骤。

17. 为什么说 ISO 13660 标准对粗糙度的定义不完整？

18. 为什么要对用于数字印刷质量检测的平板扫描仪提出重复精度要求？

19. 对图像捕获设备执行密度标定的主要目的是什么？

20. 以平板扫描仪作为质量检测和分析系统的图像捕获设备时，应如何将扫描仪传感器捕获的 RGB 信号转换为单色数据？

21. 在分析专业级质量检测系统照明和测量几何配置特点的基础上，提出你对于这种系统照明光源的建议。

**提示：照明和测量几何配置指照明方向和测量方向的关系。**

22. 若你所在学校没有购买专门的数字印刷质量分析系统，试利用平板扫描仪捕获激光打印机和喷墨打印机输出的线条，分析两种打印机复制线条的差异。

23. 用激光打印机和喷墨打印机输出平网填充区域，裸眼检查和比较两者复制均匀填充色块的颗粒感差异，分析差异的原因。

24. 选择表面粗糙度不同的两种纸张，利用 Photoshop 定义 5%网点面积率的均匀填充色块并以喷墨打印机输出，用平板扫描仪放大扫描，观察记录点的区别。

25. 搜集复印机和激光打印机输出的样张，用放大镜检查是否存在墨粉背景。

26. 反射系数的傅立叶变换与图像傅立叶变换结果有何区别？

27. 用激光打印机输出大面积平网填充区域，手工划分成等距离的测量点并用密度计测量，绘制成水平和垂直两个方向的反射系数分布。

# 参考文献

1. Helmut Kipphan. Handbook of Print Media. Springer, 2001

2. L. B. Schein. Electrophotography and Development Physics. Springer-Verlag Berlin Heidelburg, 1988

3. Project Narrative-The DP3 Project: Digital Print Preservation Portal, www. rit. edu

4. Ribbon Selection Guide, www. intellitech-intl. com

5. L. B. Schein. Electrostatics Research, Pioneered by Benjamin Franklin, Still Fuels Advances in Digital Printing, International Symposium & Exhibition, San Francisco, CA, November 16, 2006

6. Marieberthe Hoffmann-Falk, Digital Printing, Océ Printing Systems GmbH, October 2006, 10th edition

7. Noboru Ohta and Mitchell Rosen, Color Desktop Printer Technology, Tylor & Francis Group, 2006

8. J. M. Fleischer, M. R. Latta and M. E. Rabedeau, Laser-Optical Systems of the IBM 3800 Printer, IBM Journal of Research and Development, September 1977

9. Laser Printer Service Manual, www. feedroller. com

10. M. Ogihara, T. Shimizu, M. Taninaka, H. Hamano and Y. Nakamura, 1200 dpi LED Print Head, IS&T's NIP 13: International Conference on Digital Printing Technologies, 1997

11. Straight Talk on Xerographic Color Technology, Katun Corporation, 2000

12. Herman Wijshoff, Structure and Fluid Dynamics in Piezo Inkjet Printheads, Océ Technolygies B. V., Venlo, The Netherlands, 2008

13. I. Gerald Doane, A Review of Ink-Jet Printing, Journal of Applied Photographic Engineering, Vol. 7, No. 5, October 1981

14. J. Heinzl and C. H. Hertz, Ink Jet Printing, Advances Electronics and Electron Physics, Vol. 65, 1985

15. Principle of Continuous Ink Jet Printing, www. hitachi-america. us/products/

16. Masao Mitani, A New Thin Film Heater for Thermal Ink Jet Print Heads, The Journal of Imaging Science and Technology, Vol. 47, No. 3, May/June 2003

17. Ross N. Mills, Ink Jet Printing-Past, Present and Future, Recent Progress in Ink-Jet Technologies

18. H. P. Le, Progress and Trends in Ink-jet Printing Technology, Journal of Imaging Science and Technology, Vol. 4, No. 1, January/February 1998

19. David B. Wallace, et al, Photorealistic Ink-Jet Printing Through Dynamic Spot Size Control, Recent Progress in Ink Jet Technologies II, 1999

20. M. McDonald and Y. Zhou, Crosstalk Study of a High Speed Shear Mode Piezo Ink Jet Printhead, IS&Ts NIP 15: 1999 International Conference on Digital Printing Technologies

21. J. Boyd, Epson Using MEMS to Create Advanced Inkjet Heads for POS Printers, Seiko Epson Corp., 2003

22. Mitja Blažincic, Physics of Ink-jet Printing, mafija. fmf. uni-lj. si, 2008

23. J. W. Thomas, Overview of Next Generation Phase Change Ink, NIP17: International Conference on Digital Printing Technologies

24. Ronald F. Burr, David A. Tence and Sharon S. Berger, Multiple Dot Size Fluidics for Phase

Change Piezoelectric Ink Jets, IS&T Recent Progress in Ink Jet Technologies II, 1999

25. Sharon S. Berger, Ronald F. Burr, James D. Padgett and David A. Tence, Ink Manifold Design of Phase Change Piezoelectric Ink Jets, IS&T Recent Progress in Ink Jet Technologies II, 1999

26. Trevor Snyder and Steve Korol, Modeling the Offset Solid-Ink Printing Process, IS&Ts Recent Progress in Ink Jet Technologies II, 1999

27. L. B. Schein, Electronic Field Theory of Toner Charging, Journal of Imaging Science And Technology, Volume 44, Number 6, 2000

28. Thomas Kraemer, Printing Enters the Jet Age, www. americanheritage. com

29. Rob Beeson, Thermal Inkjet: Meeting the Applications Challenge, Hewlett Packard Company

30. How Do Inkjet Printers Work, www. inkjetcartridges. com

31. Je-Ho. Lee and Jan P. Allebach, Inkjet Printer Model-Based Halftoning, IEEE Transactions on Image Processing, Vol. 14, No. 5, May 2005

32. Peter Barnwell, Thick Film Thermal Print Heads, Electrocomponent Science and Technology 1980, Vol. 6

33. Hidekazu Akamatsu et al, Maximum Performance of Thermal Printhead, NIP 23th Digital Printing and Digital Fabrication Conference, 2007

34. Jiro Oi and Hideo Taniguchi, New Erase Head for RFID Thermal Rewritable Media, NIP 23th Digital Printing and Digital Fabrication, 2007

35. T. Ohno et al, High-Speed Thermal Ink-Transfer Recording and its Application, Journal of Applied Photographic Engineering, Vol. 7, No. 6, December 1981

36. Yoshinori Muya, Masato Ooba and Tadahiro Fukazawa, Technological Direction for Thermal Print Head, IS&Ts NIP 22: 2006 International Conference on Digital Printing Technologies

37. K. S. Pennington and W. Crooks, Resistive Ribbon Thermal Transfer Printing: A Historical Review and Introduction to a New Printing Technology, IBM. I. Res. Develop. Vol. 29 No. 5, 1985

38. Hirotoshi Terao et al, Study of a Thin Film Thermal Print Head for High Definition Color Imaging Use, IS&Ts NIP 15: 1998 International Conference on Digital Printing Technologies

39. Richard P. Henzel, D2T2 Printing after Two Decades, IS&Ts NIP 22: 2006 International Conference on Digital Printing Technologies

40. M. Kinoshita, K. Hoshino and T. Kitamura, Mechanism of Dye Thermal Transfer from Ink Donor Layer to Receiving Sheet by Laser Heating, Journal of Imaging Science And Technology, Vol. 44, No. 2, 2000

41. Katsuyuki Oshima, New Thermal Dye Transfer Recording Method by Using an Intermediate Transfer Recording Medium, IS&Ts NIP 14: 1997 International Conference on Digital Printing Technologies

42. A Comparison of Reverse Image Dye-Sublimation Printing and Resin Printing Technologies, Fargo Electronics, Inc. , 2003

43. Norio Kokaji, Analysis of the Magnetic Force Acting on the Magnetic Toners from the Adjoining Magnetic Transition Regions in Magnetography, IS&Ts NIP 15: 1999 International Conference on Digital Printing Technologies

44. Joseph Gaynor, Predicted and Unpredicted Changes in Non-Impact Printing: 1981—2001, Journal of Imaging Science And Technology, Vol. 46, No. 4, 2002

45. Jochem Brok and Venlo, Simulation of Prints Made with Océ's 7 Color Direct Imaging Printing Technology, IS&Ts NIP 22: 2006 International Conference on Digital Printing Technologies

46. Marcel Slot and René van der Meer，Smart Printhead Electronics controls Print Quality in Océ's Direct Imaging Process，IS&T's NIP 17：2000 International Conference on Digital Printing Technologies

47. Fumio Mogi et al，Development of Digital Minilab System，Report of Fujifilm Research & Development，No. 49，2004

48. M. K. Tse，D. J. Forrest and F. Y. Wong，Predicting Print Quality in Electrophotography Using Electrostatic Charge Decay Measurements on Development Rollers，IS&T's NIP 11：1995 International Conference on Digital Printing Technologies

49. Ron Gilboa，The Production Digital Printing Marcket：Opportunities and Trends，IS&T's NIP18 International Conference on Digital Printing Technologies，2002

50. Ingvar Lamperth，Paper and Digital Printing-What is Happening，DPP International Conference on Digital Production Printing and Industrial Applications，2001

51. Asta Bäck，Helene Juhola and Tatu Lindberg，Models to Support the Evaluation of the Application Potential for Digital Printing，IS&T's NIP13 International Conference on Digital Printing technologies，1997

52. ISO/IEC 13660，Information technology-Officeequipment-Measurement of image quality attributes for hardcopy output-Binary monochrome text and graphic images，2001

53. Matthew Rees and Robert Chung，Bridging Traditional and Digital Printing Standards，Test Targets 6. 0，RIT School of Print Media，2006

54. Robert Ulichney，Digital Halftoning，The MIT Press，1987

55. David Towner，An Objective Resolution Metric for Digital Printers，Hewlett-Packard Company，2002

56. Toshihiko Inagaki，Challenges in International Standardization of Image Quality Evaluation，IS&T's PICS Conference，2002

57. John C. Briggs，David J. Forrest，Alice H. Klein，and Ming-Kai Tse，Living with ISO13660：Pleasures and Perils，IS&T's NIP15 International Conference on Digital Printing technologies，1999

58. Ludwik Buczynski and Adam Bieniewski，Analyze of Image Quality Parameters on Laser Printouts as Proposal to Extension Standard ISO 13660，IS&T's NIP20 International Conference on Digital Printing technologies，2004

59. Eric K. Zeise and Norman W. Burningham，Standardization of Perceptually Based Image Quality for Printing System（ISO/IEC JTC1 SC28 and INCITS W1. 1），IS&T's NIP18 International Conference on Digital Printing technologies，2001

60. Ming-Kai Tse，A Portable Image Quality Analysis System：Design and Applications

61. J. C. Briggs and M. K. Tse，Objective Print Quality Analysis and The Portable Personal IAS Image Analysis System，日本画像学会志 第44卷 第6号，2005

62. Ming-Kai Tse，A High-Performance Portable Tool for Print Quality Analysis Anytime，Anywhere

63. M. K. Tse，D. J. Forrest and J. C. Briggs，Automated Print Quality Analysis for Digital Printing Technology，PPIC/JH'98：The Society of Electrophotography of Japan，SEPJ 40th Anniversary Pan-Pacific Imaging Conference/Japan Hardcopy'98，1998

64. Ming-Kai Tse，David J. Forrest and King Y. She，Use of An Automated Print Quality Evaluation System as a Failure Analysis Tool in Electrophotography，IS&T's Eleventh International Congress on Advances in Non-Impact Printing Technologies，1995

65. J. C. Briggs and M. K. Tse，Beyond Density and Color：Print Qaulity Measurement Using A New Handheld Instrument，International Congress of Imaging Science，2002

66. I. Gerald Doane, A Review of Ink Jet Printing, Journal of Applied Photographic Engineering, Volume 7, Number 6, 1981

67. Oleg R. Kharin, Estimation of Basic Structural Elements of an Imaging of Digital Printing, IS&Ts NIP18 International Conference on Digital Printing technologies, 2002

68. H. Mizes, J. Beachner and P. Ramesh, Optical Measurements of Toner Motion in a Development Nip, Journal of Imaging Science And Technology, Volume 44, Number 3, 2000

69. Océ, White Paper, Direct Imaging Color Printing, 2004

70. J. W. May and T. N. Tombs, Electrostatic Toner Transfer Mode, IS&T′s NIP 13 International Conference on digital Printing Technologies, 1997

71. E. L. Kyser, L. F. Collins and N. Herbert, Design of an Impulse Ink Jet, Journal of Appllied Photographic Engineering, Volume 7, Number 3, 1981

72. Douglas R. Watson, A Thermal Ink-Jet Pringting System Design Approaches Laser Performance, IS&Ts NIP9 International Conference on Advances in Non-Impact Printing technologies, 1993

73. Werner Sobotka, Quality Limitation for Future Development of Digital Printing, International Conference on Digital Production Printing & Industrial Applications, 2001

74. L. Buczynski, Special Print Quality Problems of Ink Jet Printers, IS&T Recent Progress in Ink Jet Technologies II, 1999

75. Rodney Shaw, Image Qaulity Criteria and the Enhancement of Digital Prints, IS&Ts NIP17, International Conference on Digital Printing Technologies, 2001

76. Ismo Heikkila, The Quality Analysis of Image Reproduction, Journal of Imaging Science And Technology, Volume 44, Number 1, 2000

77. 姚海根. 数字印刷. 上海：上海科学技术出版社，2006

78. 姚海根. 数字加网技术. 北京：印刷工业出版社，2001

79. 姚海根. 成像技术. 上海：上海科学技术出版社，2004

# 印刷包装专业

## 本科教材

**1. 印后加工技术（第二版）**——“十三五”普通高等教育印刷专业规划教材　唐万有主编　16 开　48.00 元 ISBN 978 –7 –5184 –0890 –0

**2. 印刷工程导论**——“十三五”普通高等教育印刷工程专业规划教材　曹从军主编　16 开　39.80 元　ISBN 978 –7 –5184 –2282 –1

**3. 颜色科学与技术**——“十三五”普通高等教育印刷工程专业规划教材　林茂海等编著　16开　45.00 元　ISBN 978 –7 –5184 –228 –4

**4. 印刷设备**——“十三五”普通高等教育印刷工程专业规划教材　武秋敏　武吉梅主编　16 开　59.80 元　ISBN 978 –7 –5184 –2006 –3

**5. 印刷原理与工艺**——普通高等教育“十一五”国家级规划教材　魏先福主编　16 开　36.00 元　ISBN 978 –7 –5019 –8164 –9

**6. 印刷材料学**——普通高等教育“十一五”国家级规划教材　陈蕴智主编　16 开　47.00 元　ISBN 978 –7 –5019 –8253 –0

**7. 印刷质量检测与控制**——普通高等教育“十一五”国家级规划教材　何晓辉主编　16 开　26.00 元　ISBN 978 –7 –5019 –8187 –8

**8. 包装印刷技术（第二版）**——“十二五”普通高等教育本科国家级规划教材　许文才编著　16 开　59.00 元　ISBN 978 –7 –5184 –0054 –6

**9. 包装机械概论**——普通高等教育“十一五”国家级规划教材　卢立新主编　16 开　43.00 元　ISBN 978 –7 –5019 –8133 –5

**10. 数字印前原理与技术（第二版）**——“十二五”普通高等教育本科国家级规划教材　刘真等著　16 开　44.00 元　ISBN 978 –7 –5184 –1954 –8

**11. 包装机械（第二版）**——“十二五”普通高等教育本科国家级规划教材　孙智慧　高德主编　16 开　59.00 元　ISBN 978 –7 –5184 –1163 –4

**12. 数字印刷**——普通高等教育“十一五”国家级规划教材　姚海根主编　16 开　28.00 元　ISBN 978 –7 –5019 –7093 –3

**13. 包装工艺技术与设备**——普通高等教育“十一五”国家级规划教材　金国斌主编　16 开　44.00 元　ISBN 978 –7 –5019 –6638 –7

**14. 包装材料学（第二版）（带课件）**——“十二五”普通高等教育本科国家级规划教材　国家精品课程主讲教材　王建清主编　16 开　58.00 元　ISBN 978 –7 –5019 –9752 –7

**15. 印刷色彩学（带课件）**——普通高等教育“十一五”国家级规划教材　刘浩学主编　16 开　40.00 元　ISBN 978 –7 –5019 –6434 –7

**16. 包装结构设计（第四版）（带课件）**——“十二五”普通高等教育本科国家级规划教材国家精品课程主讲教材　孙诚主编　16 开　69.00 元　ISBN 978 –7 –5019 –9031 –3

**17. 包装应用力学**——普通高等教育包装工程专业规划教材　高德主编　16 开　30.00 元　ISBN 978 –7 –5019 –9223 –2

**18. 包装装潢与造型设计**——普通高等教育包装工程专业规划教材　王家民主编　16 开　56.00 元　ISBN 978 –7 –5019 –9378 –9

**19. 特种印刷技术**——普通高等教育“十一五”国家级规划教材　智文广主编　16 开　45.00 元　ISBN 978 –7 –5019 –6270 –9

**20. 包装英语教程（第三版）（带课件）**——普通高等教育包装工程专业“十二五”规划材料　金国斌　李蓓蓓编著　16 开　48.00 元　ISBN 978 –7 –5019 –8863 –1

**21. 数字出版**——普通高等教育“十二五”规划教材　司占军　顾翀主编　16 开　38.00 元　ISBN 978 –7 –5019 –9067 –2

**22. 柔性版印刷技术（第二版）**——“十二五”普通高等教育印刷工程专业规划教材　赵秀萍主编　16开　36.00元　ISBN 978－7－5019－9638－0

**23. 印刷色彩管理（带课件）**——普通高等教育印刷工程专业“十二五”规划材料　张霞编著　16开　35.00元　ISBN 978－7－5019－8062－8

**24. 印后加工技术**——“十二五”普通高等教育印刷工程专业规划教材　高波编著　16开　34.00元　ISBN 978－7－5019－9220－1

**25. 包装CAD**——普通高等教育包装工程专业“十二五”规划教材　王冬梅主编　16开　28.00元　ISBN 978－7－5019－7860－1

**26. 包装概论（第二版）**——“十三五”普通高等教育包装专业规划教材　蔡惠平主编　16开　38.00元　ISBN 978－7－5184－1398－0

**27. 印刷工艺学**——普通高等教育印刷工程专业“十一五”规划教材　齐晓堃主编　16开　38.00元　ISBN 978－7－5019－5799－6

**28. 印刷设备概论**——北京市高等教育精品教材立项项目　陈虹主编　16开　52.00元　ISBN 978－7－5019－7376－7

**29. 包装动力学（带课件）**——普通高等教育包装工程专业“十一五”规划教材　高德　计宏伟主编　16开　28.00元　ISBN 978－7－5019－7447－4

**30. 包装工程专业实验指导书**——普通高等教育包装工程专业“十一五”规划教材　鲁建东主编　16开22.00元　ISBN 978－7－5019－7419－1

**31. 包装自动控制技术及应用**——普通高等教育包装工程专业“十一五”规划教材　杨仲林主编　16开34.00元　ISBN 978－7－5019－6125－2

**32. 现代印刷机械原理与设计**——普通高等教育印刷工程专业“十一五”规划教材　陈虹主编　16开　50.00元　ISBN 978－7－5019－5800－9

**33. 方正书版/飞腾排版教程**——普通高等教育印刷工程专业“十一五”规划教材　王金玲等编著　16开　40.00元　ISBN 978－7－5019－5901－3

**34. 印刷设计**——普通高等教育“十二五”规划教材　李慧媛主编　大16开　38.00元　ISBN 978－7－5019－8065－9

**35. 包装印刷与印后加工**——“十二五”普通高等教育本科国家级规划教材许文才主编　16开　45.00元　ISBN 7－5019－3260－3

**36. 药品包装学**——高等学校专业教材　孙智慧主编　16开　40.00元　ISBN 7－5019－5262－0

**37. 新编包装科技英语**——高等学校专业教材　金国斌主编　大32开　28.00元　ISBN 978－7－5019－4641－8

**38. 物流与包装技术**——高等学校专业教材　彭彦平主编　大32开　23.00元　ISBN 7－5019－4292－7

**39. 绿色包装（第二版）**——高等学校专业教材　武军等编著　16开　26.00元　ISBN 978－7－5019－5816－0

**40. 丝网印刷原理与工艺**——高等学校专业教材　武军主编　32开　20.00元　ISBN 7－5019－4023－1

**41. 柔性版印刷技术**——普通高等教育专业教材　赵秀萍等编　大32开　20.00元　ISBN 7－5019－3892－X

## 高等职业教育教材

**42. 印刷材料（第二版）（带课件）**——教育部高职高专印刷与包装专业教学指导委员会双元制示范教材　艾海荣主编　16开　48.00元　ISBN 978－7－5184－0974－7

**43. 印前图文信息处理（带课件）**——教育部高职高专印刷与包装专业教学指导委员会双元制示范教材　诸应照主编　16开　42.00元　ISBN 978－7－5019－7440－5

**44. 包装印刷设备（带课件）**——教育部高职高专印刷与包装专业教学指导委员会双元制示范教材　国家精品课程主讲教材　余成发主编　16开　42.00元　ISBN 978－7－5019－7461－0

**45. 包装工艺（带课件）**——教育部高职高专印刷与包装专业教学指导委员会双元制示范教材　吴艳芬等编著　16开　39.00元　ISBN 978－7－5019－7048－3

**46. 包装材料质量检测与评价**——教育部高职高专印刷与包装专业教学指导委员会双元制示范教材　郑美琴主编　16开　28.00元　ISBN 978－7－5019－9338－3

**47. 现代胶印机的使用与调节（带课件）**——教育部高职高专印刷与包装专业教学指导委员会双元制示范教材　周玉松主编　16开　39.00元　ISBN 978－7－5019－6840－4

**48. 印刷包装专业实训指导书**——教育部高职高专印刷与包装专业教学指导委员会双元制示范教材　周玉松主编　16开　29.00元　ISBN 978－7－5019－6335－5

**49. 印刷概论**——"十二五"职业教育国家规划教材　国家精品课程"印刷概论"主讲教材　顾萍编著　16开　34.00　ISBN 978－7－5019－9379－6

**50. 印刷工艺**——"十二五"职业教育国家规划教材　国家级精品课程、国家精品资源共享课程建设教材　王利婕主编　16开　79.00　ISBN 978－7－5184－0598－5

**51. 印刷设备（第二版）**——"十二五"职业教育国家级规划教材　潘光华主编　16开　39.00元　ISBN 978－5019－9995－8

**52. 印前图文信息处理实务**——高等教育高职高专"十三五"规划教材　魏华主编　16开　39.80元　ISBN 978－5184－1930－2

**53. 印前处理与制版**——高等教育高职高专"十三五"规划教材　李大红主编　16开　49.80元　ISBN 978－5184－2125－1

**54. 印品整饰与成型**——高等教育高职高专"十三五"规划教材　钟祯主编　16开　32.00元　ISBN 978－5184－2039－1

**55. 印刷色彩**——高等教育高职高专"十三五"规划教材　李娜主编　16开　49.80元　ISBN 978－5184－2021－6

**56. 丝网印刷操作实务**——高等教育高职高专"十三五"规划教材　李伟主编　16开　49.80元　ISBN 978－5184－2283－8

**57. 印前处理与制版**——高等教育高职高专"十三五"规划教材　李大红主编　16开　49.80元　ISBN 978－5184－2125－1

**58. 印刷色彩控制技术（印刷色彩管理）**——全国高职高专印刷与包装专业教学指导委员会规划统编教材　国家精品课程主讲教材　魏庆葆主编　16开　35.00元　ISBN 978－7－5019－8874－7

**59. 运输包装设计**——全国高职高专印刷与包装专业教学指导委员会规划统编教材　曹国荣编著　16开　28.00元　ISBN 978－7－5019－8514－2

**60. 印刷质量检测与控制**——全国高职高专印刷与包装专业教学指导委员会规划统编教材　李荣编著　16开　42.00元　ISBN 978－7－5019－9374－1

**61. 食品包装技术**——高等教育高职高专"十三五"规划教材　文周主编　16开　38.00　ISBN 978－7－5184－1488－8

**62. 3D打印技术**——全国高等院校"十三五"规划教材　李博编著　16开　38.00元　ISBN 978－7－5184－1519－9

**63. 包装工艺与设备**——"十三五"职业教育规划教材　刘安静主编　16开　43.00元　ISBN 978－7－5184－1375－1

**64. 印刷色彩**——全国高职高专印刷与包装类专业"十二五"规划教材　朱元泓等编著　16开　49.00元　ISBN 978－7－5019－9104－4

**65. 现代印刷企业管理**——全国高职高专印刷与包装类专业"十二五"规划教材　熊伟斌等主编　16开40.00元 ISBN 978－7－5019－8841－9

**66. 包装材料性能检测及选用（带课件）**——全国高职高专印刷与包装专业教学指导委员会规划统编教材　国家精品课程主讲教材　郝晓秀主编　16开　22.00元　ISBN 978－7－5019－7449－8

**67. 包装结构与模切版设计（第二版）（带课件）**——"十二五"职业教育国家级规划教材　国家精品课程主讲教材　孙诚主编　16开　58.00元　ISBN 978－7－5019－9698－8

**68. 印刷色彩与色彩管理·色彩管理**——全国职业教育印刷包装专业教改示范教材　吴欣主编　16开　38.00　ISBN 978－7－5019－9771－9

**69. 印刷色彩与色彩管理·色彩基础**——全国职业教育印刷包装专业教改示范教材　吴欣主编　16开　59.00　ISBN 978－7－5019－9770－1

**70. 纸包装设计与制作实训教程**——全国高职高专印刷与包装类专业教学指导委员会规划统编教材 曹国荣编著 16 开 22.00 元 ISBN 978 – 75019 – 7838 – 0

**71. 数字化印前技术**——全国高职高专印刷与包装专业教学指导委员会规划统编教材 赵海生等编 16 开 26.00 元 ISBN 978 – 7 – 5019 – 6248 – 6

**72. 设计应用软件系列教程 IllustratorCS**——全国高职高专印刷与包装专业教学指导委员会规划统编教材 向锦朋编著 16 开 45.00 元 ISBN 978 – 7 – 5019 – 6780 – 3

**73. 包装材料测试技术**——全国高职高专印刷与包装专业教学指导委员会规划统编教材 林润惠主编 16 开 30.00 元 ISBN 978 – 7 – 5019 – 6313 – 3

**74. 书籍设计**——全国高职高专印刷与包装专业教学指导委员会规划统编教材 曹武亦编著 16 开 30.00 元 ISBN 7 – 5019 – 5563 – 8

**75. 包装概论**——全国高职高专印刷与包装专业教学指导委员会规划统编教材 郝晓秀主编 16 开 18.00 元 ISBN 978 – 7 – 5019 – 5989 – 1

**76. 印刷色彩**——高等职业教育教材 武兵编著 大 32 开 15.00 元 ISBN 7 – 5019 – 3611 – 0

**77. 印后加工技术**——高等职业教育教材 唐万有 蔡圣燕主编 16 开 25.00 元 ISBN 7 – 5019 – 3353 – 7

**78. 印前图文处理**——高等职业教育教材 王强主编 16 开 30.00 元 ISBN 7 – 5019 – 3259 – 7

**79. 网版印刷技术**——高等职业教育教材 郑德海编著 大 32 开 25.00 元 ISBN 7 – 5019 – 3243 – 3

**80. 印刷工艺**——高等职业教育教材 金银河编 16 开 27.00 元 ISBN 978 – 7 – 5019 – 3309 – X

**81. 包装印刷材料**——高等职业教育教材 武军主编 16 开 24.00 元 ISBN 7 – 5019 – 3260 – 3

**82. 印刷机电气自动控制**——高等职业教育教材 孙玉秋主编 大 32 开 15.00 元 ISBN 7 – 5019 – 3617 – X

**83. 印刷设计概论**——高等职业教育教材/职业教育与成人教育教材 徐建军主编 大 32 开 15.00 元 ISBN 7 – 5019 – 4457 – 1

## 中等职业教育教材

**84. 印刷色彩基础与实务**——全国中等职业教育印刷包装专业教改示范教材 吴欣等编著 16 开 59.80 元 ISBN 978 – 7 – 5184 – 2403 – 0

**85. 印前制版工艺**——全国中等职业教育印刷包装专业教改示范教材 王连军主编 16 开 54.00 元 ISBN 978 – 7 – 5019 – 8880 – 8

**86. 平版印刷机使用与调节**——全国中等职业教育印刷包装专业教改示范教材 孙星主编 16 开 39.00 元 ISBN 978 – 7 – 5019 – 9063 – 4

**87. 印刷概论（带课件）**——全国中等职业教育印刷包装专业教改示范教材 唐宇平主编 16 开 25.00 元 ISBN 978 – 7 – 5019 – 7951 – 6

**88. 印后加工（带课件）**——全国中等职业教育印刷包装专业教改示范教材 刘舜雄主编 16 开 24.00 元 ISBN 978 – 7 – 5019 – 7444 – 3

**89. 印刷电工基础（带课件）**——全国中等职业教育印刷包装专业教改示范教材 林俊欢等编著 16 开 28.00 元 ISBN 978 – 7 – 5019 – 7429 – 0

**90. 印刷英语（带课件）**——全国中等职业教育印刷包装专业教改示范教材 许向宏编著 16 开 18.00 元 ISBN 978 – 7 – 5019 – 7441 – 2

**91. 印前图像处理实训教程**——职业教育“十三五”规划教材 张民 张秀娟主编 16 开 39.00 元 ISBN 978 – 7 – 5184 – 1381 – 2

**92. 方正飞腾排版实训教程**——职业教育“十三五”规划教材 张民 于卉主编 16 开 38.00 元 ISBN 978 – 7 – 5184 – 0838 – 2

**93. 最新实用印刷色彩（附光盘）**——印刷专业中等职业教育教材 吴欣编著 16 开 38.00 元 ISBN 7 – 5019 – 5415 – 5

**94. 包装印刷工艺 · 特种装潢印刷**——中等职业教育教材 管德福主编 大 32 开 23.00 元 ISBN 7 – 5019 – 4406 – 7

**95. 包装印刷工艺 · 平版胶印**——中等职业教育教材 蔡文平主编 大 32 开 23.00 元 ISBN 7 –

5019－2896－7

**96. 印版制作工艺**——中等职业教育教材　李荣主编　大 32 开　15.00 元　ISBN 7－5019－2932－7

**97. 文字图像处理技术·文字处理**——中等职业教育教材　吴欣主编　16 开　38.00 元　ISBN 7－5019－4425－3

**98. 印刷概论**——中等职业教育教材　王野光主编　大 32 开　20.00 元　ISBN 7－5019－3199－2

**99. 包装印刷色彩**——中等职业教育教材　李炳芳主编　大 32 开　12.00 元　ISBN 7－5019－3201－8

**100. 包装印刷材料**——中等职业教育教材　孟刚主编　大 32 开　15.00 元　ISBN 7－5019－3347－2

**101. 印刷机械电路**——中等职业教育教材　徐宏飞主编　16 开　23.00 元　ISBN 7－5019－3200－X

研究生

**102. 印刷包装功能材料**——普通高等教育“十二五”精品规划研究生系列教材　李路海编著　16 开　46.00 元　ISBN 978－7－5019－8971－3

**103. 塑料软包装材料结构与性能**——普通高等教育“十二五”精品规划研究生系列教材　李东立编著　16 开　34.00 元　ISBN 978－7－5019－9929－3

科技书

**104. 纸包装结构设计（第三版）**　孙诚主编　16 开　58.00 元　ISBN 978－7－5184－0449－0

**105. 科技查新工作与创新体系**　江南大学编著　异 16 开　29.00 元　ISBN 978－7－5019－6837－4

**106. 数字图书馆**　江南大学著　异 16 开　36.00 元　ISBN 978－7－5019－6286－0

**107. 现代实用胶印技术**——印刷技术精品丛书　张逸新主编　16 开　40.00 元　ISBN 978－7－5019－7100－8

**108. 计算机互联网在印刷出版的应用与数字化原理**——印刷技术精品丛书　俞向东编著　16 开　38.00 元　ISBN 978－7－5019－6285－3

**109. 印前图像复制技术**——印刷技术精品丛书　孙中华等编著　16 开　24.00 元　ISBN 7－5019－5438－0

**110. 复合软包装材料的制作与印刷**——印刷技术精品丛书　陈永常编　16 开　45.00 元　ISBN 7－5019－5582－4

**111. 现代胶印原理与工艺控制**——印刷技术精品丛书　孙中华编著　16 开　28.00 元　ISBN 7－5019－5616－2

**112. 现代印刷防伪技术**——印刷技术精品丛书　张逸新编著　16 开　30.00 元　ISBN 7－5019－5657－X

**113. 胶印设备与工艺**——印刷技术精品丛书　唐万有等编　16 开　34.00 元　ISBN 7－5019－5710－X

**114. 数字印刷原理与工艺**——印刷技术精品丛书　张逸新编著　16 开　30.00 元　ISBN 978－7－5019－5921－1

**115. 图文处理与印刷设计**——印刷技术精品丛书　陈永常主编　16 开　39.00 元　ISBN 978－7－5019－6068－2

**116. 印后加工技术与设备**——印刷工程专业职业技能培训教材　李文育等编　16 开　32.00 元　ISBN 978－7－5019－6948－7

**117. 平版胶印机使用与调节**——印刷工程专业职业技能培训教材　冷彩凤等编　16 开　40.00 元　ISBN 978－7－5019－5990－7

**118. 印前制作工艺及设备**——印刷工程专业职业技能培训教材　李文育主编　16 开　40.00 元　ISBN 978－7－5019－6137－5

**119. 包装印刷设备**——印刷工程专业职业技能培训教材　郭凌华主编　16 开　49.00 元　ISBN 978－7－5019－6466－6

**120. 特种印刷新技术**　钱军浩编著　16 开　36.00 元　ISBN 7－5019－3222－054

**121. 现代印刷机与质量控制技术（上）**　钱军浩编著　16 开　34.00 元　ISBN 7－5019－3053－8